|개정판|

교육행정 및 교육경영의 이해

장래찬 저

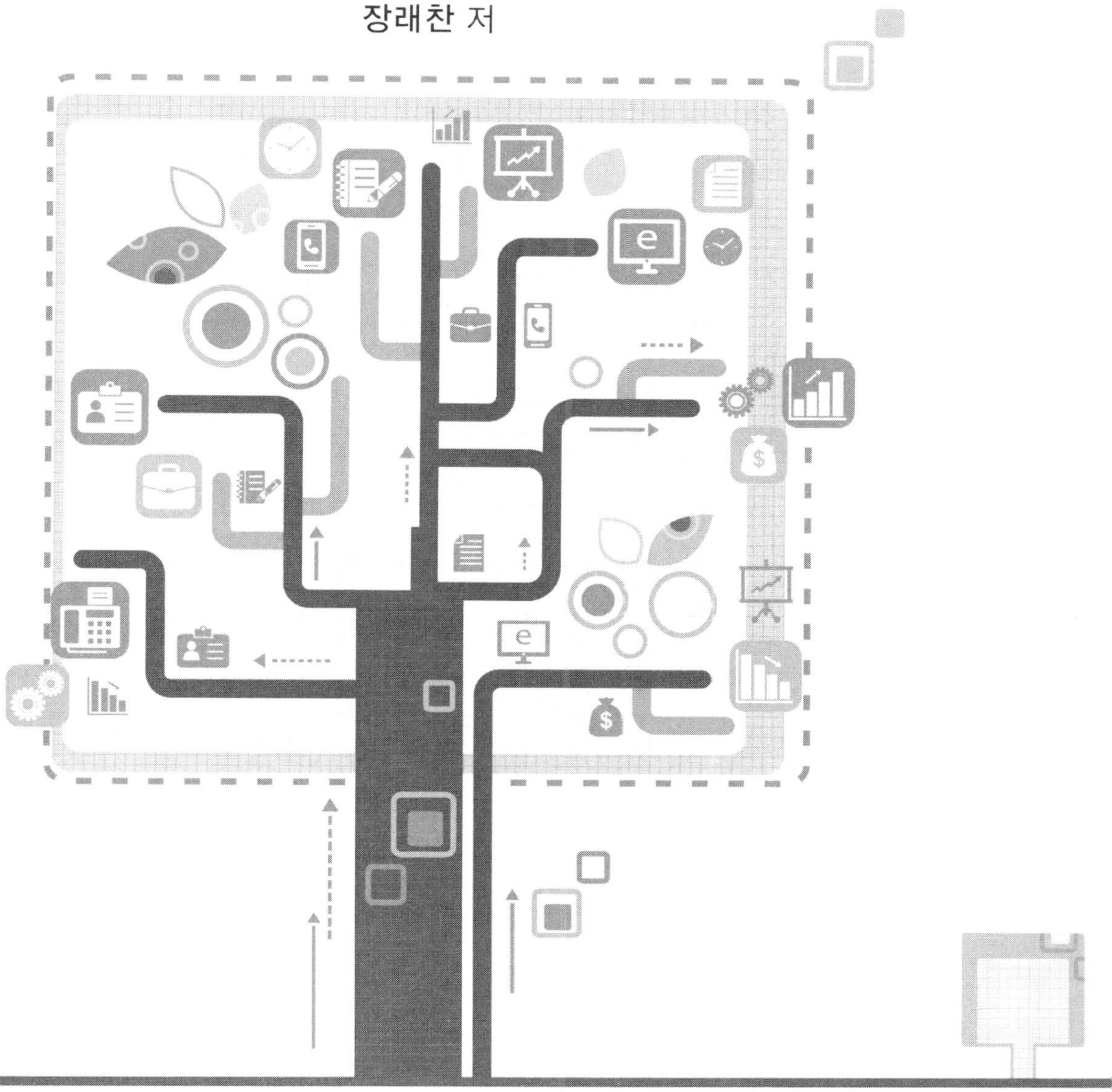

태영출판사

머리말

10여 년간 교육행정을 강의하면서 '저서 한두 권이라도 남겨야 되지 않나'하는 생각은 늘 들었지만 엄두를 내지 못했다. 워낙 교육행정의 내용이 광범위한데다 저술에는 많은 시간과 노력이 요구되기 때문에 많은 망설임 끝에 집필을 시작하게 되었다.

'그래도 독자들이 쉽게 읽고 이해할 수 있도록 써야지'하는 생각으로 부족하지만 몇 번씩 되뇌며 쉽고, 간결하게 쓰려고 시도했다. 물론 저자의 이와 같은 노력이 있었지만 이 책이 교육행정을 공부하는 학도들이나 교육행정을 몸소 실행에 옮기는 교육행정 관계자 여러분께 얼마나 도움이 될는지는 모르겠다.

교육이 잘 되려면 훌륭한 교사, 넉넉한 재정 지원이 필요하지만 교육활동을 가까이서 직접 지원하고 지도하는 교육행정가들의 손길도 매우 중요하다. 그들이 어떤 교육이념과 가치관을 가지고 봉사하느냐에 따라 교사와 학생들은 달라지고 나아가 나라 발전에도 영향을 미친다. 건전하고 올바른 생각을 가지고 전문적이고 창의적으로 교육행정을 하게 된다면 교육은 그 만큼 발전할 것이다. 저자는 이 책이 교육행정에 임하는 자세 정립과 연구에 다소나마 보탬이 되었으면 하는 바램뿐이다.

이 책은 14장으로 구성되어 있는데 전반부는 교육행정 및 교육경영에 관련된 이론 중심으로, 후반부는 실제에 관련된 내용들로 되어 있다. 1장에서는 교육행정 전반에 대한 기본 개념-교육행정의 정의, 영역, 과정, 성격 및 원리들을 설명했다. 2장에서는 교육행정 발전에 영향을 준 기초이론-고전이론, 인간관계론, 행동과학론, 체제론 등을 다루었다. 3장에서는 직무동기이론을 내용이론과 과정이론으로 구분하여 설명했다.

4장과 5장에서는 각각 리더십이론과 조직이론을 설명했다. 리더십이론에서는 특성론, 행위론, 상황론, 변혁적 리더십 및 최근에 강조되는 이론들을 살펴보았다. 조직이론에서는 조직의 원리, 성격 및 형태와 학교조직에 대해 알아보았다. 6장과 7장에서는 각각 의사소통이론과 의사결정이론을 다루었다. 8장의 전반부에서는 교육기획의 발달과 접근방법 및 과정을 알아보고, 후반부에서는 교육정책 결정이론과 과정모형을 살펴보았다.

9장과 10장에서는 각각 교원인사행정과 한국의 교육행정조직 및 학교교육제도를 살펴보았다. 11장과 12장에서는 각각 교육재정과 장학을 다루었는데 교육재정 분야에서는 주로 교육예산을 다루었다. 장학 분야에서는 장학의 발전, 원리, 과업 및 유형과 장학자의 자질 등을 다루었다. 13장과 14장에서는 학교경영과 학급경영을 다루었다. 학교경영에서는 개괄적인 설명과 학교경영의 실제를, 학급경영에서는 학급편성 및 학급경영의 실제를 살펴보았다.

이 책이 나오기까지 많은 분들의 도움이 있었다. 원고정리에 많은 도움을 준 대불대학교 교육계열 학생들의 노고에 고마움을 전하고 싶다. 특히, 이 책의 출간을 위해 처음부터 끝까지 아낌없는 격려와 배려를 해 주신 태영출판사 김현태 사장님께 감사드린다. 그리고 많은 분량의 원고를 꼼꼼히 읽고 교정해 주신 오세복 상무님, 김영진 실장님께 감사의 뜻을 전하고 싶다.

끝으로 지치고 힘들 때 한결같이 힘이 되어 준 아내와 교정과 타이핑을 도와준 딸 지은, 아빠와 같이 공부하자던 고3 아들 동훈이와 함께 출간의 기쁨을 나누고 싶다.

2014년 10월

저자 씀

차 례

제8장 교육기획과 교육정책 221

제9장 교육인사행정 243

제10장 한국의 교육행정 조직과 학교교육 제도 267

제11장 교육재정 287

교육행정 개설

제 1 장

1. 교육행정의 정의
2. 교육행정과 그 유사개념
3. 교육행정 영역
4. 교육행정 과정
5. 교육행정의 성격
6. 교육행정의 원리

1 교육행정의 정의

교육은 다양한 지적, 정의적, 기술적 가치를 지향하는 인격양성 활동으로서 어디에 어떤 가치 중점을 두느냐에 따라 교육이념과 목적이 달라진다. 국가, 사회에 따라 서로 다르고 그 구현 방법과 절차도 다양하다. 또한 동일한 국가, 사회라 할지라도 시대의 변화에 따라 교육에 대한 기대 가치가 달라지므로 교육 이념과 목적이 달라질 수밖에 없다. 그리하여 교육은 다양성, 복잡성, 가변성을 띠게 된다.

교육행정은 다양하고, 복잡하며, 가변적인 교육현실을 다루기 때문에 인식과 해석상의 차이가 생기고 그 결과, 서로 다른 개념 정의가 도출된다. 따라서 '교육행정이 바로 이것이다'라고 단정적으로 정의하기 어렵다. 어떤 이론과 모델을 선택, 적용하느냐에 따라 해석과 정의가 달라지게 된다(Hoy & Miskel, 2004).

실제로 우리는 어떤 행위나 현상을 인식, 해석함에 있어서 여러 이론이나 모델을 적용하기 보다는 취사선택하여 적용하는 것이 보통이다. 이와 같은 연유로 비록 동일 현상에 대해서도 서로 다른 의미를 부여하게 된다. 지금까지 대체로 많이 논의되어 온 교육행정에 대한 정의들을 살펴볼 수 있다.

1) 조건정비설

조건정비설은 말 그대로, 교육행정을 교육에 필요한 제반 조건을 정비, 지원해 주는 기능으로 정의한다. 이것은 교육행정에 대한 정의들 중, 가장 민주적으로 정리한 정의라고 볼 수 있다. 이 정의에서는 '교육'을 주 과업, 특히 '교수－학습'을 핵심으로 보고 '행정'을 보조 수단으로 보고 있다. 교육행정은 교수-학습 활동이 원활히 이루어지도록 이에 필요한 인적, 물적 자원을 조달 정비하여 효율적으로 활용할 수 있도록 지원, 봉사하는 기능이라는 것이다(김창걸, 1996; 문락진, 1993). 그래서 이를 기능설로 부르기도 한다. 한 마디로, 행정을 위한 교육이 아니라, 교육을 위한 행정이라는 것이다. 예로써, 다음과 같은 기능을 행정으로 본다.

물적 자원을 조달 · 정비하는 기능으로서, 편성된 교육예산을 각급 학교에 배정, 집행하는 일, 교실, 운동장, 건물 등, 교육시설들을 효율적으로 활용할 수 있도록 정비,

관리하는 일, 교수–학습자료, 도서 등, 교수–학습 기자재를 구입, 관리하는 일 등을 들 수 있다. 인적 자원의 개발 기능으로는 교원을 채용, 배정하는 일, 교사들의 사기 진작을 위해 포상 및 승진 인사를 단행하는 일 등을 들 수 있다. 마찬가지로, 교사들의 교수 능력을 향상시켜, 교수–학습의 질 관리를 위한 노력으로 연수, 연구를 장려, 지원하거나 장학을 실천하는 일도 교수-학습을 위한 하나의 조건 정비적 행위라고 볼 수 있다.

조건정비설은 교육행정을 교육활동에 필요한 제반 조건을 확보, 지원하는 보조 수단으로 정의함으로써, 행정의 수단적, 기술적 측면을 강조한 나머지 행정 주체의 권력 작용을 소홀히 했다는 비판이 있다. 실제로, 교육행정기관이 교육의 인적, 물적 자원을 지시, 감독, 통제하는 등 공권력을 바탕으로 많은 행정행위를 하고 있다.

2) 국가공권설

국가공권설은 교육행정을 교육에 대한 국가의 행정작용으로 보는 입장이다. 교육행정이 국가의 입법작용, 사법작용을 제외한 행정작용 중, 국가의 공권력이 미치는 교육, 즉 공교육 부문에 대한 법 · 규정, 정책, 제도를 집행, 관리하는 작용이라는 견해이다. 예컨대, 교육관련 법규에 나타나 있는 인적자원 관리, 조직, 지방교육자치, 분야별 교육, 사학, 학교 설립, 학교 운영, 인사, 재무 회계, 행정 사무 등을 집행, 관리, 감독하는 작용이 교육행정이라는 견해이다. 따라서 이 학설은 교육관련 법 · 규정의 집행을 강조하고 있기 때문에 일명 법규 해석적 정의라고도 부른다.

국가공권설의 역사적 배경을 보면, 근대 시민 혁명을 계기로 전제 군주에게 집중된 국가 권력이 3권, 즉 입법권, 사법권, 행정권으로 나뉘었으며 자유민주주의 정치 원리를 바탕으로 법치주의가 성립되었다. 그 결과, 행정이 입법, 사법과 대립되는 개념으로 정립하게 되었다. 국가공권설은 국가 권력을 입법, 사법, 행정으로 구분하는 3권 분립 원리에서 출발했다(신두범 · 오무근, 2003).

국가공권설은 교육행정을 교육 실제에 대한 행정력 행사로 보기 때문에 행정 우위의 교육행정이 될 소지가 많다. 다시 말하면, 행정력이 교육활동을 지배하게 될 수 있다는 것이다. 이 학설을 기조로 교육행정을 한다면 공권력을 바탕으로 법 · 규정의 집행에 집착한 나머지 교원들의 자율성과 창의성을 조장하는 교육행정은 기대하기 어렵다.

3) 행정과정설

행정과정설은 기업관리가 일정한 절차에 따라 수행되듯이 교육행정도 일정한 절차를 통하여 이루어진다는 관점이다. 즉, 행정을 여러 기능들이 수행되는 단계나 절차로 보려는 입장이다. 이 학설의 단초를 제공한 사람은 프랑스의 기업 경영자이면서 학자인 Fayol이다.

Fayol은 과학적 접근으로 기업을 효율적으로 관리할 수 있다고 주장하면서 기획(planning), 조직(organizing), 명령(commanding), 조정(coordinating), 통제(controlling) 등 5개의 관리 기능을 제시한 바 있다. 이들 기능들은 순환 과정을 거치면서 수행되며, 이 기법은 대부분의 기업, 교육, 정부, 병원, 군대 등과 같은 조직에서 공통적으로 적용, 활용되고 있다(Cunningham & Cordeiro, 2000).

Gulick은 Fayol의 위 5개 기능을 7개 기능으로 확대, POSDCoRB라는 관리 원리를 발전시켰다. 즉, 기획, 조직, 인사(staffing), 지시(directing), 조정, 보고(reporting), 예산편성(budgeting)의 과정을 통하여 관리가 이루어진다고 주장했다(Guthrie & Reed, 1986).

Guthrie와 Reed(1986)는 Sheldon, Simon 그리고 Griffith의 행정관리 기능을 종합하여 조직관리 원리로서 PLEDCOBS, 즉 기획, 지도(leading), 평가(evaluating), 의사결정(decision making), 조정, 조직, 예산편성, 인사 등을 제시했다. 이러한 원리들을 교육행정에 적용한 연구들도 있다.

Sears(1950)는 교육행정을 5단계의 기능으로, Gregg(1957)는 7단계의 기능으로 주장했다. 5단계 기능은 기획, 조직, 지시, 조정, 통제 등이고, 7단계 기능은 의사결정, 기획, 조직, 의사소통(communicating), 영향(influencing), 조정, 평가 등이다. 정리하면, 행정과정설의 입장은 교육행정이 이상과 같은 여러 기능들이 수행되는 과정이라는 것이다.

4) 협동행위설

협동행위설은 교육행정을 교육목표 달성을 위한 여러 사람의 집단적인 협동행위로 정의하고 있다. 이 학설은 1940년대 Simon에 의해 제창되었는데(신두범 · 오무근, 2003), 행정을 행위의 형태면에서 접근한 것으로서, 이를 행태설 또는 행정행위설로 부르기도 한다.

위 학설에 따르면 행정이 행정가의 단독행위가 아니라 여러 사람들과 같이 협력하여 이루어지는 집단행위라는 것이다. Simon은 행정을 "공동 목표를 달성하기 위한 구성원의 협동적 집단행위"로, Waldo도 행정을 "목표 달성을 위한 집단의 합리적 협동행위"로 정의했다(김창걸, 1996). 이들 개념 정의를 보면, 교육의 목적 및 목표 달성을 위한 교육행정이 한 사람의 단독행위로 수행되는 것이 아니라 다른 사람들과 같이 협력하여 집단적으로 수행된다는 것이다. 협력 혹은 협동이라는 말 속에는 조직 목표를 효율적으로 달성하기 위해 행정행위가 유기적인 관계 속에서 행해진다는 의미가 내포되어 있다.

교육행정은 매우 복잡한 상황 속에서 수행되므로 학교장이 지역사회 인사, 교육위원, 교육감 등 여러 인사들과 아무런 관련 없이 단독으로 학교의 교육행정을 수행할 수는 없다(Campbell, Bridges, & Nystrand, 1977). 실제로 학교 현장을 보면, 일선 학교의 교육행정이 학교장 단독 행위로 수행되는 경우는 찾아보기 어렵다. 교사들과 학부모 여러 교육행정기관 인사들과 직 · 간접적으로 영향을 주고받으면서 같이 수행한다. 교육과정 운영과 개발, 장학, 학생관리, 시설 및 사무관리, 재무관리, 지역사회와의 관계설정 등 어느 것 하나 이들의 도움 없이 이루어지지 못한다. 학교 행사를 주관하는 일에는 교감과 교사들의 협력이 필요하고, 학교 시설을 정비, 관리하는 데는 교감과 교사, 행정직원들의 도움을 받아야 하며, 학교의 예산집행도 교감과 담당 행정직원의 도움 없이 실행하기 어렵다.

요약하면, 이 학설은 교육목표 달성을 위한 행정은 교육행정가 한 사람의 행위에 의해서가 아니라 구성원 또는 구성원 이외의 인사들과 협력적으로 이루어지는 집단행위라는 입장이다.

5) 경영설

경영설은 경영주의적 시각에서 교육행정을 보는 입장으로서, 능률과 생산성을 중시한다. 교육경영은 교육에 필요한 자원을 확보, 정비하는 보조 수단이거나 교육관계 법규를 집행하는 제한적 수단에 그치지 않고, 교육 전반을 적극적으로 관리, 경영하는 활동이라는 것이다. 따라서 교육경영은 교육과 경영을 불가분의 관계로 보고 있다. 실제로, 유능한 교육행정가는 교육체제 속에 존재하는 여러 가지 인적, 물적, 조직적 자원들을 조정, 활용한다. 또, 이와 같은 요인들의 조건에 따라 교육목표, 교육과정 및 교육활동을 합리적으로 조정, 통제하는 등 교육 전반을 관리, 경영한다(김창걸, 1996).

'경영'이라는 용어는 일반적으로 국가나 공공단체보다 기업 특히, 이윤 추구를 지향하는 사기업에서 주로 사용되어 왔으며, 시장경제 원리와 효율성에 바탕을 두고 있다. 경영설은 특히, 20세기 중반에 교육의 효율성과 효과성이 중대한 과제로 부상하면서 기업경영 원리나 방식을 교육에 적용해 보려는 노력에서 출발했다. 이와 같은 적용 노력은 공공 부문의 행정에도 파급되어 근자에는 '국가경영', '대학경영', '교육경영'과 같은 용어들을 자주 쓰게 되었다.

교육행정에 대한 기대도 공권력을 기반으로 한 현상유지 행정에서 벗어나 교육의 질 향상과 수월성 확보를 위한 목표지향적인 합리적 행정, 즉 경영주의적 행정으로 옮겨가고 있다고 하겠다. 우리나라 대학 대부분을 차지하고 있는 사립대학과 고등학교의 운영 방식을 보면 이와 같은 징후가 뚜렷하다.

1990년대 후반부터 지금까지 우리나라의 많은 사립대학들은 대학의 발전을 위해 외국에 분교를 설립한다든지, 외국 대학과 연계 프로그램을 개발, 운영하여 외국 유학생을 유치한다든지, 산학협력 개발계획을 세워 실행하고 있다. 이와 같은 대학의 노력은 단순한 교육 활동의 보조 수단 혹은 교육관계 법규 집행과 그 성격이 다르다. 따라서 교육행정을 교육 전반을 관리, 경영하는 목표 지향적인 합리적 교육행정, 즉 경영적 교육행정으로 보는 것이 더 현실적이라고 볼 수 있다.

6) 포괄설

이 학설은 말 그대로, 교육행정에 대한 여러 학설들의 핵심 주장을 두루 포함하고 있다. 포괄설은 김종철(1982)을 비롯하여, 김창걸(1996), 남정걸(2003), 문락진(1993) 등의 학자들이 제시 혹은 지지하고 있다. 이들이 붙인 명칭은 '포괄설', '일반적 개념', '종합적 정의' 등으로 서로 다르지만 그 의미는 대동소이하다. 이들 학자들에 따르면, 지금까지 논의되었던 정의들은 교육행정의 일면 만을 강조하고 다른 면을 소홀이 취급하여 교육행정을 종합적으로 이해하는 데 부족하다는 주장이다. 따라서 각 정의들의 미비 점을 보완하고 교육행정을 교육과 행정 양면에서 종합적으로 보자는 입장이다.

조건정비설의 경우, 교육행정을 교육활동 특히, 교수-학습 활동에 필요한 제반 조건을 정비, 지원하는 보조 수단으로 봄으로써 교육 우위의 민주적인 정의라고 볼 수 있다. 그러나 이는 교육행정에 대한 국가나 지방공공단체의 적극적인 통치 기능을 간과

했다는 비판을 받고 있다. 또한 공권설도 교육행정을 입법, 사법을 제외한 행정 중, 교육에 대한 행정, 즉 교육에 대한 법규를 집행, 관리하는 기능으로 정의하고 있는데, 이는 너무 편협하다는 것이다.

교육은 국가의 중대한 공공사업으로 교육에 대한 국가와 지방공공단체의 행정적 역할이 날로 확대되어 가고 있다. 교육행정은 교육활동에 필요한 제반조건을 정비, 지원하고(조건정비설), 교육에 관한 법규를 집행함은(공권설) 물론, 교육예산, 교원임용 및 입시정책을 입안, 집행, 감독하는 등 광범위한 정책 집행기능까지 포함하고 있다.

교육행정을 조직구성원들의 집단적 협동행위로 보는 협동행위설 역시, 미비점을 가지고 있다. 교육행정을 '협동행위'라고 우호적으로만 볼 수 있는가? 에 대한 의문이 생긴다. 물론 교육목표 달성을 위해 구성원들이 협동적으로 교육행정 과업을 수행하지만 그렇지 않은 측면도 얼마든지 있기 때문이다. 구성원들의 법규 위반이나 지시 불이행에 대한 교육행정기관의 제재, 처벌, 기타 일선 학교의 학교행정 감사, 감독행위는 협동적 집단행위라고 보기 어렵다. 이는 사법적 성격이 강한 행정행위르 보는 것이 옳을 것이다.

포괄설은 여러 정의들의 미비점을 보완하여 보다 포괄적으로 교육행정을 정의한 것으로서, 교육목표 달성을 위해 교육관련 법규와 제도 및 정책을 입안, 집행하고 교수학습에 필요한 제 조건을 정비, 지원, 봉사하는 협동적 집단행위가 교육행정이라는 입장이다. 포괄설은 다른 정의들의 미비점을 보완하여 종합적으로 정리되긴 했지만 교육행정의 여러 기능들을 지나치게 포괄적으로 설명하고 있다. 다른 정의들은 '조건정비', '국가공권', '행정과정' 등 행정의 구체적 속성이나 기능으로 정의되어 있어서 이들이 어떤 의미를 시사하는지 쉽게 알 수 있으나 포괄설은 그렇지 못하다.

교육행정과 많은 유사 개념들이 있는데, 그 중에서 교육경영, 교육관리, 교육 지도성이 있다.

2 교육행정과 그 유사개념

1) 교육행정과 경영

원래 공공부문에서 행정, 사적 부문 특히, 사기업에서 경영이란 용어가 사용되었다.

그러나 국가나 학교, 교육과 같은 공공부문도 경쟁력을 높여야 한다는 인식이 확대되면서 기업가적 마인드를 가지고 이들을 운영해 보자는 의도에서 경영이란 용어가 널리 사용되기 시작했다. 특히, 20세기 초반 기업의 생산성을 높이고자 창안된 Taylor의 과학적 관리법(scientific management)이 공공부문에 도입되면서 근자에는 경영이란 용어가 행정이란 용어와 어색함 없이 비슷한 개념으로 폭넓게 사용되고 있다. 그러나 이 두 용어의 개념은 기능면에서 차이점이 발견된다.

교육행정은 국가권력을 바탕으로 교육활동을 지원, 관리하고 교육정책을 집행하는 활동으로서, 인적, 물적, 정책적 지원과 관리를 주 기능으로 한다. 반면에, 교육경영은 교육목표 달성을 위하여 교육을 운영하는 보다 목적적 활동이라고 볼 수 있다. 상대적으로 교육행정은 수단적인 활동인 반면에, 교육경영은 교육목표 달성도를 높이기 위한 창의적, 목표지향적인 활동이라고 하겠다.

교육행정은 국가권력을 기초로 교육관계 법 · 규정에 따라 기능하는 현상유지적인 속성이 있지만, 교육경영은 변화와 창의력으로 교육의 효과를 높이려는 보다 미래지향적인 성격이 강하다. 따라서 교육행정은 일정한 테두리 안에서 행정활동이 이루어지므로 안정성과 법적 타당성이 강조되지만, 교육경영은 보다 자율적인 활동이 요구되므로 효과성이 강조되고 모험이 뒤따른다. 그 결과, 행정가적 마인드를 가진 학교장은 제한된 틀 안에서 무리 없이 역할 수행을 하려 할 것이고, 경영가적 마인드가 있는 학교장은 교육효과에 대한 책임 의식을 가지고 소신 있는 학교 운영을 시도하게 될 것이다.

2) 교육행정과 관리

서양에서는 원래 공공부문에는 administration(행정)을, 사기업 부문에는 management(관리)를 사용했으나, 행정권의 확대와 기업경영 원리가 확산되면서 근자에는 이 두 용어가 공사구분 없이 혼용되고 있다. 그러나 우리나라와 일본의 경우는 이들을 구분하여 사용하려는 경향이 있다(남정걸, 2003).

관리를 통제나 감독의 기능으로 보았을 때 관리가 행정과 경영보다 상위의 개념이라는 설도 있다. 그러나 일반적으로 관리보다는 행정, 경영이 상위 개념으로 사용되는 것이 일반적이다. 교육행정은 교육정책을 입안하거나 집행하고, 자원을 조달, 지원, 관리하는 활동으로 볼 수 있다. 경영은 목표달성을 타깃으로 주관적 관점에 따라 의사결정 및 방침을 정하고 여러 역할들을 통제, 조정하며, 그 결과에 대해 포괄적인 책임을 진다. 그러나 재무관리, 인사관리, 시설관리 등의 '관리'가 시사하듯, 관리는 일정한 법·규정과 방침에 따라서 어떤 구체적 자원을 유지, 보전하기 위한 기술적 기능을 의미하며 그 책무성도 제한적이라고 볼 수 있다(정태범, 2002).

흥미로운 것은 교육감이나 교육장은 일선학교를 관리하기 때문에 이들이 학교장보다 상위에 있고, 또 이 '관리'가 학교장의 학교(교육)경영이나 학교(교육)행정보다 상위에 있는 것이 아닌가하는 의문이 생길 수 있다. 그러나 그렇지 않다. 교육감이나 교육장의 일선 학교 관리는 그들의 여러 기능 중의 하나로 전부는 아니다. 따라서 기능의 일부인 관리 때문에 그들이 학교장보다 상위에 있는 것은 아니다. 마치 대통령의 국가 경영(국정 운영)을 국회나 감사원에서 감사한다고 하여 이들의 감사행위가 대통령의 경영 행위보다 상위에 있다고 할 수 없는 것과 같다. 따라서 상위, 하위 개념은 기능보다 법적, 제도적 지위에서 생긴다고 본다.

3) 교육행정과 지도성

교육조직의 장을 행정가로 부르기도 하고 지도자로 부르기도 한다. 학교장을 학교(교육) 행정가 혹은 학교(교육) 지도자, 대학총장을 대학(교육) 행정가, 혹은 대학(교육) 지도자라고 구별 없이 부른다. 그것은 학교장이나 대학총장의 역할이 행정과 지도성 양면을 포함하고 있기 때문이다. 여기에서 행정적 기능이 무엇이고, 지도적 기능이 무엇인지, 그 차이점을 이해할 필요가 있다. 이 두 개념에 대한 차이는 많은 연구에서 널리 인정되고 있다(Sergiovanni, et al., 2004).

교육행정은 교육활동을 위해 일정한 정책을 집행하거나 조건을 정비, 지원하는 일상적인 현상유지적인 활동인 반면, 교육지도성은 변화와 창조성을 바탕으로 새로운 체제, 정책 및 목적을 설정, 시도하는 지도적인 행위를 일컫는다(Hemphill, 1958; Lipham, 1964; Kotter, 1990; Zaleznik, 1977). 그리하여 행정보다는 지도성이 상위개념으로, 더 매력적인 개념으로 인식되는 경우가 있다. 그 결과, 교육행정가들에게 비현실적인 것을 요구하게 되고, 성공적이고 획기적인 교육개혁을 주문하게 됨으로써, 그들은 좌절감과 불안감을 느끼게 된다는 것이다. 따라서 행정적 기능과 지도적 기능은 적절히 균형 있게 발휘되도록 해야 하나 현실은 그렇지 않다.

오늘의 교육 체제는 교육장, 교육감, 학교장, 교사들에게 가능한 것을 성취하기 위한 지도성을 발휘하도록 하는 것이 아니라, 현재의 상태를 유지, 관리하는 행정 기능을 하도록 한다. 이러한 문제점을 해결하기 위해 이들에게 교육지도성을 발휘할 수 있도록 더 많은 자율과 기회를 제공해야 한다(Cuban, 1988).

3 교육행정 영역

교육행정 영역이란 교육행정 기능이 미치는 범위를 말한다. 이는 어떤 내용을 어디까지 지원, 지도 및 관리할 것이냐 하는 문제이다. '영역'이란 용어 대신 '구분', '과업' 혹은 '기능'이란 용어를 사용해도 의미상 큰 차이는 없다. 교육행정 영역을 다음과 같은 4가지 기준에 따라 구분해 본다.

1) 교육행정 단위에 따른 영역

교육행정 주체가 중앙, 지방 혹은 단위 학교이냐에 따라 중앙교육행정, 지방교육행정, 단위학교 교육행정으로 구분할 수 있다. 중앙교육행정은 교육부가 주체가 되어 전국적인 학교교육과 평생교육에 대한 정책을 수립, 집행하고 대학에 관한 사무 및 지원을 주 과업으로 하고 있다.

지방교육행정은 교육감을 정점으로 한 특별시, 광역시, 도 단위의 교육청과 교육장을 정점으로 한 시 · 군 · 구 교육청에서 담당한다. 교육감을 정점으로 한 교육청은 고등학교를, 교육장을 정점으로 한 교육청은 유치원, 초등학교, 중학교를 대상으로 교육행정을 하고 있으며, 단위학교 교육행정은 학교장의 책임 하에 이루어지고 있다.

2) 교육행정 과업의 성격에 따른 영역

교육행정 과업이 학사적 성격을 띠면 학무행정, 학사에 필요한 자원을 확보, 지원하는 성격을 띠면 관리행정이 된다. 교육부, 시 · 도 · 군 · 구 교육청은 학무행정을 담당하는 하부조직과 관리행정을 담당하는 하부조직을 두고 있다.

학무행정은 유아교육에서 고등교육에 이르기까지 각급 학교의 학사운영, 장학에 관한 기능에 해당하고, 관리행정은 교육에 필요한 시설, 자금, 재원의 확보 및 지원 기능에 해당된다. 학무행정은 교육 공부원이, 관리행정은 일반 공무원이 담당하고 있다.

3) 교육행정 대상에 따른 영역

교육행정에는 대상에 따라 유아교육행정, 초등교육행정, 중등교육행정, 고등교육행정, 평생교육행정이 있으며, 이 밖에 특수교육행정, 대외교육행정, 기술교육행정, 교원교육행정, 사학교육행정도 있다.

4) 교육행정 과업 내용에 따른 영역

Campbell 등(1977)은 학교단위의 교육행정 영역으로 학교와 지역사회 관계, 교육과정과 교수, 학생인사, 교직원 인사, 시설관리, 재무 및 업무관리와 조직 등 7가지의 학교단위의 교육행정 영역을 제안했다.

남정걸(2003)은 교육과제의 운영, 장학, 교직원 인사, 학생인사, 재정의 은용, 시설설비의 정비확충, 지역사회 관계 등 7가지의 과업이 교육행정 영역에 속한다고 했다. 윤정일 등(2007)도 교육행정 영역을 행정기능면에서 파악하고 그 영역은 기획, 조직, 교육내용 및 장학, 학생, 인사, 재정, 시설, 사무관리, 연구 및 평가 등 9가지 요소로 구성되었다고 했다.

요약하면 교육행정 영역은 교육행정 단위, 대상, 기능 및 과업의 성격에 자라 구분된다. 그리고 학자에 따라 교육행정 영역의 구분과 내용 및 용어 활용이 조금씩 다르기는 해도 큰 차이는 없는 것으로 보인다.

4 교육행정 과정

교육행정 과정이란 교육행정 기능이 수행되는 절차를 말하는 것으로, 교육행정 목표를 달성하기 위해 수반되는 교육행정가의 역할 단계이다. 우리는 어떤 목표를 효율적으로 달성하기 위해 계획을 세우고 이를 실천하고 평가한다. 교육행정에서도 그 목표를 달성하기 위해 이와 같은 절차를 밟게 된다. Fayol, Gulick 및 Urwick 등은 행정을 과정으로 파악하고 이를 과학적으로 접근하면 비용을 줄이고 높은 효과를 거들 수 있다고 했다.

Fayol은 1916년 행정에 필요한 기능으로 ① 기획(planning), ② 조직(organizing), ③ 명령(commanding), ④ 조정(coordinating), ⑤ 통제(controlling) 등 5가지 요소를 제시했다. 이 요소들은 비용을 줄이고 행정의 효율화를 기하기 위하여 어느 조직에도 적용된다고 했다(Fayol, 1949).

Gulick과 Urwick(1937)은 Fayol이 행정의 5가지 기능을 제시한 이후, 행정의 과학화를 주장하고 행정학 논문집을 발간했다. 그 서문에서 Gulick은 7가지의 행정 기능(POSDCoRB : 7가지 기능의 첫 글자의 조합), 즉 ① 기획(planning), ② 조직(organizing), ③ 인사(staffing), ④ 지시(directing), ⑤ 조정(coordinating), ⑥ 보고(reporting), ⑦ 예산편성(budgeting) 등을 제시했다. 그 후 이 행정 과정은 사업 조직은 물론 정부조직, 교육조직에도 널리 보급, 응용되었다. Urwick은 과학적 관리를 공공행정에 적용, 발전시키는 데 공헌한 학자로서 명령통일, 직원활용, 목적, 과정, 사람 및 장소에 따른 부처제, 권한과 책임의 위임 및 균형, 통솔범위의 설정이 행정의 효율을 높이는 데 필요한 조건이라고 주장했다.

기업과 공공분야에 대한 행정과정 연구는 1900년대부터 시작되었으나 교육행정 과정에 대한 관심은 1900년대 중반부터 시작되었다. Sears(1950)는 교육행정에 행정과정을 처음으로 연구, 적용한 학자로서 5가지 요소를 제시했다. 이들은 ① 기획(planning), ② 조직(organizing), ③ 지시(directing), ④ 조정(coordinating), ⑤ 통제(controlling) 등이다. Gregg(1957)도 행정과정을 교육행정에 연구, 적용한 학자로서 그는 행정과정 요소로 7가지를 들었는데 이들은 ① 의사결정(decision making), ② 기획(planning), ③ 조직(organizing), ④ 의사소통(communicating), ⑤ 영향(influencing), ⑥ 조정(coordinating), ⑦ 평가(evaluating)이다. 첫 번째 행정과정 요소로 의사결정이 제시되고 있는데, Gregg는 이 의사결정을 가장 먼저 수행해야 할 행정 기능으로 보고 있는 것이다. 어떤 목표를 달성하기 위해서 어떤 일을 어느 수준에서 할 것인지 우선 결정하는 것이 중요한 일이다.

Campbell, Bridges와 Nystrand(1977)는 그들의 저서 「교육행정학 입문」에서 다른 학자들의 행정과정 연구를 고찰하고 교육행정 과정 요소로 5가지를 들었다. 이들 요소들은 ① 의사결정(decision making), ② 프로그래밍(programming), ③ 자극(stimulating), ④ 조정(coordinating), ⑤ 평가(evaluating) 등이다. 이들은 의사결정 사항을 실현하기 위해 구체적인 계획을 수립하는 것이 필요하다고 보고 프로그래밍 단계를 제시하고 있다. 이들은 또 조직목표를 향해 구성원들을 동원하기 위해서는 그들의 동기유발이 중요하다고 보고 있다. 미국학교행정가협회(1955)는 1955년차 보고서에서 행정이란 목표달성을 위해서 다른 사람과 함께 일하는 것으로 보고, ① 기획(planning), ② 배치(allocation), ③ 자극(stimulating), ④ 조정(coordinating), ⑤ 평가(evaluating) 등 5가지의 행정과정 요소를 제안했다.

이상과 같이 여러 학자들이 제시한 관리, 행정과정 요소들은 공통점도 있고 그렇지 않은 점도 있다. 더욱이 거의 같은 의미를 서로 다른 용어를 써서 설명하기도 하고, 같은 용어라도 학자에 따라 달리 해석하기도 한다. 비록 학자에 따라서 행정과정 요소에 대한 용어 사용과 해석의 차이는 있을지라도 이들이 제시하고 있는 요소들을 충분히 이해, 적절히 활용할 수 있다면 교육행정에 보탬이 될 것이다. 이들 요소들이 내포하고 있는 내용을 Fayol과 Gulick의 연구를 중심으로 살펴본다.

1) 의사결정(decision making)

의사결정은 행동 대안 중 하나 혹은 소수를 결정하는 행위이다. 그것은 교육행정의 중심과정으로써 가장 호의적인 결과를 가져오고 비호의적인 결과를 최소화시키는 방향으로 행동 경로를 선택하는 것이다. 즉 목표 달성을 위한 행동이 개시되기 전에 선행되는 단계로 미래 행동의 안내 역할을 한다.

개념적으로 보면, 의사결정은 행동으로 옮기기 전에 행동을 미리 선택하는 선행 단계이나, 실제적으로 행정의 전 과정(全過程)에서 수반되는 기능이다(Simon, 1957). 예컨대, 교육목표를 결정하는 문제도 의사결정이고, 그 목표달성을 위한 어떤 조직을 어떻게 편성할 것인가도 의사결정의 문제이다. 또 명령, 지시의 기능에 있어서도 명령과 지시의 범위와 수위를 정하는 것도 의사결정의 문제이다. 보고, 예산편성에 있어서도 마찬가지이다. 어떤 범위까지 보고할 것이며, 그 시기는 언제로 할 것이며, 예산의 규모, 배정 등을 어떻게 할 것인지도 의사결정 사항이다. 따라서, 의사결정은 전 행정기능, 즉 기획, 조직, 명령, 조정, 보고, 예산편성 등에 모두 수반되므로 이것이 행정의 중심기능이라는 견해는 타당하다.

2) 기획(planning)

기획이란 조직 목표를 달성하기 위하여 과거의 경험에서 얻은 지식, 정보 및 기술을 바탕으로 미래의 행동 대안들이 낳을 수 있는 결과를 예측하여 운영 계획을 수립하는 것이다. 무계획적으로 조직을 운영하게 된다면 소기의 목표 달성도 어렵거니와 설령 달성된다고 하더라도 많은 비용을 부담해야 된다.

조직은 조직의 상위 목표를 달성하기 위하여 그 하위 목표를 세우고, 그 목표 달성에 수반되는 여러 행동 대안들의 결과를 예측하여 조직의 운영계획을 세운다. 즉 조직목표를 효율적으로 달성하기 위해서 누가 무슨 일을, 어떤 과정을 통해서 어떻게 할 것인가에 대한 총괄적인 운영 청사진을 마련한다.

Fayol은 기획을 미래를 예측하고 이를 준비하는 것으로써, 활동과정, 방법 및 절차가 포함되는 계획이라고 했다. 같은 맥락에서 Gulick은 기획을 목표 달성을 위해서 해야 할 일과 그 수단을 폭넓게 수립하는 것으로 보았다. 미국학교행정가협회(AASA : American Association of School Administrators)도 장래에 취할 수 있는 대안이 가져올 수 있는 결과를 세심히 예측평가하고 이를 바탕으로 목표지향적인 방향으로 미래를 통제하는 것이라고 했다(Campbell, Bridges, & Nystran, 1977).

기획에 대한 여러 관점들을 종합하면 교육행정에서의 기획은 교육목표를 효율적으로 달성하기 위하여 미래의 역할 활동에 대해서 계획을 수립하는 것으로 정의할 수 있다.

3) 조직(organizing)

기획된 과업, 방법, 절차를 차질 없이 실천에 옮기기 위해서는 이에 필요한 인적, 물적 자원을 조달하고 조직해야 한다. 과업을 분담할 부서를 정하고, 이에 소속될 인원을 배정한다. 이들에게 권한과 책임을 부여하고, 어떤 물적 자원을 어느 정도 조달, 지원할 것인지를 구성한다.

아무리 많은 인적, 물적 자원을 확보했다 하더라도 이들이 적재적소에 배치 배정되지 않았다면 그만큼 생산성은 저하될 것이다. 이들을 전문성과 필요성에 따라서 적절히 구성, 조직하지 않으면 기대했던 목표를 효율적으로 달성할 수 없을 것이다. 우리 사회에는 아직까지도 조직목표 달성에 별 도움이 안 되는 기구를 위인설관 식으로 만들어 많은 사람들의 빈축을 사고 있는 경우가 있다. 특히, 정치권력의 변동으로 많은 인사들이 부적절하게 이동되는 경우가 있다. 이것은 조직의 생산성 향상에 역행하는 것이며 조직목표 달성을 위해서 극복돼야 할 문제다.

Fayol은 조직을 인적, 물적 자원의 구성으로 보았으나 인적 구성을 더 중요시했다.

인적 구성 차트를 만들어서 직원 전체와 각 부서의 역할과 그 한계, 직책과 지위 부여, 명령 복종의 명료화 등을 나타내야 한다고 제안했다. 또 철저한 충원인사를 하고 인원 배치가 조직목표에 부합되도록 해야 한다고 역설했다. Gulick은 조직이란 목표 달성을 위해 세부 과업을 배정, 한정하고 조정하는 공식 기구를 구성하는 것으로 정의하고 있다. 미국행정가협회는 조직과 유사한 개념으로 자원배분이란 용어를 사용하면서 자원배분이란 활동계획에 따른 인적, 물적 자원을 조달, 배븐하는 것으로 정의했다.

조직에 대한 학자들의 정의를 종합해 보면, 조직은 목표 달성에 적합한 인적, 물적 자원을 체계적으로 구성하는 것으로 볼 수 있다.

4) 지시(directing)

학자들은 지시 혹은 그 유사 개념으로 지도, 지휘 등을 사용하고 있다. 지시는 조직 구성원들로 하여금 주어진 과업을 수행하도록 지도, 감독, 자극하는 일이다. 교육행정에 있어서는 교직원들이 주어진 역할을 자발적으로 수행하도록 동기화시키는 것이 중요하다.

Fayol은 지시와 유사한 개념으로 명령이란 용어를 사용하면서, 명령이란, 복종을 강요하는 것 이상으로 구성원들이 최선을 다하도록 유도하는 것이라고 했다. 구성원들의 노력을 유인하기 위해서 지도자는 구성원들을 잘 이해하고 모범을 보여 그들의 단결심, 독창성, 충성심을 높여야 한다는 것이다. Gulick은 지시를 의사결정하고 이를 구체화하는 계획적인 기능으로서 지도자의 지도와 봉사의 기능으로 보고 있다.

학자들의 견해를 종합해 보면, 지시는 명령에 복종하도록 강제하는 것 이상의 의미를 지니고 있다. 특히, 자율성과 전문성을 특징으로 하는 교육 활동에 대한 행정상 지시는 교육조직 구성원들이 결정된 과업을 자율적으로 수행할 수 있도록 최적의 조건을 조성해 주고 이들을 격려하는 방향으로 행해져야 한다.

5) 조정(coordinating)

조정이란 조직의 목표를 효율적으로 달성하기 위해 구성원 및 조직 내 하부 조직 간의 갈등과 불화를 줄이고 이들이 유기적인 관계를 맺도록 그들의 활동을 통합, 조절하는 행정기능 중의 하나이다. 구성원들과 하부 조직들이 조직 목표 달성을 위해서 통합, 조화된 상태로 과업이 추진된다면 구성원 간, 하부조직 간 갈등과 역작용을 줄일 수 있다. 따라서 조정의 기능은 어떤 조직에 있어서나 행정의 주된 목적이라고 할 수 있다(Campbell, Bridges, & Nystrand, 1977).

행정가는 조직 내 구성원들 간의 분열된 활동과 노력을 줄이고, 이들이 조화롭게 통합되도록 적절한 지도를 해야 한다. 조정은 과업들이 조직 목표 달성을 위한 과업이 되도록 유도하고, 조직 내 여러 집단과 구성원들이 상호 협조 속에서 조화로운 활동을 하도록 유도하는 과정이라고 정의할 수 있다. 한 마디로, 조정이란 인적, 물적 자원이 목표 지향적으로 조화롭게 기능하도록 유도하는 활동이다.

조정의 기능을 학교교육 현장에서 살펴보면, 학교장은 다양한 과업을 수행함에 있어서 인적, 물적 자원을 조정하게 된다. 교과담임, 학급담임을 배정하는 일에서부터 각 부서의 직원을 배치하는 일, 학습 기자재를 확보하는 일에 이르기까지 이들이 조화로운 관계를 맺도록 조정, 관리한다. 각 학년의 학급담임을 적절히 배치해야 학년 단위의 협조체제를 구축할 수 있으며, 교과 간 필요성에 따라서 적절한 비율로 학습 기자재를 확보, 지원해야 조화로운 교과 교육을 유도할 수 있다. 성격상 서로 갈등의 소지가 있는 교사들을 같은 학년의 학급담임으로 배치한다든지, 특정한 교과 교육에 자원을 편중 지원하는 것 등은 이상적인 학교교육 행정과 거리가 멀다. 이와 같이 학교장의 조정 역할은 목표 지향적으로 교직원들을 통합하고 물적 자원을 효율적으로 활용하는 데 매우 중요한 요인이 된다.

6) 통제(controlling)

통제란, 조직의 과업들이 방침과 지시에 따라 제대로 수행되고 있는지 점검하고 문제점을 시정, 재발 방지하는 기능이다. 통제는 의지를 누른다든지, 어떤 활동을 억제한다든지 하는 등에 목적이 있는 것이 아니라 그 동안의 과업 수행 노력을 종합적으로 평가하여, 이를 미래의 과업수행 자료로 활용하는 데에 목적을 두고 있다. Fayol(1949)도 통제를 투입에 따른 결과를 조사, 점검하는 기능으로 정의하고, 그 목적은 미비점을 발견하여 이를 시정하고 재발을 막는 데 있다고 보았다. 간단히 말하면, 통제란 계획대로 실천되고 있는지 점검하고, 잘못을 시정해 가는 노력이라고 할 수 있다.

전통적으로 우리 사회에는 행정, 관리에서 통제 기능을 구성원들, 특히 부하직원을 감시, 감독하고 그들의 활동을 억제하는 개념으로 인식되어 왔다. 물론 행정, 관리

단계에서 이러한 통제 방식이 전혀 없는 것은 아니다. 그러나 대체로 기획, 조직, 조정, 명령, 조정 등의 행정 기능과 계획된 과업들이 일정한 절차와 규정에 따라 수행되고 있는지를 확인하여, 잘못이 있으면 이를 시정, 보완함으로써 조직목표를 효율적으로 달성하는 데 통제의 의의가 있다. 따라서 통제는 감시, 억제보다 평가적 성격을 띠고 있다고 본다.

조직 활동을 한시적으로 보면, 통제 기능은 대체로 행정과정의 마지막 단계에 속하지만, 각 기능들이 계속적으로 이어지는 수환과정으로 보면, 현 단계의 통제는 다음 단계 기획의 선행단계가 된다. 예컨대, 학교장은 새 학년도 학교의 교육 목표를 달성하기 위해 여러 가지 활동 계획을 세우는데, 그 계획은 현재년도의 평가, 즉 통제 결과를 반영하게 된다. 따라서 1학기 통제 결과는 2학기 계획에 반영되며, 금년도 결과는 내년도 계획에 반영된다. 그것은 조직 활동이 일회성으로 끝나는 것이 아니기 때문이며, 교육활동에 있어서는 더욱 그렇다.

통제는 기획, 조직, 명령, 조정 등 다른 행정기능들이 수행되는 과정에도 수반된다. 예로써, 의사결정, 조직 등의 기능이 완료된 후에 통제하기도 하지만, 이들이 완성되어 가는 과정을 통제한다. 그것은 기획이나 조직이 한두 번의 활동으로 완료되는 것이 아니고 여러 단계를 거쳐서 기획도 되고, 조직도 되기 때문에 이들이 완성되려면 여러 단계를 거치게 된다. 이들 각 단계마다 행정가는 통제 역할을 하게 된다. 마치, 총괄평가 전에 교수-학습 과정에서 실시되는 수행평가나 형성평가와 같은 맥락이다.

5 교육행정의 성격

교육이 다양한 지적, 정의적, 기술적 가치를 구현하는 공공사업으로서 이를 대상으로 하는 교육행정 역시, 다양하고 복잡한 성격을 가지게 된다. 교육행정이 어떤 성격을 띠고 있는지, 그 성격 유형을 정리해 보면, 대체로 일반적 성격과 독자적 성격으로 나눌 수 있다.

1) 일반적 성격

교육행정의 일반적 성격은 다른 부문의 행정과 많은 공통점이 있는 것으로써, 조장·

지원적 성격, 수단·봉사적 성격, 민주·중립적 성격을 들 수 있다.

(1) 조장·지원적 성격

교육행정은 국가의 중대한 사회복지 정책의 하나인 교육을 위한 행정으로서, 교육활동을 조장, 지원하는 성격을 띠고 있다. 경찰행정, 병무행정, 세무행정 등과 같은 다른 부문의 행정은 감독, 관리적 성격이 강하다. 반면에, 교육행정은 교육활동을 지원하기 위하여 인적, 물적 조건을 정비, 활용토록 하는 등 지원, 장려하는 성격을 띠고 있다. 장학활동을 통한 교수-학습의 질 향상, 낙후된 학교의 교육환경 개선을 위한 특별 지원 등은 교육행정의 조장·지원성을 잘 말해 주고 있다.

교육행정의 조장·지원성은 교육기본법에도 잘 나타나 있다. 사회교육 장려를 규정한 제10조, 남녀평등교육, 특수교육, 영재교육, 유아교육 및 직업교육의 증진을 위한 역할을 규정한 제17조부터 29조까지 많은 법률 조항들은 교육행정의 이와 같은 성격을 구체화하고 있다.

(2) 봉사·수단적 성격

교육행정은 행정을 위한 교육이 아니라 교육을 위한 행정으로서의 성격을 띠고 있다. 교육이 주목적이고 행정은 수단적 성격을 가지고 있다. 교육활동을 지원하기 위하여 행정은 봉사적, 수단적 기능을 한다. 특히, 교육의 핵심적 요소인 교수-학습 활동은 교사 고유의 전문 과업이다. 따라서 교육행정은 이를 직접 통제, 관리할 수 없고(Scott, 1987), 도와 주는 수단적 기능을 한다.

교육활동 자체가 복잡하고 전문적이기 때문에 행정의 감독이 작아지고 교사들의 자율적 영역이 그만큼 넓어지므로 교육행정은 봉사적, 수단적 성격을 가지게 된다(Bell, 1967). 학교 현장에서 교무행정, 학사행정, 재무행정, 시설행정은 궁극적으로 학교의 교육목표 달성을 위한 제 조건들을 확보하여 이들을 효율적으로 활용할 수 있도록 조력, 봉사하는 수단적 기능을 한다.

(3) 민주·중립적 성격

교육은 백년지대계라는 말이 있듯이, 1, 2년의 앞을 내다보는 것이 아니라 먼 장래를 보고 세우는 공공사업이다. 따라서 교육은 정치적, 종교적으로 중립적이며 민주적으로

운영되어야 한다. 교육을 대상으로 하는 행정도 당시의 정파나 종파의 이해득실에 치우치지 않고 국가의 장래를 위해 중립을 지켜야 한다.

1930년대부터 정치, 행정의 일원화가 제기되면서 현대에는 행정의 능률화 뿐만 아니라 민주화가 중요한 가치로 등장했다. 교육행정의 경우는 더욱 그러하다. 민의를 바탕으로 교육행정이 이루어질 때 자유와 평등, 인간의 존엄성이 존중되는 교육을 할 수 있다.

법률에 나타난 교육행정의 민주성과 중립성을 보면, 교육기본법에 교육행정의 민주성을 제시하고 있다. 교육기본법 제17조, 18조, 28조에 남녀 평등교육, 특수교육 및 장학제도에 관한 규정을 두어 성별, 정신적, 신체적, 경제적 약자들을 위한 교육행정을 법제화하고 있다. 이것은 민주주의의 가치, 즉 교육평등권 보장과 깊은 관계가 있는 것으로써 교육행정의 민주적 성격을 말해 주고 있다. 교육기본법 제6조에 규정된 교육의 정치적, 종교적 중립, 제14조에 제시된 교원의 정치적 중립성을 보더라도 교육행정이 특정 정파나 종파에 치우치지 않고, 중립을 지켜야 한다는 당위성을 확인해 주고 있다.

2) 교육행정의 독자적 성격

다른 분야의 행정과 구별되는 교육행정의 독특한 성격으로, 전문성, 복잡성과 친밀성, 공개성과 민감성, 장기성, 평가와 예측의 곤란성 및 포괄적 책임성 등을 들 수 있다.

(1) 전문성

자율과 책임을 가지고 사회봉사 기능을 담당하는 교직은 인격을 육성하는 전문직으로서 교원들은 광범위한 자율과 책임을 가지고 있다. 이들은 장기간의 교육을 통해서 숙련된 지식과 기술을 바탕으로 사익보다는 공익을 위해 봉사하는 위치에 있다. 전문가인 이들의 교육활동을 지원, 관리하고 정책을 입안, 집행 기능을 가진 교육행정이 전문성을 띠어야 하는 것은 당연한 귀결이다.

교육조직은 복잡하고 전문화된 조직으로서 다양한 특성을 가진 교사, 학생, 사무직원들로 구성되어 있다. 이러한 조직을 관리 지원하는 행정행위는 고도의 전문성과 독창성이 요구된다. 국가와 지역사회의 요구와 기대, 투입에 따른 산출의 불확실성(투입을 20%

올리면 산출도 이만큼 올릴 수 있을지 불확실함) 등 복잡다기하고 예측이 어려운 교육을 대상으로 하는 교육행정은 어떤 분야의 행정보다도 높은 전문적 지식과 기법, 융통성이 요구된다. 그리하여 남정걸(2003)은 국가에서는 타 분야의 행정과 달리, 전문성을 가지고 교육을 독자적으로 운영할 수 있도록 교육자치 제도를 두고 있다고 했다.

(2) 복잡성과 친밀성

교육행정은 목표, 내용 및 기능면에서 복잡성과 친밀성을 띤다. 교육은 전문직으로서 불확실성, 불안정성, 복잡성 등 다양한 특성을 가지고 있는데, 이것은 전문직의 중심 성격이다(Schon, 1983). 이러한 특성으로 인하여 지식과 이론이 실제와 다르기도 하다.

교육행정은 복잡하고 불분명한 교육을 대상으로 하기 때문에 그 목표와 과업 및 절차나 방법 등에서도 복잡성을 띤다. 이러한 복잡성으로 인하여 교육행정은 타 분야의 행정보다도 폭넓은 자율성을 가지게 된다(Bell, 1967). 일선 학교를 보면, 법률과 행정 규칙 및 방침에 따라 수행되는 군 행정, 면 행정과 달리, 학교의 교육행정은 보다 자율적으로 운영되고 있다. 장학지도 프로그램을 운영하는 일, 학교 시설을 관리 · 운영하는 일, 교육과정을 운영하는 일, 학교 사무를 조절하는 일 등과 같은 많은 행정 과업들이 학교장의 상당한 재량으로 수행되고 있다.

교육행정은 여러 조직 구성원, 그 밖에 여러 교육관계 인사들과의 친밀한 유대 관계 속에서 수행된다. 교육이 다양성을 띠고 있기 때문에 교육행정은 단독으로 수행되는 것이 아니라 다양한 집단들이 동참하는 가운데 협동적으로 수행된다. 따라서 구성원 및 교육관련 인사들과의 우호적인 관계와 그들의 협조 없이는 교육행정이 성공하기 어렵다. 교육행정가는 성공적인 역할수행을 위해서 상급기관은 물론 교사, 학생, 학부모 및 지역사회 인사들로부터 친밀한 협조를 받아야 한다.

(3) 포괄적 책임성

교육행정에 있어서 자율성에 뒤따르는 책임성도 매우 포괄적이다. 교육행정은 타 분야의 행정과 달리 단순히 법적 규정과 행정 지침을 완수하는 것으로 만족되지 않는다. 법적, 행정적 책임뿐만 아니라 학생들이 얼마나 인격적으로 성장했는지에 대한 교육적인, 도덕적인 책임도 있다. 또, 공공사업으로서 교육이 국가와 사회를 위해서 역할을 제대로 했는지에 대한 윤리적, 사회적 책임도 뒤따른다.

교육행정의 성패는 궁극적으로 학생들의 성장 · 발달에 지대한 영향을 준다. 잘못된 행정은 교직원들의 사기를 떨어뜨리고 학교 조직 분위기를 악화시켜 교육에 막대한 지장을 준다. 교육행가는 행정의 본질이 당시의 능률적인 과업 수행에 그치는 것이 아니라 학생들이 장차 가정, 사회의 일원으로서 지 · 덕 · 체를 고루 갖춘 인격으로 성장하는 데에 책임의식을 가져야 한다.

(4) 공개성과 민감성

오늘날 학교는 더 이상 외부 환경과 독립하여 존재할 수 없으며 변화하는 환경과 상호작용하는 개방체제이다(Easton, 1965). 정부의 재정적 지원과 감독, 학부형 및 지역사회의 요구 등을 도외시한 채, 공교육을 운영한다는 것은 불가능하다. 따라서 교육행정은 타 부문의 행정에 비해 더 개방적이며 공개적으로 수형된다.

교육이 정보와 지식 및 기술을 학생들에게 전달, 이것들을 생활에 적용할 수 있는 능력을 길러 주는 기능을 하기 때문에 이러한 정보와 지식 및 기술은 공개적일 수밖에 없다. 이러한 특성을 가진 교육을 다루는 교육행정은 그 목표와 과정 및 결과 면에서 특별히 비공개로 비밀리에 이행될 이유가 없다. 따라서 교육예산 편성, 집행, 입시 정책 입안, 집행 등과 같은 많은 행정 과업들이 국민 일반에 공개된다.

학생, 학부모, 지역사회 및 정부 관계 인사들은 교육행정에 민감하다. 정보사회가 보편화되면서 교육행정 내용과 절차 및 과정들이 일반에 노출되면서 일반의 관심이 매우 높아졌다. 특히, 대학입시, 고교평준화와 같은 민감한 교육정책을 어떻게 입안, 결정하여 어떻게 집행할 것인지, 교육예산을 어떤 기준으로 편성, 배정할 것인지, 교원 인사 정책은 어떤 기준으로 결정, 집행할 것인지 등에 대한 정부, 지역사회, 교원 및 학생 등 많은 계층의 관심은 예민하다.

(5) 장기성과 비긴급성

교육행정은 타 부문의 행정에 비해 투입-산출에서 매우 장기적이며 비긴급적이다. 그리하여 교육계획은 장기적인 관점에서 세워지고 투입에 따른 산출도 오랜 기간에 걸쳐서 나타난다. 교육은 새로운 재료를 투입하면 크기나, 무게, 빛깔이 일정한 새 물건이 금방 생산되는 공장과 다르다. 능력 있는 교사가 담임을 맡는다고 학생들이 하루 이틀 만에 기대한 만큼 성장하는 것도 아니다. 교육예산을 두 배 늘인다고 학생들의 학기말, 학년말 성적이 월등히 높아진다는 보장도 없다. 따라서 교육행정의 효과는 알게 모르게 장기간 동안 나타나는 특성을 가지고 있다.

투입에 대한 산출의 장기성과 더불어 교육행정은 비긴급적인 특성을 가지고 있다. 보건(예, 전염병 확산), 소방(예, 화재 진화 요원 및 장비 확보), 군사(예, 안보상 문제) 등과 같은 경우는 긴급한 행정 조치가 필요하지만 교육의 경우는 그렇지 않다. 교육행정의 효과가 장기적으로 나타나는 것처럼 행정상의 투입을 하루 이틀 미룬다고 당장 파국이 오는 것도 아니다.

교육행정이 장기성과 비긴급성을 띤다고 하여 교육행정이 타 분야의 행정보다도 쉽거나 중요하지 않다는 말은 아니다. 오히려 교육행정의 효과가 장기적으로 알게 모르게 나타나고, 눈에 확연히 띌 만큼 긴급적이지 않기 때문에, 장기적인 안목에서 체계적인 교육행정 계획을 세워 실천에 옮기는 슬기가 더욱 필요하다.

(6) 측정 및 예측 곤란성

교육의 성과를 측정하기 어려운 것처럼, 교육행정의 효과도 측정하기 어렵다. 교육행정의 궁극적인 목적은 교육 목표를 달성하는 데 있기 때문에 교육행정 효과 측정의 어려움은 교육성과 측정의 어려움에서 비롯된다고 본다. 즉 교육행정의 효과가 교육성과로 측정되기 때문이다.

사실, 학생들의 지 · 덕 · 체 등 유형, 무형의 성장과 발달을 한 시점에서 정확하게 측정한다는 것은 어려운 일이다. 교육으로부터 성취된 학생들의 지적, 정서적, 기술적 수준을 재기 위하여 타당성과 신뢰성을 갖춘 도구를 개발하기도 어렵다. 특히 도덕적, 정서적 성취수준을 측정하기란 더욱 그렇다. 또 측정 결과를 해석하는 것도 보통 어려운 일이 아니다. 비근한 예로, 고교평준화 정책의 실천으로 평준화는 이루어졌으나 학생들의 학교 선택권 박탈과 교육 수월성 저하를 어떻게 평가할 것인가? 전인교육 측면에서, 내신 위주의 대학입학 정책을 수립하는 것이 좋을지, 교육의 수월성 확보를 위해 수학능력시험 위주로 정책을 수립하는 것이 옳은지를 평가하기란 쉽지 않다. 측정도 측정이거니와 측정 결과에 대한 교육적 가치를 해석하는 일도 어려운 일이다(예, 수학능력시험 : 변별력 양호, 학교학습 소홀; 내신 : 변별력 취약, 학교학습 양호).

교육행정의 특성 중의 하나로 예측 곤란성을 들 수 있다. 교육이 예측 곤란성을 가지고 있는 것처럼 미래의 교육행정 결과도 예측하기 어렵다. 교육행정의 효과가 장기간에 걸쳐서 유형, 무형으로 나타나므로 일정한 투입에 대하여 일정한 산출을 예측하기 어렵다. 오히려 기대되는 산출과 정반대로 나타날 수도 얼마든지 있다. 또, 교육행정의 수혜자인 교사, 학생, 학부모들의 기대가 복잡하고 다양하여 동일한 행정행위에 대해서도 서로 다른 반응을 보이기 때문이기도 하다.

만일, 교수－학습의 질 향상을 위해 한 학교 교장이 교육청 장학사를 초빙하여 장학을 실시한다고 했을 때, 교사들이 장학지도 교과목 교수에 몰입한 나머지 타 교과의 교수에 소홀하여 전체적으로 성적이 오히려 떨어질 수도 있다. 장학사 초빙으로 환경미화 하랴, 장학 준비 및 수업하랴 등 교사, 학생들은 일상생활에서 벗어나 장학 준비에 몰두하는 것이 보통이므로, 오히려 그 결과가 비교육적일 수 있다. 결과적으로 장학이 투입에서 기대되는 산출을 얻기는커녕 정반대의 결과를 초래할 수 있다.

6 교육행정의 원리

교육행정에서 원리란, 교육행정조직의 구조와 역동 및 교육행정가의 역할수행 방침을 기술한 지침이다. 교육행정의 원리는 객관성과 규칙성을 가진 자연과학적 원리와 달리, 교육행정에 적용되어야 할 준거로서의 성격을 띠고 있다. 지금까지 여러 학자들이 제시하고 있는 교육행정 원리들은 과학적인 연구방법을 통하여 얻은 연구결과로 진술된 것이 아니라, 교육행정이 어떤 덕목(가치)을 반영하고, 어떤 과정을 거쳐서 수행되어야 하는지에 대한 이념과 규범을 강조한 것이다.

교육행정원리가 과학적인 방법으로 도출되기 어려운 아유는 사회과학 특히, 교육 또는 교육행정은 가치 지향적 활동이므로 객관적이고 가치중립적인 자연과학적 방법으로 설명될 수 없는 특수성을 지니고 있기 때문이다. 이 원리들은 과학성과 객관성의 한계로 인하여 사회와 시대가 변하면 새로운 이념과 가치를 반영하는 원리로 변하게 된다. 학자들이 제시하고 있는 교육행정 원리를 살펴보면 다음과 같다.

남정걸(2003)은 교육행정 원리를 크게 법규적인 원리와 운영면의 원리로 분류하고 있다. 법규적인 원리로는 ① 기회균등의 원리, ② 자주성 존중의 원리, ③ 지방교육자치의 원리, ④ 법치주의 원리, ⑤ 공공성의 원리 등 5개의 원리를 들고 있다. 운영면의 원리로는 ① 타당성의 원리, ② 민주성의 원리, ③ 능률성의 원리, ④ 적응성의 원리, ⑤ 안정성의 원리, ⑥ 전문성의 원리 등 6개의 원리이다.

윤정일(2007) 등은 교육행정 운영의 기본원리에는 ① 민주성의 원리, ② 효율성의 원리, ③ 합법성의 원리, ④ 기회균등의 원리, ⑤ 지방분권의 원리, ⑥ 자주성의 원리, ⑦ 안정성의 원리, ⑧ 전문성 보장의 원리 등이 포함된다고 했다. 김종철(1982)은 교육행정 원리를 법제면과 운영면에서 제시했다. 법제면에서는 ① 법치행정의 원리, ② 기회균등의 원리, ③ 적도집권의 원리, ④ 자주성 존중의 원리 등이 있다고 했다. 운영면에서의 원리로는 ① 타당성의 원리, ② 민주성의 원리, ③ 능률성의 원리, ④ 적응성의 원리, ⑤ 안정성의 원리, ⑥ 균형성의 원리 등이 제시되고 있다.

김창걸(1996)은 교육행정의 법제면과 운영면을 종합하여 교육행정의 원리로 ① 민주성의 원리, ② 효율성의 원리, ③ 능률성의 원리, ④ 합법성의 원리, ⑤ 합목적성의 원리, ⑥ 적응성의 원리, ⑦ 안정성의 원리 등을 제시하고 있다. 노종희(1997)는 교육행정의 기본이념으로 ① 인간성, ② 민주성, ③ 자율성, ④ 도덕성, ⑤ 타당성, ⑥ 능률성, ⑦ 안정성, ⑧ 융통성 등을 제시하고 있다. 이들 기본 이념들은 다른 학자들이 제시하고 있는 교육행정원리들과 유사한 개념들이다.

많은 학자들이 공통적으로 제시하고 있는 교육행정원리들은 과학적 연구방법에 의해 검증된 것은 아니나 교육행정에 대한 학문적 조예와 행정의 실제 경험을 통해서 도출된 원리들로서 각 원리마다 나름대로 의미를 가지고 있다. 따라서 어떤 원리는 교육행정에 부합되고 다른 원리들은 부합되지 않는다고 보기도 어렵고, 이를 검증하기도 쉽지 않다. 여기서는 학자들이 제시하고 있는 원리들과 시대적 정신에 부합하는 원리들을 망라하여 그 의의를 알아본다.

1) 도덕성의 원리

도덕성의 원리는 교육행정에 있어서 실제적으로 중요한 가치임에 틀림없으나 간과하기 쉽다. 교육의 궁극적 목적을 지성과 덕성을 갖춘 인격 양성에 둔다면, 도덕성은 교육행정에서 중요한 의미를 지닌다.

인간이 지식과 기술이 아무리 뛰어나도 비인격적으로 성장한다면 장차 건강한 가정과 사회를 만들 수 없다. 머리와 손에 많은 지식과 기술을 넣어 주고 쥐어 주는 것보다 먼저 사람다운 사람이 되도록 해야 건강한 가정과 사회를 만들 수 있다. 따라서 도덕성은 교육과 이를 위한 행정에서 아무리 강조되어도 지나치지 않다.

교육행정을 비도덕적, 비윤리적으로 수행한다면, 이는 곧 교사와 학생들에게 나쁜 영향을 주어 학생들의 인격적 성장은 기대하기 어렵다. 재물과 지위에 눈이 어두워 교육과 학교를 수단으로 알고 운영한다면 학교조직 분위기가 비교육적, 비도덕적으로 되어 교원들로부터 헌신적인 연구와 학생지도를 기대할 수 없다. 이렇게 된다면 학력(學歷) 상승이 아무리 높아도 교육경쟁력은 찾아보기 어렵다. 따라서 교육과정, 인사, 예산 운영 등 교육행정 과업 전반에 걸쳐서 도덕과 정의가 바탕이 되어야 함은 당연한 귀결이다.

2) 합법성의 원리

합법성의 원리는 어떤 분야의 관리, 행정, 지도도 법 · 규정을 어기가면서 수행될 수 없다. 이 점을 강조하여 교육행정이 법 · 규정의 테두리 안에서 수행되어야 한다는 것이다. 법치국가에서 교육행정은 다른 분야의 행정과 마찬가지로 헌법과 법률 및 규칙, 조례 안에서 이루어져야 한다. 교육행정이 법적 타당성을 가질 때 행정권의 남용을 막을 수 있고, 교육 공무원의 책임과 의무를 명백히 할 수 있으며 국민의 교육권도 보장된다. 또, 교육행정이 합법적으로 이루어짐으로써 교육공무원의 신분이 보장되고 그들로부터 중립적이고 소신 있는 교육행정을 기대할 수 있다.

우리나라 교육행정은 헌법 31조의 규정에 따라 제정된 교육기본법, 초 · 중등교육법, 고등교육법, 지방교육 자치에 관한 법률, 교육공무원법, 사립학교법 등과 대통령령, 부령 및 훈령 등에 의거하여 수행되고 있다.

3) 민주성의 원리

민주성의 원리는 교육행정이 민주적으로 수행되어야 한다는 것이다. 즉 교육행정의 목표(목적), 과정, 절차가 민주적 기본이념인 인간의 존엄성과 자유, 평등에 위배되어서는 안 된다는 뜻이다. 교육행정기관이나 행정기관장의 독단에 의한 교육헝정이 아니라 많은 사람의 참여와 민의를 바탕으로 한 교육행정이 되어야 한다는 원리이다.

우리나라 헌법전문에 자유민주주의와 기회균등, 헌법 31조 1항에 교육의 기회균등, 교육기본법 2조에 민주시민 양성, 민주국가 발전 등과 같은 민주적 실천 덕목들이 포함되어 있다. 이 법 조항들은 교육활동의 방향을 제시해 주고 있으며 교육행정도 여기에서 예외일 수 없다.

요즈음 행정권의 확대로 교육을 포함한 모든 부문의 행정에 있어서 관리, 집행의 기능이 강화되고 있지만, 목적 가치인 민주성이 훼손되어서는 안 된다. 교육행정기관과 기관장에게 교육행정의 궁극적인 책임은 있지만, 각종 위원회, 협의회, 협회, 연구회 등으로부터 광범위한 의견을 수렴, 교육정책 수립과 집행에 반영하도록 해야 한다.

4) 기회균등의 원리

교육행정에 있어서 기회균등의 원리는 모든 국민이 능력에 따라 교육을 받을 수 있는 기회를 균등히 해야 한다는 원칙이다. 특정 계층에 유·불리한 교육기회를 주어서는 안 된다는 의미이다. 교육의 기회균등의 원칙에 관한 여러 법 규정을 살펴본다.

헌법 31조 제1항에 모든 국민은 능력에 따라 균등하게 교육을 받을 권리를 가진다고 규정되어 있으므로 국가기관은 능력에 따라 균등하게 교육기회를 제공할 의무가 있다. 이 기회균등을 실천하기 위해 동법 31조 제3항에는 무상교육의 실시를, 동법 제11조에서는 성별, 종교 또는 사회적 신분에 의한 정치적, 경제적, 사회적, 문화적 생활의 모든 영역에 있어서의 차별을 금지하고 있다. 따라서 기회균등은 교육과 교육행정의 중요한 원리가 된다.

교육기본법 제4조는 성별, 종교, 신념, 사회적 신분, 경제적 지위 또는 신체적 조건에 따라 교육차별을 할 수 없도록 하고 있다. 동법 제28조는 경제적으로 어려운 사람을 위해서 국가와 지방자치단체에게 장학제도 및 학비 보조 의무를 지우고 있다. 초·중등교육법 제27조에는 우수한 학생을 위한 조기졸업 실시 규정이 있으며, 동법 28조에는 학습부진 학생을 위해서 수업 일수 및 교육과정의 신축적 운영이 규정되어 있다. 따라서 누구든지 능력에 따라 교육을 받을 수 있는 기회균등이 법적으로 보장되고 있다.

교육기회의 균등이 요즘처럼 정치, 사회, 교육적으로 중요한 쟁점으로 부각된 적도 없다. 고등학교 평준화 문제, 대학 입시 문제, 외국어 수학 문제 등에 대한 정책 수립과 실천과정에서 각 사회집단 간 논쟁이 치열하다. 그런데, 기회균등에 치중하다 보면, 교육의 수월성과 학생들의 학교선택권이 제한되고, 수월성과 학교 선택권을 확대하다 보면, 수학 조건이 열악한 계층이 소외되는 등 가치 충돌이 빚어져서 문제다. 이와 같이 상충되는 교육 가치들을 어떻게 조화시켜 최적의 교육효과를 거두느냐가 교육행정의 고민거리가 아닐 수 없다.

5) 공공성의 원리

공 · 사립을 막론하고 교육은 국가의 중요한 공공사업으로서 공적인 성격을 띤다. 따라서 이에 수반되는 행정도 공공성을 전제로 한다. 이러한 교육의 공공성과 사회성으로 인하여 국가와 지방공공단체가 공 · 사립 교육기관에 적극적으로 개입하여 지원하고 지도, 감독한다. 헌법 31조 1항에 균등하게 교육받을 수 있는 권리 보장과, 동조 2항의 초등교육과 법률이 정하는 교육을 받아야 하는 의무 규정은 교육의 공익성, 공공성을 법제화하고 있는 것이다. 또, 동조 3항에 무상 의무교육 규정을 둠으로써 의무교육에 대한 국가의 실천 의지를 보여주고 있다.

교육은 공적인 것이므로 사립학교법 제4조에는 각급 사립학교도 공무원인 교육감의 지도, 감독을 받고 있으며, 사립대학도 교육부의 지도, 감독을 받도록 규정되어 있다. 교육의 공공성에 대한 인식이 점점 높아지면서 국가에서는 사립 초등, 중등 및 대학의 교육에 과거와는 비할 바 없는 상당한 재정 지원을 하고 있다. 이것은 교육이 공익사업이기 때문이다.

6) 타당성(합목적성)의 원리

타당성과 합목적성은 같은 의미로 사용된다. 타당성의 원리란 교육행정 활동이 추구하는 목표(목적)에 부합되어야 한다는 이치이다. 부합되면 타당성이 높은 것이고 그렇지 못하면 타당성이 낮은 것이 된다. 그럼 교육행정의 목표(목적)는 무엇인가? 이는 교육행정에 대한 정의를 어떻게 할 것인가와 연결된다.

교육행정은 관점에 따라 여러 가지로 정의된다. 그런데, 교육을 위한 행정이라는 데는 큰 이견이 없다. 다시 말하면 행정이 목적이 아니라 교육이 목적이고 행정은 수단이라는 점이다. 이렇게 되면 교육행정의 타당성은 교육활동에 대한 기여도로 측정될 수밖에 없다.

교육과 관련하여 지원, 봉사를 하든, 관리, 감독을 하든, 법을 집행하든, 정책을 수립, 실천에 옮기든, 이와 같은 교육행정 기능들이 교수-학습을 포함한 교육활동에 부합된다면 교육행정의 타당성은 그만큼 높아진다. 따라서 목표(목적)에 부합되는 교육행정을 하기 위해서는 교육행정가는 확고한 목표(목적) 의식을 가져야 하며, 목표를 구체적,

도전적으로 설정할 필요가 있다(Locke & Latham, 1984). 효율적인 교육활동을 촉진하기 위해서는 어떤 형태의 교육행정 계획을 어떻게 세워, 교육활동을 어떻게 지원할 것인지에 대한 구체적인 청사진을 마련해야 한다.

7) 효율성의 원리

효율성이란 최소의 비용으로 최대의 효과를 거두는 것을 말한다. 교육행정에서 효율성의 원리란 적은 비용과 노력을 투입해서 최대한도의 교육활동을 지원한다는 의미이다. 이 원리는 경제원칙에 의해 운영되는 사기업체의 경영모델을 교육행정에 적용하면 성과를 높일 수 있다는 관점에서 출발했다. 교육행정에 경제학적인 투입-산출 개념을 도입하면 낭비를 줄이고 자원의 효율성을 높일 수 있다는 것이다.

20세기 전반부터 Taylor의 과학적 관리법이 널리 채택되면서 교육 및 교육행정에 대한 효율성도 주목을 받게 되었다. 교육도 기업과 마찬가지로 과학적으로 관리하면 교육 생산성이 높아질 수 있다는 것이다. 국가 경쟁력을 높이기 위해서는 교육경쟁력을 높여야 하고, 이를 위해서는 교육 효과를, 즉 학생의 학업성취도를 높여야 한다는 것이다.

교육의 효과성 제고에 더욱 박차를 가하게 된 배경을 보면, 1957년 소련의 인공위성, 스푸트니크(Sputnik)의 발사 성공으로 위기의식을 느낀 미국이 우주경쟁력, 국가경쟁력을 높이고자 교육에 많은 기대를 하고 있었다. 1958년에는 국방교육법(National Defense Education Act)을 제정하여 과학, 수학, 외국어 교육을 집중 지원했던 것도 이와 무관치 않다. 그 결과, 다음 해인 1959년에는 미국도 달 착륙에 성공하게 되었다(Guthrie & Reed, 1986).

8) 안정성의 원리

교육은 장기간에 걸쳐 효과가 나타나는 특징을 가지고 있으므로 교육행정은 일관성과 지속성이 있어야 한다. 시시각각으로 변하는 사회 각계각층의 입맛에 맞춰 교육정책과 프로그램을 자주 바꿔 가며 입안, 실천할 수는 없다. 이렇게 되면 교육과 교육행정의 방향성이 상실되고 그 여파는 일파만파로 번져 교사, 학생, 학부모는 물론 사회 전체의 혼란이 야기된다. 한 예로, 대학의 학생인사만 보더라도 입시정책의 안정성 부족으로 얼마나 많은 교사, 학생, 학부모들이 혼란에 빠졌던가!

어떤 새로운 교육 정책이나 교육 프로그램을 개발, 실천에 옮길 때에는 이론적인 검토와 준비연구(pilot study)를 통해서 그 타당성을 충분히 검토한 후에 착수해야 한다. 교육행정이 안정적일 때 교육활동을 능률적으로 지원할 수 있고, 교사, 학생 및 학부모들이 교수, 학습 및 자녀교육을 계획적으로 실천할 수 있다.

9) 적응성의 원리

적응이란 개인이나 조직이 주변 환경의 변화에 적절히 보조를 맞추면서 생존해 가는 생존의 원리이다. 교육행정도 사회 변화와 시대적인 요구를 거부한 채, 독자적으로 존재할 수는 없다. 교육행정은 안정성의 기조 위에서 변화와 발전을 도모해야 한다.

시대가 변하고 사회의 각 분야가 변화, 발전됨에 따라 교육에 대한 요구 수준도 달라지기 마련이다. 교육행정에 대한 기대도 달라지게 된다. 교육행정의 목적과 과정 및 절차와 방법은 변화된 외부 환경과 상호작용하면서 효율적으로 수립, 추진되어야 한다. 수십 년 전의 교육행정 수행 방식을 고집한다면, 복잡다기한 교육을 슬기롭게 운영할 수 없을 뿐만 아니라 외부 환경으로부터 고립되어 투입 결핍을 겪게 된다.

오늘날의 교육행정가는 외부환경의 변화 발전에 순응할 뿐만 아니라 변화, 발전을 적극적으로 모색하는 노력도 아끼지 말아야 할 것이다. 현경한 교육행정가는 교육에 대한 시대적 요청에 부응하면서 다가올 변화와 발전을 예측하고 이를 주도하는 지혜를 갖춰야 한다.

10) 전문성 보장의 원리

이 원리는 교육행정은 장기간의 교육을 통해서 전문적인 지식과 기술을 갖춘 전문가가 담당해야 된다는 규범적 원리이다. 교직이 전문직이라면 교육행정직도 전문직이고, 교사가 전문가라면 교육행정가도 전문가이다. 전문적인 교육활동을 지원, 장학, 관리, 지도하는 활동이 비전문적일 수는 없다.

교육에 대한, 교육행정에 대한 전문적인 소양을 쌓지 않은 사람이 교육행정을 담당할 때 그 피해는 막심하다. 높은 지성을 갖추지 못한 상태에서 자신의 그릇된 가치관과 교육관에 집착하여 교육행정을 수행한다면 조직 구성원의 사기는 말할 것도 없고 학풍

이 쇄락하여 학생들이 인격인으로 성장할 수 없다. 오늘날까지 우리 교육은 이러한 일들을 심심찮게 겪어온 것이 사실이다.

교육에 대한 높은 지성과 덕성을 갖춘 교육행정가가 교육행정을 담당할 때 전문성도 높일 수 있고 교육의 질적 향상을 기할 수 있다. 우리나라에서는 교육감, 일정 범위의 교육위원, 교육장, 교장, 교감의 자격에 제한을 두거나 자격증을 발급함으로써 교육행정의 전문화를 꾀하고 있다. 그러나 이것만으로는 부족하다.

현재, 교육행정가나 학교행정가들을 위한 집중적인 전문 교육프로그램이 없다. 적어도 어떤 분야의 전문가 되려면 그 분야와 직결된 장기간의 전문교육을 받아야 지식이나 기술적인 면에서 전문가가 될 수 있다. 그런데, 교육행정은 전문성이 요구되고 있지만 우리 현실은 이를 충족시켜 주지 못하고 있다.

오늘날, 얼마나 많은 교육감, 교육장, 총장, 학교장들이 교육행정 교육을 집중적으로 받았을까? 회의적이다. 이들이 교사나 교수보다 교육적인, 사회적인 소명 의식과, 도덕성 및 전문성에 있어서 과연 우위를 차지하고 있을까? 교육경력, 연구와 연수 점수 등, 점수에 의존해서 교육행정가의 자격이 부여되거나, 선거 혹은 임명으로 교육행정가의 지위에 오르게 된다. 그 결과, 그들은 전문적인 교육행정 교육을 받지 않은 상태에서 경험과 상식에 의존해서 교육행정을 하다 보니 정상적인 교육, 학교 운영이 될 리가 없다. 따라서 교육행정의 전문성, 즉 지적, 정의적, 기술적 전문성을 확보하기 위해 철저한 전문교육 시스템 구축이 절실하다.

11) 균형성의 원리

균형성의 원리란 교육행정이 어느 특정 교육 이념이나 목표에 치우치지 않고 이것들을 골고루 반영해야 한다는 원리이다. 교육제도나 정책을 설정, 수립하여 이들을 운영, 집행함에 있어서 어떤 특정 교육 이념이나 목표에 집착한 나머지 다른 이념과 목표들을 소홀히 해서는 안 된다는 원리라고 볼 수 있다.

교육행정의 여러 이념과 원리 및 가치들은 모두 중요한 가치이나 서로 양립할 수 있는 경우도 많지만 그렇지 않은 경우도 얼마든지 있다. 예컨대, 교육 수월성을 강조한 나머지 교육 평등권이 침해되는 경우도 있고, 교육의 안정성 확보에 치중하면, 교육의 적응성이 약화될 수도 있다. 또, 교육의 효율성에 집착하면, 교육의 기회균등과 같은 이념들이 훼손되기 쉽다. 비근한 예로, 영어 교육의 수월성 확보를 위해 영어 몰입교육 혹은 원어민강사 초빙 등과 같은 파격적인 외국어 교육정책과 예산을 세워 집행한다면 상대적으로 낙후된 지역 학생들의 교육평등권 보장을 위한 예산이 상대적으로 낮아질 수 있다. 따라서 교육제도나 정책을 수립, 집행함에 있어서 교육행정가는 어느 특정 원리나, 이념 혹은 목표만이 부각되고 다른 가치들이 훼손되는 일이 없도록 신중을 기해야 한다.

교육행정상 균형성의 원리는 학교교육에서 매우 현실적인 문제이다. 예컨대, 지 · 덕 · 체의 조화로운 성장을 위해서 각 교과의 수업 시간을 어떻게 균형적으로 배정할 것인지, 낙후된 농어촌 학교에 재정지원을 어느 비율로 할 것인지 등에 대한 전문적 식견과 판단력이 없으면 교육행정의 균형성을 유지하기 어렵다.

12) 자주성의 원리

교육행정에서 자주성의 원리란 교육행정이 일반 행정에서 분리, 독립하여 독자적으로 수행되어야 한다는 의미다. 교육은 장기적이고 공공성이 높은 국가의 사업으로 전문적 지식과 기술, 도덕성이 요구되는 전문적 과업이기도 하다. 따라서 그 본래의 목표를 달성하기 위해서는 교육행정이 일반 행정기관, 정파, 종파의 간섭을 받지 않고 자주적으로 이루어져야 한다.

외부의 지시나 간섭으로 교육 정책이 타율적으로 수립, 집행되거나 교육관련 법규 집행이 외부 세력에 의존해 있다면 교육행정의 전문화는 물론, 교육의 전문화도 기할 수 없다. 그 결과 교육행정은 종속적으로 되고 외부의 특정 집단이나 세력에 의해 좌지우지되어 전문성과 공공성으로부터 멀어지게 된다. 정도의 차이는 있지만, 의사나 판사가 외부의 지시나 간섭에 의존하게 된다면, 그들이 제대로 역할을 수행할 수 없는 것과 같다.

헌법과 교육기본법은 교육의 자주성과 중립성 보장을 명시하고 있다. 마찬가지로 교육행정도 자주적, 중립적이어야 한다. 헌법 31조 4항에 교육의 자주성 및 정치적 중립성에 대한 법률적 보장, 교육기본법 5조에 교육의 자주성 및 전문성 보장에 대한 국가 및 지방자치단체의 의무, 동법 6조에 교육의 정치적, 종교적 중립 등이 규정되어 있다. 이들 법 · 규정들은 교육은 물론 교육행정도 정치적, 종교적 중립을 지키면서 자주적으로 수행되어야 한다는 방침을 제시한 것이다.

13) 지방분권의 원리

지방분권이란 교육에 대한 권한을 중앙에서 지방으로 분산, 위임함으로써 교육행정의 민주화를 기하자는 것이다. 교육에 대한 운영 권한과 책임을 중앙의 교육행정기관(교육부)에서 시(특별시, 광역시) · 도교육청과 시 · 군 · 구 교육지원청에 분산하여 지역 주민의 참여를 넓히고 민의를 바탕으로 지역 특성에 맞는 교육을 운영한다는 것이다.

교육행정의 지방 분권화를 통해 높아진 지역 주민의 참여 의식은 교육행정의 민주화를 가져올 수 있고 지역 특성에 맞는 교육을 활성화시킬 수 있다. 지방분권화는 지역 주민의 교육에 대한 자치 정신과 책임 의식을 높여 줌으로써 풀뿌리 민주주의를 신장시키는 데도 큰 도움이 된다.

과거와 같이 교육행정 권한이 중앙 교육행정기관에 집중되면 지역특성과 지역 주민의 의사가 반영되기 어렵다. 뿐만 아니라, 교육을 위한 행정이 아니라 자칫 명령, 통제가 교육을 지배하는 권위주의 교육행정이 되기 쉽다. 이 경우, 행정의 능률성과 신속성 및 통일성은 어느 정도 확보될 수 있을지 모르나, 민주성, 자주성 및 창의성 등 교육행정의 본질적 가치가 퇴색되기 쉽다.

14) 적도집권의 원리

적도집권의 원리란 교육행정의 권한이 중앙과 지방에 적절히 배분되어 균형잡힌 교육행정을 이루자는 것이다. 권한이 중앙 교육행정기관(교육부)에 집중되어서도 안 되고, 지방 교육행정기관(시 · 도 · 교육청과 시 · 군 · 구교육지원청)에 지나치게 분산되어서도 안 된다는 것이다. 중앙과 지방의 교육행정 권한이 균형을 이룰 때, 중앙의 독주를 막을 수 있고 교육행정의 민주화와 자치화를 기할 수 있다. 권한을 지방에 과도하게 분산, 위임함으로써 야기되는 행정의 비능률과 비전문성도 극복할 수 있다.

우리나라는 전통적으로 교육행정이 중앙에 집중됨으로써 교육행정의 획일화, 형식화를 가져왔으며 조직의 관료화를 심화시켰다. 그 결과, 교육 행정가들은 지시와 명령, 통제를 주된 역할로 인식하게 되었으며, 권위주의적 교육행정을 부추긴 측면도 있었다.

이상과 같이 설명, 논의된 여러 원리들은 언제, 어떤 상황에서나 한결같은 적용력을 가지고 있는 것은 아니다. 시대에 따라, 상황에 따라 그 원리들의 적용력은 각각 다르다는 것을 지적하고 싶다. 낙후된 농어촌 교육을 위해서는 수월성보다는 기회균등의 원리가, 역으로 교육환경이 양호한 지역의 교육을 위해서는 그 반대일 수도 있다.

교육행정 원리들이 서로 상충되기도 하고, 과학성과 적응성에 한계가 있다고 하여 무용하다는 의미는 아니다. 나침판 없이 배가 항해할 수 없듯이, 교육행정의 방향을 제시해 주는 원리가 없다면 교육은 어떤 목표를 향해서 어떻게 날아갈 것인가!

교육행정 발전의 기초이론

제 2 장

1. 고전이론
2. 인간관계론
3. 행동과학론
4. 체제론
5. 이론과 실제의 문제

행정에 대한 학술적인 이론 탐구는 1887년 미국의 Wilson의 논문 '행정 연구'(The Study of Administration)에서부터 시작되었으나, 실제적으로 행정이 실행된 역사는 수천 년 전으로 거슬러 올라간다. 기원전 2000~3000년경의 이집트인들의 거대한 피라미드 건축 사업은 완성되기까지 10만 명 규모의 인원이 동원되었다고 한다. 이 방대한 조직 관리는 현대의 Shell Oil 회사의 3배가 된다는 것이다(Owens, 1991). 이와 거의 비슷한 시대에 고대 중국에도 거대한 행정조직이 있었으며, 그 후 중세, 근세를 거쳐 지금까지 조직 위상을 자랑하는 가톨릭교회의 방대한 행정 조직도 있다. 이와 같이 행정의 실천 역사는 수천 년 전부터 지금까지 이어오고 있는 것이다.

행정 혹은 관리이론은 원래 일반 행정기관이나 기업을 경영, 관리하는 데 활용할 목적으로 연구되어 왔으나 교육행정 중심의 이론 연구는 1950년대 이후부터이다. 특히, 이 연구는 교육의 여러 분야 중, 교육 조직의 현상을 설명, 예측하기 위한 이론 탐구에서 비롯되었다. 그런데 지금까지 많은 학자들이 교육행정이론으로 사용하고 있는 과학적 관리법, 인간관계이론, 행동과학이론, 체제론 등은 1910대 이후 개발된 것으로, 주로 기업과 일반 행정에서 관리와 행정의 효율성을 높이기 위해서 탐구된 이론들이다. 그 후 이들 이론들은 교육행정의 실제 및 이론 발전에 기초가 되었다.

1 고전이론

18세기 후반부터 시작된 산업혁명은 시간이 지날수록 생산기술의 혁신을 가져왔다. 노동집약적 생산에서 기계 중심적 생산으로 새로운 산업사회가 형성되었고 대량생산이 이루어지게 되었다. 그 결과, 제품이 시장에 포화상태가 되고 기업 간 경쟁이 심화되었으며, 기업의 생존과 원가절감, 노동 생산성 향상이 중대한 과제로 떠올랐다. 기업의 생존과 직결된 이러한 문제를 해결하기 위해 기업경영의 과학화를 필요로 하게 되었다. 이 시기에 기업을 포함한 조직 생산성을 높이기 위한 경영, 행정의 과학화, 합리화를 연구한 대표적인 인물로 미국의 Taylor, 프랑스의 Fayol, 독일의 Weber를 들 수 있는데, 이들을 일반적으로 고전학파라 부른다.

Taylor를 중심으로 한 고전학파들은 생산현장의 노동 생산성 향상을 주된 연구 대상으로 삼았으며, Fayol과 Weber를 중심으로 한 고전학파들은 조직 관리의 과학화,

합리화를 연구대상으로 삼았다. 한 마디로 전자는 생산라인 관리에, 후자는 조직운영 관리에 중점을 두었다.

1) 과학적 관리론

Taylor는 19세기 말 고등학교를 졸업하고 철강회사의 단순노동자로 입사했다. 28세가 되어 Midval 철강회사의 최고 기술자가 되었다. 그는 오랫동안 작업현장 경험을 통하여 비능률적인 요소가 작업현장 곳곳에 있는 것을 목격했다. 이를 시정하여 생산비용을 절감하고 생산성을 높이기 위한 과학적인 생산관리가 절실함을 느끼고 1911년에는 "과학적 관리의 원리"를 창안해 냈다(유기선, 2002). 그의 연구결과는 미국을 중심으로 기업경영은 물론 국가행정 및 교육행정에 이르기까지 그 적용이 확대되어 생산성 향상을 위한 수단으로 활용되었다. 과학적 관리의 요점은 작업분석과 시간-동작연구를 통하여 노동자들이 1일에 완수해야 할 작업량을 결정하고 이 작업량의 수행 실적에 따라 임금을 지불한다는 것이다.

(1) 과학적 작업분석

과학적 작업분석을 통해 작업량이 결정되는데, 1일 표준 작업량은 최고 노동자를 선택한 다음, 그의 작업 동작을 분해하고 동작에 소요된 시간과 여유 시간을 합하여 하루에 완성한 과업량을 1일 표준 과업량으로 삼는다는 것이다. 1일 표준 작업량을 확정, 할당함과 동시에 작업조건도 표준화하여 노동자들이 적절하게 노동하고 건전한 생활을 할 수 있도록 한다는 것이다. 그 작업량을 달성한 노동자들에게는 많은 임금을 주고 그렇지 못한 노동자들에게는 실패에 대한 책임으로 낮은 임금을 주는 성과급제를 채택한다는 것이다.

(2) 노동자의 선발과 교육훈련

Taylor는 노동자의 선발과 교육 훈련 방법을 고안하였다. 그는 노동자를 일단 채용한 후에는 작업훈련도 한계가 있다고 주장하고 채용 시 작업에 적합한 노동자를 과학적으로 선발해야 한다고 주장했다. 또 공장의 가장 유능한 자를 선정, 훈련업무를 담당시킨다는 것이다. 공장조직은 과거 군대식 조직에서 기능식 조직으로 전환하여 노동자와 경영자가 각기 직분에 따라 협력하도록 하였다. 작업 감독도 기능별로 따로 둠으로써 작업이 진행됨에 따라 감독관도 달라지게 한다. 그 결과, 노동자들은 작업에만 열중할 수 있고 작업의 기획, 지시 및 평가 등은 각 기능별 감독이 전담하게 되어 생산성을 높일 수 있다는 것이다(강길환 외, 2002).

(3) 과학적 관리의 원리

Taylor의 과학적 관리의 원리는 다음과 같이 요약될 수 있다(Owens, 1991).

① **작업결정의 과학화** : 각 노동자의 작업 결정을 주먹구구식으로 하지 않고 과학적 측정법을 채택하여 작업을 세분화한다

② **노동자 선발 훈련** : 구체적인 작업에 따라 노동자를 선발, 훈련하고 이를 위해 과학적이고 체계적인 방법을 사용한다.

③ **노동자의 협력** : 경영자는 목표를 설정하고 노동자는 이를 위해 협력하는 체제를 구축한다.

④ **작업과 책임의 구분** : 경영자와 노동자의 책임을 명백히 구분하여 경영자는 목표 설정, 기획, 감독을 하고 노동자는 맡은 과업을 실행한다.

(4) 과학적 관리론의 비판

Taylor의 과학적 관리법은 미국은 물론 유럽의 많은 기업체들이 생산성을 배 이상 올리는 데 기여했다. 당시의 소련수상 레닌도 Taylor의 과학적 관리법을 소련의 산업체에 적용시킬 것을 권장했을 정도였다. 그러나 미국의 많은 노동조합들은 노동자들을 기계처럼 다루고 착취하여 경영자들만 이득을 보게 되었다고 혹평했다. 노동자들의 강력한 저항에 부딪친 Taylor는 의회 청문회에 서게 되었다. 그곳에서 Taylor는 과학적 관리법에 의한 조직관리가 성공하려면 생산성 향상으로 얻어진 소득이 노사에게 공정하게 분배되어야 한다고 역설했다.

Taylor의 과학적 관리법을 비판하는 근거는 두 가지로 요약된다. 먼저, 과학적 관리법에서는 생산라인에서 표준작업량 측정이 우수한 근로자의 업적을 기준으로 했기 때문에 그 표준량에 미달되면 손실을 감수해야 되고, 실직도 하게 되므로 보통 수준의 많은 노동자들은 이를 감수하기 어렵다는 것이다. 그리고 과학적인 직무분석 및 노동

동작시간 연구를 통한 몰인정적인 관리는 능률만을 앞세운 기계적인 것으로 인간의 인격적인 면을 너무 경시했다는 것이다.

2) 행정과정론

행정과정론의 창시자인 Fayol은 미국의 Taylor와 거의 동시대에 살았던 프랑스의 기업 경영가이다. Taylor가 기업의 낮은 계층, 즉 노동자 관리를 위해 과학적 관리법을 창안했다면, Fayol은 기업 상층부의 기능에 중점을 두고, 행정과 관리에 과학적인 원리를 적용하면 효율성을 높일 수 있다고 믿고 행정과정론을 발전시켰다. Fayol은 「일반기업관리」(general and industrial management)를 저술함으로써 최초의 근대 조직 이론가로 각광을 받았다. Fayol은 행정, 관리가 ① 기획(planning), ② 조직(organizing), ③ 명령(commanding), ④ 조정(coordinating), ⑤ 통제(controlling) 등 5개의 요소로 구성되었으며, 이 과정을 거쳐서 수행된다고 했다. 이들 중 명령과 통제는 지도(leading)와 평가(evaluating)를 의미한다고 볼 수 있다.

Fayol은 5단계 행정기능을 수행함에 있어서 지침이 되는 14가지 일반원리를 제시했다. 그러나 Taylor가 그의 과학적 관리 원리가 반드시 실제에 적용돼야 한다고 주장했지만, Fayol은 14개의 원리를 융통성 있게 적용하는 것이 필요하다고 했다. 이들 원리들을 설명하면 다음과 같다(Fayol, 1949).

① **분업의 원리** : 구성원들의 전문성에 따라 과업을 나누어 부과하여 그 과업에만 종사하게 함으로써 낭비를 줄이고 능률을 올린다.
② **권한 책임의 원리** : 구성원들이 분담한 과업을 책임지고 수행하도록 하기 위해서는 권한과 책임을 명확히 한다.
③ **규율의 원리** : 규칙을 준수하고 이에 따라 과업을 수행해야 한다.
④ **명령 통일의 원리** : 하위자는 한 사람의 상위자로부터 명령을 받는다.
⑤ **지휘 통일의 원리** : 동일한 목적을 위한 집단 활동은 한 상사에 의해 계획적으로 지휘되어야 한다.
⑥ **공익에 사익 종속의 원리** : 조직의 이익이 개인의 이익에 우선한다.
⑦ **보상의 원리** : 보상은 조직과 개인 양자에게 공평하고 만족스러워야 한다.
⑧ **집권화의 원리** : 조직의 각 분야를 총괄하는 구심점이 있어야 한다. 집권화 정도

는 상황에 따라 다를 수 있다.

⑨ **권한 계열의 원리** : 조직의 각 계층 구성원들을 연결하는 명령과 권한 계층이 연쇄적으로 체계화되어 있어야 한다.

⑩ **질서의 원리** : 조직 내 인적 · 물적 자원을 적재적소에 배정, 배치한다.

⑪ **공정성의 원리** : 관리자는 구성원들을 공정하고 평등하게 취급해야 한다.

⑫ **고용 안정의 원리** : 능률은 안정된 노동력에서 비롯되므로 최고 경영자는 구성원들이 장기적으로 조직에 헌신, 봉사할 수 있도록 해야 한다.

⑬ **자발성의 원리** : 구성원들이 성공할 수 있는 실행계획을 주도적으로 개발하고 이를 실천할 수 있도록 그들에게 재량권을 주어야 한다.

⑭ **단체정신의 원리** : 조직은 하나의 팀으로 기능해야 하고 관리자는 협동 및 단체정신과 원활한 의사소통을 촉진시켜야 한다.

경영, 행정가들이 지켜야 위 원리들은 능률성, 질서, 안정성 및 공평성을 강조한 원리라고 볼 수 있다. Fayol에 의하면, 이 원리들은 기업체뿐만 아니라 정부기관, 군대 등 모든 조직에 보편적으로 적용될 수 있다는 것이다. 실제로 수십 년이 지난 오늘날에도 이 원리들은 조직 일반에 통용되고 있다.

Gulick은 Fayol의 5가지 관리, 행정 요소를 7가지 요소－POSDCoRB(각 요소의 첫 글자 합성어)로 확대, 발전시켰다(Gulick, 1937). 이들은 ① 기획(planning), ② 조직(organizing), ③ 인사(staffing), ④ 지시(directing), ⑤ 조정(coordinating), ⑥ 보고(reporting), ⑦ 예산편성(budgeting) 등이다. Fayol과 Gulick의 연구는 후속 연구와 실제에 많은 영향을 주었다.

3) 관료제

'관료제'하면 우선 부정적인 생각이 떠오른다. 엄격한 상하의 명령복종 관계, 일렬로 늘어선 사무실 책상, 수북이 쌓인 서류 뭉치, 지켜야 할 딱딱한 규칙 등 엄격하고 딱딱한 이미지가 풍긴다. 이와 같은 부정적인 이미지에도 불구하고 Max Weber의 관료제는 21세기인 오늘 날까지 크고 작은 조직의 운영 관리 및 행정에 상당한 영향을 미치고 있다. 이것으로만 봐도 관료제는 일반적인 이미지와는 달리 조직 운영에 많은 강점을 가졌다고 볼 수 있다.

Weber에 의하면 관료제는 합법성을 기반으로 효율성과 합리성을 추구하는 조직이론이라는 것이다. 즉 이러한 조직운영의 가치가 관료제 속에 가장 잘 나타나 있다는 것이다. 관료제는 구체적인 목표 달성을 위해 인간 자원을 조직하는 합리적 체제라는 것이다. 인간이 합리적인 존재라는 가정 하에 세운 제도로서 권위에 기초를 둔 체제라고 할 수 있다. 권위란 다른 사람들을 자율적으로 복종시키는 힘이라고 볼 수 있는데, Weber는 합리적 권위는 예측성과 합리성을 최대한으로 높이는 데까지 인간 행동을 통제할 수 있다고 했다. 또, 관료적 행정은 지식에 기초를 둔 통제의 형태이며, 지식은 권위에 합리성을 부여한다는 것이다. 따라서 그는 관료적 형정 형태는 근대의 복잡한 조직에 가장 잘 어울리는 지식 형태라고 주장하고 있다(Scott, 1987).

(1) 권위의 유형

Weber는 사회적 지배 특히, 정부의 소수가 어떻게 다수를 지배할 수 있는지에 대해 관심을 가졌다. 그는 다수가 자발적으로 권위에 복종하기 때문에 그 지배가 가능하다고 보았다. 그에 의하면 관료제는 강압적인 권력이나 사회적인 영향력이 아니라 권위에 그 뿌리를 두고 있다는 것이다. 그는 권위를 아래와 같이 3가지 유형으로 보고 있다(Silver, 1983).

① **전통적 권위** : 한 세대에서 다음 세대로 전승되는 지위에 근거한 지배 형태로서 군주나 족장의 지위에서 생기는 권위이다.

② **카리스마적 권위** : 지배자 개인이 가지고 있는 비범한 능력에 끌려 복종하게 되는 권위이다. 간디나 목택동, 히틀러 등은 당시의 그 나라 국민들이 자신들의 이상을 실현시켜 줄 비범한 능력을 가졌다고 믿고 존경하며 복종했던 사람들이다. 이렇게 복종을 이끌어 내는 권위가 한 개인의 매력, 영웅성에 달려 있으면 조직이 불안정해진다. 예컨대, 지도자의 유고시 조직 구성원들이 의지할 곳이 없기 때문에 조직이 큰 혼란에 빠질 수 있다.

③ **합법적 권위** : 이 권위는 법적 장치에 의해 부여된 지배 형태이다. 각급 공조직의 기관장, 법인 임원, 교육행정가들이 직무와 관련하여 부하 직원에게 복종하도록 명령할 수 있는 것은 그 권한이 법적으로 부여되어 있기 때문이다. 합법적 지배는 상사의 명령이 합법성을 내포하고 있기 때문에 복종을 하는 것이다.

(2) 관료제의 특징

Weber는 관료제가 지닌 특징은 법·규정에 입각한 엄격한 위계를 골자로 하는 몰인정적인 행정 형태로써 조직 생산성을 높이는 데 중요한 원리가 된다고 주장했다.

① **위계체제** : 관료제는 위계체제로 되어 있는데, 권위는 피라미드 형태로 되어 있으며 각 관리들은 부하직원의 행동과 결정에 책임을 진다.

② **분업** : 과업은 전문성에 따라 세분화되고, 각 개인의 전문적인 훈련, 기술, 경험에 따라 배분된다.

③ **규정에 의한 통제** : 관리의 행위와 결정은 성문화된 규정과 규칙에 의해서 행해지며, 이 경우 일관성, 예측성 및 안정성을 확보할 수 있다.

④ **비개인성** : 개인이나 조직의 행위에 대한 통제는 인간적, 감정적인 고려 없이 엄격하고 체계적인 규율에 의해 행해져야 한다. 모든 개인에게 규범과 규칙은 공평하게 적용되어야 한다. 의사 결정은 충동과 개인적 선호를 따를 것이 아니라 효율적인 목표 달성에 맞추어져야 한다.

⑤ **기록 보관** : 모든 과업 활동 내용은 문서로 보관되어야 하며, 장래의 의사결정이나 보고 등을 위한 참고 자료로 삼아야 한다. 학교에서 학생의 생활기록부, 성적기록부 및 건강기록부 등은 좋은 예가 된다.

⑥ **경력지향** : 고용은 전문성, 승진은 업적에 따라서 결정되어야 한다. 조직에 대한 충성도를 높이기 위해 전문기술을 가진 직원을 임의로 해고 또는 승진에서 탈락시키지 말아야 한다.

⑦ **효율성** : Weber는 관료제가 합리적 의사 결정과 행정의 효율화를 극대화한다고 주장했다. 순수한 관료제 형의 행정 조직은 기술적 관점에서 볼 때 가장 높은 효율성을 확보할 수 있다는 것이다. 분업과 전문화는 전문가를 만들고, 비개인적인 전문가는 사실에 기초를 두고 정확하고 합리적인 결정을 하게 된다. 권위의 위계는 엄격한 순종을 확보하고 규범, 규칙과 함께 잘 조정된 과업 수행체제를 구축한다. 그로 인하여 조직 운영의 일관성과 안정성은 유지된다(Hoy & Miskel, 2004).

(3) 관료제 비판

Weber의 관료제는 행정, 경영 및 관리의 합리화와 과학화를 통하여 목표 달성에 능률적이지만 여러 가지 역기능을 한다는 비판도 적지 않다.

① 분업과 전문화는 과업 수행의 효율성을 높일 수 있으나 비인간적인 무기력한 조직 분위기를 조성하고 직무에 실증을 느끼게 한다는 것이다. 결국, 이렇게 되면 직원들의 사기가 저하되고 생산성이 낮아진다는 것이다. 실제로 과업이 너무 세분화되고 전문화되면 같은 일만을 반복하게 되므로 이와 같은 역기능이 일어날 수 있다.

② 엄격한 권위의 위계는 의사소통 장애를 초래하게 된다는 비판도 있다. 보통, 직장에서 상사가 듣기 싫어하는 바른 말을 하기가 쉽지 않고, 듣기 좋은 말만 하게 되어 진솔한 의사소통이 원활하지 못한 것이 사실이다. 또, 엄격한 규범과 규칙으로 과업 수행의 일관성과 계속성 및 안정성은 높아지나 조직의 경직성이 초래된다.

③ 관료제의 몰인정성은 직원들의 비공식적인 인간관계를 무시하고 그들의 사회적, 심리적 욕구 충족을 저해하게 된다는 것이다. 어떤 조직이든지 비공식적 인간관계는 늘 있기 마련이며, 이것은 공식적인 규범과 규칙만큼 개인행등에 영향을 주기 때문에 이를 무시하는 것은 비현실적이다(Blau, 1970).

4) 고전이론이 교육행정에 준 영향

(1) 과학적 관리론과 교육행정

20세기가 시작되면서 교육의 효율성을 높이기 위해서는 기업 경영 방식을 교육에 적용시켜야 한다는 의식이 높아졌다. 이러한 의식은 미국을 중심으로 확산되었으며, 교육에 과학적 원리를 도입하면 높은 교육 효과를 거둘 수 있다는 것이다.

Callahan(1962)과 Tyack(1974)은 20세기 초 미국교육에 풍미하던 '효율성의 예찬'을 기술한 바 있다. McConaughy(1918)도 논문을 통하여 현재는 효율성의 시대로 학교에 대한 비판 중 비효율적이라는 말이 가장 심한 말이 되었다고 했다 Bobbitt(1913)는 교육자에게 기업 운영 방식대로 할 것과, 교사들에게 해야 할 일과 달성해야 할 목표와 방법 등에 대한 구체적인 지침을 주어야 한다고 제안했다. 의사결정과 담당과업, 교수방법, 교사 선발, 시설 등에 관한 결정도 과학적 관리 원칙에 기초를 두어야 한다는 것이다. Spaulding(1913)은 교육행정의 비능률을 지적하고 과학적 관리 체제로 학교를 바꿔야 한다고 역설했다.

Cubberley(1916)는 학교를 원료를 투입하여 상품을 만드는 공장으로 비유하면서 학교는 설계에 따라 학생을 육성하는 학교 사업이라고까지 주장했다. 이를 위해서는 좋은 도구가 필요하고 전문화된 기구가 있어야 하며, 계획된대로 생산되고 비용이 절감되었는지를 계속 측정해야 한다는 것이다. 또, 원가 계산을 통하여 교육비용을 줄이고 효율성을 높여야 한다고 했다.

1930년대에 들어서면서 과학적 관리론에 대한 신봉이 다소 퇴색되기도 했지만 그것은 오늘 날까지 교육을 비롯한 거의 모든 분야의 조직 운영에서 통용되고 있다. 예로서, 학생들의 학업성취도 평가가 정규적이고 체계적으로 실시되고, 전공별로 교과 담당 교사가 결정된다. 또 학생과 교직원의 행동 규칙이 학칙에 잘 나타나 있고, 교사의 임용과 승진이 전문성과 연공서열 및 업적에 따라 결정되고 있다. 이와 같은 특징들을 고려할 때 과학적 관리론이 오늘 날의 학교교육에도 상당히 적용되고 있음을 알 수 있다.

과학적 관리론에 입각한 교육행정은 지나치게 비용－효과 관계에 치중했다는 것이다. 교육은 백년지대계라는 말이 있듯이 투입하면 바로 바로 산출되는 공장과는 너무 다르며, 공장의 산출은 만지거나 볼 수 있고 가격으로 측정할 수 있지만 교육 산출은 그렇지 않다. 교육은 과학적 관리론에 의거하여 주어진 과업을 기계적으로 수행하는 것도 아니며, 교사 상호간, 교사와 학생 간, 학생 상호간의 인간적 교류를 통해서 학생이 지적으로, 사회적으로, 도덕적으로 성장해 간다. 과학적 관리론은 이 점을 설명하지 못하고 있다.

(2) 행정과정론과 교육행정

기업의 행정과정을 가장 먼저 발전시킨 학자는 Henri Fayol이지만, 이를 교육행정에 적용, 교육행정 과정을 발전시킨 대표적인 학자 및 단체로는 Sears, Gregg, Griffiths, 미국학교행정가협회(AASA : American Association of School Administrators)를 들 수 있다.

Sears(1950)는 가장 먼저 Fayol과 Gulick의 행정과정 요소를 원용하여 교육행정과정 요소를 제안했다. Fayol의 5요소, 즉 기획(Planning), 조직(organizing), 명령(commanding), 조정(coordinating), 통제(controlling)를 거의 그대로 교육행정에 적용, Sears는 기획(planning), 조직(organizing), 지시(directing), 조정(coordinating), 통제(controlling) 등 5개 기능을 교육행정 과정 요소로 삼았다. 여기에서 Fayol의 명령(commanding)과 Sears의 지시(directing)는 서로

비슷한 내용이다. Gulick(1937)은 행정 요소를 더욱 구체화하여 기획(planning), 조직(organizing), 직원조직(staffing) 지시(directing), 조정(coordinating), 보고(reporting), 예산편성(budgeting) 등 7가지 요소-POSDCoRB(각 요소 두문자)를 제시했는데, 이들 중 몇 요소는 Sears가 제시한 요소에 포함된다. 예컨대, Gulick의 직원조직, 예산편성은 Sears의 조직, 통제에 각각 내포된 요소라고 볼 수 있다.

Gregg(1957)도 기업 및 일반 행정과정 요소를 교육 행정에 적용, 7단계의 교육행정 과정을 발전시켰다. 7단계의 요소는 의사결정(decision making), 기획(planning), 조직(organizing), 명령(commanding), 영향(influencing), 조정(coordinating), 평가(evaluation) 등이다. 이 밖에 Griffiths(1958)는 교육행정에서 의사결정이 행정의 중심과정이며, 행정의 중심 기능이 의사결정과정을 지휘하고 통제하는 것이라고 주장했다. 미국학교행정가협회(AASA : American Association of School Administrators)도 1955년 연보에서 행정을 본질적으로 목표 달성을 위해 다른 사람들과 같이 일하는 방법으로 보고, 5단계의 교육행정과정 요소를 제시했다. 이들 5단계 요소는 기획, 배분(allocation), 자극(stimulation), 조정, 평가이다.

(3) 관료제와 교육행정

Weber의 관료제는 19세기 말부터 분출하기 시작한 관리, 행정의 효율화, 과학화의 열망에 따른 조직운영의 원리이다. 관료제는 몰인정성, 비융통성, 사기저하, 권태 등과 같은 부정적 측면이 있지만, 여러 분야의 공사조직은 물론 교육조직에 적용되어 많은 영향을 미쳐왔다.

관료제는 여러 가지 부정적인 점도 있으나 과업의 전문화, 과학화, 통일화를 통하여 조직 생산성 향상에 크게 기여했다는 것이 일반적인 인식이다. 놀랍게도 일반의 부정적인 인식에도 불구하고 이 제도는 오늘 날까지 교육조직, 교육과정 운영, 교직의 전문화, 교육인사 관리 등 교육행정 전 분야에 적용되고 있다. 이를 살펴보면 다음과 같다.

1 권위의 위계

관료제의 특징 중의 하나라고 할 수 있는 권위의 위계는 교육조직에 그대로 적용되고 있다. 위로부터 교육감 → 교육장 → 교장 → 교감 → 교사 순으로 직제가 위계적으로 편성되어 있다.

2 전문성

교직은 법적으로나 교육적으로 엄연히 전문직으로 인정되고 있으며, 교육행정 조직도 전문성을 갖춘 인사들로 구성되어 있다. 교육감, 교육장, 교장, 교감 등과 같은 교육행정가 또는 학교행정가의 자격을 법적으로 제한하는 것도 교육행정의 전문성을 고려한 조치로 볼 수 있다. 또 교사 임용 후보자의 자격도 전공과 교육학 분야의 학과목을 일정한 수준 이상으로 이수할 것을 규정한 법규도 교육의 전문성 유지를 위한 것이다.

3 규칙과 규정

교육행정가, 교사, 학생 등 교육 조직의 구성원들은 예외 없이 법 · 규정과 학칙을 준수해야 한다. 교육행정가들은 법 · 규정과 각종 영에 따라 행정 업무를 수행한다. 교사와 학생들도 이와 같은 각종 법규와 학칙의 테두리 안에서 자신들의 역할을 수행하게 된다.

4 경력지향성

경력은 교육 조직에서도 중시되고 있다. 경력은 교육에 종사한 기간 뿐만 아니라 교육과 관련된 활동과 그 결과를 의미한다. 교사들이 전문성에 따라 고용되고 연공서열과 업적에 의해 승진되며, 퇴직은 자유롭고 퇴직금도 지불된다(Hanson, 1991). 고등교육기관에서 일정한 전문 교육을 받고 자격증을 소지한 자가 교사가 된다.

5 분업

분업은 교육과 교육행정의 전문성 제고를 위해서 필수적인 조건이다. 전공별로 나누어 교과목을 가르치지 않는다면 교육의 전문성은 기대할 수 없다. 국어를 전공한 교사가 국어를, 수학전공 교사가 수학을, 영어전공 교사가 영어를 가르치듯이 분업과 전문성은 교육에 필수적이다. 교육행정기관인 교육부, 교육청 등에서도 전문성에 따라 행정 과업이 여러 부서로 나뉘어 수행되고 있다. 일선 학교에서도 교장을 정점으로 교감 및 행정직원들이 행정 업무를 담당하고 교육활동은 교사들이 담당하고 있다.

6 비인간지향성(비정실성)

비인간성, 비정실성, 무사지향성 모두 같은 의미이다. 교육과 교육행정에 있어서 사적 관계나 정서적인 요소를 배제하고 공평무사하게 직무를 수행하도록 되어 있다. 엄격하고 체계적인 규칙과 규범에 의거해서 직무를 수행해야 한다. 개인 간의 친소관계나 감성적인 요인에 치우쳐 공정성이 상실된다면 공익보다 사익을 앞세우는 비교육적 풍토가 조성된다.

7 관료제적 학교 특징

관료제의 관점에서 교육조직을 분석, 탐구한 연구들과 관료제의 원리를 교육행정에 적용한 연구 및 실제들을 볼 수 있다.

먼저, Abbott(1965a)는 오늘날 우리가 알고 있는 학교는 고도로 발달된 관료조직으로 정확하게 기술될 수 있다고 주장했다. 많은 학교들은 관료제 형태를 취하고 있으며, 그래서 학교 구성원의 행동분석 연구에 관료제 모델이 활용되고 있다는 것이다(Miles, 1965; Firestone & Herriott, 1981). Kolesar(1967)는 관료제적 색채가 강한 학교가 전문성을 강조하는 학교보다 학생들의 세력을 약하게 한다고 주장하고 있다. Moeller와 Charters(1966)도 관료제적 학교가 전문성을 강조하는 학교보다 교사들의 세력감을 더 높여 주고 있다는 연구 결과를 내 놓았다. 이것은 관료제적 학교가 학생들의 주장을 그만큼 약하게 한다는 것을 시사해 주고 있다. 또, 관료제적 학교조직이 학생들의 학업성취에 부정적인 영향을 준다는 연구도 있다(MacKay, 1964; Anderson, 1971). 요약하면, 관료제 학교에서는 교사의 힘은 강해지나, 학생의 힘은 약해진다는 것이다.

2 인간관계론

인간관계론의 골자를 먼저 설명하면, 물리적 요인, 즉 공식조직, 작업 구조, 경제적 요인 및 엄격한 규칙보다도 인간 요인, 즉 인간관계, 비공식 조직, 근로자의 사기, 참여의식, 직장 내 분위기 등이 조직 생산성에 더 중요하다는 이론이다.

20세기부터 연구된 고전적 조직이론, 즉 Taylor의 과학적 관리론, Fayol의 행정 과정론, Weber의 관료제론은 조직 생산성 제고에 크게 기여하여 각광을 받았다. 고전적 조직이론은 근로자 관리에 과학적 원리를 적용시켜 생산성을 높이는 데 치중해 있다. 이러한 이론적 관점은 근로자를 주체가 아닌 객체, 즉 기계의 부속품으로 취급하고 있다는 비판을 받고 있다.

고전이론은 조직의 욕구와 근로자의 욕구가 일치하여 조직이 번영하면 근로자도 같이 번영한다는 입장이다. 그래서 조직의 생산성을 먼저 높여야 한다는 논리이다. 그러나 조직과 근로자의 목표와 욕구는 서로 다르다는 인식이 높아지면서 근로자의 욕구 충족이 오히려 조직 생산성을 높일 수 있다는 인간관계론이 싹트게 되었다. 고전이론의 제도적 결함과 근로자들의 인식 변화는 인간요인을 중시하는 계기가 되었다.

인간관계론이 조직 생산성 향상에 중심이론으로 등장하여 역할을 한 시기는 대체로 1935년부터 1950년까지(Guthrie & Reed, 1986)로 볼 수 있다. 이 시기에 가장 대표적인 연구로는 미국 시카고 근교에 있는 호손(Hawthorne) 공장에서 1927년부터 1932년까지 실시한 Mayo 등의 연구를 들 수 있다. 이 연구를 시작한 동기는 과학적 관리의 원리가 얼마나 생산에 영향을 주는지를 검증하는 데 있었으며, 이곳에서 몇 단계의 실험 연구가 이루어졌다.

1) Mayo 등의 호손실험연구

1920년대 미국 Harvard 대학 교수인 Mayo 등(1933)은 Hawthorne 공장 근로자들을 대상으로 근 6년 동안 실험연구를 했는데, 그 실험의 과정과 결과를 대략 살펴본다.

(1) 조명효과 실험

첫 실험에서는 작업장의 조명을 높이면 노동 생산성이 달라지는지를 실험했다. 근로자들을 실험집단과 비교집단(통제집단)으로 분류하여 실험집단에 조명도를 변화시켜 봤으나 조명도와 관계없이 양 집단은 모두 생산성을 증가시킨 것으로 나타났다. 기대했던 것과 전혀 다른 연구 결과가 나오자 연구진은 근로자들에게 질문을 통하여 그 이유를 알아보았다. 그 결과, 이들이 실험에 참가하게 되어 기쁘게 되었고, 연구진과 회사가 기대하는 것이 무엇인지를 알아채고 최선을 다해 일했다는 사실을 밝혀 냈다. 여기에서 호손효과(Hawthorne effects)가 발견된 것이다. 호손효과란 피험자가 자신이 실험 대상이 되었다는 것을 알면 실험자가 원하는 대로 행동하게 되는 효과이다. 결론적으로 불빛과 같은 물리적 조건은 생산성과 직접 관계가 없고, 근로자의 사회적, 심리적 요인, 즉 태도, 느낌 및 분위기 등이 생산성과 깊은 관계가 있다는 것이다(Hoy & Miskel, 2004).

(2) 전화계전기 조립실험

두 번째 실험에서는 전화계전기 실험인데, 생산성에 영향을 준다고 생각되는 작업시간 단축, 휴식시간 증가, 간식, 성과급 등 작업조건을 개선하여 이를 실험집단에 적용해 보았다. 그 결과, 이러한 물리적, 경제적 조건과 관계없이 생산량이 증가했으며, 이러한 조건을 원상태로 환원해 보았지만 생산량 증가는 계속 유지되고 있었다. 이 결과는 물리적 조건 개선과 노무 관리의 합리성, 과학성보다 오히려 인간의 심리, 사회, 인간적 변인이 더 중요하다는 것을 나타내 주었다.

(3) 면접 실험

검사부 현장과 사무실 직원을 대상으로 면접 실험을 했는데, 그것은 근로자의 불만과 고통을 조사하여 지도, 감독 및 관리 방식을 개선하기 위한 실험이었다. 이 연구 결과, 생산성은 물리적 조건보다는 근로자 개인과 집단의 태도, 감정 등에 달려 있다는 것이 확인되었다. 이 면접 실험 결과에서도 위의 두 실험 결과와 마찬가지로 다른 어떤 조건보다도 인간의 사회적, 심리적 요인이 생산성에 더 중요하다는 결론을 얻었다.

(4) 교환대 배선작업 실험

이 실험은 1930년대 초에 약 6개월간 실시되었는데 연구 목적은 집단 구성원의 태도와 행동 및 자생적인 인간관계를 알아보기 위한 것이었다. 14명의 남성 근로자를 작업 관찰실에 배치하여 관찰했다. 관찰 결과, 이들은 상호작용을 통해 2개의 비공식 집단을 결성하고 행동 규범을 만들어 구성원들에게 지키도록 했다는 것이다. 그 결과, 그들은 공식적으로 제시된 작업 규범보다는 그들의 비공식 집단 규범을 더 잘 지켰다는 것이다.

위와 같은 연구 결과로, 비공식 조직의 규범과 가치 및 정서가 조직 구성원들의 사고와 행동에 많은 영향을 주고 있다는 결론을 얻게 되었다(박수연 외, 2000).

2) 인간관계론 비판

인간관계론은 고전이론이 조직 생산성만을 강조하고 근로자들에 대한 배려가 극히 인색하다고 비판하면서 출발했다. 이 이론은 조직의 인간주의적 운영에 많은 기여를 했으며, 과업동기이론 개발에 이념적 기초가 되었다고 본다. 그러나 인간관계론도 여러 측면에서 비판을 받고 있다.

인간관계론은 오히려 교묘하고 세련된 형태로 노동자를 이용하는 이론이라는 것이다. 인간관계이론의 관점이 근로자의 권익을 경시하고 있다는 것이다. 사실, 이 이론도 생산성 향상을 위해서 근로자들의 어떤 심리, 사회적 요인을 어떻게 활용할 것인가에 초점을 맞추고 있지, 인간적인 배려, 후생복지 등 그들의 권익에는 관심이 적었다.

인간관계론은 조직 구성원과 조직 생산성에 대한 관계만을 다룬 이론으로 볼 수 있다. 오늘날과 같이 정치, 경제, 사회, 문화 및 국제적 요인 등과 같은 조직 외적 변인들이 조직 생산성에 매우 중요하다는 사실을 상기해 볼 때, 이를 무시한 인간관계론은 한계성을 가질 수밖에 없다.

3) 인간관계론이 교육행정에 준 영향

Mayo의 호손연구(Hawthorne study)로부터 발전된 인간관계론이 교육행정의 발전 및 민주화에 얼마나 영향을 미쳤는지에 대한 실증적 연구는 많지 않다. 이와 같은 연구는 적었지만 교육행정의 실제에 직 · 간접적으로 많은 영향을 미친 것이 사실이다. 인간관계론이 연구되면서 1960년대 이래로 많은 직무동기 이론들이 연구된 것도 우연이 아니며, 교육행정가와 교사의 직무동기에 대한 많은 연구가 수행된 배경도 인간관계론과 무관치 않다.

흥미로운 것은, 교육감을 포함하여 상위의 교육행정가보다는 현장 중심의 학교의 교육행정에 많은 영향을 주었다(Owens, 1991). 이것은 교사와 학생을 직접 지도, 관리하는 학교장의 행정 행태가 종전에 비해 인화적으로 변모됐다고 볼 수 있다. 중앙 및 지방의 교육행정기관은 아직까지 관료제의 특성이 지배적이라고 볼 수 있으나 교육현장을 직접 관리, 지도하는 단위학교 수준에서는 인간관계적 또는 민주적 학교행정이 어느 정도 실천되고 있다고 볼 수 있다.

Tyler는 "이념적 개념 변화에 따른 필요한 교육적 적응"이란 논문에서 호손연구(Hawthorne study)의 결과를 교육행정에 적용시킬 것을 주문했고, Koopman은 인관관계론의 관점에서 학교행정의 민주화를 역설했다. 그는 이를 위한 과제로서, ① 교육의 사회적 책임 규명, ② 민주적 지도성 개념 확립, ③ 민주적인 조직 형태 구축, ④ 모든 사람의 적극적 참여, ⑤ 교사의 역할 규명 등을 제시했다. 그리고 Yauch는 1949년에 수행한 "교육행정에서 인간관계 개선"이란 연구를 통해 교육행정에서 인간관계의 중요성을 지적하고 있다. 그는 특히, 장학, 교육과정 운영, 예산 배정 등 모든 교육 행정영역에서 교사들의 참여를 강조했다. Griffiths도 「학교행정에서 인간관계」라는 저서에서 교장의 주된 임무는 교사들의 활동을 촉진하고 조력하며 조정하는 것으로 보고 교사들의 욕구에 관심을 가질 것을 주문했다(김윤태, 2004).

물론 학자들의 연구 활동을 통해 인간관계론이 교육행정에 영향을 주기도 했지만, 시대적으로도 인간 요인이 점점 중시되는 정치, 사회로 변모됨에 따라 교육행정도 이와 같은 시류를 거역할 수 없었다. 오늘날에 있어서도 인간관계론적 관점이 학교조직에서 매우 중요시되고 있는 것을 보아도 알 수 있다. 그 실례를 보면, 비공식 조직으로서 대학의 교수협의회, 각급 학교의 상조회, 동문회, 크고 작은 학교 내 친목회, 각종 레크리에이션 모임 등이 있다. 이들은 원활한 의사소통과 인간관계 형성 및 학교조직 풍토 조성에 많은 영향을 준다.

3 행동과학론

고전이론과 인간관계론은 서로 다른 입장에서 조직 생산성에 미치는 요인들을 밝혀내는 데 많은 기여를 했으나, 근로자 행동을 충분히 설명해 주지는 못했다.

고전이론, 즉 과학적 관리법이나 관료제론은 공식조직, 과업구조를 통한 과업행동의 과학적, 구조적 관리에 치중해 있다. 비공식 조직과 근로자의 심리적, 사회적 요인을 고려하지 않음으로써 과업행동을 제대로 설명하지 못하고 있다. 반대로, 인간관계론은 근로자의 심리, 사회적 요인과 비공식 조직을 지나치게 강조하고 공식조직 및 과업의 구조적 측면을 소홀히 함으로써 과업행동을 과학적으로 설명하는 데 한계를 가지고 있다. 이상과 같은 두 이론의 최약점을 극복하고 인간 행동을 보다 종합적으로 설명, 예측하려는 행동과학론이 싹트게 되었다.

행동과학론은 조직행동을 개인적 차원과 조직적 차원으로 구분하고, 이들은 서로 독립적 존재이면서 상호작용한다고 설명하고 있다. 조직과 개인, 양자의 목표가 균형적으로 달성되어야 한다는 것이다. 이러한 이론을 최초로 연구한 학자로는 Barnard를 들 수 있다.

1) Barnard의 이론

Barnard는 뉴저지 주의 벨전화회사 사장과 다른 여러 기관의 CEO로 활동하면서 조직 활동과 근로자의 인간관계에 많은 관심을 가졌다. 그는 공식조직과 비공식조직의 관계를 이해하는 것이 매우 중요하다고 생각했다.

Barnard(1938)는 조직을 고전관리 원리와 인간관계 원리가 통합되는 협동체제로 보고 협동체제 구축을 위한 두 조건을 제시했다. 하나는 조직 측면인 조직목표 달성, 즉 조직 효과성이고, 다른 하나는 근로자 개인 측면인 개인의 욕구만족인 효율성이다. 조직목표와 개인목표가 균형적으로 달성되어야 조직이 정상적으로 운영된다는 것이다.

Barnard는 조직목표 달성에 기여하는 근로자들의 노력을 헌신, 조직이 근로자의 욕구만족을 위해 제공하는 효용을 유인이라고 했다. 조직은 근로자의 헌신을 유도하기 위해 유인을 제공해야 조직이 생존할 수 있다는 것이다(신두범 외, 2003). 이 유인은 물질적인 보상이 될 수도 있고, 개인의 발전, 명성, 권력, 사회적 매력 등을 위한 기회가 될 수도 있다는 것이다. 이러한 보상을 충분히 제공하여 그들로부터 협조를 이끌어 내는 것이 행정가의 역할이라는 것이다. 또, Barnard는 조직의 성패에 결정적인 요인은 참여자들을 올바르게 결집시킬 수 있는 공동목표라고 주장했다(Scott, 1987). 공동목표가 설정되어 구성원들에게 각인될 때 협동심이 생기고, 그 협동심은 조직의 발전에 기여하게 된다는 것이다.

Barnard는 조직이 복잡한 사회적 유기체인데도 많은 연구들이 핵심적 부분을 다루지 않고 사소한 부분을 다뤘다고 비판했다. 그는 연구들이 조직행정의 구조적, 공식적인 면만을 강조했는데 이는 실상이 아니고 공식조직과 비공식조직의 관계를 이해하는 것이 무엇보다 중요하다고 지적했다. 그래서 그는 공식조직을 연구하기 시작했지만 그 속에 있는 비공식조직에도 많은 관심을 기울였다.

Barnard에 따르면, 비공식조직은 목표가 없이 상호작용하는 특징을 가지고 있으며 구성원들의 지식, 경험, 태도 및 감정 등을 변화시킬 수 있다는 것이다. 비공식조직은 근로자들의 의사소통과 자존심을 높여 줌으로써 그들의 사고와 행동에 영향을 준다는 것이다. 결론적으로 효과적인 행정을 위해서는 근로자의 목표와 조직의 목표가 동시에 중요하다는 것이다.

Barnard의 이론을 다음과 같이 정리할 수 있다.

첫째, 조직은 인간의 협동적 유기체로써 개인과 조직의 목표가 균형적으로 성취되어야 조직이 성장할 수 있다. 고전이론이나 인간관계론은 조직 혹은 개인의 어느 한쪽만을 강조하고 다른 한쪽은 소홀히 했다.

둘째, 효과성과 효율성을 구분하여 조직목표 달성을 효과성, 개인동기 만족을 효율성으로 규정하고, 이들은 대립되기도 하고 융합되기도 한다.

셋째, 조직은 구조적 개념과 동태적 개념을 가지고 있다. 구조적 개념에는 개인, 협동체제, 공식조직 및 비공식조직 등이 포함되고, 동태적 개념에는 자유의지, 협동, 의사존중, 권위, 의사결정 과정 및 동태적 균형 등이 포함되어 있다. Barnard의 학설은 1940년대에 들어서면서 Simon 등의 학설로 계승, 발전되었다.

2) Simon의 이론

Simon은 Barnard의 이론을 계승, 발전시킨 학자이다. 1947년 「행정행우」라는 저서를 통해 정치학, 심리학, 행정학 등 다학문적으로 행정개념을 새롭게 정립했다. 그는 Barnard의 이론을 구성하고 있는 핵심 개념인 동등의식, 의사결정, 의사소통, 권력과 권위 등과 같은 개념을 확대 · 발전시켰다(Owens, 1991).

Simon(1960)은 가치와 사실을 구분하고 사실에 입각하여 조직의 생리와 의사결정 행위를 중점적으로 연구하였다. 그는 조직을 유인(보상)과 기여(공헌)가 교환되는 체제로 보고 조업원은 공헌보다 유인, 즉 보상이 적으면 갈등과 불만을 일으키기 때문에 조직의 생산성에 장애가 된다고 보았다. 따라서 공헌과 보상 간에는 적절한 균형이 유지되어야 한다는 것이다.

Simon은 행정과정의 핵심을 의사결정이라고 보고 있다. 그는 행정가들이 어떤 기초 위에서 의사결정을 하는지 연구했다. 경제인은 경제 원리에 따라서 최선의 합리적인 의사결정을 하려고 하지만, 행정가는 제한된 합리적 행동을 할 수밖에 없으므로 최선이 아닌 적절한 수준에 만족하는 의사결정을 하게 된다는 것이다. 그것은 경제 외적인 많은 요인이 행정에 작용하므로, 아무리 유능한 행정가라도 그 요인들의 관계를 완전히 이해하고 경험할 수 없기 때문이라고 했다. 결국, 그가 가진 지식, 경험의 범위 내에서 제한된 의사결정을 하게 된다는 것이다.

3) Roethlisberger와 Dickson의 이론

Roethlisberger와 Dickson(1939)은 「행정과 근로자」라는 저서에서 공식조직과 비공식조직의 역동적 상호작용이라는 새로운 주장을 폈다. 미국의 서부전기회사를 대상으로 연구한 결과에서 비공식조직은 근로자의 행동은 물론, 행정가나 관리자의 행동도 통제하는 힘을 가지고 있는 것으로 나타났다. 이들 연구자는 개인의 욕구, 비공식조직, 사회적 관계가 개인의 조직행동에 있어서 매우 주요한 요인이라고 주장했다. 다른 많은 학자들도 이들의 주장을 지지했으며, 이들의 연구는 공식조직의 행정이 인간관계 중심으로 발전되는 데 많은 기여를 했다.

4) 행동과학론 비판

행동과학론은 개인의 조직행동을 역동적 상호작용의 개념으로 파악함으로써 일반행정은 물론, 교육행정 연구와 실제에 많은 공헌을 했다. 그러나 가치와 사실을 구별하여 가치를 배제하고 객관적 사실에만 치우쳐 인간의 조직행위를 설명했다는 비판이 있다. 실제로 인간의 행위는 객관적 사실만으로 이해할 수 없는 부분이 많기 때문이다. 교육과 교육행정에 있어서는 더욱 그렇다. 그것은 교육과 교육행정은 가치 중심적 활동이므로 몰가치적인 행동과학적 접근으로 이해하는 데는 한계가 있기 때문이다.

행동과학론은 조직 내 인간행동의 결정 요인으로 크게 두 가지를 들고 있는데, 그것은 과업구조와 인간의 심리, 사회적 측면이다. 그런데 이들 요인들을 정태적인 조직 내 요인으로 보고 있다는 데에도 문제가 있다. 조직과 그 구성원을 폐쇄적인 것으로 보고 있는 것이다. 그러나, 이들 요인들은 외부 환경 요인들과 역동적으로 상호작용하고 있다. 외부 환경 변화에 따라 조직의 구조와 기능 및 구성원의 역할과 기대도 변하게 된다는 사실이다.

5) 행동과학론이 교육행정에 준 영향

20세기 중반전까지 교육행정에 대한 연구는 대체로 교육현장에서 일어난 문제를 진술, 과거 경험에 의존하여 해결하려는 수준이었다. 행정학이 발달되었다는 미국의 경우, 교육행정 강의가 연구와 이론 중심이 아닌 교육감과 같이 교육행정 경험을 가진 행정가들이 대학에 들어와 현장 경험 중심으로 강의를 했었다. 그 결과, 이들은 교육행정 이론 발달에 별로 기여하지 못했으며, 오늘날에도 교육행정 경험자들이 대학 강의를 맡는 경우가 적지 않다.

20세기 중반이 되면서 교육행정에서 신개념이 나타나기 시작했다. 즉, 인간행동을 조직의 구조적 특성과 인간 특성 간의 역동적 상호관계 속에서 파악하려는 이론화 현상이 나타났다. 교육행정에 있어서 이러한 행동과학적 이론화 동향을 신운동이라 한다. 교육행정의 행동과학적 이론화 동향은 교육행정이 과학적 연구방법에 의해 사실을 바탕으로 다음과 같이 논리 실증적으로 연구되어야 한다는 입장이다.

① 교육행정 연구는 가치를 배제하고 있는 사실을 바탕으로 실시되어야 한다.
② 교육행정 연구는 이론에 기초, 가설 · 연역적 연구방법으로 이루어져야 한다.
③ 교육행정 연구는 행동과학적 접근법을 사용해야 한다.
④ 교육행정을 개인과 집단 간 역동적 상호작용으로 보아야 한다.

상기와 같은 연구의 기조 아래 초기에는 교육행정 연구를 개별적으로 연구했으나 후에는 미국의 경우, 교육행정 학자와 사회과학자가 협동체제로 연구를 시작했다.

미국학교행정가협회(AASA : American Association of School Administrators)는 1946~47년에 교육행정가의 전문성을 위한 프로그램을 개발했으며, 미국 교육행정학교수협의회(NCPEA : National Conference for Professors of Educational Administration)가 1947년에 결성되어 교육행정에 관한 학술 발표 및 연구 활동을 시작했다. 하버드대를 비롯, 5개의 대학들이 1950년 교육행정을 협동으로 연구했고, 1956년에는 교육행정 분야의 박사과정이 개설된 32개 대학이 모여 교육행정대학협의회(UCEA : Univ. Council for Educational Administration)를 결성하고 교육행정 발전을 위한 학술적인 연구 활동을 시작했다(김윤태, 2004).

4 체제론

체제란 상호관련성이 있는 사물들의 결합체를 말하는데, 2개 이상의 요소들이 유기적으로 연결되어 상호작용하는 결합체라고 할 수 있다. 체제론은 행정, 경영 및 관리 등 모든 조직행동을 이해하기 위해서는 조직 내 · 외적 요소들이 상호작용하여 생긴 결과로 보아야 한다는 입장이다.

고전이론이나 인간관계론 그리고 행동과학론 역시, 모두 조직 내적인 요소만을 연구, 분석함으로써 인간의 조직행동을 밝히려 했다는 것이다. 고전이론은 조직과 과업의 구조를, 인간관계론은 인간의 심리, 사회적 측면을 주로 연구 대상으로 삼았다. 그리고 행동과학론은 이들 두 이론을 종합해 보려는 입장이다. 이들 이론은 모두 조직 외적인 환경 요소를 고려하지 않았다는 공통점을 가지고 있다. 그러나 1960년대에는 조직의 내·외적 요소들 간의 상호작용에 대한 학술적 관심이 높아졌다. 이러한 관심 속에 체제론이 등장하게 되었다.

체제론을 처음으로 제기한 학자는 생물학자 Bertalanffy로, 그는 생물체를 개방체제로 보았으며 이를 계기로 사회과학자들은 사회체제를 생물체계적 입장에서 연구, 분석하기 시작했다. 생물체가 투입 → 전환 → 산출 과정을 통해서 생존해 가듯이, 사회체제도 이와 같은 과정이 연속적으로 일어나는 속성을 가지고 있다는 것이다(Katz & Kahn, 1966). 체제론은 조직이 생물체와 같이 여러 부분들로 구성되어 있고, 그 구성 요소들이 상호작용 속에서 제 기능을 한다는 것이다. 조직은 또 경계(boundary)를 사이에 두고 외부 환경과 투입, 산출을 주고받음으로써 생존해 간다는 것이다.

일반체제론에서 강조되는 것은 목표를 달성하기 위해 조직 구성원들은 상호작용을 하면서 각각 제 기능을 하지만, 조직 목표를 향해 전체적으로 통합된다는 것이다. 강의, 학습, 시설행정, 장학 등과 같은 기능들은 각각 다르지만, 모두 교육목표를 향해서 전체적으로 통합된다는 의미와 같다. 체제는 상호작용하는 여러 하위체제로 구성되어 있는데, 이 체제도 상부 체제에 대해서는 하위체제가 된다. 따라서 여기에서 상하 개념은 상대적이다. 단위 학교는 행정팀, 교무팀, 급식팀 등의 여러 하위체제로 되어 있으나, 학군 단위에서 볼 때는 학군이 상위체제가 되고 단위 학교들은 하위체제가 된다.

정치, 경제, 사회 체제와 마찬가지로 학교 조직도 학교의 외적 환경이 제공하는 투입에 의존한다. 이 투입은 학교를 환경과 구분짓는 경계(boundary)를 통해서 학교 체제 속으로 유입되어 여러 가지 교육 및 행정 활동, 즉 전환 활동을 통해서 산출로 바뀐다. 이 산출에 대한 평가는 목적 타당성과 효율성을 근거로 이루어지는데, 이 평가결과의 일부는 환경으로 환원되고 일부는 다시 투입되어 향후 전환 과정, 즉 학교운영에 영향을 주게 된다. 이렇게 경계를 사이에 두고 조직이 외부 환경과 투입과 산출을 주고받으면, 그 조직은 개방체제가 되는 것이고, 그렇지 못하면 폐쇄체제가 되는 것이다.

오늘날의 학교는 개방체제(Easton, 1965)로서 외부환경 즉, 정부, 지역사회, 교육청, 자모회 및 기타 수많은 조직들과 상호작용한다. 정부로부터 막대한 재정이 조달되고, 인사정책에 의해 상부기관으로부터 교직원들이 충원, 승진, 전보되고, 지역사회와 학부모들의 요구가 교육목표 및 교육과정 수립설정, 운영에 반영되고 있는 것이 사실이다. 이와 같이 현대의 거의 모든 조직은 정도의 차이는 있을지라도 외부 환경과 차단된 채로 생존하기는 어렵다.

체제 목표는 하위체제들 간의 상호작용과 상위체제와의 상호작용을 통해서 달성되며, 체제를 구성하는 요인들과 하위체제의 형태를 구체화한다. 바꿔 달하면, 체제 목표에 따라서 체제 구성요소와 그 하부 조직들이 구체적으로 결정된다는 말이다. 비근한 예로, 체육고등학교와 과학고등학교는 학교 교육목표가 서로 다르기 때문에 그 구성요소인 교사집단, 행정가 집단이 서로 다르게 구체화되고(특히 전공 면에서), 학교 내 부서들도 서로 다른 형태로 구성된다. 체육고등학교에는 체육실기 관련 부서가 많고, 과학고등학교에는 과학실험 관련 부서가 많다.

체제 효과성은 체제의 산출이 얼마나 체제의 존재 목적에 부합되느냐에 따라 측정된다. 체제가 환경과 조화를 이루고 있는 상태를 '항상성' 또는 '평형 유지력'이라 하는데, 이것은 체제와 환경 자원 사이에 안정성과 균형이 유지되고 있는 상태를 말한다. 만일, 환경이 제공하는 자원을 체제가 사용하지 못하거나 하위체제들 사이에 균형이 깨지면 항상성은 잃게 되고 그 체제는 흔들린다.

1) 체제의 속성과 개방체제의 특징

(1) 체제의 속성

Immegart와 Pilecki(1973)가 제시한 내용을 중심으로 체제의 일반적 속성을 정리해 본다.

[1] 소멸 경향성

모든 체제는 성격과 규모에 관계없이 소멸하는 경향이 있다.

[2] 경계영역

체제는 다른 체제 혹은 환경과 자신을 구분해 주는 경계영역을 가지고 있다. 이 경계를 통해 외부 환경과 투입, 산출을 교환하면 개방체제이고, 이 교환이 없으면 폐쇄체제이다. 이 경계영역은 눈으로 볼 수 있는 어떤 표지가 있는 것은 아니며 추상적인 개념이다.

3 환경

체제 밖의 모든 것을 의미한다. 학교를 예로 들면, 외국, 정부, 국회, 정당, 지역사회, 자모회 등 모든 집단이 환경이 된다.

4 시공간적 존재

체제는 시공간적으로 존재하며, 시간과 공간의 변화에 따라 달라진다. 수도권의 어느 대학이 지방으로 이전하면 그곳 환경에 맞도록 달라질 것이며, 시대가 변하면 대학의 교육과정, 교수진 수준, 학생 수준 등도 종전과 같지는 않다.

5 변인과 매개변수

체제에는 영향을 주는 요소가 있다. 체제 내적 요인인 변인이 있고, 외적 요인인 매개변수가 있다. 폐쇄체제는 환경과의 상호작용을 하지 않으므로 내적 요인인 변인에 의해서만 영향을 받고 환경 요인인 매개변수에 의해서는 영향을 받지 않는다. 그러나 환경과 상호작용하는 개방체제는 이 두 요인으로부터 영향을 받는다.

6 상 · 하위체제

모든 체제는 상위체제와 하위체제를 가지고 있다. 전술한 바와 같이 이 상 · 하위의 구분은 절대적이 아니고 상대적이다. 학년체제는 학교체제의 하위체제이나 학급체제의 상위체제가 된다. 또, 지방교육체제는 중앙교육체제의 하위체제이고 단위 학교체제의 상위체제이다.

(2) 개방체제의 특징

1 Katz와 Kahn의 연구

Katz와 Kahn(1966)이 제시한 개방체제 특징을 다음과 같이 정리할 수 있다.

① **에너지 이입**(importation of energy) : 조직이 개방체제이면 상호작용을 통해서 환경으로부터 인적, 물적 및 정보의 형태로 투입을 받게 된다. 여기서 에너지는 투입되는 요인을 말한다.

② **전환**(transformation) : 개방체제 조직은 환경으로부터 투입된 에너지(투입된 요소)를 가공하거나, 새로운 물건으로 만들거나, 사람을 훈련시키거나(교육), 서비스를 제공하거나, 재료를 처리한다.

③ **산출**(output) : 개방체제 조직은 환경으로부터 투입을 받아 전환과정을 통해 산출을 환경에 공급한다. 학교가 학생들의 지식, 기술, 태도를 길러 사회에 배출하는 것을 말한다.

④ **순환체제**(systems as cycles of events) : 조직이 산출을 환경으로 보내고, 보내진 산출이 다시 에너지원이 되어 조직에 유입되는 과정이 반복적으로 일어난다. 학교교육에 투입된 국고(투입)를 가지고 교육과 연구 활동을 하여 길러진 인재(산출)들이 사회에 나가 국가, 사회 발전에 기여하면, 그 발전으로 얻어진 국가, 사회의 부는 다시 학교교육에 투입되어 에너지원으로 돌아오게 된다.

⑤ **부정적 엔트로피**(negative entropy) : 엔트로피란 조직이 소멸 쪽으로 가는 것을 말하는데, 개방체제는 이를 억제(negative)하는 속성이 있다. 환경으로부터 충분한 에너지가 유입되기 때문에 조직의 소멸을 막아 준다는 의미이다.

⑥ **정보투입 · 제어피드백 · 부호화**(information inputs, negative feedback, coding) : 개방체제는 환경으로부터 에너지뿐만 아니라 정보도 투입된다. 환류를 통하여 투입요인들이 이탈하지 않도록 하고 체제의 비능률과 이로 인한 쇠퇴를 막아 체제안정을 유지한다.

⑦ **등종국성**(等終局性 : equifinality) : 개방체제 조직에서는 조건과 요인들이 서로 다른 통로를 통해 작용하지만 종국에 가서는 통합되어 같은 결과를 산출한다. 여러 다른 수단 방법들이 같은 결과로 귀결된다. 학교의 교육과정관리, 학생관리, 학교행사관리, 문서관리, 시설관리 등 여러 기능들이 수행되는 통로와 방법은 서로 다르다. 그러나 결국에 가서는 학생의 성장, 발달이라는 결과에 귀착하게 된다는 의미이다.

⑧ **안정 상태와 동적 항상성**(steady state & dynamic homeostasis) : 개방체제는 에너지와 산출물을 환경과 순조롭게 교환함으로써 조직의 쇠퇴를 막고 안정을 유지하려는 속성이 있다. 에너지 유입과 산출물 유출이 조화와 균형을 이룸으로써 체제 특성을 유지하고 체제는 역동적인 상태로 항상 유지된다는 것이다.

⑨ **분화**(differentiation) : 개방체제 조직은 그 역할이 정교화되고 기능이 전문화되어 분화하는 경향이 있다. 쉽게 말해, 조직에서 하는 일들이 전문화되고, 그 전문성

에 따라 역할이 세부적으로 나눠진다는 것이다. 조직이 전문화된 사회 환경과 상호작용하면서 적응해 나가기 때문에 조직도 그 역할과 기능이 세부적으로 전문화된다는 것이다(김창걸, 1996; 남정걸, 2003). 학문과 교육의 전문화 수준이 높은 선진국의 경우, 여러 명의 교수가 한 대학에서 교육행정 과목을 분야별로 담당하고 있다. 의료 기술이 점점 전문화되면 병원도 전문의를 많이 고용하여 세부적인 전공 분야별로 의료 업무를 맡기게 된다. 의료 기술의 전문화 수준이 매우 낮았던 시대에는 의사 한두 사람이 병원에 오는 다양한 환자를 다루었다.

2 Griffiths의 연구

개방체제의 특징에 대한 Griffiths(1964)의 연구를 다음과 같이 정리할 수 있다(남정걸, 2003; 윤정일 외, 2007).

① 개방체제는 외부 환경과 상호작용을 통하여 투입과 산출을 교환한다.

② 개방체제는 외부 환경의 변화에 적절히 반응함으로써 체제안정을 유지한다.

③ 개방체제는 자기 통제력을 가지고 있다. 이 체제는 체제에 영향을 주는 힘을 적절히 통제 조절하는 힘을 가지고 있다. 외부로부터 유입되는 모든 영향력을 모두 수용하는 것이 아니고 적절히 통제, 선별하여 받아들인다.

④ 개방체제는 최종 결과의 동일성을 유지하려는 경향이 있다. 역할 수행에 있어서 하위체제들 사이에는 서로 다른 수단, 방법, 조건 등이 있을 수 있지만 체제의 유지, 발전을 위한 결과물은 동일해지려는 경향이 있다. 대학의 교무처, 학생처, 기획처, 정보처는 서로 다른 역할과 기능이 있지만 결국은 교육목표이면서, 대학 존립의 근간이 되는 교육 효율성, 효과성이라는 목표에 귀결되는 것과 같은 의미이다. 초등, 중등학교의 각종 부서의 경우도 마찬가지가 된다. 한 마디로, 학교 내 서로 다른 여러 활동들의 결과는 학생들의 성취에 모아진다.

⑤ 개방체제는 하위체제들이 기능적으로 역동적 상호작용을 함으로써 체제를 유지한다. 이 체제는 역할이 기능적으로 분화된 하위체제가 있는데, 이들은 투입을 전환하는 과정에서 서로 다른 방법과 수단을 사용하지만 통일된 결과를 추구하게 되므로 안정적으로 유지되는 것이다.

⑥ 개방체제는 재투입을 통해 체제안정에 기여한다. 이 체제에서는 투입을 전환하여 생긴 산출물이 100% 환경에 환송되지는 않는다. 기업이 투입전환 과정을 통해서 얻은 생산물을 모두 환경에 환송시키지 않고 재투자하는 경우와 같다.

⑦ 개방체제는 발전적으로 분화되는 속성이 있다. 체제가 비대해지면 기능적으로 분화되어 새로운 하위체제가 형성된다. 이렇게 됨으로써, 기능의 전문화를 기할 수 있고, 환경에 능동적으로 적응해 나갈 수 있다. 예컨대, 도시개발 지역의 어느 학교의 생활지도 상담 팀이 하나 있는데, 학생 수가 최근에 부쩍 늘어나고 학교폭력사례가 많아졌다면 학교폭력을 전문적으로 상담하는 생활지도 상담 팀을 따로 두는 경우다. 병원이 커지고 환자수가 많아지면 기존의 치료담당과를 더 전문화시켜 그 수를 늘리는 것과 같다.

⑧ 개방체제는 절차나 과정을 발전적으로 기구화한다. 이 체제에는 역할수행 과정과 절차가 일정한 규칙에 따라 제도적으로 정착되어 있다. 그래서 체제는 안정적으로 유지된다. 개방체제에는 기능적으로 분화된 여러 하위체제가 있고, 이들의 서로 다른 기능들은 궁극적으로 체제 목표로 수렴하게 되는데, 여기에 일정한 규칙과 제도적 장치가 있기 마련이다. 일정한 규칙과 제도가 없다면 서로 다른 기능들이 공통적인 체제 목표에 귀결될 수 없기 때문이다.

(3) 개방체제 특징 종합

개방체제는 외부 환경과 투입과 산출을 주고받으며 생존해 간다. 오늘날 학교는 폐쇄적으로 운영될 수 없다. 학교는 외부 환경으로부터 신입생 수용, 정부 지원, 지역사회의 기대와 요구, 각종 정보와 지식 등을 입수한다. 학교는 투입 요인을 교육활동이라는 전환과정을 통해서 학생들을 지적, 정의적, 신체적으로 성장시켜(산출) 사회에 배출한다. 이러한 투입 → 전환 → 산출 과정이 계속 순환되어 학교체제는 유지된다.

개방체제에서는 환경과 상호작용을 통하여 투입, 산출의 교환이 순조롭게 진행되기 때문에 체제가 안정되고 자율규제 장치에 의해 균형상태가 유지된다. 이와 같이 조직은 외부 환경으로부터 생존에 필요한 에너지(투입)를 충분히 공급받기 때문에 소멸에 저항하는 힘이 생긴다는 것이다.

개방체제 조직은 기능별로 분화된 여러 하위체제가 있는데, 이들은 서로 하는 일과 그 방법 및 수단은 달라도 종국에는 같은 결과로 나타난다. 쉽게 말해, 한 기관 안에 각 부서의 역할과 그 수행 방식은 제 각각 달라도 결국 조직 목표 쪽으로 가고 있다는 뜻이다. 개방체제는 조직이 비대해지거나 기능이 복잡화, 전문화되면 이에 필요한 전문화된 새로운 하위체제를 만들려는 속성이 있다. 개방조직은 체제유지에 필요한 여러 역할들이 수행되는 절차와 방법을 정착시키려는 속성이 있기 때문에 체제가 안정적으로 유지된다.

2) 사회체제이론

사회체제는 개인들로 구성된 사회적 단위, 즉 조직이며, 이 이론은 체제 속에서 개인들이 어떻게 행동하는지를 연구한 이론이다. 1950년대가 되면서 조직이론가 및 행정이론가들은 조직을 구성원들이 상호작용하는 체제로, 행정을 사회과정으로 보고 실증적 연구를 시작했다.

(1) Getzels와 Guba의 사회과정 모형

Getzels와 Guba(1957)는 조직을 사회체제로 보고, [그림 2－1]에서 보는 바와 같이 체제 내 인간의 행동을 2가지 차원으로 분석했다. 하나는 규범적 차원(조직)과 다른 하나는 개인적 차원이다. 이들 두 차원은 개념적으로 독립되어 있으나 체제 내에서 상호작용하여 인간의 조직 행동을 일으킨다는 것이다.

규범적 차원에는 기관이나 조직이 목표달성을 위하여 일정한 역할과 그 역할기대를 규정한 제도를 가지고 있으며, 이를 담당하고 있는 개인이 있다. 개개인은 그 나름의 인성을 가지고 있으며 욕구성향도 있다. Getzels와 Guba는 조직 속에서의 사회적 행동(조직행동)은 규범적(조직) 차원의 제도-역할-역할기대와 개인적 차원의 개인-인성-욕구성향이 상호작용하여 결정된다는 것이다. 따라서 한 사회체제, 즉 조직 내에서의 인간의 사회적 행동(개인의 조직행동)은 이들 규범적 차원의 요소들과 개인적 차원의 요소들과의 함수관계로 이해되어야 한다는 것이다.

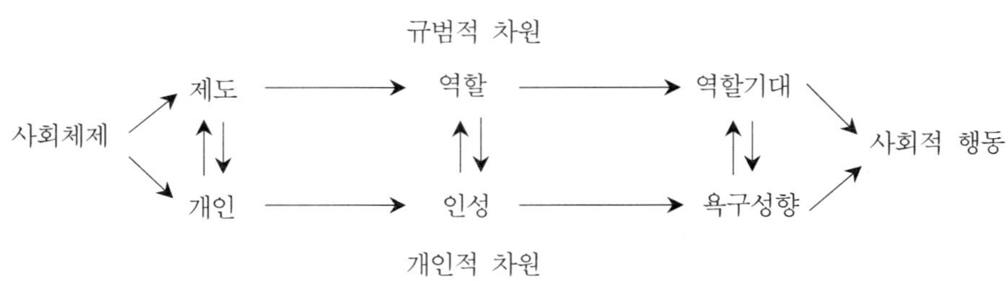

[그림 2-1] Getzels-Guba의 사회과정 모형

역할은 지위, 직위에 상응하는 과업 수행이고, 역할에는 기대가 있기 마련이다. 역할기대가 역할을 규정한다. 만일 어떤 사립고등학교에서 우울증을 가진 학생이 많아 전문상담교사를 채용, 그에게 상담활동을 맡겼다고 하자. 여기서 학교는 효과적인 상담활동으로 학생들의 우울증을 해결해 줬으면 하는 기대가 역할기대이며, 그 기대가 있기 때문에 상담이라는 역할을 상담교사(지위)에게 부여한 것이다. 또, 그 역할이 필요하므로 상담교사를 채용하여 직위를 준 것이다. 이와 같이 역할기대에 의해 역할이 규정되는 것이다.

개인의 인성, 개인 특성은 그가 가지고 있는 욕구성향의 산물이며, 욕구성향은 행동의 방향과 행동결과에 대한 기대를 나타낸다고 Getzels와 Guba는 설명한다. 즉 개인의 인성은 그가 가지고 있는 욕구성향이 작용해서 결정된다는 것이다. 욕구성향은 개인이 어떤 목표를 향하여 일정한 방식으로 행동하는 경향이며 행동의 결과에 대해 일정한 기대를 걸고 있는 성향이다. 개인은 누구나 이와 같은 나름의 경향, 성향을 가지고 있다는 의미이다.

체제(조직) 속에서 행해지는 개인의 사회적 행동(조직행동)은 단순히 개인 차원의 요인에 의해서만 결정되는 것이 아니라 조직과 개인, 양 차원 요인들의 함수관계라는 것이다. Getzels와 Guba는 인간의 행동을 역할과 인성의 함수관계로 나타냈다. 즉 B=f(R×P)이다. 이 공식에서 Behavior는 행동; function은 함수; Role은 역할; Personality는 인성을 나타낸다. 이를 도식화하면, [그림 2-2]와 같이 될 수 있다.

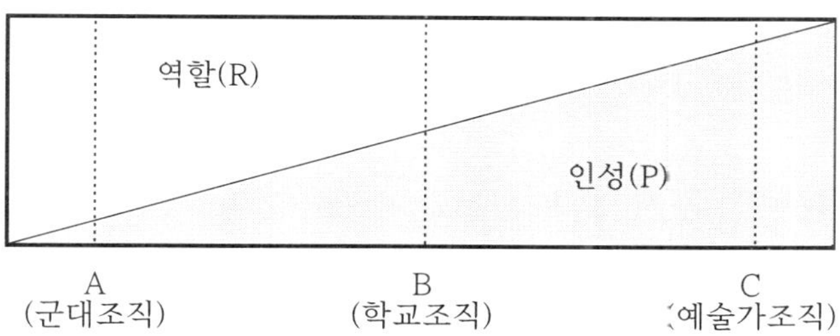

[그림 2-2] **역할과 인성의 상호작용 모형**

체제 내의 인간의 행동은 역할과 인성의 상호작용으로 설명될 수 있지만, 역할과 인성이 같은 비율로 상호작용하여 행동을 결정하는 것은 아니다. 어떤 형태의 행동을 필요로 하느냐에 따라서 역할과 인성의 비율이 달라진다. 즉 체제가 역할 측면을 중시하느냐, 인성적인 측면을 중시하느냐에 따라 그 비율이 각각 다르다.

규범적(조직적) 차원이 강한 신병훈련소 조직에서는 교관이나 신병들의 인성이 그들의 행동, 즉 교육활동, 훈련활동에 그다지 영향을 주지 못하며, 이 조직에서의 역할과 역할기대가 그들의 활동을 거의 결정한다. 반대로, 예술가(음악가, 화가 등) 집단에서는 조직이 규정한 역할 및 역할기대보다는 그들의 인성과 욕구성향이 그들의 예술 활동에 더 많은 영향을 미친다. 교육조직에서는 조직의 역할 및 역할기대와 개인의 인성 및 욕구성향이 상호작용하면서 교육활동 또는 교육행정 활동에 반반으로 영향을 주고 있다고 생각된다.

Getzels와 Guba는 체제 내에서 개인의 행동과 체제의 역할기대가 일치할 때 효과성이 높아지고 행동이 개인의 욕구성향과 일치하면 효율성이 높아진다고 했다. 또, 조직의 역할기대와 개인의 욕구성향이 일치하면 만족감이 높아진다는 것이다. 여기서 효과성은 목표 달성도를 말하고 효율성은 과업의 능률성을 말한다. 효과성은 조직성과 측면이고, 효율성은 개인적 측면이다.

효과성을 예를 들어 설명하면, 어느 회사의 한 생산과장이 있다고 하자. 회사가 과장에게 생산량 증가에 역점을 두고 직무를 수행할 것을 기대하고 그는 기대에 일치하도록 종업원들의 생산과업을 독려했다면, 그 결과 생산량(효과성)은 높아질 것이다. 꼭 생산량이 높아지지 않을 수도 있다고 생각할 수도 있겠지만, 그 과장이 다른 곳에 중점을 두고 행동하는 것보다는 상대적으로 효과가 있다는 말이다.

효율성에 대해 위와 같은 예를 들어 보자. 생산과장의 욕구성향, 즉 부지런함, 조직목표에 대한 강한 의지, 종업원을 독려, 감독하기를 좋아하는 성향 등을 가지고 있다면, 생산라인을 독려하는 행동은 자신의 이 욕구성향과 일치하기 때문에 그 독려 행동은 효율(능률)적으로 될 것이다. 만족감은 조직이 원하는 바가 자신의 기대, 취향, 행동양식 등 개인의 욕구성향과 일치한다면 그의 만족감은 높아진다. 학교가 축구를 잘하고 가르치는 것을 좋아하는 한 체육교사에게 축구를 잘 가르쳐 줄 것을 기대하고 다른 구기 종목보다 축구에 더 많은 열성을 쏟을 것을 기대했다면 이 교사는 만족감을 느낄 것이다.

(2) Getzels와 Thelen의 사회과정 모형

Getzels와 Guba(1960)의 사회과정 모형은 체제와 외부 환경과의 상호작용을 배제하고 체제 내의 개인적 차원과 제도적 차원이 상호작용하여 개인의 사회적 행동(조직행동)을 일으킨다고 보는 입장이다. 따라서 이 모형은 환경과의 상호작용을 무시한 것으로 폐쇄적이다. 이 폐쇄적인 Getzels와 Guba의 사회과정 모형을 개방모형으로 확대한 것이 Getzels와 Thelen의 사회과정 모형이다.

Getzels와 Thelen에 따르면 조직 구성원들의 행위를 결정하는 요인은 조직적 요인과 개인적 요인뿐만 아니라 복잡한 환경적 요인을 포함하고 있다는 것이다. Getzels와 Guba의 모형은 사회적 행동, 즉 조직행동을 단지 조직 차원과 개인 차원의 상호작용에만 의존했기 때문에 인간의 사회적 행동을 충분히 설명해 주지 못하고 있다는 것이다. 이와 같은 미비점을 보완하여 Getzels와 Thelen은 그들의 사회체제 모형을 고안해 냈다.

[그림 2－3]에서 보는 바와 같이, Getzels와 Thelen의 사회체제 모형은 Getzels와 Guba의 사회과정 모형에 규범차원 쪽으로 인류학적 차원을 추가하고 개인적 차원 쪽으로 생물학적 차원을 추가했다. 그리고 중간에는 조직풍토 차원을 추가했다. 따라서 Getzels와 Thelen의 모형은 사회 전체의 의식, 문화, 환경, 가치, 규범 등 인류학적 변인들을 고려하지 않고는 인간의 조직행동을 제대로 설명할 수 없다는 것을 말해 주고 있다.

Getzels와 Thelen에 의하면, 개인적 차원은 성격뿐만 아니라 체력, 정력, 잠재력 등과 같은 생물학적인 신체적 조건(생물학적 차원)도 개인의 사회적 행동에 영향을 주는 변인으로 제시되고 있다. 또 이 모형을 보면, 학교마다 독특한 풍토가 있다고 보고, 이 풍토는 구성원들의 인성과 역할에 작용한다는 것을 나타내 주고 있다. 조직풍토의 이와 같은 영향력은 여러 연구에서 밝혀지고 있으며(노종희, 1997; 장래찬, 2002), 학교 현장에서도 흔히 볼 수 있다. 이 사회체제 모형은 인간의 사회적 행동, 즉 조직행동을 5 가지의 조직 내·외적인 차원－인류학적, 조직적(규범적), 조직 풍토적, 개인적, 생물학적 차원으로 설명하고 있다. Getzels와 Thelen의 사회체제 모형에서는 인간의 사회적 행동이 개인 및 조직 요인은 물론, 환경 요인의 상호작용에 의해 일어난다는 것이다. 그래서 이 모형은 인간의 사회적 행동을 종합적이며 역동적인 관점에서 파악하고 있다고 볼 수 있다.

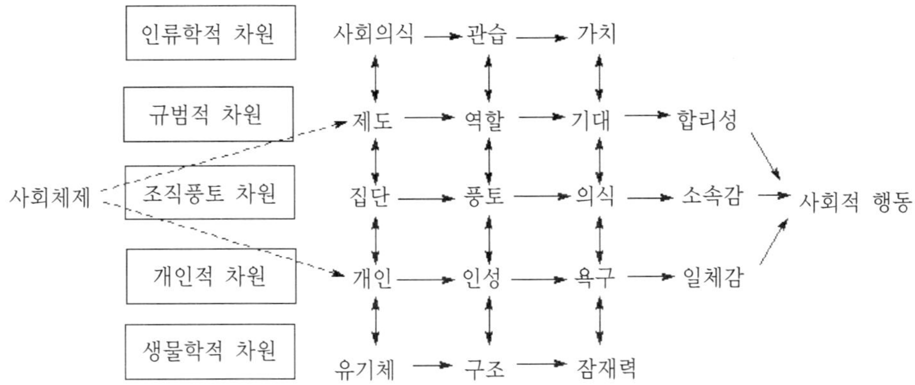

[그림 2-3] Getzels-Thelen의 사회체제 모형

Getzels와 Thelen은 조직 구성원들은 자신이 담당하고 있는 역할에 대해 조직이 바라고 있는 기대, 즉 조직의 역할기대와 조직목표가 일치되는 정도를 느끼게 되는데, 그 일치성을 합리성이라 했다. 또 자신의 욕구성향과 조직의 목표가 일치되는 정도를 일체감이라고 하고, 자신의 욕구성향이 조직의 역할기대와 일치하면 소속감을 느낀다고 했다. 구성원들이 인식하고 있는 3 요소, 즉 합리성, 일체감, 소속감이 목표행동을 유발하는 데 중요한 변인이라는 것이다. 이들 합리성, 일체감, 소속감은 개인이 주관적으로 인식하고 있는 정도를 나타내는 것으로 객관적으로 측정된 것은 아니다. 다음과 같이 합리성, 일체감, 소속감을 구체적으로 설명해 본다.

1 합리성

역할기대와 조직목표의 일치를 의미한다. 우선, 어떤 행동, 수단, 방법, 과정이 아무리 역동적이고 영향력이 있다 해도 목표를 떠나서는 소용이 없다. 따라서 목표에 적절히 부합되어야 합목적성을 가질 수 있고 합리성을 확보할 수 있다. '합리적이다 혹은 아니다'의 판단은 궁극적으로 목표 성취를 위해 이치에 맞느냐의 문제이다.

조직 내 구성원들은 누구나 자기가 해야 할 역할이 있다. 교사는 학생들을 가르치고 교장은 학교를 운영, 관리한다. 서무과 직원은 학교 사무를 맡는다. 또, 교사라도 국어교사는 국어교육 역할을 하고, 체육교사는 체육을 가르치는 역할을 한다. 학교에서는 이들 개개인들이 그들의 역할을 어느 수준까지 어떻게 해 주기를 바라는 기대가 있다. 물론 이 기대는 학교에 따라 높을 수도 있고 낮을 수도 있다. 또 구성원에 따라 다를 수도 있다. 학교 구성원 개개인에게 거는 이와 같은 기대를 역할기대라고 한다.

어떤 국어교사가 자기 역할에 대해 학교가 걸고 있는 기대가 학교고육 목표에 합치된다고 느낀다면, 이 교사 입장에서는 이 기대가 매우 합리적이라고 생각할 것이다. 그 기대가 목표, 즉 이치에 맞기 때문이다. 이를 합리성이라고 한다. 만일, 학교의 원래 목표는 학업성취도 향상인데, 학교가 교사들에게 학과 지도보다는 사무 정리나 어떤 감사 대비를 잘해 주기를 바란다면 그 기대는 학교목표와 일치하지 않는다는 것을 느끼게 된다. 이 경우 역할기대의 합리성은 매우 낮을 것이다.

2 일체감

개인의 욕구성향과 조직목표가 일치되는 정도를 말한다. 욕구성향은 개인이 자신의 행동 결과에 대해 바라는 일정한 성향이다. 예로써, 어떤 사람은 일거수일투족에 물질적 욕구가 강하고 다른 어떤 사람은 금전보다는 과업성취 그 자체에 만족하는 경우가 있다. 같은 일을 한다해도 욕구 성향은 사람마다 다르다. 이는 행동 방향을 결정하는데 중요한 요인이 된다.

어떤 국어교사는 외적인 보상보다 학생들의 성장에 높은 기대와 만족감을 느끼는 욕구성향을 가지고 있고, 학교도 학생들의 학업성취도 향상이 주된 학교의 목표라면 이 교사는 학교목표가 그의 욕구성향과 합치된다고 느낄 것이다. 이 때 그는 직무에서 일체감을 느끼게 될 것이다.

3 소속감

욕구성향과 역할기대의 일치를 말한다. 즉 개인 자신이 원하는 것과 조직이 자기에게 바라는 것이 일치된다면, 소속감을 느끼게 된다는 것이다. 학교에서도 학생들의 학업성취도를 높여 줄 것을 원하고 교사 자신도 그것이 자기가 바라는 것이라면 거기에서 만족감을 느끼고, 학교에 대한 소속감도 높아질 것이다. 학교나 교사 자신이나 원하는 바가 일치되므로 교사는 높은 소속감을 느끼게 된다.

(3) 체제이론이 교육행정에 준 영향

사회체제 이론은 1950년대에 등장하여 사회적 행동, 즉 개인의 조직행동을 이해하는데 선도적 역할을 했다. 이 이론은 조직 내 인간의 행동을 종합적으로 이해하는 데 유용한 이론이다. 특히, Getzels와 Thelen의 모형은 행정과정과 행정행위가 조직 내 ·

외적 요인으로부터 영향을 받고 있다는 것을 밝혀 줌으로써, 그것들을 보다 분석적이며 종합적으로 연구할 수 있는 기틀을 마련했다. 이를 바탕으로 조직행동 연구, 갈등 연구, 구성원 사기 등에 관한 많은 연구가 이뤄졌다. 이 이론은 교육행정에서 행정행위를 조직적, 인성적, 환경적 세 차원으로 봄으로써, 이를 종합적, 체계적으로 이해하는 데 크게 도움을 주었다.

사회체제 이론은 공식조직과 비공식조직 요인 간의 관계와 이들이 조직행동에 미치는 영향을 체계적으로 분석하여 비공식조직에 대한 관리 및 연구의 필요성을 갖게 했다. 또, 이 이론은 학교조직에서 교장, 교사 및 학부모 간의 협력 또는 갈등 관계를 체계적으로 이해하는 데에 도움을 주고 있다. 개인의 조직행동에 있어서 인성의 중요성을 일깨워 줬으며, 조직과 그 구성원의 기대와 욕구 등 양측의 가치를 동시에 고려했다는 장점이 있다. 그러나 사회체제 이론은 인간의 심리적, 사회적 요인을 소홀히 다루고, 관찰된 외형적 행동을 설명하는 데 치중하고 있다.

5 이론과 실제의 문제

'실제는 이론과 다르다', '학교의 우등생이 사회의 열등생이다'라는 말을 자주 듣는다. 이것은 학교에서 배운 학술적 이론들이 현실을 살아가는 데 별로 도움이 되지 못한다는 말이다. 우리 사회는 아직까지 정치, 경제, 사회, 문화 등 각 분야의 실천과정에서 학술이론을 분석, 검토하여 실제 상황에 적합한 이론을 선택, 적용해 보려는 의지와 경험이 부족하다. '배우는 것은 배우는 것이고, 실천하는 것은 실천하는 것이다'라는 식으로 배움과 실천을 별개로 보려는 경향이 있다. 배우는 것 따로 실천하는 것 따로 이다. 서로 따로따로이다. 그렇다면 무엇 하려고 많은 비용을 들여 배우는지 모르겠다.

교육의 궁극적 목적은 배운 것을 활용하자는 데에 있다. 배운 것을 현실에 적용하거나 응용하지 않는다면 그 본래의 목적이 무색하게 된다. 그러면 왜 이렇게 교육의 결과와 이론의 활용도가 떨어질까? 그 이유는 두 가지이다. 하나는 이론 자체의 한계이고 다른 하나는 과업을 수행하는 자세이다.

먼저 이론, 특히 사회과학 이론들은 실제를 설명, 예측하는 데 한계가 있기 마련이다. 만일 한 이론이 실제를 100% 완벽하게 설명, 예측할 수 있다면 이 이론과 입장을 달리하는 이론들을 연구할 필요가 없을 것이다. 실제는 셀 수 없을 정도로 다양한 형태를 띠고 객관적으로 존재하나 그것에 대한 설명과 예측은 언제나 수정될 수 있는 주관성이 내재된 추상적인 개념이다. 그래서 어느 한 이론이 당해 분야에서 아무리 일반성을 가지고 있다고 하더라도 서로 독특한 형태로 존재하는 수많은 구체적 사실들을 정확하게 설명, 예측할 수 없는 것이다.

Smith(1993)의 지적처럼, 사실들의 복잡성으로 인하여 한 사건에 대해서도 학자에 따라 강조점과 해석이 다르고 그로 인해 서로 다른 이론이 도출되는 것이다. 따라서 이론 자체를 아는 것도 중요하지만 그것을 융통성 있게 실제에 응용하고, 창의적으로 활용하는 능력을 키우는 노력이 중요하다. 그래서 이와 같은 능력을 키우는 교육, 교육행정이 되어야 한다는 것이다.

다음으로, 학술적 이론과 실제와의 괴리 현상은 배운 대로 직무를 수행해도 부족한데 그렇게 하려는 의지조차 없어서 생기는 경우도 적지 않다. 그동안 우리 사회는 학벌은 중요시하나 배운대로 하려는 의지와 자세가 부족한 측면이 있다. 정치, 경제, 사회, 교육 등 여러 분야를 실천함에 있어서 원리와 원칙을 기저로 하는 학술적 연구나 이론에 기초를 두는 것이 아니라 그때 그때의 편의와 상식에 의존하는 경향이 있었다. 한 마디로 학술적 연구와 이론이 제공하는 원리와 원칙을 저버리고 인습과 관례에 따라 상식적으로 일을 쉽게 처리해 버리는 좋지 않은 습성이 있다. 이렇게 되면 배우는 것 따로, 행동하는 것 따로가 된다.

이론이 실제를 설명, 예측하는 데 한계가 있다 하더라도 지도를 펴보지 않고 갈 곳을 찾을 수 없듯이 이론 없이 성공적으로 과업을 수행할 수 없고, 효과적인 교육행정도 기대하기 어렵다. 따라서 교육과 교육행정의 발전을 위해서 이론에 대한 연구개발과 함께 이를 실제에 연계시키는 노력이 필요하다.

동 기 이 론

제
3
장

1. 동기의 개념
2. 내용이론
3. 과정이론
4. 기타 동기관련 이론

1 동기의 개념

동기가 조직의 생산성을 높이는 데 결정적 요인이라는 데는 학자들은 물론 행정가 및 관리자들 사이에 이의가 없다. 그러나 동기가 무엇을 말하며 무엇 때문에 생겨서 어떻게 지속되는지를 정확히 안다는 것은 쉬운 일이 아니다. 그것은 동기가 객관적으로 직접 관찰할 수 없는 추상적인 개념으로 행동관찰을 통해서 추정해 볼 수밖에 없기 때문이다.

동기란 라틴어의 movere에서 파생된 것으로, 영어의 move(움직이다)를 뜻한다. 동기는 행동을 의미하는 것이 아니라 행동을 자극하고 목표 지향적으로 행동을 이끄는 개인의 내적인 과정이다. 다시 말하면, 동기를 구체적인 목표 달성을 위하여 의도적, 지속적으로 노력하게 하는 사람의 내적인 힘으로 볼 수 있다(Middlemist, 2000). 이처럼 동기는 어떤 목표를 향해서 행동을 하도록 자극하는 사람의 내적인, 즉 마음의 상태이다. 여기서 목표란 충족시키고 싶은 요구를 말한다. 따라서 동기를 욕구충족을 위한 행동이 일어나도록 부추기는 마음의 상태라고 정의할 수 있다.

욕구는 결국, 행동에 의해 충족되는데 이 행동은 또 동기가 있어야 일어난다. 그래서 이들은 욕구 → 동기 → 행동 순서로 연결된다. 욕구, 필요, 소망이 독립변인이고 행동이 종속변인이라면, 그 사이에 있는 동기는 이들 독립변인과 종속변인을 연결해 주는 매개 역할을 한다. 그래서 동기는 매개변인이 된다.

동기를 보는 학술적 입장은 크게 두 가지로 나뉜다. 하나는, 동기의 내용, 즉 동기를 일으키는 요인이 무엇이냐에 대한 관점이고, 다른 하나는, 동기가 어떤 과정 속에서 어떻게 형성되느냐 하는 관점이다. 전자의 관점, 즉 동기의 내용적 측면을 강조한 이론을 내용이론, 후자의 관점, 다시 말하면 과정적 측면에서 연구된 이론이 과정이론이다. 이 밖에 동기와 관련된 이론으로 McGregor의 XY이론, Argyris의 미성숙－성숙이론 등을 들 수 있다.

교육을 비롯한 많은 분야의 행정, 관리에 어떠한 동기적 관점을 가지고 어떤 이론을 적용할 것인지를 결정하는 일은 조직운영에 있어서 매우 중요하다.

2 내용이론

동기의 내용이론은 행동이 욕구나 필요 및 추진력에 따라 일어난다는 입장이다(Campbell, et al., 1970). 즉 동기는 사람들이 일로부터 얻고자 하는 것이 무엇이냐, 다시 말해 어떤 욕구를 만족시키려고 행동을 하느냐를 설명하는 이론이다. 인간 본성상 가지고 있는 욕구, 필요가 행동을 일으키는 힘을 가지고 있다는 것이 내용이론이다. 식욕, 사회적 욕구, 존경 및 인정받고 싶은 욕구, 성취욕구 등과 같은 욕구가 인간 행동을 일으키는 요인이라는 것이다. 이와 같이 동기 내용이론은 이러한 욕구요인과 행동유발과의 관계를 설명하고 예언하는 이론이라고 볼 수 있다. 내용이론으로는 Maslow의 욕구계층이론, Porter의 욕구계층이론, Herzberg의 동기위생이론(만족-불만족이론; 이 요인이론 등으로도 불림), Alderfer의 ERG이론, McClelland의 3욕구이론 등을 들 수 있다.

1) Maslow의 욕구계층이론

Maslow의 욕구계층이론은 가장 널리 알려진 동기이론으로, 행정 및 관리영역에서 폭넓은 인정을 받고 있다. Maslow(1954)는 모든 인간은 5단계의 기본욕구가 있는데 이 욕구들은 [그림 3-1]과 같이 낮은 단계에서부터 높은 단계로 차례차례 연결되어 있다고 가정한다. 5단계의 욕구는 생리적 욕구(physiological needs), 안전욕구(safety needs), 사회적 욕구(social needs), 존경욕구(self-respect needs), 자아실현 욕구(self-actua ization needs)를 말하는데 이 욕구들은 위계에 따라 가장 낮은 단계의 욕구부터 하나하나씩 만족되어 간다는 것이다.

생리적 욕구가 만족된 다음에는 안전욕구가 생기고, 이 욕구가 만족되면 다음 단계의 사회적 욕구가 생기고 또, 그 다음 단계의 욕구가 순서대로 간족된다는 것이다. 가장 낮은 단계의 욕구부터 한 단계씩 높은 욕구가 만족되어 간다는 것이다. 한 단계의 욕구가 만족되면 더 이상 행동을 촉진시키는 힘이 없고 다음 단계의 욕구가 생겨 만족되기를 기다리고 있다는 것이다. 따라서 이미 만족된 욕구는 행동을 일으키는 동기요인이 되지 못하고 만족되지 않은 욕구만이 동기 요인이 될 수 있다는 것이다. 또, 높은 단계의 욕구가 낮은 단계의 욕구보다 먼저 생겨 만족되지 않으며, 여러 단계의 욕구가 동시에 만족되지도 않는다는 것이다.

[그림 3-1] **Maslow의 욕구계층**

(1) 생리적 욕구(physiological needs)

이 욕구는 1차적인 욕구로, 생명을 유지하기 위한 기초적인 욕구이다. 이 욕구는 어느 욕구보다 가장 강렬하다. 이에는 식욕, 수면욕, 성욕 등으로 의식주에서부터 성욕에 이르기까지의 생명체를 유지하기 위한 물질적, 신체적 욕구를 말한다.

조직에서는 구성원들의 이러한 욕구만족을 위해서는 적절한 보수를 지급해야 하며, 작업시간과 양을 적절히 배정하여 수면욕이 충족될 수 있도록 해야 한다.

(2) 안전욕구(safety needs)

이 욕구는 1단계인 생리적 욕구가 만족된 다음에 생기는 2단계 욕구로서 외부의 위험, 위협, 박탈로부터 자신을 보호하고자 하는 욕구를 말한다.

신체적, 정서적인 손상을 피하고 자신을 안전하게 지키고자 하는 욕구가 누구에게나 있다. 조직은 구성원들의 이러한 욕구만족을 위해서 안전사고 방지 시스템을 구축하고 직업안정, 정년, 연금 및 퇴직금, 질병 등에 대한 적절한 대책을 세울 필요가 있다. 또 보수도 물가 상승을 고려하여 적절한 비율로 올려 주는 배려 정책을 구상해 보는 것도 근로자의 안전욕구를 충족시키는 좋은 예가 될 수 있다.

무엇보다 중요한 것은 모든 국민이 불안 없이 각종 사회생활을 안전하게 영위할 수 있도록 각별한 정부의 노력이 요구된다. 여기서 안전이란 단순이 물리적인 안전뿐만 아니라, 정치적, 사회적 특히 현대사회에서의 가장 큰 이슈인 직업안정에 각별한 대책이 필요하다. 정부가 무능하여 국민의 재산과 생명을 지킬 능력이 없다면 그 불안감은 모든 조직에 곧바로 확산된다. 이렇게 되면, 다른 사회조직들이 아무리 많은 노력을 해도 한계가 있다.

정부의 중요한 과제는 국가조직 구성원인 국민들의 안전에 대한 욕구를 충족시키는 것이라고 볼 수 있다. 이를 위해 국제적 교류를 활발히 하여 국가 간의 갈등을 되도록 피하고 국내적으로는 각종 법, 질서를 공정하게 집행하여 국가 기강을 바로 세운다. 그렇게 함으로써 사회의 모든 조직과 그 구성원들이 제 할 일을 편안하게 할 수 있다.

(3) 사회적 욕구(social needs)

사회적 욕구는 2단계의 안전욕구보다 한 단계 높은 욕구로서 집단에 소속되고 싶어한다든지, 동료로부터 애정을 받고 싶어한다든지, 자기를 수용해 주기를 원한다든지, 타인과 관계를 맺고 싶어한다든지와 같은 욕구를 사회적 욕구 또는 관계욕구라고 한다. 이 욕구는 안전욕구가 만족된 다음에 나타나는 3단계 욕구다. 조직적 차원에서는 구성원들이 사회적 욕구를 충족할 수 있도록 종업원 중심지도 및 행정을 수행한다든지, 협동작업을 구상한다든지, 사내 스포츠 및 레크리에이션 행사를 계획, 지원하면 이와 같은 욕구충족에 많은 도움이 될 것이다.

인간은 사회적 욕구가 좌절되면 환경에 부적응하게 된다(Hanson, 1991). 구성원들이 조직 환경에 적응하지 못하면 조직 내 인화와 협동은 기대하기 어렵다. 조직은 구성원 개개인의 역할이 별개로 이루어지는 장이 아니고 서로 연계되어 나타나는 협동체제이다. 따라서 성공적인 조직운영은 구성원 간의 원만한 인간관계와 상호협력 관계에 달려 있다고 볼 수 있다.

(4) 존경욕구(self-respect needs)

이 욕구는 크게 2가지로 볼 수 있는데 하나는 자아존경 욕구, 즉 자기신뢰, 성취, 권위, 지식, 독립심 등에 대한 욕구이다. 다른 하나는 사람들로부터 호평, 명성, 인정을 받고 싶어하는 욕구를 말한다. 자신의 지식과 학문적 업적을 스스로 자랑스럽게 여기고 하루하루의 학생지도를 보람으로 생각하는 자세는 전자의 욕구가 강한 교사의 자세이다. 반면에 자신의 학술적, 교육적 활동에 대해 학생, 다른 교직원, 학부모들로부터 인정받고 싶어하는 욕구가 강한 교사라면 후자의 욕구가 강한 교사라고 할 수 있다. 간단히 정리하면, 전자는 스스로 만족하는 것이고, 후자는 타인으로부터 인정받아 만족하는 것이다.

조직 구성원들이 위와 같은 두 유형의 존경욕구 중, 한 유형의 욕구에 치중하다 보면 바람직하지 못한 경우가 있다. 너무 자아존경 욕구에 빠지다 보면 자신의 경륜과 지식, 권위 및 자신감에 자아도취되어 자신을 객관적으로 바라볼 수 있는 안목이 좁아지며, 자기 분수를 모르고 도에 넘치는 행태를 보일 가능성이 높다. 반면에 다른 사건들로부터 인정을 받으려는 욕구가 지나치다 보면, 자신을 내세우는 데 정신이 팔리는 경우가 있다. 타인의 평가에 초점을 맞추다 보면 자신이 하는 일에는 소홀해지기 쉽다. 전시 행정, 관리가 이런 경우에 자주 생긴다. 서로 다른 존경욕구는 상보적인 관계가 있으므로 이들을 균형적으로 충족시키는 노력이 필요하다.

(5) 자아실현 욕구(self-actualization needs)

자아실현 욕구는 욕구계층에서 가장 높은 단계에 있는 욕구이다. 이 욕구는 개인이 그의 능력만큼 무엇인가 되려고 하는 최상의 욕구이다. 이 욕구는 성장과 자기발전 및 자신의 잠재력을 최대한도로 발휘하여 자기완성을 이루고자 하는 욕구이다. 이 욕구가 있기 때문에 사람들은 계속적으로 자기발전을 위해 노력한다.

자아실현 욕구가 강한 사람은 내적 지향형이며, 자아의 성장을 추구하고 소중한 가치와 윤리 및 신뢰를 구축하는 데 동기유발되어 있다(Maslow, 1965). Maslow에 따르면, 모든 사람이 이 최상의 욕구, 즉 자아실현 욕구에 만족하는 것은 아니며, 설령 만족한다 할지라도 이 욕구의 10% 정도 만족한다는 것이다(Owens, 1991). 그 만큼 이 욕구는 인간의 최고 욕구로써, 충족되기 어렵다는 것이다.

Maslow의 욕구계층이론은 논리적으로 호소력 있고 이해하기도 쉬우며 동기를 욕구의 관점에서 파악했다는 호평이 있다. 또 이 이론은 동기의 성격을 설명하는 데 많은 영향을 주고 있으며, 과업행동과 조직 생산성과의 연결을 연구하는데 유용한 방법으로 사용되기도 한다. 그러나 동기유발 정도는 개인별, 환경별 차이가 있는데도 그 차이를 등한시했다는 비판도 있다. 또 연구 방법상, 이 이론은 통제된 경험연구에서 도출된 이론이 아니며, 엄격하게 검증된 것도 아니라는 것이다. 그리고 남성 위주의 동기에 치우쳐 있다는 비판도 있다.

2) Porter의 욕구계층이론

Porter는 Maslow의 욕구계층이론을 측정하기 위해 제일 먼저 욕구만족 설문지(Need Satisfaction Questionnaire : NSQ)를 개발했으며, Maslow의 이론을 수정하여 새로운 욕구계층이론을 발전시켰다.

Porter(1961)에 따르면 현재와 같은 북미 사회에서는 관리자들이 배고픔이나 갈증과 같은 생리적 욕구충족을 통해서 동기화되는 경우는 거의 없다는 것이다. 오늘날과 같은 조직 사회에서 생리적 욕구는 그다지 중요한 동기 요인이 되지 못한다고 생각하고 생리적 욕구를 그의 욕구계층이론에 넣지 않았다. 식생활이 어느 정도 해결된 사회에서는 생리적, 본능적 욕구는 조직 구성원들의 과업동기에 크게 영향을 미치지 않는다고 생각했던 것이다. 그래서 그는 욕구계층에서 Maslow의 일차적 욕구인 생리적 욕구를 빼고, 대신에 존경욕구와 자아실현 욕구 사이에 자율욕구를 추가하여, ① 안전욕구, ② 관계욕구, ③ 자아존경욕구, ④ 자율욕구, ⑤ 자아실현 욕구 등 5단계 욕구를 제시했다. 자율욕구는 개인이 어떤 의사결정에 참여하고자 하는 욕구, 환경통제나 과업목표 설정에 영향을 미치고자 하는 욕구, 독립적으로 일하고자 하는 욕구를 말한다.

Porter는 관리자 연구를 통하여 관리자들의 직무가 그들의 욕구를 어느 정도 충족시켜 주고 있으며, 어느 정도 욕구를 충족시켜야 한다고 생각하고 있는지를 측정했다. 즉 욕구충족 정도와 욕구결핍의 정도를 측정했던 것이다. 이와 같이 욕구충족, 욕구결핍 및 과업성취의 관계를 이해하기 위한 많은 후속 연구들이 수행되었다. 이들 연구에 의하면, 인간은 결핍된 욕구를 충족하는 쪽으로 목표 지향적 행동을 보이기 때문에 욕구충족과 직무성과는 연결되어 있다는 것이다. 특히 충족되기 쉬운 낮은 단계의 욕구보다 높은 단계의 욕구와 더 밀접한 관계가 있다는 것이다(Hellriegel & Slocum, 1974). 그러나 이와 같은 관계는 상황에 달려 있다는 연구도 있다. 고용상황이 안정적인 시기에는 아무래도 낮은 단계의 욕구에는 관심이 적고, 높은 단계의 욕구를 추구하려는 경향이 있다. 이런 경우는 상위의 욕구와 직무성과가 연결될 가능성이 높다. 그러나 고용상태가 불안정한 시기에는 하위의 욕구가 직무만족 그리고 직무성과와 연결될 가능성이 높다고 보아야 할 것이다.

3) Alderfer의 ERG이론(생존-관계-성장이론)

생존－관계－성장이론(Existence-Relatedness-Growth Theory : ERG)은 Alderfer가 Malsow의 욕구계층이론을 경험 연구할 수 있도록 수정하여 개발한 이론이다. 그는 인간의 욕구를 크게 3단계로 분류하였다(Alderfer, 1969).

(1) 생존욕구(existence needs)

이 욕구는 대체로 Maslow의 생리적 욕구와 안전욕구에 해당하는 욕구로, 이에는 의식주, 성욕, 보수, 직업안정, 작업환경 등 물질적 욕구가 주로 이에 해당된다.

(2) 관계욕구(relatedness needs)

관계욕구는 타인들과 관계를 맺고 그들로부터 애정과 인정을 받고 싶어하는 욕구를 말한다. 또 집단에 소속되어 활동하고 싶은 욕구도 이에 속한다. 이 욕구는 Maslow의 3단계 욕구인 사회적 욕구와 거의 비슷한 욕구를 말하며, Maslow의 4단계 욕구인 존경의 욕구에서 외적인 요소가 이에 해당된다고 볼 수 있다. 또 사회적 관계를 통해서 타인들로부터 받게 되는 인정, 존경도 Alderfer의 관계욕구에 속한다고 볼 수 있다.

(3) 성장욕구(growth needs)

이 욕구는 가장 높은 욕구로서 Maslow의 4단계 욕구인 존경욕구 중 내적인 요소와 5단계인 자아실현 욕구를 포함하고 있는 내재적 욕구이다. 성장욕구는 자기의 성장과 발전 및 잠재력을 발전시키고자 하는 욕구를 말한다.

종업원들은 직무에서 자기의 지식과 기술을 마음껏 발휘하고 새로운 지식과 기술을 개발하기를 기대한다. 직무에 종사하여 자신의 창의력을 발휘할 수 있도록 하면 그들의 성장욕구는 그만큼 충족될 수 있을 것이다.

Malsow는 인간의 욕구가 엄격한 위계로 되어 있어서 낮은 단계의 욕구로부터 한 단계 한 단계 높은 단계의 욕구로 만족되어 간다고 했다. 이미 충족된 욕구는 다시 동기를 유발할 수 있는 힘이 없다는 것이다. 그러나 Alderfer는 Maslow의 엄격한 욕구

위계보다는 유연한 욕구위계를 주장하고 있다. 그래서 그는 생존욕구, 관계욕구, 성장욕구가 동시에 만족될 수도 있다고 말한다. 그러나 유연하지만 욕구계층이 있기 때문에 생존욕구의 충족도가 높으면 다음 욕구인 관계욕구도 그만큼 강화된다는 것이다. 즉, 생존욕구가 흡족하게 충족되어 있다면, 강한 관계욕구가 생긴다는 것이다. 강한 성장욕구 역시, 하위 욕구인 생존욕구 및 관계욕구가 어느 정도 충족된 다음에 생긴다.

Alderfer는 욕구충족에서 좌절-퇴행 현상이 나타난다고 주장했다. 즉, 어떤 욕구를 충족시키려고 시도했지만 좌절하거나 실패하는 경우 이 욕구보다 한 단계 낮은 욕구를 더 많이 충족시키려는 경향이 있다는 것이다(Robbins, 1991). 이러한 예는 우리 사회에서 자주 보는 예이다. 흔히 우리는 무엇인가 원대한 이상(내재적 가치)을 가지고 직장에 들어와 열심히 노력해 보았으나 여러 여건상 도저히 그 꿈을 이룰 수 없을 경우, '대충대충 사람들과 어울려 그럭저럭 지내며 돈이나 벌어 보자'는 식으로 이전보다 물질적 욕구충족에 더 몰두하게 되는 경우가 있다. 이 경우 높은 욕구인 이상 실현은 사라지고 낮은 단계의 관계욕구나 물질에 대한 욕구가 강렬해지는 경우가 욕구의 좌절-퇴행의 한 예가 될 수 있다.

좌절－퇴행현상은 욕구좌절에 대한 개인의 인내력과 좌절된 욕구를 만족시킬 수 있는 유용한 대안이 있느냐, 없느냐에 달려 있다고 볼 수 있다. 따라서 교육행정가는 교사들이 욕구충족에 좌절되지 않도록 교육 조건을 잘 정비해서 지원하는 것이 무엇보다 중요하며, 좌절된 욕구를 다시 충족시킬 수 있는 여러 합리적인 대안을 마련하는 지혜가 필요하다. 욕구를 충족시킬 수 있는 수단 방법을 너무 제한하지 말고 다양화시키는 전략도 필요하다. 이것 아니면 안 된다는 식으로 특정 수단과 방법에 얽매이다 보면 다른 좋은 대안이 있는데도 이를 간과하기 쉽다.

Alderfer의 ERG이론은 Malsow의 이론보다 개인의 욕구만족을 실증적으로 측정하고 예측하는 데 더 적합하다(Organ & Bateman, 1991). 그러나 George와 Jones(1988)의 주장처럼, 인간의 모든 욕구가 단계별로 되어 있다고 기대할 수도 없으며, 순서에 따라 단계별로 만족된다는 보장도 없다.

4) McClelland의 세 욕구이론(Three Needs Theory)

McClelland(1961)는 성취, 권력, 관계 등 3가지 욕구가 동기유발의 중요한 변인이라고 보고, 이들 욕구가 개인의 조직행동을 자극한다고 주장했다.

(1) 성취욕구 : 직무성취와 우월성에 대한 욕구

이 욕구는 자기가 하는 일에서 성취하고 싶고, 우수성을 확보하고 싶은 욕망이라고 볼 수 있다. 성공적이고 우수한 과업목표 달성에 대한 욕구가 동기 유발의 중요한 요인이 된다는 것이다. 이것은 외부로부터 받는 외적인 보상이 아니라 과업의 성공으로부터 느끼는 성취감이므로 내적인 보상이라고 볼 수 있다.

성취욕구가 강한 사람들은 대가보다 일 자체에서 생기는 성공감을 느끼는 사람이다. 그와 같은 사람들은 책임질 수 있는 상황을 회피하기보다 과업수행에서 발생하는 피드백(feed back)을 받아들인다. 그들은 도박과 같이 우연에 의해서 성공하기를 싫어한다. 성공과 실패에 대해 스스로 책임지려 하고 남의 탓이나 운으로 돌리지 않는다. 그들은 아주 쉬운 일도 피하려 하지만 너무 어려워 성공하기 어려운 일도 무모하게 도전하지는 않는다. 큰 성취를 한 사람들(공을 세운 사람들)은 성공 가능성이 50%일 때 가장 높은 성취도를 보였으며, 성공 확률이 높은 투기도 싫어한다. 그것은 그들이 우연한 성공으로부터 성취감을 얻을 수 없기 때문이다. 물론 성공률이 낮은 투기도 싫어한다. 자기의 기술 개발에 도전할 수 없기 때문이다(Robbins, 1991).

(2) 권력욕구

권력욕구는 자신이 원하는 방향으로 다른 사람들이 행동하도록 영향력을 발휘하고 싶은 욕구다. 정부조직, 군대조직, 학교조직, 회사조직 등 거의 모든 조직에서 사람들은 많은 권한과 영향력이 보장되는 위치에 있고 싶어한다. 조직생활에서 자신의 의지보다 다른 사람의 의지에 의해 자신의 행동이 결정되는 것을 원하는 사람은 많지 않다. 사람들은 조직에서 강한 권력과 영향력이 있는 위치에서 다른 사람들을 행동하도록 힘을 발휘하고 싶어한다. 그래서 사람들은 그 자리를 차지하기 위해 많은 노력을 하게 된다. 이러한 욕구가 있기 때문에 일을 더 열심히 하게 된다는 것이 McClelland가 말하는 권력욕구이다.

권력욕구가 강한 사람은 일 맡는 것을 즐기고, 다른 사람들을 통솔하고 그들의 행동에 영향주기를 좋아한다. 그들은 경쟁적 위치에 기꺼이 서며 효율적인 과업성취보다 다른 사람을 지배하기 좋아하며 명성 얻기를 원한다. 권력욕구는 성공적인 관리, 행정과 관계가 있다. 한 연구결과에서 가장 유능한 관리자, 행정가는 권력욕구가 강했으며 관계욕구는 그리 높지 않았다. 실제로 높은 권력욕구는 관리, 행정의 효과성 제고에 필요한 것이 사실이다. 그리고 조직에서 계급이 높아지면 높아질수록 권력욕구도 더 높다는 것이다(McClelland, 1975; Miner, 1965).

(3) 관계욕구

관계욕구는 조직생활, 사회생활에 소속되어 다른 사람과 관계를 맺고 싶어하는 욕구이다. 인간은 사회적 동물로서 조직사회에 소속되어 소속감을 느끼고 다른 사람들로부터 애정과 수용을 얻고 싶어하는 욕구가 있다. 관계욕구가 강한 사람은 상호이해와 친분 유지를 위해 노력하며, 경쟁보다는 협동을 원한다.

일반적으로 관계욕구가 강한 사람은 성취욕구나 권력욕구가 강한 사람보다 일의 성취나 다른 사람을 통제하고 싶은 욕구보다 다른 사람들과 좋은 관계를 갖고 즐거운 조직생활에 더 높은 관심을 나타내게 된다. 관계욕구가 다른 욕구보다 강한 지도자나 행정가들은 그들 자신이 상사나 동료, 부하들로부터 대접을 받고 싶어하는 욕구가 강하기 때문에 과업중심 행정보다는 종업원중심, 배려중심으로 조직을 운영하게 될 것이다.

5) Herzberg의 동기-위생이론

Herzberg의 동기－위생이론을 이요인이론(二要因理論), 만족－불만족이론이라고도 부른다. Herzberg는 인간은 서로 다른 두 종류의 욕구를 가지고 있다고 전제하고 동기-위생이론을 발전시켰다. 하나는 생물학적인 생명을 유지하려는 욕구이고 다른 하나는 심리적 성장, 발달을 추구하려는 욕구이다. 이러한 생명유지 욕구를 충족시켜 주는 요인은 물질적, 환경적인 것으로 외적 요인이고 성장, 발달욕구를 충족시키는 요인은 인간의 심리적 특성과 관련된 내적 요인이다.

Herzberg는 “사람들이 직업에서 무엇을 얻기를 원하는가?”라는 연구문제를 해결하기 위해 근로자의 직업만족과 불만족 요인에 대해 조사연구를 했다. 미국 Pennsylvania 주 남서부의 강철공업도시 Pittsburgh에 있는 기업체의 근로자 200여 명의 기술자와 회계사를 대상으로 연구를 했다. 그들의 직업에 대해 아주 만족스럽게 느꼈을 때와 불만족스럽게 느꼈을 때의 상황에 대해 상세히 응답하도록 했다.

Herzberg는 그의 조사연구에서 수집된 4000여 개의 응답 자료를 분석한 결과, 그들이 만족을 느꼈을 때에 응답한 내용과 불만족을 느꼈을 때에 응답한 내용이 서로 다르다는 것을 발견했다(Herzberg, Mausner, Snyderman, 1959). 즉 그들이 만족을 느꼈다고 할 때는 그 만족을 작업 자체에 돌리려는 경향이 있었고, 불만족을 느꼈을 때는 그 불만족을 작업환경으로 돌리려는 경향이 있었다는 것이다. 만족과 관계가 있는 요인들은 성취, 인정, 일 자체, 책임, 성장 등 내적 요인이었다. 이 요인들은 만족요인으로 직무 만족에만 영향을 준다고 했다. 불만족과 관계있는 요인은 회사의 정책 및 행정, 감독, 인간관계, 작업조건, 보수 등 외적 요인들이다. 이들은 불만족 요인으로 직무불만족에 영향을 준다는 것이다. Herzberg는 이들 만족 요인들을 동기요인, 불만족 요인들을 위생요인이라 명명했으며, 이들을 〈표 3－1〉과 같이 나타낼 수 있다.

〈표 3-1〉 동기요인과 위생요인

위생요인	동기요인
환경	직무 그 자체
정책 및 관리 감독 작업조건 대인관계 돈, 지위, 안정	성취 성취에 대한 인정 도전적이고 보람 있는 일 책임의 증대 성장 및 발전

전통적으로 직무만족과 불만족은 단일 선상에 있는 것으로 보았다. 성취, 인정, 일 자체, 책임, 성장 등 내적 요인이나, 정책 및 행정, 감독, 인간관계, 작업조건, 보수 등 외적 요인 모두 직무만족과 불만족에 영향을 준다고 인식되어 왔다. 그러나 Herzberg는 직무만족과 불만족이 단일 선상에 있는 것이 아니라 서로 다른 선상에 있다고 주장했다. 다시 말하면, 직무만족과 불만족은 그 성격이 판이하다는 것이다. 따라서 직무만족의 반대는 불만족이 아니라 만족이 없는 상태이고, 불만족의 반대도 만족이 아니라 불만족이 없는 상태라는 것이다. 이들 내적 요인, 즉 동기요인은 직무만족에만, 이들 외적 요인, 즉 위생요인은 직무불만족에만 영향을 준다고 주장했다. 따라서 보수, 인간관계, 정책 및 행정 등은 아무리 개선되어도 불만족을 막아 주거나 줄여 줄 수는 있어도 직무만족을 직접 높여 주지 못한다는 것이다. 결국, 직무불만족의 소멸이 직무만족을 가져오는 것은 아니라는 것이다.

Herzberg의 이론에 의하면, 행정가나 관리자는 근로자들에게 보수나 정책 및 행정, 관리 및 감독, 인간관계, 직무환경 등과 같은 직무불만족 요인을 개선해 줌으로써 그들의 불평불만과 직무불만족을 해소할 수 있다는 것이다. 그러나 이것들의 개선만으로는 그들의 직무만족과 헌신을 끌어낼 수 없고, 성취, 인정, 일 자체, 책임, 성장 등과 같은 만족요인을 개선함으로써 이들을 끌어낼 수 있다는 것이다. 그의 이론은 구성원들의 직무만족을 위해 행정가나 관리자들이 내적인 요인, 즉 동기요인에 관심을 갖게 되는 계기를 마련했다.

내적인 요인, 즉 동기요인은 직무자체와 관련이 있기 때문에 과업을 개선하거나 재구성하는 일이 중요하다. 이에는 직무충실화와 직무확대가 있을 수 있다. 직무확대는 하는 과업에 비슷한 일을 추가하여 다양한 지식과 기술을 갖게 하여 역할의 정체성을 갖도록 하자는 것이다. 이보다는 직무충실화를 통해 수행자에게 재량권과 책임을 주어 보다 심도 있게 과업을 수행도록 하자는 것이다(유기선, 2002).

Herzberg의 동기－위생이론은 많은 공헌에도 불구하고 다음과 같은 몇 가지 관점에서 비판을 받고 있다(House & Wigdor, 1967).

첫째, 연구방법상의 문제이다. 사람들은 일이 잘 풀리면 자기 탓, 안 풀리면 환경 탓으로 돌리는 경향이 있다. 만족스러우면 일이 좋아서, 내 적성과 맞아서 등으로 생각하고, 불만족스러우면 대우가 나빠서, 일의 환경이 나빠서, 업적 평가가 편파적이어서라고 말하는 등 불만을 환경 탓으로 돌리려 한다. 이와 같은 경향 때문에 조사에서 만족요인과 불만족요인으로 나타난 것이지 실제는 그렇지 않다는 것이다.

둘째, 이 이론은 직무만족, 불만족에 대한 설명이지 실제로 동기이론은 아니라는 것이다.

셋째, 이 이론은 선행 연구 결과와 일치되지 않는 경우가 있고, 환경 변인을 고려하지 않았다는 것이다.

넷째, Herzberg는 근로자의 직무만족이 직무 생산성과 관계가 있는 것으로 추정했으나, 그의 연구는 직무만족에 대한 것이었지, 생산성에 대한 것은 아니었다.

초·중고등학교 교사 316명으로부터 자료를 수집, 중다회귀 분석한 장래찬(2004)의 연구결과를 보더라도 내적 요인(동기요인)인 성취, 승진, 책무성은 교사의 직무만족에 영향을 주지 않는 것으로 나타났다. 반면에, 외적 요인(위생요인)이라고 볼 수 있는 인간관계와 정책 및 행정은 직무만족에 영향을 주고 있는 것으로 나타났다.

3 과정이론

동기내용이론의 입장은 개인의 행동을 욕구의 산물로 본다. 즉 욕구가 있기 때문에 이를 충족하기 위해 행동을 한다는 것이다. 반면에 동기과정이론은 개인의 행동을 욕구의 산물로 보지 않고 행동결과에 대한 기대, 투입-산출에 대한 공정성 인식, 과업목표의 설정 형태 등에 따라서 동기가 유발된다고 보는 입장이다. 동기과정이론 중 대표적인 이론은 기대이론, 목표설정이론, 공정성이론 등을 들 수 있다. 기대이론에는 Vroom의 이론과 Porter와 Lawler의 이론이, 목표설정이론에는 Locke의 이론이 그리고 공정성이론에는 Adams의 이론이 있다.

1) Vroom의 기대이론(VIE이론)

우리는 아무것도 바라지 않고 맹목적으로 힘들여 일하지 않는다. 성취이건, 일 자체의 흥미이건, 물질적 보상이건, 무엇인가 바라는 것이 있어서 행동하게 된다는 것이다. 또, 바라는 것이 이루어질 가능성이 있어야 행동하는 것이지, 아무리 일을 해도 도무지 이루어질 가능성이 없다면 그림 속에 있는 떡이나 다름없다. Vroom(1964)의 기대이론의 핵심은 행동으로부터 생기는 결과에 대한 유인가와 기대가 행동을 일으키는 중요한 요인이라는 것이다.

Vroom에 의하면 개인의 동기유발 정도는 그의 행동으로 나타날 수 있는 1차적 결과(생산량)와 1차적 결과에 따라 받을 수 있는 2차적 결과(보상)에 대해 개인이 어떻게 지각하고 있느냐에 달려 있다는 것이다. 다시 말하면, 개인이 1, 2차 결과를 얼마만큼 좋아하고 있으며, 또 이들 결과가 나타날 가능성을 어느 정도로 보고(기대) 있는지에 따라 그의 동기유발 정도가 결정된다는 것이다. 이 좋아하는 정도를 유인가(유의성 : valence), 1차적 결과에 대한 기대를 성과기대(기대 : expectancy), 2차적 결과에 대한 기대를 보상기대(수단성 : instrumentality)라고 부른다(Vroom, 1964). 이들의 첫 글자를 따서 VIE이론이라고도 부른다. 유인가, 성과기대, 보상기대의 개념을 예를 들어 구체적으로 설명해 보면 다음과 같다.

(1) 유인가

이를 유의성, 매력도 또는 호감도로 쓰이기도 한다. 이것은 행동결과로 나타난 1차적 결과이건, 2차적 결과이건, 그 결과에 대해 행위자가 좋아하는 정도이다. 예로써, 어떤 교사는 자기의 노력으로 학생들의 학업성취도 향상을 매우 좋아하고 또 다른 교사는 보통, 혹은 조금 좋아할 수 있다. 이 좋아하는 정도를 유인가라고 하는데 여기서는 1차적 결과(성취도 향상)에 대한 유인가가 된다. 학생들의 학업성취도 향상의 공로로 상(2차적 결과)을 받게 된다면 상이 어떤 상이냐에 따라 그 교사의 좋아하는 정도는 달라진다. 물질적으로나 정신적으로 변변치 못한 상보다는 승진에 영향을 미치는 큰 상을 더 선호하게 될 것이다. 이렇게 1, 2차적 결과에 대한 유인가(유의성, 매력도, 혹은 호감도)는 결과에 따라 다르고, 같은 결과라도 개인이 어떻게 지각하느냐에 따라 다르다. 또, 1차적 결과(성취도 향상)에 대한 유인가(호감도)는 그 성취도 결과로 받을 수 있는 보상이 나올지에 대한 기대 정도(신뢰 정도)와 그 보상의 유인가에 의해서 결정된다는 점이다. 좋은 보상이 100% 나온다고 믿는다면 그만큼 높은 동기유발을 기대할 수 있다.

유인가에서 잊어서는 안 될 것은 부적 유인가(–)가 있을 수 있다. 즉 1차적 결과이건, 2차적 결과이건 좋아하는 것이 아니라 싫어하는 결과가 나타날 수 있다. 요컨대, 어느 조직의 한 행정사무원이 문서처리를 잘하여(1차적 결과) 별 보상(1차적 결과) 없이 더 많은 문서 정리 일만 부여받아 저녁 늦게까지 문서정리 일만 해야 된다면, 이 두 결과에 대한 호감도는 부적(–)으로 될 것이다. 다른 조건이 비슷하다면 이들 결과에 대해 높은 호감도(유인가)를 가진 사람이 그렇지 않은 사람보다 더 동기유발될 것이다.

(2) 성과기대

성과기대란 개인이 어떤 행동을 하면 어떤 결과가 생길 것이라는 기대 즉 행동에 따라 어떤 결과가 나타날 것이라고 믿는 정도이다. 노력, 행동과 연결되어 나타나는 성과, 즉 1차적 결과에 대한 기대 확률을 말한다. 예로써, 어떤 교사가 방과 후 하루에 한 시간씩 개별지도하면 학생들의 평균 성적이 많이 오를 것이라고 믿는 정도이다. 이 믿는 정도는 교사마다 다를 것이다. 어떤 교사는 높은 확신을 가질 것이고 어떤 교사는 낮은 확신을 가질 것이다. 또 어떤 교사는 전혀 믿지 않을 수도 있다. 따라서 믿음의 정도는 0% 이상에서부터 100%까지라고 볼 수 있다.

(3) 보상기대

영어의 'instrumentality'는 뜻 그대로 수단성이라고도 한다. 1차적 결과(학생의 학업성취도 향상)에 대한 대가로 보상(2차적 결과)이 나올 수 있을지에 대한 믿음의 정도이다. 교사의 노력으로 학생들의 성적이 향상되면 기대하던 보상이 반드시 나온다고 믿는 교사는 다른 조건이 같다면, 그렇지 않은 교사들보다 더 동기유발될 것이다.

어떤 교사는 학생을 잘 지도하여 성적이 오르면 보상이 주어진다고 100% 믿는 교사가 있는가 하면, 어떤 교사는 60%, 50% 믿을 수도 있고, 전혀 믿지 않는 교사도 있을 수 있다. 오히려 학생지도를 잘하니까 보상은커녕, 수업 시간 수만 많이 배정받고 방과 후 특수아동까지 지도해 달라는 교장의 부탁도 받을 수가 있다. 이 경우는 보상기대가 부(-)가 된다. 따라서 보상기대의 범위는 －1에서부터 ＋1까지가 된다. 100% 월급제인 어느 조직의 서무과 직원이 다른 동료들보다 일을 잘 해도 별다른 대가 없이 일만 더 떠맡게 되는 경우가 있다. 이 경우도 부적(-) 보상기대가 된다.

Vroom의 동기유발(motivation)에 필요한 이들 개념, 유의성(valence), 성과기대(expectation), 보상기대(instrumentality)의 관계를 수식으로 나타내면 다음과 같다.

[공식 1] P = f(M × A)

P(performance) : 성과	f(function) : 함수
M(motivation) : 동기	A(ability) : 능력

성과(P)는 동기부여 정도와 행위자의 능력과의 함수관계이다. 동기도 높이 유발되어 있어야 하지만 능력도 있어야 과업의 성과를 올릴 수 있다는 원리이다.

[공식 2] M = f(Vj × E)

Vj(valence) : 1차 결과에 대한 유의성, 매력도 혹은 호감도

E(expectation) : 성과기대(노력하면 1차 결과가 생길 것이라는 확률 기대)

위 공식에서 동기유발 정도는 열심히 일하면 일의 성과(1차적 결과 : 성적 향상)가 있을 것이라는 기대치와 그 성과(성적 향상)에 대한 유의성(호감도)과의 함수관계이다. 쉽게 말해, 학생들이 영리하여 가르쳐 준대로 성적이 올라간다고 교사가 믿는 정도와 그 성적향상(1차적 결과)을 교사가 얼마나 좋아하는지의 정도(유의성)에 따라 교사의 학생지도 동기유발

은 결정된다는 것이다. 전술한 바와 같이 교사가 열심히 가르쳐도 성적이 올라갈 것이라고 믿는 정도는 교사마다 다르다. 어떤 교사는 학생들은 가르쳐 주는 만큼 성적이 오른다고 거의 100% 믿는 교사도 있고, 어떤 교사는 그렇게 해도 성적이 오르지 않을 것이라고 믿는, 거의 0%의 기대를 갖고 있는 교사도 있을 수 있다.

교사가 자신의 노력으로 산출된 학생들의 성적향상에 대해 가지는 유의성, 즉 호감도도 교사마다 다르다는 것이다. 성적이 오르면 담당교사에게 푸짐한 포상을 하는 학교의 교사는 학생들의 성적이 오르는 것을 매우 좋아할 것이요, 포상은커녕 수업시수만 더 늘어나는 학교 교사에게는 학생의 성적향상에 대한 매력이 매우 낮거나 오히려 그 향상을 싫어할(부적 보상기대) 수도 있을 것이다. 따라서 가르친 만큼 성적이 오를 것이라고 확실히 믿는 것도 중요하지만, 성적이 향상되면 기대되는 좋은 보상을 받게 될 것이라는 확신도 있어야 그 교사는 성적향상을 바라게 되고, 그 결과 그의 동기유발은 높아지게 된다.

[공식 3] Vj =(Vk × I)
Vj : 1차적 결과에 대한 유의성(호감도)
Vk : 2차적 결과에 대한 유의성(호감도)
I : 1차적 결과가 2차적 결과를 가져올 것이라는 확률 기대

Vroom은 세 개념, 즉 유의성, 성과기대, 보상기대의 결합이 동기유발에 중요한 변인으로 보고 그의 기대이론을 발전시켰다. 따라서 조직 구성원들의 동기유발 정도를 높이기 위해 교육행정가는 이들 세 변인을 높이도록 해야 할 것이다. 교사들이 1차적 결과(학생들의 지적, 정의적, 기술적 성장)와 그에 따른 2차적 결과(적절한 보상)에 대한 유의성을 높이기 위한 실천 노력이 필요하다. 그리고 노력에 따라서 성과가 반드시 나타나고 보상이 뒤따를 수 있도록 신뢰성 높은 정책을 수립, 실천하는 노력도 요구된다.

2) Porter와 Lawler의 기대이론

Porter와 Lawler의 기대이론은 Vroom의 기대이론을 더욱 구체적으로 발전시킨 이론이다. Vroom이 동기유발을 유인가, 성과기대, 보상기대의 상호작용으로 보는데 반해서 Porter와 Lawler(1968)는 이들 3요소에 행위자의 능력과 성격특성, 역할지각 및 만족개념을 첨가하여 그들의 기대이론을 발전시켰다. 특히 그들은 Vroom과 달리 직무만족과 과업수행과의 관계를 다루었다.

Porter와 Lawler에 의하면 직무에 기울이는 개인의 노력은 그가 노력하면 보상을 받을 것이라는 가능성과 그 보상에 대해 그가 느끼고 있는 가치, 이들 두 요인에 달려 있다는 것이다. 즉 노력은 기대된 보상이 제공될지 어떨지에 대한 믿음의 정도와 그 보상에 대해 어느 정도 가치가 있다고 믿는지에 달려 있다고 보는 입장이다. 따라서 이 두 요인에 대한 신뢰의 정도가 높으면 그만큼 노력을 더하게 된다.

노력은 필연적으로 행위자의 능력, 특성 및 역할지각을 필요로 하게 된다. 아무리 노력해도 능력과 자기 할 일을 정확히 알지 못하면 과업성과를 거둘 수 없다. 따라서 과업성취(업적)는 노력, 능력, 역할지각 3요인의 상호작용에 의해 결정된다고 볼 수 있다. 이런 점에서 보상에 대한 지각도 중요하지만 자기가 담당해야 할 역할에 대한 확고한 인식과 그 역할을 수행할 수 있는 능력과 특성이 있어야 노력다운 노력을 할 수 있다고 본 것은 매우 발전된 입장이다. Porter와 Lawler는 내적인 보상과 외적인 보상이 모두 동기유발에 중요한 역할을 하고 있다고 보고 있다.

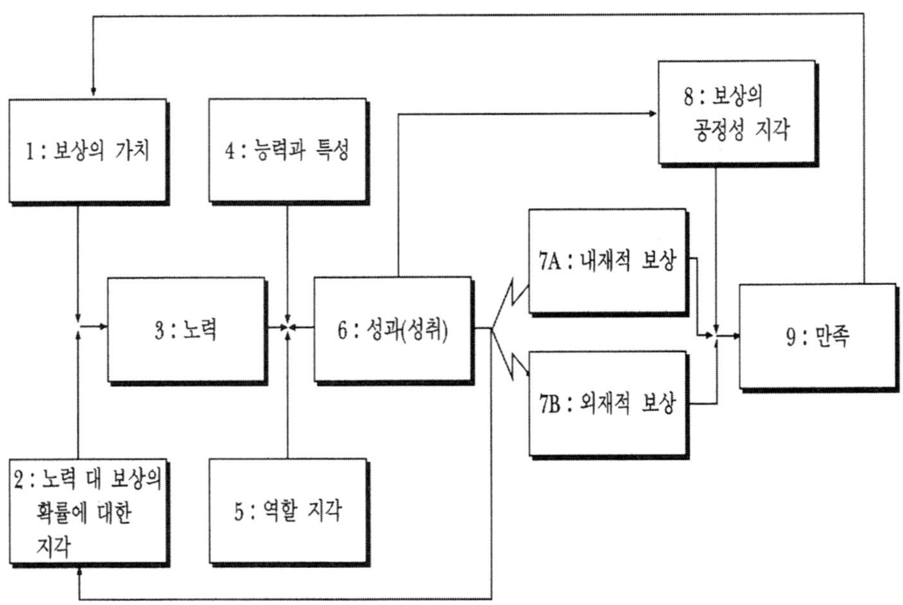

[그림 3-2] **Porter와 Lawler의 동기부여 모형**

* 출처 : Lyman W. Porter and Edward E. Lawler, Ill, Managerial Attitudes and Performance(Homewood, Ill : Richard D. Irwin, Inc., 1968).

그림 [그림 3－2]를 보면 근로자는 과업성취로 받을 수 있는 보상에 가치를 부여한다[1]. 그는 또 과업성취로 그러한 보상을 정말 받게 될지 어떨지에 대해 어떤 신뢰수준을 가지게 된다[2]. 보상이 나올 가능성을 어떤 이는 90%, 어떤 이는 60%, 또 어떤 이는 반반으로 볼 수 있다. 이는 순전히 주관적인 것이다.

개인이 부여한 보상에 대한 가치와 노력의 결과로 보상이 생길 가능성에 대한 그의 신뢰 수준이 노력의 수준을 결정한다[3]. 노력은 또 개인의 능력과 특성[4] 및 역할지각[5]의 조합에 의해 조절된다. 이와 같이 노력, 능력, 역할지각의 상호작용은 결과를 산출하게 된다[6].

개인은 자신이 이룩한 과업성취에 따라서 공정한 보상을 받기를 기대한다[8]. 그리고 그는 실제로 내적 보상(만족, 성취감 등) 또는 외적 보상(보수 작업안정)을 받게 된다(7a 혹은 7b).

개인은 그의 기대와 가치의 관점에서 자기에게 제공된 보상이 공정한지 지각하게 되고 이것은 직무만족에 이어진다. 자신이 기대했던 정당한 수준 이상으로 보상을 받게 될 때 개인은 직무만족을 느끼게 된다.

이러한 가정들은 Porter와 Lawler의 연구뿐만 아니라 다른 실증적 연구에서도 옳은 것으로 나타났다. 그럼에도 불구하고 Porter와 Lawler의 기대이론은 너무 복잡하고 개인의 주관적인 인식을 바탕으로 동기를 설명하려고 했으므로 이러한 인식을 객관적으로 측정하기가 어렵다는 비판도 있다.

3) Locke의 목표설정이론

우리는 특히 학창시절에 부모, 일가, 친척, 선생님들로부터 "최선을 다해 공부해라, 그렇지 않으면 후회하게 된다"는 말을 자주 들어 왔다. 이와 같은 격려의 말을 들어보지 않고 학창 시절을 보낸 사람은 없을 것이다. 이 말은 격려하는 덕담이 될 수는 있지만 어떤 목표를 향해서 어떤 행동을 어느 정도로 열심히 해야 할지에 대한 구체적 지침은 되지 못한다. 어느 영어 선생님이 "이번 고사를 위해 열심히 해라" 하고 말하는 것보다 "이번 고사에서는 지난번 고사 때보다 10점 더 올려야 한다"라고 말하는 것이 학생들의 목표의식을 높여 주고 학생들로 하여금 더 많은 노력을 하게 할 수 있다는 것이다.

학생이나 근로자가 과업을 수행할 능력이 있고 그 과업을 수용하기만 한다면, 쉬운 목표보다 어려운 목표가 그들의 목표달성 의지를 높여 주고 행동을 더 동기화시킨다. 예컨대, '이번 영어 시험을 전보다 1~2점 올려야겠어'라고 목표를 설정하는 것보다 '5~10점 올려야겠어'라고 목표를 학생의 능력과 수용범위 내에서 보다 높게 잡으면 노력행동을 더 동기화시킬 수 있다는 것이다.

이와 같이 목표설정이론은 목표 설정방식을 통하여 개인의 행동을 동기화시킬 수 있다고 보는 입장으로 실제에 어렵지 않게 활용할 수 있는 이론이다. 다른 동기이론 특히 내용이론들이 개인의 욕구를 기초로 하고 있지만, 목표설정이론은 성취해야 할 과업의 목표를 구체적이고 도전적(어렵게)으로 설정함으로써 목표의식을 높이고 목표지향적인 행동을 강화시킬 수 있다는 견해이다.

1960년대 후반 Edwin Locke(1968)는 목표를 향해서 일하고자 하는 의지가 과업동기의 주된 원천이라고 했다. 목표는 근로자에게 무슨 일을 하고 얼마만큼 노력해야 하는지를 가르쳐 준다는 것이다. 이 경우, 구체적이며 어려운 목표가 쉽거나 일반적인 목표보다 더 많은 성취를 가져온다는 것이다. 피드백 또한 목표달성에 매우 유익하다고 강조된다. 구체화된 목표는 내적인 자극이 되며 근로자로 하여금 목표를 어느 수준까지 달성해야 하는지를 정해 준다고 한다.

근로자들은 어려운 목표보다 쉬운 목표를 선호하는 것이 일반적이다. 그러나 그들이 목표를 달성할 능력이 있고 그 목표를 달성하겠다는 의지만 있다면, 즉 수용하기만 하면 어려운 목표일수록 더 많은 성과를 낸다는 것이다.

그러면 목표설정의 근원이 되는 것은 무엇인가?

다음 [그림 3－3]과 같이 Locke의 목표설정과정을 보면 목표는 공허한 상태에서 세워지는 것이 아니고 개인은 먼저 무엇인가에 대해 가치를 느끼게 된다. 그 가치의식은 이를 실현시키고자 하는 욕망과 정서를 싹트게 한다. 이러한 욕망과 정서는 개인으로 하여금 목표를 세워 행동을 일으키고 성과를 내게 한다는 것이다.

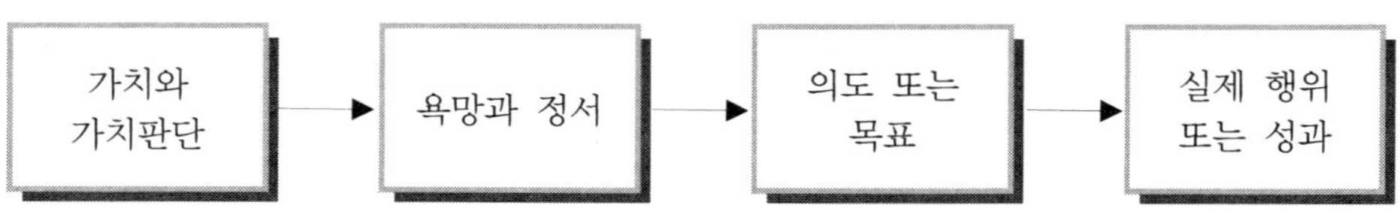

[그림 3-3] **Locke의 목표설정과정**

피드백(feedback)도 과업목표달성을 위한 행동에 매우 유익하다. 피드백은 근로자가 자기의 과업행동이 과연 목표 지향적으로 일어나고 있는지, 즉 지금까지 원하는 바대로 일을 제대로 잘해 왔는지를 점검하도록 해 준다. 자신이 한 일을 타인이 점검하고 지적해 주는 것보다 자신이 직접 점검하고 고쳐나가는 것이 더 효과적이다(Robbins, 1991).

목표설정에 근로자들을 참여시키는 것이 과연 유리한가? 이에 대한 연구결과는 일치하지 않는다. 어떤 연구는 목표설정에 근로자들을 참여시키는 것이 과업성취에 더 유리하다고 밝히고 있지만, 상사가 설정한 목표에 그들을 따르도록 하는 것이 과업 성취도를 더 높였다는 연구도 있다. 그러나 중요한 것은 그들이 목표설정에 참여하게 되면 목표가 어렵게 설정되더라도 과업 수용성을 높여 준다는 것이다. 자신들이 목표설정에 참여해서 목표를 만들어 놓고 받아들이지 않을 명분이 약하기도 하거니와 또, 참여 의식을 높여 목표달성에 대한 의지를 높여 주기 때문이다.

요약하면, Locke의 목표설정이론에서는 목표가 구체적이고 도전적(어렵게)으로 설정되어야 근로자의 과업동기를 유발시켜 성취도를 높일 수 있다는 입장이다. 물론 이와 같은 목표는 근로자의 수용과 능력의 범위 내에서 설정되어야 한다.

4) Adams의 공정성이론

다른 동기부여이론들은 동기유발은 대체로 개인의 욕구나 기대 및 조직목표의 설정 형태에 따라 결정된다는 입장이다. 그러나 공정성이론은 개인의 동기가 자신의 투입－산출 비율과 비교되는 타인의 투입－산출 비율이 공정한지 아닌지에 대한 지각에 따라서 유발된다고 보는 입장이다. 타인과의 비교를 기초로 하여 동기유발을 설명하기 때문에 공정성이론은 사회적 비교이론 또는 공정한 배분이론이라고 불린다.

'공정성'의 이념은 국부(國富)의 공정분배를 강조한 Aristotle로 거슬러 올라 갈 수 있는데(Organ & Bateman, 1991), 교환관계(재화 교환)에서의 공정성이론은 Homans(1961), Adams(1965), Leventhal(1976), Lerner(1977) 등에 의해 발전되어 왔다. 그들 중, Adams의 이론이 널리 연구, 응용되고 있다. Adams는 개인이 자신의 투입－산출의 비(比)를 상대적으로 지각하는 데서 동기가 유발된다고 보고 있다. 그는 자신과 비교 준거인(주관적으로 인지된 비교인)의 투입－산출의 비(比)를 비교하여 동일하다고 느끼면 만족하고, 높거나 낮다고 느끼면 인지와 행동 간의 부조화가 생겨 불쾌감과 긴장감을 느끼게 된다는 것이다. 이 불편한 인지 상태를 해소하고 공정성을 회복하려는 과정에서 동기가 유발된다고 보고 있다.

이와 같은 관계를 〈표 3－2〉와 같이 공식으로 나타낼 수 있다.

〈표 3-2〉 공정성 공식

자기(A) : 타인(B)	지각
① $\frac{O}{I_A} < \frac{O}{I_B}$	과소보상에 대한 불공정 지각
② $\frac{O}{I_A} > \frac{O}{I_B}$	과대보상에 대한 불공정 지각
③ $\frac{O}{I_A} = \frac{O}{I_B}$	공정 지각

〈주〉 I(Input) : 투입, O(Output) : 산출

투입은 교육, 경력, 노력, 시간, 태도, 경험 등 모든 것을 포함하며, 산출은 보수, 직업안정, 승진, 근무조건, 인정 등과 같은 모든 혜택을 포함한다. 이들에 대한 자치는 객관적으로 측정된 것이 아니고, 개인이 주관적으로 판단한 것이다. 비교인은 개인이 자신과 여러 면에서 비슷하다고 상정한 인물이다.

〈표 3－2〉의 식 ①은 개인 자신이 받은 보상, 즉 산출과 자신이 일에 투자한 투입과의 비율을 자신과 비교되는 사람의 산출과 투입과의 비율에 비교한 식으로 본인의 비율이 낮은 경우이다. 이는 자신이 불리하게 불공정한 대우를 받고 있다고 느끼고 있는 것이다. 이 불공정으로 인해 그는 심리적으로 불만과 불안을 느끼고 긴장하게 된다는 것이다.

식 ②는 개인 자신의 산출-투입의 비율이 비교인의 그것보다 높다는 것을 보여주고 있다. 자신이 타인보다 상대적으로 더 좋은 대우를 받고 있는 경우로써 이 때에도 불안과 긴장이 생긴다는 것이다. 식 ③은 매우 이상적인 것으로 본인의 대우가 비교인의 대우와 같다고 지각하는 것으로 이 경우 만족을 느끼고 있기 때문에 행동을 변화시킬 아무런 이유가 없다는 것이다.

근로자들은 식 ① 또는 ②인 경우에만 행동변화를 모색하게 된다는 것이다. 이러한 행동변화 속에서 동기가 유발된다고 보는 것이 Adams의 공정성이론이다. 개인이 정(+)적이건 부(-)적이건 불공정성을 지각하게 되면 불안과 긴장이 생기는데 이를 극복하여 공정성을 회복하려고 다음과 같은 행동변화 중 하나를 선택하게 된다는 것이다.

(1) 투입, 산출의 변경

만약 월급을 받는 개인이 비교인에 비해 과소 보상을 받고 있다고 느끼면 시간과

노력 등 투입을 줄여 공정성을 회복하려 할 것이다. 이 경우 투입을 줄이게 됨으로써 동기유발은 되지 않는다. 월급제가 아닌 성과급제인 경우는 성과를 많이 올려야 보수(output)가 많아지므로 산출의 질을 낮추는 대신 양을 늘리려고 할 것이다. 이렇게 되면 불량품이 양산될 위험성이 있다.

투입에 비해 상대적으로 더 나은 대우(산출)를 받고 있는 경우에 월급제에서의 개인은 시간, 노력 등 투입을 늘려 공정성을 회복하려고 할 것이다. 투입이 늘어난다는 것은 동기유발이 상승한다는 뜻이다. 그러나 성과급제에서 개인이 그의 비교인보다 상대적으로 높은 보상을 받고 있다고 지각하면, 공정성 회복을 위해 생산량을 줄이고 질을 높이는 행동이 일어날 수 있다. 이 경우에는 동기유발이 된다는 보장이 없게 된다.

(2) 투입과 산출의 인지적 왜곡

이는 비교인에 비해 어떤 대우를 받든지 간에 투입, 산출의 양을 변경시키는 것이 아니고 이를 왜곡하여 인식하는 것이다. 예컨대, '그는 나보다 영리하니까 그만큼 더 보수를 받겠지', 반대로 '나는 지식과 경험이 그보다는 많으니 더 좋은 대우를 받는 것은 당연하지' 등으로 인식을 바꿔 불안과 긴장을 해소하고 공정성을 회복한다는 것이다.

(3) 비교인 변경

비교인과 산출-투입이 불공평하다고 느낄 때, 공정성 회복을 위해 비교인을 변경한다. 예컨대, "우리 회사는 A회사보다는 다소 보수가 떨어지지만 그래도 다른 회사 B보다는 높지"라고 하면서 비교대상을 A에서 B로 바꾼다. 이렇게 함으로써 불공정으로부터 생기는 긴장과 불안감을 해소하고 공정성을 회복한다는 것이다.

(4) 직장이탈

직장을 아예 떠나 불공정에서 오는 불만과 긴장을 해소해 버리는 경우도 있다.

공정성이론에서 불공정성으로부터 오는 긴장과 불안을 해소하고 공정성을 회복하는 과정에서 생기는 산출-투입의 변경과 관련된 여러 제안들은 많은 지지를 받고 있다(Goodman & Friedman, 1971; Vecchio, 1981). 그러나 자신의 과소 보상에 대해서는 불안과 긴장이 생길 수 있으나 과대보상에 대해서는 과연 얼마만큼 불안과 긴장이 생길지 의심스럽다. 그리고 사람들이 자기의 투입－산출의 비율을 낮추면서까지 비교인과 동일하기를 바랄까?

4 기타 동기관련 이론

인간행동을 설명, 예측하기 위해 개발된 여러 이론들 중, 몇몇 이론들은 학자에 따라 달리 분류된다. 동기이론 역시 명확하게 내용이론과 과정이론으로 구분되는 이론이 있는가 하면, 명확히 구분하기 어려운 이론도 있다. 더욱이 어떤 이론들은 동기이론으로 보아야 할지, 아니면 관리 혹은 행정이론으로 보아야 할지 구분하기 어려운 경우도 있다. 이들 중, McGregor의 XY이론과 Argyris의 미성숙-성숙이론을 살펴본다.

1) McGregor의 XY이론

XY이론은 한 마디로 인간을 보는 관점이다. 관리자나 행정가가 인간에 대해 어떤 관점을 가지고 있느냐에 따라 그들의 관리, 행정형태가 달라진다는 것이다. McGregor(1960)는 인간을 보는 입장을 크게 두 가지로 구분하고 있다. 하나는 인간을 부정적으로 보는 입장과 다른 하나는 긍정적으로 보는 입장이다. 부정적인 입장을 X이론, 긍정적인 입장을 Y이론이라고 이름 붙였다.

McGregor는 관리자들이 종업원들을 대하는 방식을 관찰한 후, 관리자들은 부정적 인간관과 긍정적 인간관 중 어느 하나에 의존하여 종업원들을 다루고 있다는 사실을 발견했다. 그에 의하면, 부정적 인간관, 즉 X이론적 입장에 선 관리자들은 인간을 다음과 같이 보고 있다는 것이다.

(1) 인간은 본래 일하기 싫어하고, 가능하면 일을 피하려 한다.

(2) 인간은 본래 일하기 싫어하는 존재이므로 목표달성을 위해서는 종업원들은 통제하고 강제하며 벌로써 다스려야 한다.

(3) 인간은 책임을 회피하고 언제나 지시받기를 원한다.

(4) 인간은 야망이 없고 속기 쉽고 영리하지 못하다.

위와 같은 부정적 인간관과는 달리 Y이론에 입각하여 관리나 행정을 하는 관리자나 행정가는 인간을 다음과 같이 긍정적으로 보고 있다고 McGregor는 말하고 있다.

(1) 인간은 일을 쉬고 즐기는 것처럼 자연스러운 것으로 본다.

(2) 인간은 목표에 집중하면 자기 주도력(self-direction)과 자제력(self-control)을 발휘할 수 있다.

(3) 보통 인간은 책임질 것을 수용하고 책임지려 하며 혁신적인 결정을 할 수 있는 능력을 갖고 있다.

X이론은 개인의 행동을 외적인 통제에 의해 다루어야 한다는 입장이고 Y이론은 개인 자신의 자기 주도력 및 자기 통제력에 맡겨야 한다는 입장이다. McGregor 자신은 Y이론의 인간관을 옹호했으며 X이론보다 Y이론이 더 근거가 있다고 믿었다. 그에 의하면 X이론 입장처럼 인간이 원래 우둔하고 게으르며 책임을 회피하는 존재가 아니라는 것이다. 다만 경영자와 지도자들이 종업원들에 대한 부정적 철학을 가지고 그들을 대했기 때문이라는 것이다. 그리고 경영, 지도 방침과 조직이 그들의 참여와 소속감, 인정, 존경 및 자아실현 욕구를 차단했기 때문에 그들은 X이론적 견해와 같이 되었다는 것이다. 따라서 McGregor는 종업원들의 과업동기를 최대한 유발시키기 위해서는 의사결정에 그들을 참여시키고 책임감 있고 도전적인 과업을 그들에게 부여하며 좋은 인간관계를 맺도록 해야 한다고 제안했다.

2) Argyris의 미성숙-성숙이론

Argyris(1964)는 직장 조직의 비인간화를 신랄하게 비판하면서 미성숙-성숙이론을 창안했다. 그에 의하면 인간은 심리적으로 미성숙한 유아 단계에서 성인의 관계로 성장해 가고 있으며 성장에 대한 열정도 커져 간다는 것이다. 그런데 현대의 관료제적 조직은 이러한 개인의 성장욕구를 좌절시킴으로써 그의 성장을 막는다는 것이다.

〈표 3－3〉에 나타난 바와 같이 수동성, 의존성, 단순행동방식 등과 같은 미성숙한 유아기의 특성들이 점차 성장하면서 능동성, 독립성, 다양한 행동방식 등과 같은 성숙한 성인 특성으로 성숙, 발전한다는 것이다. 이것이 인간의 자연스러운 성숙, 발전의 욕구이다. 그러나 성숙하여 직업을 갖게 되면 문제는 달라진다는 것이다.

〈표 3-3〉 Argyris의 성숙-미성숙 특성

미성숙	——→	성숙
수동적		능동적
의존적		독립적
단순한 행동방식		다양한 행동방식
피상적 흥미		심오한 흥미
단기전망		장기전망
종속적 지위		우월적 지위
자아인식 결여		자아인식과 자제력

* 출처 : Chris Argyris, The Individual and the Organization : Some Problems of Mutual Adjustment(New York : Irvington, 1993).

일정 연령에 도달하면 사람들은 직업에 종사하게 된다. 그런데 직장 조직은 본래 관료적이고 몰인정적이기 때문에 조직 구성원들의 성장능력과 욕구를 억제한다. 그들의 성장욕구는 조직의 구조와 목표에 조화되지 않는다. 이러한 부조화로 인하여 그들은 갈등을 일으키고 좌절하게 된다는 것이다.

Argyris는 인간은 좌절하면 어떤 방법을 써서 공세적으로 되지만 결국은 퇴행한다고 주장한다. 즉 미성숙 단계로 되돌아간다는 것이다. 자신의 성장을 위한 도전과 조직의 변화에 대한 열망이 무위로 끝나면 인간은 성장을 위한 노력을 중지하게 된다. 결국, 심리적 미성숙단계로 퇴행하여 직장인들은 보수에 위안을 느끼면서 그날그날 보내면서 생활하게 된다.

교육 조직에서 보면, 교사들은 성인 취급받기를 원하지만 관료화된 현대의 학교 조직은 그들을 미성숙한 사람으로 대한다. 교사들은 이러한 취급에 냉담하거나 공세적으로 되지만 조직은 더욱더 그들을 제한하고 억제함으로써 오히려 조직효과를 떨어뜨린다. 학교 현장을 보더라도 정도의 차이는 있지만 지나치게 지시적, 명령 일변도로 학교를 운영하고 있다. 교사들이 자율적이기 보다는 엄격한 규정과 규칙에 순종하기를 바라며 그들을 종속적인 미성숙한 존재로 취급하는 경우가 있다. 이러한 조직 특성을 하급자인 교사들이 개선한다는 것은 사실상 불가능하다. 이러한 상태가 지속되면 그들은 이를 피할 수 없어 미성숙한 상태로 퇴행하게 된다.

경직성과 몰 인간적 특징을 띤 관료조직의 폐단을 줄이기 위해 Argyris(1971)는 몇 가지 제안을 했다. 즉 엄격한 조직의 규율과 절차를 부드럽게 하고 덜 분업화하며 직무를 확대해야 한다고 주장했다. 더 많은 권한을 위임하는 관리, 행정이 이루어져야 한다는 것이다. 그는 또 의사결정 참여의 폭을 넓히고 조직구조를 유연하게 할 것을 권장했다. 특히, 행정, 관리에 종업원들을 참여시킴으로써 그들의 심리특성 발달을 도울 수 있다고 했다. 그럼으로써 개인과 조직의 부조화를 극복할 수 있다는 것이다.

리 더 십

제 4 장

1. 리더십의 개념과 원천
2. 리더십 접근이론

1 리더십의 개념과 원천

'리더십'하면 사회과학 학도들이나 조직에 소속된 사람들에게 매우 매력적이고 권위 있는 말로 들린다. 누구나 한 번쯤은 리더가 되고 싶었을 것이다. 그러나 리더의 역할은 매우 깊고 포괄적이어서 효과적인 리더십을 발휘하기란 생각처럼 쉬운 일이 아니다.

선거 때만 되면 누가 리더가 되면 그 본인은 말할 것도 없고 그 지지자들 역시 금방 나라를 잘 살게 할 것 같은 환상에 빠지기 일쑤다. 그러나 결과는 대체로 환상으로 끝나기 일쑤였다. 그것은 그들이 부족해서 그렇다고도 볼 수 있지만 그것보다는 조직 특히, 나라라는 이 세상의 가장 큰 조직을 지도한다는 것이 매우 어렵고 복잡하기 때문에 그렇다. 그보다 훨씬 더 작은 조직, 시 · 도 행정조직, 회사, 학교, 병원 등이라도 이들이 번창할 수 있도록 훌륭한 리더십을 발휘하기란 결코 쉽지 않다. 리더십의 개념 정의만 보더라도 수백 개나 된다고 한다. 이만큼 리더십은 복잡하고 까다롭다는 것을 말해 주고 있다. 여기서는 수많은 리더십 개념 정의 중, 몇 개를 추려 알아보기로 한다.

리더는 물론 개인이 된다. 그러나 리더십은 개인의 기능이 아니고 집단의 기능이다. 즉 리더십은 2인 이상이 상호작용하는 과정 속에서 일어나며, 그 과정 속에서 한 사람이 다른 사람을 일정한 방향으로 사고하고 행동하도록 영향을 미친다(Owens, 1991).

Katz와 Kahn(1966)에 의하면, 리더십의 본질이 추종자들로 하여금 지시에 따라 기계적으로 복종하도록 영향을 증대하는 것이라고 한다. Lipham(1964)은 리더십을 조직목표를 달성하거나 변경시킬 목적으로 새로운 구조와 절차를 만드는 것이라고 하고, 변화 촉진을 지도성의 속성으로 보았다. Boles와 Davenport(1975)는 리더십을 개인이 그룹을 도와 주고 유지하며, 구성원들의 욕구를 해결하는 과정으로 정의했다.

Hunt와 Osborn(1980)도 거의 모든 현대 리더십 이론가들은 리더십을 개인이나 그룹에게 영향을 주는 과정으로 정의하고 있다고 했다. Robbins(1991)는 리더십이란 조직목표 달성을 위해 그룹에 영향을 미치는 힘이라고 했으며, Baron과 Greenberg(1990)도 조직목표를 위해 한 개인이 다른 구성원들에게 영향을 미치는 과정이라고 했다.

Stogdill(1974)은 다양한 리더십 개념들을 아래와 같은 범주로 나누고, 리더십 개념은 이 중 하나 혹은 그 이상을 내포하고 있다고 했다. ① 집단과정 핵심으로서의 리더십, ② 지도자 특성 및 그 영향으로서의 리더십, ③ 복종을 유도하는 기술로서의 리더십,

④ 영향력 행사로서의 리더십, ⑤ 행위로서의 리더십, ⑥ 설득의 형태로서의 리더십, ⑦ 목표성취 수단으로서의 리더십, ⑧ 상호작용 효과로서의 리더십, ⑨ 분화된 역할로서의 리더십, ⑩ 구조 창출로서의 리더십 등이다.

리더십은 행정과 구별된다. 리더십은 조직을 새로운 환경에 적응시키기 위해 조직목표를 새롭게 설정하고 조직의 구조와 기능을 변화시키는 변화 촉진적 특성을 가지고 있다. 반면에, 행정은 주어진 조직 환경 속에서 정해진 절차와 방법을 통해 조직 목표를 달성해 가는 현상 유지적 속성을 가지고 있다.

리더십은 직권력과 구별된다. 지도성이나 직권력 모두 공식적 지위에서 나오는 권위를 근거로 하고 있다. 그러나 리더십은 부하들의 의사와 협조를 바탕으로 지휘, 통솔, 감독력이 발휘되지만, 직권력은 부하의 지지와 협조 없이 직위에 부여된 힘으로 부하를 지배하게 된다. 따라서 권력의 행사에서 지도성은 부하들의 자발적 복종에 기반을 두고 있으나 직권력은 자발적 복종보다 조직이 상사에게 부여한 지배력에 의존한다.

리더십을 조직과 그 구성원들에게 영향을 미치는 능력으로 볼 수 있는데 그 능력의 핵심 요소는 권력이다. 권력은 유일한 근원을 가지고 있는 것이 아니라 서로 다른 근원을 가지고 있다. 그 근원을 조직적 차원과 개인적 차원으로 볼 수 있다. 조직적 차원에는 합법적, 보상적 및 강제적인 권력이 있다. 개인적 차원에는 전문적 및 준거적 권력이 있다(French & Raven, 1993).

① 합법적 권력은 조직이 제도적으로 부여한 권력을 의미한다. 이와 같은 제도적 장치를 통하여 부하직원을 통솔한다.
② 보상적 권력은 지도자가 부하에게 보수, 승진 등과 같은 보상을 준다는 조건으로 복종시킬 수 있는 권력이다.
③ 강압적 권력은 명령에 복종하지 않으면 벌을 줄 수 있는 권력을 말한다. 예를 들면 견책, 강등, 퇴출 등의 벌을 통해서 복종시킨다.
④ 전문적 권력이란 전문적 지식과 기술로 인해서 생기는 권력이다.
⑤ 준거적 권력은 지도자가 가지고 있는 매력, 존경심 때문에 부하들이 따르는 것을 말한다. 카리스마적 권력과 유사하다. 부하들이 지도자의 인격특성을 존경하고 의존하는 정도가 크면 클수록 준거적 권력은 커진다.

2 리더십 접근이론

리더십이론에 관련된 문헌은 상당히 많으며 이론들을 분류하는 관점도 다양하다. 그러나 많은 학자들은 특성이론, 행동이론, 상황이론으로 분류하고 있으며 근자에는 변혁적 리더십이론과 리더의 특성을 다른 각도에서 다룬 이론들이 있다.

1) 특성이론

리더십이론 중 가장 먼저 발달한 이론이 특성이론이다. 특성이론의 관점은 리더십을 개인이 가지고 있는 자질, 즉 특성의 산물로 보는 입장이다. 그래서 리더는 남다른 특성이 있다는 것이다. 예로써 리더는 카리스마, 결심, 열정, 용기, 통합력, 자신감 등과 같은 특성을 선천적으로 가지고 태어나고 일반인은 그러한 특성을 가지고 태어나지 않았다는 것이다. 즉 리더는 위인이 될 자질을 이미 가지고 태어났다는 것이다. 그래서 특성이론을 위인론이라고도 한다. 리더가 될 만한 특성요인이 무엇인지 찾으려고 시도한 리더십이론이 특성이론이다.

초기에 많은 특성이론 연구가들은 리더십을 통일적 자질로 보고 어떤 상황에서도 리더의 자질을 가진 사람이 리더가 되어야 한다는 입장이다. 즉 지도자들은 지도성에 필요한 어떤 공통된 특성요인이 있다는 것이다. 이와 같은 요인을 갖춘 리더를 선발해야 효과적인 리더십을 발휘할 수 있다는 것이다. 이를 통일적 자질론이라고 한다. 그러나 어떤 상황에서도 모든 리더들이 공통적으로 갖추고 있는 특성들을 찾는 데는 실패했다. 즉 그러한 공통 특성들은 없다는 것이다.

학자들이 제시하고 있는 리더의 특성 요인을 다음과 같이 고찰해 본다. Barnard(1938)는 리더의 특성을 기술적인 측면과 정신적인 측면으로 분류했다. 기술적인 측면에는 체력, 기능, 지각력, 지식, 기억력, 상상력 등이 있고, 정신적인 측면으로는 결단력, 인내력, 지구력, 설득력, 책임감, 용기 등을 들 수 있다. Gibb(1969)는 리더들의 공통된 자질 요인으로 열정, 자신감, 지구력, 통찰력, 언어의 유창성 등을 제시하고 이들은 어느 집단과 어느 상황에서도 지도자에게 공통적으로 필요한 것이라고 했다. Yukl(1982)은 몇 개의 특성요인이 효과적인 리더와 분명히 상관성이 있다고 했다. 그 요인으로는 높은 성취욕구, 자신감, 권력욕구, 동료와의 경쟁심, 정력, 화술과 설득에 대한 흥미, 기술적, 종합적 및 인간관계적 기술 등이라고 했다. Katz(1955)는 리더나 행정가가 갖추어야 할 기술로 사무적 기술, 인간관계 기술, 통합적 기술을 제시한 바 있다.

Stogdill은 누구보다도 방대한 문헌 연구를 통해 리더의 특성을 밝히려고 시도했다. 그는 2차에 걸쳐서 리더의 특성을 연구했다. 1948년 1차 연구에서 124개의 연구 문헌을 조사, 분석했고 1970년 2차 연구에서는 163개의 연구 문헌을 조사, 분석하였다. 그는 1차 연구와 2차 연구를 비교, 분석했다. 그의 2차 연구에서 리더십과 어느 정도 상관성이 있는 리더십 특성요인 중, 관계빈도가 비교적 높은 것을 소개하면 다음과 같다(김창걸, 1996).

① **신체적 특징** : 활동성(정력), 연령
② **사회적 배경** : 교육, 사회적 지위
③ **지능 및 능력** : 지능, 지식, 언어유창성
④ **인성** : 조정력(정상상태), 진취성(추진성), 우월성 · 지배성, 정서적 균형 · 통제, 독립성(비동조성), 독창성(창의성), 상실성 · 윤리적 행동, 자신감, 인내
⑤ **과업관련 특징** : 성취동인(탁월욕구), 책임감, 기업심(솔선수범), 과업지향성
⑥ **사회적 특징** : 행정능력, 사회성(대인관계기술), 사회적 참가

이들 중 사회성(대인관계기술), 우월성(지배성), 자신감, 지능, 활동성(정력), 성취동기 순으로 높은 빈도를 보이고 있다.

Stogdill은 특성이론에 주안점을 두면서도 리더가 처해 있는 상황의 중요성을 강조함으로써 특성이론을 상황이론에 연결시키려고 노력하였다. 그는 1974년에 다시 연구결과를 발표하였다. 그 내용을 보면 리더십의 특성은 상황에 따라 요구되는 것이 다르지만 대부분의 상황에서 리더는 ① 과업의 수행에 대한 책임감, ② 목표달성에 대한 집요성, ③ 문제해결을 위한 창의성, ④ 특정 상황에서의 선도성, ⑤ 자신감과 일체감, ⑥ 의사결정과 실행의 결과에 대한 수용성, ⑦ 갈등해소 능력, ⑧ 좌절과 지연에 대한 관용성, ⑨ 영향력, ⑩ 사회적 상호작용, ⑪ 체제구성 능력 등을 가지고 있다고 했다. 이들 특성 요인들은 상호작용하여 하나의 조합을 이루면서 상황에 따라 효과적인 리더십 특성을 형성한다는 것이다.

특성이론은 상황이 달라지면 거기에 맞는 리더의 특성도 달라져야 한다는 점을 간과했다. 예술가 집단의 리더 특성이 군대 집단의 리더 특성과 같을 수는 없다. 또 특성이

론은 리더의 특성을 밝히는 데 집중한 나머지 효과적인 리더십이 어떻게 발휘되는지에 대한 과정 설명이 없다.

2) 행위이론

1930년대 말에는 리더의 행위를 관찰, 분석함으로써 리더십을 연구하려는 경향을 보이기 시작했다. 이를 리더십 행위이론, 혹은 리더십 행태이론이라고 부른다. 행위이론은 리더십의 효과가 리더의 행위에 달려 있다고 보고 리더의 행위를 기술, 예측하기 위해 개발된 이론이다. 한 마디로 행위이론은 리더의 특성이 무엇이냐가 아니라 객관적으로 드러난 리더의 행위를 관찰하고 연구, 분석해야 된다는 입장이다. 행위이론에서 대응되는 개념은 배려 지향적 리더십과 과업 지향형 리더십이다. 배려 지향적 리더십을 종업원 중심 또는 인화 중심, 구성원 중심 리더십으로 부르기도 한다. 과업 지향적 리더십은 구조중심 또는 생산중심 리더십으로 불리기도 한다.

(1) 오하이오 주립대학교의 연구

1940년대 후반에 오하이오 주립대학교에서 시작된 연구는 리더들이 어떤 행위 유형을 보이고 있으며 그 효과성을 확인하려 했다. 이 연구는 대략 1천 8백 개에 달하는 행위 유형을 발견하고 그것들을 [그림 4-1]과 같이 2개의 범주로 나누었다. 즉 인화중심과 과업중심 행위로 구분했다.

[그림 4-1] **리더십 차원과 사분면모형**

인화중심 혹은 배려중심이란 리더와 부하가 상호 신뢰하고, 리더가 부하의 아이디어를 존중하며, 부하의 감정을 배려하는 리더의 사회적 행위를 의미한다. 이러한 리더는 부하의 복지와 신분, 만족 등에 지대한 관심을 보인다. 이와 같은 리더는 부하의 개인적 문제해결에 도움을 주며 친절하고 접근하기 쉬우며 모든 부하들을 공평하게 대한다.

과업중심 혹은 구조주도란 집단의 목표를 달성하기 위하여 리더가 부하의 역할을 규정하고 구조화하는 데에 중점을 두고 조직을 지도하는 것을 의미한다. 즉 작업목표를 설정하고 작업조직을 구성하는 동시에 작업상의 책임 및 명령 복종관계를 설정하는 행위 등을 말한다. 이러한 행위에 중점을 둔 리더는 부하들을 특정 과업에 할당, 배치하고 그들에게 일정한 목표 달성을 독려하며 작업시간 준수를 강조한다.

인화(배려)와 과업(구조주도) 양 차원에서 보이고 있는 리더십 행위의 높고 낮음에 따라 [그림 4－1]과 같이 4 가지 리더십 유형을 도출할 수 있다. 오하이오 주립대학교의 리더십 연구결과를 요약하면 다음과 같다.

① 인화중심과 과업중심 양 차원 모두에서 높은 수준의 리더십 행위를 보이는 리더 밑에서는 그렇지 못한 리더에서보다 부하들이 더 높은 업적을 냈으며 더 만족했다.

② 위 두 차원에서 높은 수준의 리더십 행위를 보인 리더라도 어떤 상황에서나 항상 긍정적인 결과를 나타낸 것은 아니었다. 즉 높은 과업중심 행위를 보이는 어떤 리더 밑에서는 오히려 결근율, 이직률, 고충 발생률이 더 높았고 부하들의 직무만족도 낮았다.

③ 리더의 높은 수준의 인화중심 행위는 집단의 성과와는 부적 상관관계를 나타냈다.

오하이오 주립대학교의 연구는 리더십을 행위 차원에서 정의하고 설명하는 데 많은 기여를 했다. 이 연구에서 두 가지 행위 차원에서 높은 리더십 행위는 부하들의 성과와 만족에 정적인 영향을 주고 있는 것으로 밝혀졌다. 그러나 여기에서 예외가 발견되었다는 점을 생각해 볼 때 리더십은 행위 차원뿐만 아니라 상황 변인을 고려한 종합적인 측면에서 연구되어야 한다는 점이다.

(2) 미시간대학교의 연구

미시간대학교의 연구는 오하이오대학교의 연구와 유사한 것으로 리더의 어떤 행위가 효과적인가를 찾아내는 연구였다. Likert가 중심이 된 미시간대학교의 연구팀도 1947년 리더십 연구를 시작하여 리더십의 두 가지 행위 차원을 찾아냈는데 그것은 종업원

지향적 행위(employee-oriented)와 생산 지향적 행위(production-oriented)였다. 종업원 지향적 행위는 일명 인화중심, 관계중심, 배려중심 행위와 같은 의미이다. 그리고 생산 지향적 행위 역시 과업중심, 생산중심, 구조주도 행위라고 써도 문제는 없다.

종업원 지향적인 리더는 개인 간의 관계를 강조하는 리더로서 부하들의 욕구에 대한 관심이 크고 그들의 개인차를 인정한다. 반대로 생산 지향적인 리더는 직무의 기술적 측면과 과업적 측면을 강조하고 집단의 과업완성에 높은 관심을 보이며 부하들을 그 목적달성을 위한 수단으로 생각한다(유기선, 2002; 이병진, 2006).

미시간대학교의 초기 연구에서는 리더십 스타일과 효과성 간에 어떤 일관적인 관계를 발견하지 못하였다. 예를 들어, 철도선로 작업반 같은 곳에서는 생산지향적인 리더십이 효과적이고, 보험회사의 보험가입 모집원(일명 보험설계사)과 같이 세부적인 감독이 필요치 않은 직무에서는 오히려 생산 지형적인 리더십이 비효과적이었다. 이후의 연구에서는 생산 지향적인 리더십과 종업원 지향적인 리더십 모두가 종업원의 생산성에 긍정적인 영향을 미치는 것으로 밝혀지고 있지만 종업원의 만족도는 생산 지향적인 감독을 하는 집단보다는 종업원 지향적인 감독을 하는 집단에서 더 높게 나타났다(Likert, 1961).

(3) Lewin, Lippitt 및 White의 실험연구

리더십에 대한 행태적 접근을 처음으로 시도한 연구는 1938년에 수행된 Lewin, Lippitt 및 White의 실험연구인데 이들 연구의 과정과 결과를 보면 다음과 같다(김윤태, 2004).

Lewin, Lippitt 및 White(1939)는 11세 소년들을 각각 5명으로 구성된 4개의 집단을 만들어 각종 재료를 가지고 장난감을 만들게 하였다. 한 집단은 통제집단으로 하고, 나머지 3개 집단에서 교사들(리더)로 하여금 전제형(autocratic) · 민주형(democratic) · 자유방임형(laissez-faire) 리더십을 각각 연출케 하였다. 그리고 각 유형의 리더십이 아동들에게 미치는 영향과 지도자가 바뀔 때, 집단과 그 구성원(아동)들에게 미치는 영향을 연구하였다.

전제형 리더(교사)는 모든 계획, 목표를 결정하고 일일이 구성원들(아동들)에게 지시했다. 그러나 그들에게는 대체로 일의 순서를 모르게 했다. 또한 리더는 작업반원을 정하여 주고 일의 성과에 대해서는 그의 주관적 기준에 따라 칭찬과 비판을 하며 평가했다. 리더는 적극적으로 일에 참가하지는 않았다.

민주형 리더는 재료를 가지고 어떤 장난감을 만들 것인지 아동들과 토의하고 그들을 지도 · 조언했다. 최종결정은 언제나 아동들 자신이 하도록 한다. 객관적 기준에 의해 일의 성과가 평가되었다. 누구나 자유로이 함께 일할 사람을 선택할 수 있게 했다. 방해받지 않는 한 리더는 적어도 정신적으로는 정규 구성원이 되었다.

자유방임형 리더는 소년들에게 그들이 하고 싶은 대로 하도록 내버려 두었다. 자진해서 구성원들을 도와 주는 일이 없고 수동적으로 도와줄 뿐 나머지는 방관했다. 실험결과 다음과 같은 사실이 발견되었다.

전제형 리더 밑에서는 생산량은 많은 편이었으나 구성원들의 불평 · 복종 · 의타성 · 공격성이 강했다. 리더가 잠시 방을 떠나면 그들은 작업을 중지하고 뛰어다니며 고함을 지르면서 긴장감을 풀었다. 민주형 리더 밑에서 가장 생산적이었고 특히 제품의 질이 가장 우수했다. 구성원들의 작업동기가 강했고 독창성이 높았으며 협력적이고 집단의식, 즉 '우리'라는 대명사를 자주 사용했다. 리더가 방을 잠시 떠났을 때도 전과 다름없이 그들은 작업을 계속하고 있었다. 자유방임형 리더 밑에서는 생산성이 가장 낮았고 구성원들의 목적의식이 부족하였다. 그들은 욕구좌절하고 리더의 존재여부와는 관계없이 완전히 자기들 마음대로 행동했다.

이 실험에 참가한 아동들은 대부분 민주형 리더를 더 좋아했다. 민주형 리더가 이끄는 집단에서 생산성과 만족도가 가장 높았고, 그 리더는 존경을 받으면서 집단을 지속적으로 이끌어 나갈 수 있었다. 동일한 집단이라도 리더십 스타일에 따라 구성원들의 행동이 매우 다르다는 점을 보여준 연구였다.

(4) Tannenbaum과 Schmidt의 연구

Tannenbaum과 Schmidt(1973)는 리더의 권위 정도와 구성원의 의사결정 참여도에 따라 리더 행동을 권위주의 형과 민주주의 형으로 구분했다. [그림 4-2]에서 보듯, 리더십을 연속선상의 양 리더십 유형(권위주의와 민주주의)의 조합으로 보았다.

권위주의적(상사중심) 리더일수록 독단적이며 과업 지향적이어서 의사결정 과정에 구성원을 참가시키지 않고 통제를 주로 행사하는 경향이 있다는 것이다. 그러나 민주주의적(부하중심) 지도자일수록 의사결정 과정에 구성원을 참가시키고 그들과 협의하여 의사를 결정하는 인간 지향적인 행동 특성을 보인다는 것이다.

Tannenbaum과 Schmidt에 의하면, 권위와 민주의 양 극단의 리더십보다는 상황에 따라 구성원의 능력을 조직의 목표와 연계시키고 권한을 배분할 줄 아는 리더가 효과적이라는 것이다. 즉 신축적인 리더십이 중요하다는 것이다. 상사중심 리더십, 부하중심 리더십, 그 중간 정도의 리더십 중, 어느 유형의 리더십이 좋은지는 리더의 영향력, 집단의 영향력, 상황, 그리고 장기적인 목표와 전략 등에 의해 결정된다는 것이다(김윤태, 2004).

Tannenbaum과 Schmidt는 효과적인 리더십 선별을 위해서는 위와 같은 여러 요인에 대한 정확한 진단과 분석이 선행되어야 한다는 것을 말하고 있다. 그러나 이들 요인들을 객관적이고 과학적으로 분석, 평가한다는 것이 현실적으로 얼마나 가능하겠는가를 생각해 볼 때 이론의 현장 적용은 쉽지 않다고 본다.

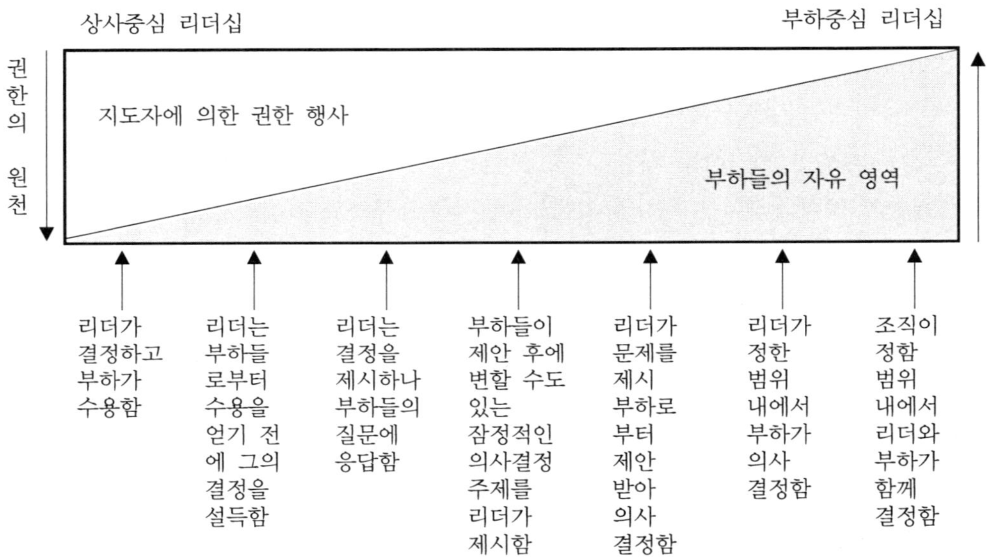

[그림 4-2] **리더 행동의 연속성**

* 출처 : Robert Tannenbaum and Warren H. Schmidt, "How to Choose a Leadership pattren", Harvard Business Review, 51(May-June 1973), p. 167.

(5) Blake와 Mouton의 관리망 연구

Blake와 Mouton(1964)은 리더십의 주요 차원을 인간에 대한 관심과 생산에 대한 관심으로 나누어 이들의 결합관계를 중심으로 여러 가지 리더십 유형을 관리망을 통해 설명하고 있다. [그림 4-3]에서와 같이 이론적으로 81개(9×9)의 리더십 유형이 가능하나, 여기서는 가장 특징적인 5개의 유형에 관하여 설명한다.

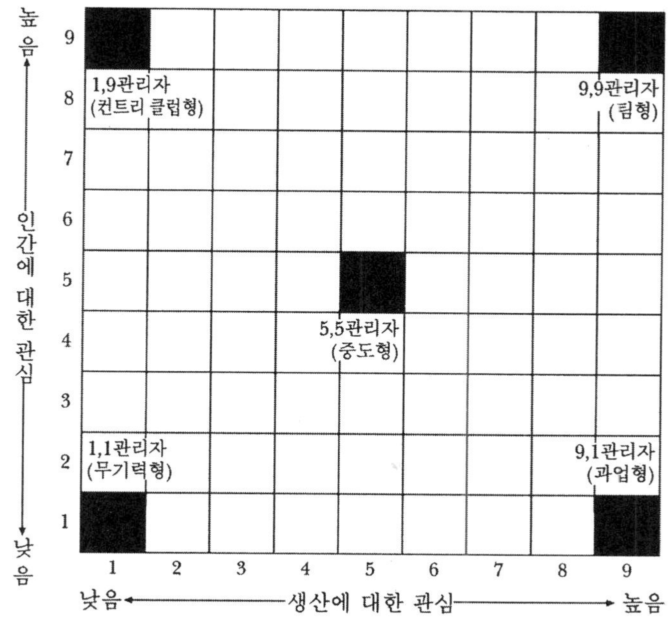

[그림 4-3] **Blake와 Mouton의 관리망**

Blake와 Mouton은 가장 특징적 리더십으로 (1, 1), (1, 9), (9, 9), (9, 1), (5, 5) 등 다섯 가지의 혼합형을 제시했다. 이들 중 가장 이상적인 리더십은 인간과 생산, 양 차원에서 모두 가장 높은 (9, 9)형이라고 하였다.

① **무기력형 관리자**(1, 1) : 조직을 유지할 정도로만 노력하는 리더십형으로 조직 생산성과 구성원에 대한 관심을 거의 두지 않는다.

② **컨트리클럽형 관리자**(1, 9) : 좋은 인간관계를 유지하기 위해 구성원들에 대한 배려에는 깊은 관심을 보이나 과업성취 또는 생산성에는 별 관심을 보이지 않는 리더십형이다.

③ **팀형 관리자**(9, 9) : 조직의 생산성, 구성원 배려 모두에 높은 관심을 보이는 리더십형이다. 이러한 조직에서는 리더와 구성원들이 우호관계 속에서 헌신적으로 과업을 수행하게 된다. 공통적 이해가 결부된 조직 목표를 설정하고 상호 이해와 신뢰 속에서 서로 협력한다.

④ **과업형 관리자**(9, 1) : 구성원들의 후생복지나 인간관계에 대한 배려를 최소화하고 과업성취와 조직 생산성에 몰두하는 리더십형이다. 리더는 과업 조건을 마련하고 과업을 체계화하여 구성원들에게 책임량을 분담함으로써 작업 능률을 확보한다.

⑤ **중도형 관리자**(5, 5) : 과업성취와 구성원들의 사기, 만족 및 인간관계에 균형적인 관심을 둠으로써 적절한 구성원 만족과 조직성과를 얻으려는 리더십 유형이다.

Blake와 Mouton은 팀(9, 9)형을 가장 이상적으로 보면서도 산업조직의 연구결과에서는 가장 전형적인 유형이 중도형(5, 5)이고 그 다음이 (9, 9)형, (9, 1)형, (1, 9)형, (1, 1)형의 순으로 나타났다고 했다. 또, 관리직에서 성공적인 사람의 관리 유형은 (9, 9)형이나 (9, 1)형이었고, (1, 9)형은 적었다고 주장했다(문락진, 1993).

3) 상황적합이론

모든 상황에 적용되는 보편적인 리더의 특성과 행위를 찾으려는 시도가 성공적이지 못하자 연구가들은 리더십이 일어나는 상황에 관심을 갖게 되었다. 상황적합이론에서는 리더십의 효과성은 주어진 상황에 적합한 리더십에 의해 결정된다는 것이다. 조직의 상황변수는 과업의 유형, 부하의 속성, 집단의 특성이다. 이들 변수에 적합한 리더십 유형을 발휘해야 성공할 수 있다는 이론이다. 상황적합이론에 속하는 이론은 다수가 있는데 여기서는 Fiedler이론, House이론, Reddin이론, Hersey와 Blanchard이론 등을 살펴보기로 한다(김창걸, 1996; 유기선, 2002).

(1) Fiedler의 상황적합이론

주어진 상황변수에 따라 어떤 유형의 리더십이 적합한지를 최초로 연구한 이론으로는 Fiedler(1963)의 상황이론을 들 수 있다.

1 리더의 분류

Fiedler는 리더의 유형을 결정하기 위하여 LPC(Least Preferred Coworker)척도를 개발하였다. LPC점수는 리더가 '같이 일하기 가장 덜 좋은 동료 작업자'에 대해 평가하여 얻은 점수를 말한다. 즉 리더가 생각할 때 동료 중에서 가장 호감이 덜 가는 동료에 대해 평가한 점수를 말한다. LPC는 양극단의 형용사(예 : 유쾌한(8) – 불쾌한(1); 능률적인(8) – 비능률적인(1))로 표현된 8점 척도의 18개 항목으로 구성되어 있다. LPC를 통하여 리더들의 리더십 유형을 찾아내는 것이다. LPC척도는 16에서 128 사이의 점수를 얻게 되는데, 보통 64점 이하의 점수를 낮은 LPC점수, 80점 이상의 점수를 높은 LPC점수라고 보고 있다.

Fiedler에 따르면 LPC점수가 낮다는 것은(비호의적인 평가) 리더가 같이 일하기에 가장 덜 호감이 가는 동료를 부정적으로 보고 있다는 의미이다. 반면에, LPC점수가 높다는 것은 리더가 이 동료에 대해서 비록 일하기 가장 덜 좋아하지간 그에 대해서 긍정적인 생각을 가지고 호의적으로 평가를 하고 있다는 것을 의미한다. 이렇게 이 동료에 대해 비호의적으로 평가하는 리더는 과업지향 리더로서 과업지향적인 리더십을 발휘할 가능성이 높다는 것이다. 반면에, 이 동료에 대해 호의적인 반응을 보이는, 즉 호의적으로 평가하는 리더는 관계중심, 배려중심 리더로서 종업원에 대한 배려 및 관계를 중시하는 리더십을 발휘할 가능성이 높다고 보고 있다. 이렇게 Fiedler는 이전의 리더십 연구와 마찬가지로 리더를 과업지향(task-oriented) 리더와 관계지향(relationship-oriented) 리더로 분류하였다.

② 상황의 분류

Fiedler는 과업 지향적 리더 또는 관계 지향적 리더 중, 어떤 리더, 리더십이 좋은가 하는 문제는 상황에 달려 있다고 했다. 상황이 좋은지 나쁜지를 결정하는 요인은 아래와 같은 3요인이라고 했다.

① **리더-구성원 관계** : 구성원들이 리더에 대해 갖는 신뢰와 존경의 정도를 나타내는 집단 분위기
② **과업구조** : 과업의 목표가 분명하게 명시되어 있고, 그것을 달성하는 수단 또한 명확하게 설정되어 있는 정도
③ **직위 · 권력** : 리더가 지위나 권력 혹은 권한을 이용하여 부하들에게 영향력을 행사할 수 있는 정도

위 세 가지 변인의 조합이 리더십 발휘를 위한 상황의 호의성을 결정하게 된다. 상황의 호의성이란 리더십을 발휘함에 있어서 조직상황 조건의 호 · 불호 정도를 의미한다. [그림 4－4]에서처럼 세 가지 요소의 결합방법에 따라서 상황이 리더에게 가장 호의적인 것에서부터 가장 비호의적인 것까지 8가지 조합이 가능하다. 즉 리더－구성원 관계가 좋고 나쁠 때의 두 가지, 과업구조가 높고 낮을 때의 두 가지, 직위 · 권력이 강하고 약할 때의 두 가지가 있으므로 전체적으로 8가지의 상황 호의성이 생긴다.

가장 호의적인 상황이란 리더가 부하들로부터 존경과 신뢰를 받고 있으며, 부하들을

보상하고 처벌할 수 있는 권력을 가지고 있고, 수행하는 과업활동이 명확한 경우다. 반면에 가장 비호의적인 상황은 리더와 구성원의 관계도 나쁘고, 하는 일도 체계적이지 않으며, 구성원을 통제할 힘도 없는 경우다.

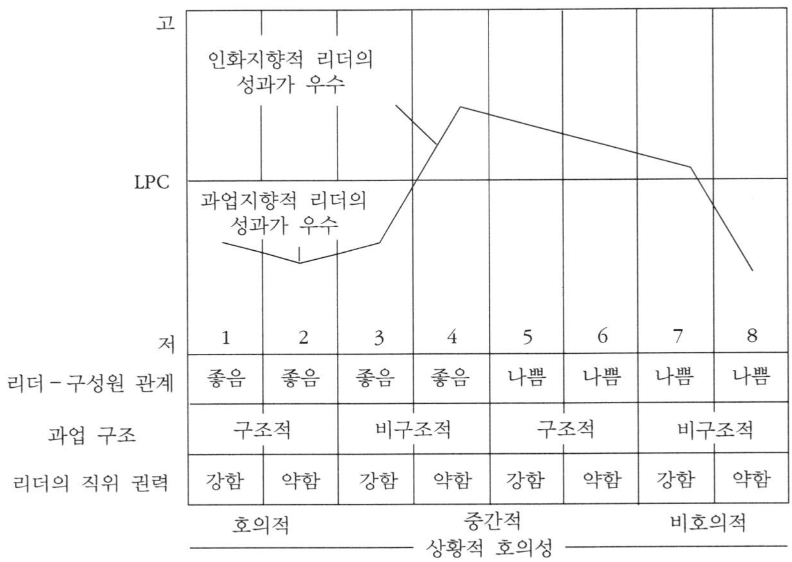

[그림 4-4] **Fiedler의 상황적합 리더십 모형**

* 출처 : 이병진(2006). 교육리더십. 서울 : 학지사, p. 96.

3 리더와 상황의 적합관계

Fiedler는 리더의 유형, 상황의 호의성, 그리고 과업수행의 성과 사이의 관계를 조사하여 다음과 같은 결론을 얻었다. 즉 과업지향적인 리더는 고도로 호의적이거나 또는 고도로 비호의적인 상황에서 효과적이며, 상황의 호의성이 중간 정도인 때는 관계지향적인 리더가 더 효과적임을 밝혔다. 그는 특히 리더의 특성은 바꾸기 어렵다고 보았다. Fiedler의 상황이론은 우선 최초로 상황변수를 도입했다는 측면에서 리더십 연구의 새로운 방향을 제시하여 주었다.

Fiedler의 상황이론이 교육행정에 주는 시사점은 교육장이나 교장의 인사이동에 있어서 그 인사권자는 각 교육청이나 학교의 상황을 잘 검토하고, 교육장과 교장의 행정 및 지도 스타일을 면밀히 파악한 후에 이들 조건들이 서로 잘 어울리도록 그들을 적재적소에 인사 배치해야 한다.

(2) House의 경로-목표이론

경로-목표이론(Path-Goal Theory)은 기대이론을 리더십에 접목시킨 이론으로서 House(1971)에 의해 개발된 이론이다. 그리고 이 이론은 Fiedler의 상황이론과는 다르게 리더가 자신의 리더십 스타일을 상황에 맞도록 변화시킬 수 있고 또한 변화시켜야 한다고 보고 있다.

경로-목표이론에서 리더는 부하들에게 보상과 관련된 목표를 제시하고, 그들이 높은 기대와 보상을 받도록 해야 한다는 것이다. 특히 House는 리더십은 문제 상황에 적합한 리더십, 즉 구체적이면서 융통성 있는 리더십 스타일을 갖춰야 한다고 했다. 효과적인 리더는 부하들에게 목표와 기대를 높여 준다. 그러한 리더는 그들에게 성과에 따른 확실한 보상을 주며 그들을 성공적인 성과의 길로 이끈다(유기선, 2002).

1 리더십 유형

경로-목표이론에서는 지시적 리더십, 후원적 리더십, 참여적 리더십, 성취지향 리더십 등 4가지 유형의 리더십을 제시하고 있다.

① **지시적 리더십**(Directive leadership) : 지시적 리더십에서 리더는 권위주의적이다. 그는 부하들이 자신으로부터 무엇을 기대하고 있는지 정확하게 알고 있다. 리더는 부하에게 구체적인 지시를 한다. 부하들은 의사결정과정에 참여하지 않는다.

② **후원적 리더십**(Supportive leadership) : 이 리더십에서 리더는 우호적이고 가까이 하기 쉽다. 그리고 부하들에게 진정으로 관심을 보인다.

③ **참여적 리더십**(Participative leadership) : 부하들에게 자문을 구하며 제안을 이끌어낸다. 부하들을 의사결정에 참여시키고 그들의 제안을 진지하게 받아들인다.

④ **성취 지향적 리더십**(Achievement-oriented leadership) : 리더는 부하들에게 도전적인 목표를 설정하여 주고, 그들이 그러한 목표를 달성할 수 있다는 자신감을 심어준다.

2 적합한 리더십 유형의 선택

경로-목표이론에서는 적합한 리더십 유형을 선택하는 데 있어서 부하와 상황 조건이 중요하다고 제안하고 있다. 고려해야 할 부하의 특성으로는 권위주의, 통제의 위치, 능력의 수준, 성취동기 수준 등이다.

과업수행에 필요한 능력 이상으로 뛰어난 능력을 가지고 있다고 자부하는 부하들에게는 지시적 리더십은 받아들여지기 어렵다. 부하가 권위주의적일수록 지시적 리더십을 받아들일 가능성이 높다. 한편 내적 통제를 잘하는 부하는 외적 통제로 행동하는 부하보다 참여적 리더십에 만족할 것이다.

성취동기가 높은 부하들에게는 성취지향 리더십은 적합할지 모르지만 나머지 리더십은 적합하지 않다. 또 고려해야 할 상황변수로는 과업의 특성을 들 수 있다. 과업이 구조화되어 있지 않고 모호하면 할수록 지시적 리더십이 적합하며, 과업이 구조화되어 있고 명확하면 할수록 후원적 리더십이 적합하다는 것이다.

(3) Reddin의 3차원 관리유형이론

Reddin은 Blake와 Mouton의 관리격자(관리망) 개념과 Fiedler의 상황적합이론 등을 적용하고 과업 차원과 관계성 차원에 효과성 차원을 추가하여 3차원의 관리유형이론을 발전시켰다(Reddin, 1970). Reddin의 모형은 3차원 리더십 개념, 상황변수 그리고 리더십 유형으로 구성되어 있는데, 이를 설명하면 다음과 같다(김창걸, 1996).

Reddin의 삼차원 개념에는 [그림 4－5]에서 보듯, 과업차원, 관계성 차원 그리고 효과성 차원이 있다.

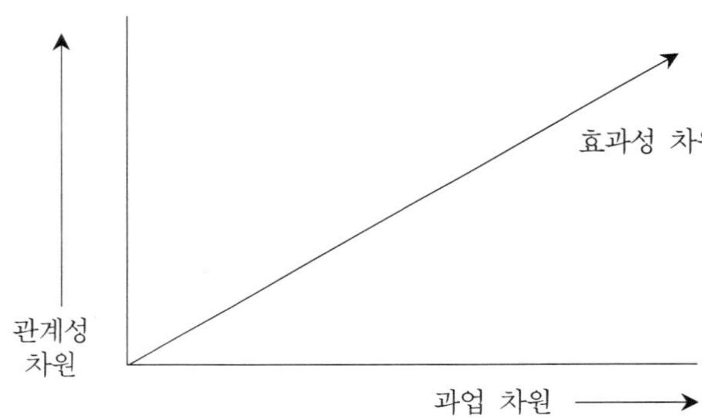

[그림 4-5] **Reddin의 리더십 모형의 효과성 차원**

① **과업 차원**(task dimension) : 리더 자신과 부하들이 목표달성을 위해서 전력하도록 힘쓰는 리더의 행동이다.

② **관계성 차원**(relationship dimension) : 리더가 부하들의 의견에 대한 상호 신뢰와 존경,

그리고 그들의 감정에 대한 배려 등을 중시하는 리더의 행동이다.

③ **효과성 차원**(effectiveness dimension) : 리더가 자기의 책임 하에 있는 목표를 달성하는 정도이다.

Reddin이 말하는 상황변수는 5가지로 다음과 같이 제시되고 있다.

① 조직의 심리적 풍토
② 과업수행에 사용된 기술
③ 상사와의 관계
④ 동료작업자와의 관계
⑤ 부하와의 관계 등이다.

Reddin은 [그림 4－6]과 같이 리더십의 기본유형을 제시하고 유형에 효과성 차원을 도입하여 리더 유형을 분류하였다. 리더가 상황에 어떻게 적응하느냐에 따라서 리더십 효과는 달라진다. 같은 리더십이라도 상황에 적합하면 효과적이고 부적합하면 비효과적이 된다.

기본유형에는 다음과 같이 4가지 유형이 있다.

① **통합성**(integrated style) : 과업 지향성과 관계성 지향성 모두 높은 유형
② **관계성**(related style) : 관계성 지향성은 높지만 과업지향성이 낮은 유형
③ **헌신성**(dedicated style) : 과업 지향성은 높지만 관계성 지향성이 낮은 유형
④ **분리형**(separated style) : 과업 지향성과 관계성 지향성 모두 낮은 유형

[그림 4-6] **Reddin의 리더십 기본 모형**

Reddin은 효과적 유형을 [그림 4－7]과 같이 분류했다.

① **경영자 혹은 행정가**(executive) : 높은 과업 지향성과 높은 관계성 지향성을 수용하는 훌륭한 동기유발자이며, 높은 과업수준을 설정하고, 개인차를 인정하고, 팀 매니지먼트(team management)를 잘한다.

② **개발자**(developer) : 상황적 요구에 알맞도록 높은 관계성과 낮은 과업 지향성을 발휘하는 효과적인 유형으로, 구성원에 대한 신뢰를 바탕으로 개개인의 개발에 관심을 기울인다.

③ **자선적 혹은 호의적 독재자**(benevolent autocrat) : 상황적 요구에 적절하게 높은 과업 지향성과 낮은 관계성을 지향하는 효과적인 유형으로서, 구성원의 원망을 사지 않으면서도 수행해야 할 내용과 방법을 알고 있는 리더이다.

④ **관료**(bureaucrat) : 리더가 낮은 관계성과 낮은 과업 지향성인 리더십을 발휘하지만 그의 리더십 행위들이 상황의 요구에 적절하게 수용되어 효과적인 것으로 인정되는 경우다. 특히 리더가 규칙 · 절차에 관심이 높고 이를 통해 환경유지 · 통제를 잘하고 구성원들에게 양심적으로 비치는 경우이다.

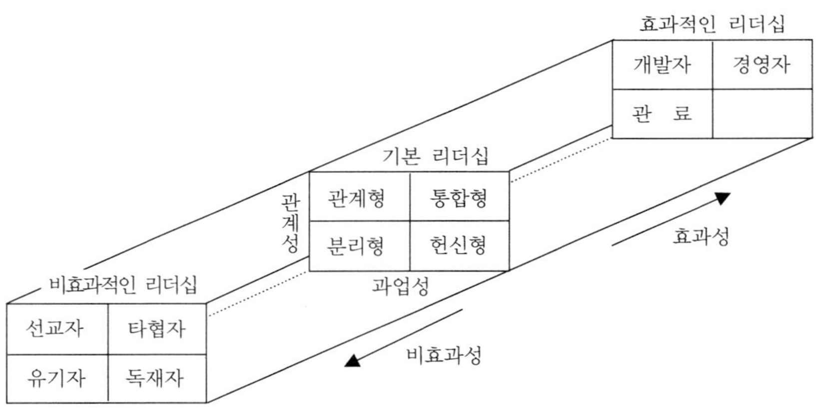

[그림 4-7] **Reddin의 3차원적 리더십 모형**

Reddin은 리더십의 비효과적 유형을 다음과 같이 제시하고 있다.

① **타협자**(compromiser) : 높은 과업 지향성과 높은 관계성 지향성을 보이나 상황적 요구에 적절하지 못한 경우로서, 비효과적인 지도성 유형이다. 장기적 관점에서 생산성 향상을 도모하지 않고 압력에 영향을 받아 너무 흔들리는 졸속한 의사결정자이다.

② **선교자**(missionary) : 상황적 요구에 부적절한 높은 관계성과 낮은 과업 지향성을 행사하는 비효과적인 유형으로, 오직 구성원들과의 조화에만 관심을 기울이는 적선가적인 행동을 한다.

③ **독재자 또는 전제자**(autocrat) : 상황적 요구에 부적절하게 높은 과업과 낮은 관계성을 지향하는 비효과적인 유형으로, 구성원에 대한 신뢰성이 없으며 즐거운 작업분위기를 만들지 못하고 오직 당면한 과업에만 관심을 기울인다.

④ **유기자 또는 포기자**(deserter) : 상황적 요구에 어울리지 않게 낮은 관계성과 낮은 과업 지향적인 성향을 띠는 비효과적인 유형으로, 조직에 몰입하지 않고 수동적이며 부정적이다.

Reddin의 이론은 복잡하고 여기에 활용되는 지도성 유형은 명칭이 많아 혼돈될 수도 있다. 그러나 이들 용어체계는 이론상의 개념이지만 긍정적인 것으로 받아들여지고 있다(김창걸, 1996).

(4) Hersey와 Blanchard의 리더십 상황론

오하이오 대학의 지도성 연구센터의 Hersey와 Blanchard(1972)의 상황론은 그 타당성에 대한 검증은 되지 않았지만 폭넓은 지지를 받아왔으며 많은 조직에 적용되어 왔다. 이 상황론은 구성원에 초점을 두고 있다. 그래서 성공적인 리더십은 구성원의 성숙도에 알맞은 리더십 스타일을 선택함으로써 가능하다는 것이다.

Hersey와 Blanchard는 Blake와 Mouton의 관리격자(managerial grid)와 Reddin의 3차원 관리유형론을 확장하여 리더십 상황론을 발전시켰다. 그들의 리더십이론의 근간을 이루는 요소는 리더의 행동, 상황변수 그리고 리더십 효과성인데, 이를 설명하면 다음과 같다(김창걸, 1996).

[1] 리더의 행동

이 이론에서의 리더의 행동은 오하이오 대학 리더십 연구에서 제시한 구조주도(initiating structure)와 배려(consideration)를 과업행동(task behavior)과 관계성 행동(relationship behavior)으로 개념화하여 다음과 같이 설명하고 있다.

① **과업행동**(task behavior) : 리더의 과업 지향적 행동을 말한다. 지도자가 집단 구성원들의 역할을 조직하고 그 역할의 범위와 한계를 정한다. 각 구성원이 무슨 과업을 수행하여야 하고 또한 그 과업을 어디서, 언제, 어떻게 수행하는가에 대해서 그

기준을 명확하게 설정한다. 리더는 의사소통의 통로 및 과업을 수행하는 방법과 절차 등을 확립하여 조직의 생산성을 높이려고 노력하는 행동 특성을 보인다.

② **관계성 행동**(relational behavior) : 이것은 관계 지향적인 리더의 행동으로 볼 수 있는데, 리더가 구성원들에게 의사소통의 문을 개방하고 사회적, 정서적 지원을 보내는 리더의 행동이라고 볼 수 있다. 리더는 그렇게 함으로써 구성원들과 원만한 관계를 유지하려고 하는 배려 지향적 행동을 보인다.

2 상황변수

Hersey와 Blanchard는 구성원의 성숙도 하나만을 상황변수로 다루고 있다. 성숙성이란 능력과 자신의 행동에 대해 책임을 맡으려는 의지를 말한다. 성숙성의 두 구성요소로는 직무 성숙성과 심리적 성숙성을 들고 있다. 직무 성숙도는 지식과 기술에 대한 것이며 과업을 다른 사람으로부터 지시를 받지 않고 수행하는 능력과 경험을 말한다. 심리적 성숙성은 무엇을 하고자 하는 의지 혹은 동기와 관련이 있다. 심리적으로 높이 성숙된 사람은 많은 외적 자극을 필요로 하지 않는다. 그들은 이미 내적으로 동기화되어 있기 때문이다. 이 두 성숙성 변인들은 수행해야 할 과업에 국한된 것을 말한다.

요약하면, Hersey와 Blanchard의 리더십 상황론에서 성숙성은 주어진 과업을 수행할 수 있는 능력과 과업을 수행하고자 하는 의지로 설명되고 있다.

3 리더십 효과성

Hersey와 Blanchar는 구성원의 성숙도에 따라서 리더가 과업행동과 관계성 행동을 어느 정도로 발휘해야 효과적인지를 밝히려고 했다. 이를 설명하기 위해 [그림 4－8]과 같이 종 모양의 곡선(bell shaped curve)으로 표시한 하나의 사이클(cycle)을 도식화했다. 이 모형은 구성원의 성숙 수준에 따라 어떤 리더십 유형을 선택하는 것이 효과적인지를 알려주고 있다.

구성원의 성숙 수준이 연속선상에서 미성숙으로부터 성숙으로 진보해감에 따라 거기에 알맞은 지도성 유형도 [그림 4－8]과 같이 곡선 방향을 따라 움직여간다는 것이다. 그러므로 주어진 상황에서 어떤 리더십 유형이 가장 효과적인가를 결정하기 위해서는 구성원의 성숙수준을 측정, 그 성숙도를 나타내고 있는 연속선상의 점에서 위쪽으로 90° 각도의 직선을 그으면 효과성 곡선의 어느 한 점과 교차하게 되는데, 바로 이

점이 효과적인 리더십 유형이 되는 것이다.

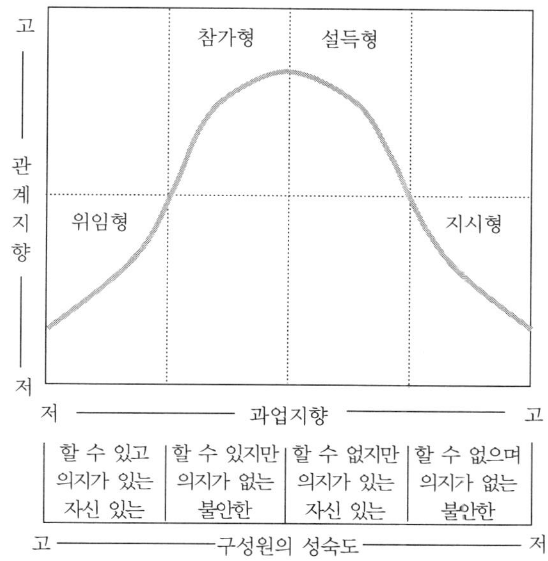

[그림 4-8] **Hersey와 Blanchard의 하위자 성숙도에 따른 리더십 유형**

* 출처 : 이병진(2003). 교육리더십. 서울 : 학지사, p. 99.

구성원의 성숙수준에 따른 리더십 유형과의 관계는 다음과 같다.

① **지시적 리더십** : 구성원의 성숙수준이 낮을 때는 높은 과업과 낮은 관계 지향적인 리더십이 효과적이다. 리더가 구성원들의 역할을 결정하고 어떤 과업을 언제, 어디서, 어떻게 수행해야 되는지를 구성원에게 지시하는 등의 행위를 한다. 따라서 의사소통은 일방적이기 마련이다.

② **설득적 리더십** : 구성원의 성숙도가 낮은 데서 중간 가까이 성장할 때는 높은 과업과 높은 관계성 행동의 리더십이 효과적이다. 이 리더십은 리더가 구성원에게 지시적 행동을 가하지만 쌍방적 의사소통을 통해 사회적, 정서적 지원을 한다. 그리고 구성원들의 의견을 의사결정에 반영하여 구성원들이 참여하도록 유도한다.

③ **참가적 리더십** : 구성원의 성숙도가 중간에서 높은 수준으로 성장할 때는 높은 관계성과 낮은 과업행동의 리더십이 효과적이다. 이 유형은 의사결정과정에서 리더와 구성원들이 쌍방적 의사소통을 통해서 서로 의견을 교환하고, 구성원들은

과업수행의 능력과 지식을 가지고 있기 때문에 리더는 구성원들이 자발적으로 행동하도록 조장한다.

④ **위임적 리더십** : 구성원의 성숙도가 높을 때는 낮은 관계성과 낮은 과업행동의 리더십이 효과적이다. 이 유형에서는 구성원들이 과업에서나 관계성에서 높은 수준의 성숙도를 보이고 있는 경우다. 따라서 리더는 그의 구성원들이 알아서 과업을 잘 처리하도록 위임적 리더십을 발휘한다. 다시 말하면 리더는 슈퍼리더십을 발휘하여 구성원들이 각자 자신의 일에 리더가 되도록 한다.

Hersey와 Blanchard의 이론은 단지 구성원들의 성숙도만을 상황변수로 다루었고 또한 구성원의 성숙도를 측정하기가 어렵다는 데에 문제점이 있다. 이러한 문제에도 불구하고 그들의 이론은 융통성 있고 적응성 있는 지도자 행동을 강조했다는 점에서 의미가 있다. 같은 구성원일지라도 상황 변화, 즉 그들의 성숙도 변화에 따라 그들을 달리 지도해야 된다는 것이다. 특히 리더가 구성원들의 성숙도에 맞는 리더십을 효과적으로 발휘하다 보면 그들의 성숙도가 높아질 수 있고, 그러면 그 높아진 성숙도에 적합한 리더십을 발휘할 수 있기 때문에 조직의 효과는 높아진다는 것이다(김창걸, 1996).

4) 변혁적 리더십

(1) 개념

변혁적 리더십이란 리더가 구성원들에게 그의 높은 도덕적 가치와 이상을 인식시키는 동시에 그들의 능력을 향상시켜 그들이 조직을 위해서 개인 이익을 초월, 과업의 초과달성 의지를 갖도록 리더십을 발휘하는 능력이다. Burns(1978)는 교환적(거래적) 리더십과 변혁적 리더십의 차이점을 다음과 같이 기술하고 있다.

대부분의 리더와 추종자의 관계는 거래적(교환적)이다. 리더는 거래하는 시각으로 추종자를 바라본다. 그래서 리더는 과업을 배정하고 적당한 행동을 보상하며, 명령하고 통제한다. 추종자들은 리더가 자신들의 문제를 해결해 준다고 믿고 따른다는 것이다. 반면에, 변혁적 리더십은 추종자들을 리더로 바꾸고 리더를 도덕적 행위자로 바꾸는 상호 지도적 관계이다. 변혁적 리더십은 리더와 추종자가 동기와 목표를 공유하고 상보적인 관계에 있기 때문에 도덕적 실천과정이라고도 볼 수 있다. 그래서 리더는 추종자들이 발전하고 새로운 방향을 설정하며, 자원을 조달, 활용하고 조직에 적절히 반응하도록 도와 준다.

변혁적 리더십은 추종자들이 공익과 집단행동을 통해서 발전할 수 있도록 목표를 설정하고 그들의 능력을 향상시켜 주는 과정(Bennis & Nanus, 1985)으로 볼 수 있다. 이와 같은 과정 속에서 리더와 추종자는 보다 높은 목표를 향해서 한 단계 높은 도덕적 가치를 공유하게 된다. 높은 도덕적 수준을 가진 변혁적 리더는 부하에게 무엇을 준다는 약속보다 더 높은 목표달성을 위해 의식을 고취시키고 개인의 이익을 초월하여 조직에 헌신하도록 유도한다.

(2) 변혁적 리더의 특징

변혁적 리더는 개인과 집단의 능력을 향상시켜 문제해결이 연속적으로 이루어지도록 문제해결 장치를 마련한다. 성공적인 변혁적 리더들은 비전, 의사소통, 신뢰 등을 통해 남다른 노력을 한다. 그들은 ① 공동 목적 설정, ② 권한과 책임 공유, ③ 전문성 신장, ④ 모순 해결, ⑤ 새로운 행동에 참여, ⑥ 협동작업, ⑦ 폭넓은 관점, ⑧ 확인된 과정, ⑨ 주기적 반성, ⑩ 진행과정 점검하는 등 폭넓은 지도력을 발휘한다.

효과적인 리더는 추종자들이 새로운 것을 시도하도록 격려하고 변화과정에서 생기는 도전과 대결하는 모험을 한다. 변혁적 리더는 집단 이익에 대한 추종자들의 인식을 높이고 그들이 높은 성취를 할 수 있도록 도와 준다(Bass, 1998). 변혁적 리더십은 ① 이상적 영향, ② 영감적 동기유발, ③ 지적 자극, ④ 개별적 배려 등 4가지 기본 요소로 되어 있다(Hoy & Miskel, 2004). 결국 변혁적 리더들은 추종자들을 조직 목적에 헌신하도록 유도하고 목적 달성을 위한 권한도 부여한다(Yukl, 2002).

변혁적 리더십에 대한 연구는 많지 않지만 모두 변혁적 지도성이 학교 경영에 매우 효과적이라는 데는 일치하고 있다(Leithwood, 1999; Blase, 1990). 변현적 리더가 운영하는 학교에서는 구성원들이 사적인 이익을 초월하여 학생들의 학업성취도를 높이는 데 집중하고, 수업 개선에 책임감을 느낀다. 변혁적 학교 리더는(학교장) 교사의 발전을 도우며, 그들이 협조적이며 전문적인 학교 문화를 발전, 유지하는 데도 도와 준다.

변혁적 리더십의 원천은 리더 개인의 가치와 믿음이다. 그의 가치와 믿음을 제시함으로써 추종자들을 단합시키고, 과거에 가능했던 과업성취 이상으로 성취할 수 있도록 추종자들의 목표와 믿음을 변화시킨다. Yukl(1999)은 변혁적 리더십이 리더십 과정과 효과를 설명하는 데 많은 기여를 했다고 했다. 특히 이 지도성은 행위보다 의미를 강조하고 기술적, 인간관계적 차원보다는 상징적 차원을 강조한다는 것이다. 그러나 변혁적 리더십은 리더십을 제한하거나 추진시킬 수 있는 환경 변인을 고려치 않았다는 비판도 있다. 즉 리더십에 영향을 미치는 환경 변인을 소홀히 했다는 것이다.

5) 최근에 강조되는 리더십

사회와 시대의 급격한 변화로 새로운 리더십이 요구됨에 따라 많은 리더십 이론들이 연구되었다. 여기서는 특히 1970년대 이후 연구된 리더십 이론들 중 도덕적 리더십(moral leadership), 문화 리더십(cultural leadership), 카리스마적 리더십(charisma leadership), 슈퍼 리더십(super leadership)에 대해 알아본다(이병진, 2004).

(1) 도덕적 리더십

Hodgkinson(1991)은 가치를 두 가지로 분류했다. 하나는 선호(good), 다른 하나는 옳은 것(right)이라고 했다. 선호는 우리가 좋아하는 것이고, 옳은 것이란 도덕적인 것을 뜻한다. 옳은 것의 의미는 우리 공동의 책임이고 양심이며, 우리의 합의이고 다수의 의지를 표현한 것이라고 했다. 옳은 것을 지키기로 한 규범이 바로 도덕이다. 이만큼, 도덕성은 우리 모두에게 필요하며 또 요구되는 가치이기도 하다. 특히, 교육행정에 있어서 학교 의사결정을 할 때 어떤 원칙을 적용하기 마련인데, 이 원칙이 도덕적인 근거를 가지고 있어야 함은 절대적이라고 할 수 있다(Cunningham & Cordeiro, 2000).

조직의 일개 구성원이 아닌 리더가 리더십을 발휘함에 있어서 도덕적이어야 함은 당연하다. 그런데 지금까지 리더십 연구는 주로 개인, 조직, 환경, 효과 등과 같은 객관적, 몰가치적 요인들에 대한 것이었고 도덕, 문화 등과 같은 가치 요인들이 리더십과 어떤 관계가 있는지에 대한 연구는 소홀했다.

도덕성 없는 리더십이 얼마나 심각한지, 오늘날 우리 사회의 현실에 비추어 봐도 알 수 있다. 각종 매스컴에서 흘러나오는 정보를 보면 공 · 사조직 공히 부정, 부패에 깊숙히 빠져 있다는 것을 알 수 있다. 우리는 이렇게 비도적적인 일들을 많이 보고 경험했기 때문에 이것들을 대수롭게 여기지 않는다. 도덕 불감증에 걸려 있는 것이다. 비리, 부정, 부패가 빈부 격차를 벌이고 극소수만이 잘사는 사회를 만든다. 우리 현실을 보더라도 지도자가 도덕적이어야 함은 기본이다.

먼저, Murphy(1994)는 도덕성과 윤리성 발달이 결여된 리더는 의사결정하기도 어렵고 목적의식조차도 잃게 된다고 했다. 도덕은 결국 사적인 것보다는 공적인 목적과 공익에 더 밀접하게 연결되어 있으므로 도덕성이 없으면 공익과 공적인 목적에 헌신할 리가 없고 의사결정도 공적인 측면에서가 아니라 사적인 측면에서 하려 할 것이다. 이렇게 되면 사리사욕보다 공익을 앞세우는 마인드가 형성되지 않는다. Stewart(1988)도 윤리 의식이 부족한 리더는 결국 실패한다고 주장했고, Hitt(1990)는 리더십에서 중요한 것은 옳고 그름의 식별이라고 주장했다. 조직 구성원들도 리더가 요구하는 과업이 도덕적으로 타당해야 기꺼이 그 과업을 수행할 것이고 리더의 지시도 강한 힘을 받게 될 것이다(Cartwright, 1965). 그런데 도덕적 행위가 창의와 자율을 통제하는 수단으로 되어서는 안 되고 조직의 궁극적 목적과 연계되어야 함은 당연하다.

도덕적 리더십은 결국 리더 개인의 자질에서 나오는 것으로 조직 구성원들로 하여금 도덕적 규범을 내면화하여 조직 문화로 발전시키는 지도력이라고 할 수 있다. Greenfield(1987)는 학교장을 도덕적 의사결정을 하는 사람으로 보았다. 학교장의 도덕적 행위는 학교 경영 방침 및 실천에 온전히 반영되므로 학교 경영 및 행정은 도덕성을 바탕으로 해야 한다. 학교 조직의 리더십을 도덕성과 성공차원에서 분석, 연구한 Segiovanni(1992)는 도덕적 관점의 선의지(good-will)와 관리적 관점의 성공을 양대 축으로 하여 [그림 4-9]와 같이 4가지 유형의 학교를 제안했다. 이들을 설명하면 다음과 같다.

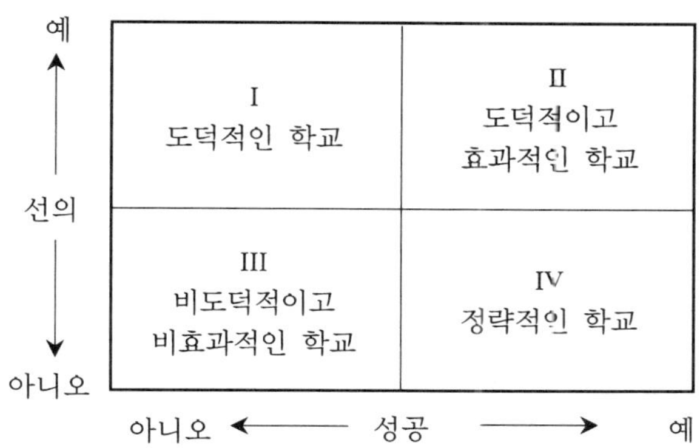

[그림 4-9] Sergiovanni의 학교의 4가지 유형

* 출처 : Sergiovanni, T. J.(1992). Moral Leadership : Getting to the Heart of School Improvement. SanFrancisco : Jossey-Bass Publishers. p. 104.

① **도덕적인 학교** : 교직원들은 교장의 선의에 기초하여 동기는 유발되나 목적 달성에는 성공하지 못한다. 그러나 교장의 선의지를 이해하면서 점차 성공할 가능성

이 높아진다.

② **도덕적이고 효과적인 학교** : 교직원들은 선의에 기초한 학교장의 리더십에 의하여 동기가 유발될 뿐만 아니라, 목적도 성공적으로 달성한다.

③ **비도덕적이고 비효과적인 학교** : 교직원들은 선의에 의하여 동기유발이 되지 않으며, 또한 목적도 성공적으로 달성되지 못한다.

④ **정략적인 학교** : 정략적인 학교의 교직원들은 선의에 의하여 동기유발이 되지 않지만, 목적달성에 있어서는 성공적이다. 단기적으로 성공을 지향하는 이러한 학교는 도덕적인 학교보다 장기적으로 성공할 가능성이 낮다.

(2) 문화 리더십

Schein(1985)은 리더가 해야 할 가장 중요한 것은 구성원들이 과업을 최상으로 수행할 수 있도록 효과적인 문화를 조성해야 한다고 했다. 즉 리더는 과업을 수행하는 데 도움이 되는 효과적인 문화를 조성해야 된다는 것이다. 문화는 구성원들이 사물에 대하여 지각하고 사고하며 느끼는 방식에 영향을 준다. 문화는 인간이 환경에 대해 어떤 방식으로 반응해야 될지 가르쳐 주어 환경에 대한 부적응 불안과 걱정을 덜어 주는 힘을 가지고 있다. Deal과 Kennedy(1982)에 의하면 문화란 과업에 의미를 부여하고 조직이 가치에서 출발하여 과업성취에 도달할 때까지 어떻게 작용하고 있는지에 대해 이해를 깊게 해 준다.

Bolman과 Deal(1984)은 문화를 산출물과 과정이라고 했다. 산출물로서 문화는 우리 이전에 구성원들이 이미 축적해 놓은 지혜가 구체화된 것이다. 과정으로서의 문화는 끊임없이 갱신되고 재창조되며 새로운 구성원들에게 과거의 방식을 가르치고 구성원들은 또다시 들어오는 새로운 구성원들을 가르친다. 믿음, 가치, 실천 및 문화유물은 구성원들이 누구이며 어떻게 행동해야 할지를 제시해 준다. 문화는 우리가 사물을 인식하고 반응하는 방식을 구체화하며 과업의 의미와 목적을 제시하고 사람을 통합시킨다(Deal & Peterson, 1998). Cunningham과 Gresso(1993)에 의하면, 성공적인 학교는 비전이 강한 학교문화를 가지고 있다는 것이다.

Sergiovanni 등(2004)은 리더에게는 처신하는 방법을 아는 것보다는 확신을 가지고 그의 가치와 이상을 추종자들에게 의미 있는 방식으로 전달하는 능력이 중요하다고 했다. 다시 말하면 리더는 처세술이 아니라 가치와 비전을 추종자들에게 효과적인 방법으로 전달하여 수행하도록 하는 것이 문화적 리더십의 본질이라는 것이다.

결국, 문화 리더십은 조직문화가 리더십에 결정적인 영향을 미친다는 가정 하에 발휘되는데, 리더는 자신의 비전과 조직의 비전에 입각하여 어떤 성격을 가진 조직문화를 조성할 것인지 결정하고 이를 구체화시켜야 한다. 하루아침에 조직문화가 형성되는 것은 아니기 때문에 일관성 있는 정책과 비전을 가지고 리더십을 발휘하게 되면 조직문화는 점점 성숙될 것이다. 비능률적이고 비효과적인 조직문화는 리더가 어떤 가치관과 비전을 가지고 있느냐에 따라 능률적이고 효과적인 조직문화로 바꿀 수 있다고 본다.

(3) 카리스마적 리더십

카리스마적 리더십은 구성원들이 리더 개인의 탁월한 철학과 비전 또는 능력에 이끌려 추종하게 되는 리더십이다. 이 이론은 특성이론의 범주에 속한다고도 볼 수 있다. 특정이론의 관점에서 보면 리더십은 리더의 자질에서 비롯된다는 것이다. 마찬가지로 카리스마적 리더십 이론도 탁월한 리더십은 리더의 카리스마적 자질로부터 나온다는 입장이다. 따라서 카리스마적 리더십과 변혁적 리더십은 본질적으로 같은 개념으로 사용되기도 한다. 변혁적 리더는 초인적인 존재로 보이기도 하고, 추종자들에게 막대한 영향을 주는 존재로 보이기도 하기 때문에 변혁적 리더는 역시 카리스마적 리더인 것이다(Robbins, 1991).

House(1977)는 카리스마적 리더의 인격특성을 3가지로 요약했다. 이들은 ① 높은 자신감, ② 우월성, ③ 자기 믿음에 대한 확신이다. Bennis 등(1985)은 미국의 가장 성공적이고 효과적인 리더 90명을 연구한 후 4가지 공통점을 발견했다. 그 공통점은 ① 비전과 목적의식, ② 추종자들이 확실히 이해할 수 있도록 비전을 명확한 용어로 전달할 수 있는 능력, ③ 비전 실현에 있어서 일관성 및 핵심유지, ④ 지도자 자신의 강점 인식과 활용 등이다.

Conger와 Kanungo(1988)는 카리스마적 리더는 이념화된 목표가 있고 목표에 몰입하여 비인습적이며 단정적이다, 그리고 그는 자신에 차 있으며 현상유지가 아니라 변화를 추구하는 자로 인식된다고 했다. 또 많은 연구들은 카리스마적 리더십과 추종자의 과업 성취 및 만족과 상당한 상관관계가 있다고 밝히고 있다. 그들은 카리스마적 리더가 다른 리더들과 구별되는 특징을 6가지로 제시하고 있다. 즉 ① 자신의 판단과 능력에 대한 자신감, ② 현재보다는 미래를 향한 이념화된 비전, ③ 비전을 이해시킬 수 있는 능력, ④ 비전에 대한 확고한 의지, ⑤ 비범한 행동, ⑥ 변화 추구자, ⑦ 환경조건에 대한 현실적 판단능력 등이다.

카리스마적 자질이 타고나는 것인지, 아니면 교육과 훈련을 통해서 육성할 수 있는지가 관심사다. 소수는 카리스마적 자질을 타고나는 것으로 보고 배우거나 훈련을 통해서 계발될 수 없다고 본다. 그러나 대부분의 전문가들은 이러한 자질을 교육, 훈련을 통해 계발된다고 보고 있다(Robbins, 1991).

카리스마적 리더십이라고 해서 추종자들의 과업성취를 위해서 항상 필요한 것은 아니다. 이 리더십은 그들의 과업이 이념적 요소로 되어 있을 때, 가장 적합하다. 정치, 종교, 전시, 생명을 위협하거나 커다란 변화를 필요로 하는 상황에서 카리스마적 리더가 나타나는 경우가 많다. 이러한 상황은 이념적 차원과 관계가 있기 때문이다. 지도자에 대한 추종자들의 전적인 신뢰와 헌신이 요구되기 때문이다. 이러한 위기와 극적인 변화상황이 잠잠해지면 카리스마적 리더십은 그 위력이 떨어진다.

(4) 슈퍼 리더십

슈퍼 리더십(super leadership)을 초우량 리더십으로 부르기도 하는데, 한 마디로 리더십 위의 리더십이다. 슈퍼 리더는 리더 위의 리더이므로 부하의 리더가 아니라, 리더인 구성원들의 리더가 되는 것이다. 그래서 슈퍼 리더십은 구성원들을 리더로 만드는 역할을 의미한다. 슈퍼 리더십은 조직이 공식적인 권위와 권력 및 통제에 의해 관리, 운영되고 구성원들이 이에 복종하는 전통적인 지도방식이 아니다. 다시 말하면 구성원들이 자기 할 일을 자율적으로 판단하고 스스로 수행할 수 있도록 그들의 능력과 자질을 길러 주는 리더십이다.

조직사회가 점점 복잡화, 전문화되어감에 따라 지도자 한 사람의 의중을 헤아려 구성원들이 수동적으로 과업을 수행한다면 조직의 생산성은 떨어질 것이다. 특히, 병원, 대학, 연구소 등 직무의 전문화 정도가 높은 조직일수록 구성원들의 전문적 판단에 의해 과업이 수행되는 것이 효과적이다. 슈퍼리더는 구성원들이 자기 분야에서 셀프리더가 되도록 역량을 기를 수 있는 조건을 마련해 주는 것이 필요하다. 슈퍼 리더십은 현실적으로 매우 필요한 리더십이다. 매사를 리더 한 사람에게 의존하여 과업을 수행하는 것은 현실적으로 불가능할 뿐만 아니라 구성원의 창조력과 독창력을 살릴 수 없기 때문에 슈퍼 리더십은 필요한 것이다.

Manz와 Sims(1991)는 구성원들이 자기 통제 하에 자기역량을 발휘할 수 있도록 해주는 슈퍼리더가 효과적이라고 보고 다음과 같이 7단계의 슈퍼 리더십을 제안하고 있다.

① 슈퍼리더가 먼저 셀프리더가 된다.
② 셀프리더의 모델이 된다.
③ 개인목표 설정을 독려한다.
④ 긍정적 사고를 창조한다.
⑤ 보상과 건설적 비판으로 셀프리더를 만든다.
⑥ 팀워크를 통해 셀프리더를 양성한다.
⑦ 셀프 리더십 문화를 활성화한다.

이상과 같이, 슈퍼리더는 구성원들이 주도적으로 자기 통제 하에 과업을 수행할 수 있도록 능력과 자질을 갖추도록 조력해야 한다. 구성원들이 각자 자신의 일에서 셀프리더로 성장할 수 있도록 칭찬, 보상, 격려, 분위기 조성 및 기타 가능한 조건을 정비해 주는 노력이 필요하다.

앞으로의 사회는 더 개방적일 수밖에 없으며 조직들은 경쟁력을 확보하기 위해 더 전문화될 수밖에 없다. 교육조직도 예외는 아니다. 이러한 상황에서 조직 구성원들의 자율성을 확대하고 자기 지도성을 높임으로써 그들의 창조성과 독창성을 높일 수 있다. 오늘날 학교조직은 과거보다 더 개방적으로 되었으며 그만큼 더 많은 사람들이 학교 경영, 행정에 참여하게 되었다. 학교 운영이 과거와 같이 정해진 규칙에 따라 하면 되는 정도가 아니고, 매우 복잡하고 까다롭게 되었다. 이러한 복잡한 학교의 교육과업을 효율적으로 수행하기 위해서는 교사를 비롯한 학교 구성원들이 셀프지도를 할 수 있도록 지원해야 한다.

(5) 종합 : 리더의 조건

어느 조직이나 소수 지배의 원리에 따라 리더와 그 추종자(부하, 구성원)는 있기 마련이다. 그러면 조직은 왜 필요한가!

조직은 우리에게 필요하기 때문에 생긴 것이다. 그럼 우리 생활에 필요한 것은 무엇인가? 크게 이것을 정신적인 측면과 물질적인 측면으로 나누어 볼 수 있다. 정신적인 것으로는 소속, 자아성취, 자기실현, 권력과 권위 욕구, 기타 여러 욕구가 있을 것이다. 물질적 필요는 생존에 필요한 여러 가지 경제적인 생활 자료가 될 것이다. 구성원들은 최소한 이와 같은 두 측면의 욕구를 충족시키기 위해 조직에 참여한다. 또 조직은 생산성을 확보해야 생존할 수 있으며 조직의 생존 없이는 구성원들도 존재할 수 없다. 이와 같은 두 실체, 조직과 그 구성원 이외에 그 조직과 구성원에 영향을 미치는 상위체제, 하위체제 등의 환경이 있다. 따라서 조직과 구성원만 중요한 것이 아니라 이들에게 영향을 미치는 환경, 즉 국가, 사회도 조직에 중요하다.

조직의 리더는 조직의 생존과 발전, 그 구성원들의 행복한 생활, 이를 지원하는 환경, 즉 국가, 사회의 번영과 발전에 책임을 느껴야 한다. 이와 같은 당위성을 생각해 볼 때 한 사회조직의 리더가 된다는 것은 쉬운 일이 아니다. 조직과 그 구성원 뒤에는 항상 국가와 사회, 국민의 끊임없는 지원이 있다는 사실을 알아야 한다. 그들은 조직과 구성원들이 부당하게 침해당하는 것을 막아 주고 사고가 발생하면 즉시 출두하여 진정시켜 주고, 기타 건강, 보험, 경찰, 질서 등 수없이 많은 혜택을 주고 있다. 그렇기 때문에 조직, 리더 그리고 그 추종자들은 소속된 조직뿐만 아니라 국가, 지역사회, 시민 등에 대한 애정이 필요한 것이고 책임을 느껴야 하는 것이다.

지금까지 논의된 리더십이론들은 리더의 기능과 역할 및 자세에 중점을 두고 리더십을 설명하고 있다. 조직 규모나 특성에 따라 다르겠지만, 리더십의 그 본질적 가치는 3가지 질문에 대한 응답과 연결된다.

첫째, 조직 구성원을 위하고 있는가?

둘째, 조직을 위하고 있는가?

셋째, 환경, 즉 국가, 사회, 시민, 국민에게 도움이 되는가?

이 세 가지 질문에 모두 그렇다고 자타가 인정하면 우리 사회에 꼭 있어야 할 값진 조직이라고 본다. 리더십이 이 세 가지 가치를 기반으로 발휘되어야 하는데, 문제는 어느 것에 더 중점을 두어야 하느냐의 문제이다.

언제 어디서나 효과적인 유일한 리더십은 없다. 어떤 리더십 이론이 설득력을 가지고 있다고 하여 무조건 적용하는 것은 옳지 않다. 조직의 여러 조건과 상황을 먼저 분석, 검토한 후에 이에 적합한 이론들을 추론하여 그 강점과 취약점을 분석해 보고 선별적 혹은 종합적으로 적용하는 노력이 필요하다. 리더십의 기술적 부분도 중요하지만 이보다 더 중요한 것은 역시 리더의 자질이다. 리더가 무슨 생각을 가지고 어떻게 조직을 운영할 것인지는 조직 전체는 물론 일파만파로 외부 환경에 영향을 미친다.

교육리더를 포함하여 조직의 리더들은 다음과 같은 요건을 갖추고 있는 것이 필요하지 않을까 생각된다.

1 도덕적 품성

인격, 사람 됨됨이 등 여러 가지 의미로 해석될 수 있으나 리더는 덕성을 지닌 사람이어야 한다. 솔직히 '우리 리더는 좋은 사람이다'라는 인식이 구성원 사이에 정착되어 있어야 리더십을 제대로 발휘할 수 있지 않을까? '우리 리더는 인격적으로 못 됐다'라는 의식이 팽배해 있으면 구성원들을 미래 지향적으로 동원시킬 수 없다. 따라서 리더가 도덕적 품성을 가지고 있어야 구성원들이 존경하고, 추종하며, 그의 비전을 실현하기 위해 조직에 몰입할 수 있다.

2 봉사정신

희생정신, 헌신 등 다양하게 해석될 수 있다. 나만 위하고 나를 먼저 챙기고, 내가 존경받아야 하고, 내가 출세해야 되고, 내가 손해 보면 안 되고 하는 본인 위주의, 다시 말하면 사리사욕에 얽매인 사람은 최소한 리더가 되어서는 안 된다. 사리사욕에 눈이 멀면 매사를 공익보다는 사익 측면에서 계산하게 된다. 이렇게 되면 리더 자신은 몰라도 많은 다른 사람들이 피해를 본다. 리더 한 사람을 위해서 많은 다른 사람들이 피해를 보아야 할 이유가 과연 있는가?

사를 앞세우다 보면 과업의 본질은 안 보이고 나한테 돌아오는 것이 무엇인지에 온 신경을 쓰게 된다. 그러면 일을 제대로 할 수 없고 요령으로 하게 된다. 따라서 조직의 생산성을 위해서는 사보다는 공을 앞세우는 선공후사 정신이 리더십의 중요한 덕목이 된다. 물론 어느 조직의 리더가 되려할 때 자신에게 어떤 이익이 있는지를 손익계산하게 된다. 그러나 리더가 된 이상은 개인의 이익보다는 조직과 그 구성원들의 이익을 먼저 생각해야 한다. 나의 명예, 권력, 사람에 집착하는 것도 사리사욕에서 비롯된 것이다.

3 굳은 의지

강한 신념, 믿음으로 해석해도 될 것이다. 리더의 마음이 나약해서는 안 된다. 추종자들이 믿고 따를 수 있도록 강한 의지를 보여주어야 한다. 이리저리 흔들리면 추종자가 리더를 위엄 있게 보지 않는다. 특히 국가 리더의 경우는 더욱 그렇다. 그러면 성공적인 리더십은 기대될 수 없다. 리더의 의지가 약해서 흔들리면 추종자들이 불안하여 목표 지향적으로 헌신하지 않는다.

아무리 선하고 인품이 좋다고 하더라도 리더는 굳은 의지로 구성원들을 유인할 수 있는 단호한 모습을 보여줄 필요가 있다. 물론 보여주기 위해 억지로 꾸미는 것은 소용없다. 그것은 일시적이다, 추종자들이 금방 알아차린다. 그러면 조직을 안정적으로 이끌어 갈 수 없다. 그렇다고 항상 굳은 표정을 지으며 엄격한 자세를 유지해야 된다는 것이 아니다. 이런 리더가 있다면 이것 또한 어리석은 리더이다. 유머가 있으며 부드럽고 너그러우면서 직무에 있어서는 엄격한 의지로 임해야 한다는 것이다.

[4] 지적 통찰력

앞을 내다볼 수 있는 안목이 있어야 한다. 의지가 강하고 발전적인 비전을 가지고 있다 해도 무엇을 잘 모르는 고집불통이면 곤란하다. 미련하면 조직과 사회가 어떻게 돌아가는지 알 수 없고, 위기인데도 잘 몰라 위기의식이 없으면 큰일이다. 리더가 똑똑하고 엄격해야지, 뭔가 잘 모르면 그 아래 사람들이 이리저리 빼먹어도 잘 모른다. 쉬운 말로 지적으로 똑똑해야 된다. 그렇다고 한 분야에 대한 전문지식이 있어야 된다는 말이 아니고 과업과 그 환경조건을 과학적으로 분석하고 종합하여 거기에 적합한 대안을 설정하여 추진할 수 있는 프로그램이 머릿속에 그려져 있어야 한다는 말이다.

[5] 확고한 생산적 비전

확고한 비전이 제시되어야 조직과 추종자들이 무슨 일을 어떻게 해야 할지, 방향감각을 갖게 된다. 그 비전이 리더 자신만이 수용할 수 있는 왜곡된 비전이어서는 안 된다. 아무 비전이나 다 좋은 것은 아니다. 대다수 구성원, 조직, 국가사회가 무리 없이 수용할 수 있고 미래 지향적이어야 한다. 즉 실현 가능한 생산적인 비전을 가지고 있어야 한다. 대다수가 수용하기 어려운 비전을 고집함으로써 조직과 그 조직 구성원은 물론 국가, 사회를 힘들게 해서는 곤란하다. 따라서 비전의 설정 제시는 리더 개인이 단독적으로 할 것이 아니고 조직과 사회현실을 과학적으로 분석, 연구한 노하우가 많은 전문가들로부터 조력을 얻어 결정, 제시하는 것이 바람직하다. 그래서 리더는 훌륭한 전문적 조력자를 고를 수 있는 혜안을 가지고 있어야 한다.

[6] 비전 실현 전략

리더의 조직운영 철학과 비전은 그것을 가지고 있는 것만으로는 부족하다. 이를 구성원들에게 정확하게 전달해야 한다. 지도자의 의중이 가감 없이 정확하게 추종자들에게 전달되어 그들이 무슨 일을 어떻게 해야 할 것인지 알아야 그들 나름의 행동전략을 세울 수 있다.

철학과 비전을 구체화해야 한다. 그렇게 해야 구체적인 실현 전략을 세울 수 있다. 구체적인 전략이 없는 철학과 비전은 공염불이 될 수 있다. 전략은 주먹구구식으로 세울 수는 없다. 여러 가지 조건과 문제를 정확히 분석, 검토하여 과학적으로 도출된 전략이어야 효력이 있다. 되도록 추상적인 것이 아니고 많은 경험과 연구를 통해 타당성이 검증된 것이어야 한다. 여기서 조건과 문제란 단지 과학적이고 경제적인 문제뿐만 아니라 사회적인 문제와 조건도 포함하고 있다.

7 부조리 척결 의지

조직 건강과 발전을 위해서는 부조리가 없어야 한다. 이것만 척결해도 조직이 정상적으로, 즉 합리적으로 돌아갈 수 있다. 이렇게 되면 구성원들 사이에 모든 제도와 과업들을 정상적으로 운영, 수행하고자 하는 의식이 형성되어 웬만하면 조직이 건전하게 운영된다.

조직에서 리더가 부패하고 그 핵심 인사들이 부패하면 건강한 조직 문화를 형성할 수 없고, 발전시킬 수 없다. 이 부패는 본질적으로 악의 조건이며 부정과 불의에 야합한 결과다. 성실한 사람이 뒤처지고 요령 군이 은밀히 거래하여 앞서가고 승진된다면 조직은 타락한다. 조직이 근면, 성실, 정직보다는 이간질, 거짓이 판치는 악풍에 휩싸이게 된다. 이런 식으로 굳어진 조직 풍토는 구성원들의 의식과 행동에 바로 침투되어 그들을 타락시켜 버린다.

우리 속담에 "윗물이 맑아야 아랫물도 맑다"라는 말이 있다. 윗물이 맑아야 함은 지당한 얘기이고 이것만으로는 부족하다. 리더에게는 아랫물을 맑게 할 책임이 있다. 아랫물이 맑지 않아도 온 조직, 사회가 흐려진다. 쉽게 말해 국가원수 한 사람만 청렴결백하다고 사회의 모든 조직이 그렇게 되는 것은 아닌 것과 같다.

부정 부패는 정당한 대가를 치르지 않고 부정한 방법으로 사리사욕을 채우는 것이기 때문에, 이것은 일시에 전 지역으로 확산되는 전염병과 같다. 부정 부패는 노력 없이 바로 엄청난 불로소득을 안겨 주기 때문에 일시에 사리사욕을 채우는 데 환상적으로 느끼기 때문이다. 또 주위가 그렇게 되면 선량한 사람도 살기 위해 어쩔 수 없이 그렇게 될 수밖에 없게 된다. 부패된 조직과 사회에서는 나 홀로 깨끗하게 살아갈 수 없기 때문에 대다수가 더러워진다. 어떠한 대가를 치루더라도 이 전염병, 부정 부패를 퇴치해야겠다는 강한 의지가 없다면 리더가 되어서는 안 된다.

대체로 부정 부패는 상대적으로 강한 자들이 저지르는 것이지 나약한 서민이 저지르는 경우는 드물다. 쉽게 말해 기득권 세력이 더 가지려고 발버둥치는 와중에 생기는 경우가 태반이다. 섬에서 고기를 낚는 어민이나 시골에서 농사를 짓는 분, 학문에 빠져 열심히 진리를 탐구하는 청빈한 학자, 특수학교에서 박봉으로 봉사하는 분들이 수십억, 수백억씩 부정을 저질렀다는 소리는 들어 본 적이 없다. 이와 같이 부정 부패, 부조리가 없이 조직이 정상적으로 돌아간다면 반 이상은 성공한 조직이라고 볼 수 있다. 특히 정부, 교육 등 공조직이 부정 부패 없이 운영된다면 그 리더는 반 이상 성공한 셈이다. 왜 그럴까? 부정, 부패, 부조리가 없다는 것은 제 길 따라 각 분야의 정치, 행정, 경영, 관리가 정상적으로 운영된다는 것 아닌가! 모든 일이 제 길 따라 원칙대로 되는데 설령 탈이 나도 얼마나 나겠는가!

리더는 봄에 씨 뿌려 가을에 거두도록 기온을 잡아 주는 계절이 되면 되지, 어느 밭에 무슨 씨를 뿌릴까? 어떤 비료를 투입할까? 가을 어느 날짜에 추수할까? 하는 문제는 주어진 규칙과 규범에 따라 각자 자율적으로 하게 하면 된다.

조 직 이 론

제 5 장

1 조직의 개념

사람은 정치, 사회, 경제, 교육 등 어느 분야의 조직을 막론하고 조직을 떠나서 정상적인 생활을 할 수 없다. 자녀를 학교에 보내지 않고 지적으로나 정의적으로 성장하기를 바랄 수는 없으며, 직장에 소속되지 않고 정상적인 가정생활, 사회생활을 한다는 것은 어려운 일이다. 우리는 이러한 조직 생활을 통해서 물질적, 정신적 욕구를 대부분 충족시켜 나간다. 따라서 조직은 떼려야 뗄 수 없는 중요한 생활의 장이며 성취의 수단이기도 하다.

Etzioni(1964)는 조직을 일정한 환경 하에서 조직 목표달성에 필요한 일정한 구조를 가지고 있는 사회단위 또는 인간의 집합체라고 정의했다. Barnard(1938)는 조직을 의식적으로 조정된 두 사람 이상의 활동 또는 힘의 체제라고 했다. Udy(1963)에 의하면, 조직은 구성원간의 관계를 규정하고 있는 역할체제를 가지고 있는 인간 집단이라는 것이다. Halpin(1966)에 따르면 조직은 특수한 형태의 집단으로서 그 구성원들이 집단의 과업을 완수하기 위해 책임을 분할하고 있는 사회적 집단이라는 것이다. Simon(1956)은 행정조직을 주로 의사결정 구조로 보았으며, 조직의 기능으로 업무분담 및 수행의 표준 설정, 권한과 영향력의 행사, 의사소통, 교화와 훈련 등 다섯 가지를 들었다. Katz와 Kahn(1966)은 조직을 환경과 상호작용하는 개방체제로 규정하고 이 상호작용을 강조하였다. 이와 같이 많은 학자들이 내린 정의를 종합해 보면 조직은 구성원들이 공동목적을 달성하기 위하여 협동적으로 그들의 과업을 수행하는 체제라고 볼 수 있다.

2 조직의 원리

많은 학자들은 학술적 논리에 근거하여 여러 가지 조직 원리를 제시하고 있다. 그러나 그 원리들은 행동 강령이나 준칙 등과 같은 추상적인 구성개념으로 되어 있어서 그 타당성을 과학적으로 검증하기 어렵다. 그럼에도 불구하고 조직 원리들은 조직 활동의 방침으로써 조직성과를 높이는 데 유효하다는 평가를 받고 있다.

여러 학자들에 의해 제시되고 있는 조직원리 중, 모든 학자들 사이에서 일치된 원리는 없고 학술적 관점에 따라 원리들이 다소 다르게 제시되고 있다. Fayol(1949)의 14개 기본 원리를 비롯하여, Mooney(1947)의 3대 원리, 김종철(1992)의 4대 원리 등 많은 학자들이 다양한 조직 원리를 제시하였다. 여기서는 여러 학자들이 제시하고 있는 조직 원리들을 종합하여 ① 계층의 원리, ② 분업의 원리, ③ 조정의 원리, ④ 명령통일의 원리, ⑤ 통솔한계의 원리, ⑥ 적도집권의 원리 순으로 살펴본다.

1) 계층의 원리

계층이란 과업수행상 권한과 책임의 대소경중에 따라 구성된 직위의 수직적 계열 또는 등급화를 의미한다. 계층의 전형은 군대에서 볼 수 있다. 계층이 피라미드형이냐, 평면형이냐에 따라서 권한과 책임의 집중과 분산에 커다란 차이가 난다. 조직이 어떤 계층의 형태를 취하든간에 권한과 책임의 위계는 있기 마련이다. 만일 위계가 없다면 누가 지도를 하고, 누가 그 지도를 따를 것이며, 책임은 누가 질 것인가? 따라서 조직은 위계를 바탕으로 한다.

2) 분업의 원리

분업은 과업을 능률적으로 수행하기 위해서 조직 구성원들이 과업을 나누어 분담하는 것을 말한다. 조직 구성원들이 각각 그들의 전문성에 따라 과업을 분담해 한 과업에 집중할 수 있도록 하는 것이다. 과업이 전문화된 조직에서 분업은 필수적이다. 과학적 관리법을 창안한 Taylor나 관료제를 주창한 Weber는 분업을 조직 생산성 향상에 필수요인으로 보았다. 이와 같이 전공분야 별로 일을 나누어 수행하게 되면 그만큼 능률이 오르게 된다. 한 교사가 이 과목, 저 과목 가르치는 것보다 전공과목 하나만 가르치는 것이 수업의 질을 높일 수 있다는 것은 바로 분업의 원리에 기초를 두었기 때문이다. 분업의 형태는 크게 횡적(수평) 분업과 종적(수직) 분업으로 나누어 볼 수 있다(김윤태, 2004).

[그림 5－1]에서 처럼 횡적 분업은 동일계층 내에서 기능의 성질에 따라 직무를 배분하는 것이며, 종적 분업은 상하 계층 간 업무가 분담되는 것으로 권한과 책임이 위임되는 형태를 취하는 경우가 많다. 학교 업무가 횡적으로 나누어지는 예로써, 교무관련

업무는 교무부장에게, 학생관련 업무는 학생부장에게, 행정관련 업무는 행정실장에게 분담되는 형태를 말한다. 종적 분업의 예로서는 교장의 학교경영 업무의 일부가 교감으로, 또 교감 업무의 일부가 부장 교사로 이동 분담되는 경우다.

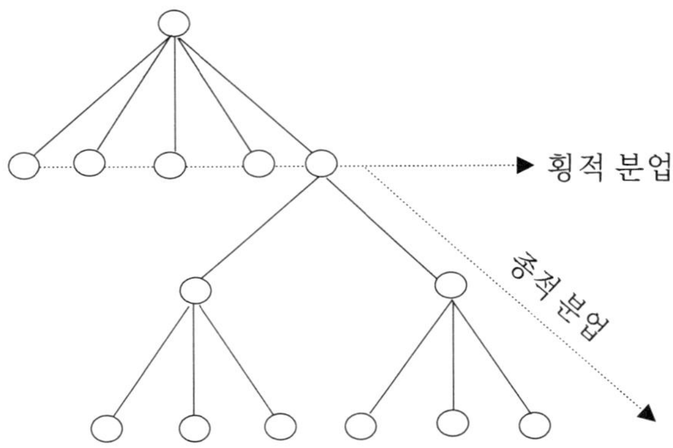

[그림 5-1] **횡적 분업과 종적 분업**

* 출처 : 김윤태 (2004). 교육행정 · 경영의 이해. 서울 : 동문사, p. 246.

3) 조정의 원리

조정이란 조직의 공동 목적을 효율적으로 달성하기 위하여 하부 조직들이 유기적으로 협동하고 행동통일을 이루도록 그들을 결합하고 과업을 합리적으로 배정, 조화시키는 행위이다. Mooney(1947)는 조정을 조직의 제 1원리로 총무 관리의 책임이라고 하였다. 그런데 조정은 하부 조직 간의 이해관계로 어려운 점이 많고 조정을 저해하는 요인이 적지 않다. 그 저해 요인으로는 고도의 과업 전문화, 대립되는 이익 단체의 압력, 취약한 리더십과 권위, 조직목표와 구성원 개인목표와의 차이, 집단 이기주의에 의한 할거주의 등을 들 수 있다. 조정의 문제점을 완화시키기 위한 방법으로 다음과 같이 제안할 수 있다(김창걸, 1996).

① **자발적인 협조유도** : 조직 구성원들로부터 자발적인 협조를 얻기 위해 조직목표 설정과 수행과정에 그들의 참여폭을 넓힌다. 또 새로운 아이디어를 창출하여 그들을 자극하는 동시에 회의 및 위원회제도를 활성화하여 의사소통을 원활히 한다.

② **사전적 조치** : 직무와 책임의 한계를 사전에 명백히 하고, 종합계획을 작성하여 부문 간의 충돌을 사전에 방지한다.

③ **관리기구의 설치**(관리자의 인격의 확장) : 조정 · 통제를 전담하는 막료기관을 설치하거나 관리자의 통솔범위의 확대를 제도화한다.

4) 명령통일의 원리

이 원리는 부하들이 한 사람의 상관에게만 명령을 받고 복종한다는 것이다. 다수의 상관으로부터 명령을 받는다면 누구의 명령에 복종해야 할지 당황하게 될 것이다.

Gulick(1937)에 의하면, 명령통일 원리의 효과는 ① 책임감을 가지고 조직적이며 능률적으로 일할 수 있고, ② 보고의 통로가 명백하므로 지위의 안정감을 유지할 수 있으며, ③ 보고와 명령의 책임소재를 밝힐 수 있고, ④ 전체적 조정이 용이하다는 것이다. 그러나 현대에 와서는 막료기관의 역할 증대로 명령통일의 중요성이 감축되고 있다(김창걸, 1996).

5) 통솔한계의 원리

이 원리는 한 사람의 지도자가 직접 통솔할 수 있는 부하의 수에 관한 원리를 말한다. 이 원리는 인간의 능력에는 한계가 있기 때문에 한 사람의 상관이 일정 수 이상의 부하를 직접 통솔하는 것은 문제가 있다는 것이다. 그러면 어느 정도의 직속 부하의 수가 적절한가? 1918년 영국의 Haldane Committee는 10명이 이상적이며 12명을 초과해서는 안 된다고 했다. Fayol은 5~6명을, Urwick은 상위책임자는 4명, 하위책임자는 8~12명이 적당하다고 했다. 그리고 Graicunas(1937)는 계층제 상부 층은 5~6명, 말단은 20명이 적정 규모라고 주장했다(김윤태, 2004).

6) 적도집권의 원리

이 원리는 교육행정에 대한 권한이 중앙에 지나치게 집중되어서도 안 되고 지방으로 지나치게 분산되어서도 안 되며, 중앙과 지방이 적당한 선에서 권한을 나눠 가져야 한다는 원리이다. 이것은 중앙집권제와 지방분권제 사이에 적정한 권한 분배가 유지되어야 한다는 원리다.

중앙집권제는 중앙부서에 권한을 집중시킴으로써 능률화를 기할 수 있지만 획일주의와 전체주의를 초래할 위험성이 있다. 반면에, 분권제는 지방부서나 하부기관에 권한을 대폭 위임, 분산시킴으로써 그 지방의 특수성과 자율성을 촉진할 수 있지만 비능률을 초래할 개연성이 높다. 이러한 두 제도의 극단을 피하고 적정한 권한 균형을 이루자는 것이 적도집권 혹은 적도분권이다. 중앙과 지방 간 권한의 균형점은 조직의 목적과 기능은 물론, 구성원의 성격, 그 국가의 사회 · 문화적 배경 등 여러 가지 요인에 의해서 결정되므로, 그 균형점이 일률적일 수는 없다(윤정일, 2007).

3 조직의 형태와 유형

1) 조직의 형태

조직구조가 어떤 형태로 되어 있느냐에 따라 공식조직과 비공식조직으로 구분할 수 있고, 계선조직과 참모조직으로 구분할 수도 있으며, 집권조직과 분권조직으로 나누어 볼 수도 있다(문락진, 1993).

(1) 공식조직과 비공식조직

① 공식조직과 비공식조직의 특징

공식조직은 형식적 또는 직제적 조직이라고도 불린다. 이것은 공식적인 조직도표 또는 명시된 기구표상에 나타나 있는 조직을 말한다. 이것은 권위의 계층, 명료한 책임 분담, 표준화된 업무수행, 몰인격적인 인간관계 등을 특징으로 한다.

비공식조직은 비형식적, 인간적, 자생적 조직이라고 불린다. 이것은 공식조직에서 생활하는 가운데 개인 간의 접촉을 통해 자연발생적으로 형성된 조직이다. 그 예로 조직 내의 개인 조직, 클럽, 파벌 등의 소집단을 들 수 있다. 박연호(2000)는 비공식조직의 형성 요인으로 선천적 요인과 후천적 요인으로 구분하였다. 선천적 요인에는 성별, 연령, 혈연관계 등이 있다. 후천적 요인에는 동향관계, 출신학교관계, 학력과 교육 정도, 주거지의 근접성 등 조직의 외부 요인이 있고, 업무의 유사성, 계급, 직위, 입사동기 등 조직의 내부 요인이 있다.

공식조직과 비공식조직의 차이점을 다음과 같이 설명할 수 있다(김창걸, 1996).

- 공식조직은 조직의 목적달성을 위하여 인위적, 의식적으로 편성된 제도적 조직이다. 반면에 비공식조직은 혈연, 지연 또는 동창관계 등으로 생긴 자연발생적인 조직으로, 집단이기주의적 성격이 강하다.
- 공식조직이 능률의 논리에 따른 것이라면 비공식조직은 감정의 논리에 따른 것이다.
- 공식조직은 외면적, 표면적, 가시적이다. 비공식조직은 내면적, 비표면적, 비가시적인 성격을 띤다.
- 공식조직이 논리적 합리성에 근거한 대규모 조직이라면, 비공식조직은 정서 적, 비합리적인 인간관계를 기초로 구성된 소집단이다.
- 공식조직에서는 지도자의 권위가 제도적으로 주어지는 데 반하여 비공식조직에서는 부하들의 동의에 의해서 인정된다.

2 비공식조직의 기능

비공식조직이 공식조직에 미치는 영향, 즉 행정 운영면에 작용하는 기능은 순기능과 역기능으로 구분된다.

① 비공식조직의 순기능

- 직무의 안정화 : 비공식조직은 직원들의 욕구불만 해소처가 되므로 직무 안정 에 기여한다.
- 의사전달의 원활화 : 공식조직에서의 불충분한 의사전달이 비공식적 의사소통의 통로를 통하여 보충된다.
- 자문 역할 : 공식조직의 책임자에게 자문 역할을 한다.
- 경직성 완화 : 자유로운 비공식적 인간관계를 통하여 조직분위기가 부드러워지고 공식 조직의 경직성을 완화시킨다.
- 직무의 능률성 : 비공식 접촉을 통하여 구성원간의 협조와 지식 및 경험을 공유하고 이를 통해 직무의 능률을 올린다.

② 비공식조직의 역기능

- 적대감정 : 비공식조직 간에 적대감정이 야기될 수 있고, 이로 인하여 공식조직의 기강이 문란해질 수 있다.
- 정실행위 : 비공식조직 간의 상호 대립으로 파벌이 조성되어 정실인사가 이루어지

기 쉽다.

- 사기저하 : 비공식조직 간의 대립으로 왜곡된 정보 및 험담 등이 생기기 쉽고 이로 인해 구성원들의 사기가 저하될 수 있다.

일반적으로 비공식조직의 중요성은 Mayo 등의 Hawthorne실험에 의하여 입증되었다. 그 후 기업체, 공공행정조직, 학교, 군대 등의 공식조직에서도 그 존재가 확인 되었으며 그 나름대로 중요한 기능을 담당하고 있음이 밝혀졌다. 특히 인화가 강조되었던 시기에 비공식조직의 중요성이 강조되었다. 오늘날에도 많은 조직 내에 비공식조직들이 있으며 이들은 공식조직과 상호보완적으로 작용하기도 하고 때로는 대립하기도 한다.

(2) 계선조직과 참모조직

[1] 계선조직과 참모조직의 개념

거의 모든 조직에는 계선조직(line organization)과 참모조직(staff organization)이라는 두 개의 형태가 있는데, 이 두 가지 조직을 혼합한 것이 계선・참모조직이다.

행정조직에 있어서 부 → 국 → 과 → 계 등의 상하서열, 지휘계통, 감독계통을 계선이라 하고, 이와 같은 계층으로 이루어진 조직을 계선조직이라고 한다. 계선조직은 행정의 지휘계통이 명확히 정립되어 있고 업무를 직접 담당, 수행하는 제1차적 조직이다. 행정조직에 있어서 국장－과장－계장－계원 등으로 연결되는 집행부서와 지휘명령계통이 분명한 군대조직은 그 대표적인 예이다.

참모조직을 막료조직이라고도 하며, 행정조직이나 군대조직을 막론하고 주로 계선조직의 상층부에 위치하여 기획, 자문, 조언 등의 역할을 담당하는 조직이다. 오늘날 행정조직의 규모가 방대해지고 그 기능이 복잡, 전문화됨에 따라 참모조직의 중요성은 증대되고 있다. 예를 들면, 교육부에 있어서도 기획관리실과 장학편수실 같은 참모직의 중요성이 강조되고 있는 실정이다. 참모조직은 전문적 지식, 기술, 정보를 계선조직에 제공하여 업무를 촉진시키는 기능을 한다. 참모조직은 직접적으로 명령하고 지휘할 수는 없으나 실제 운영면에서는 명령, 지시의 성격을 띤 권고를 한다(김창걸, 1996; 남정걸, 2008).

2 계선조직의 장 · 단점

① 장점

· 구성원 상호간의 권한과 책임의 한계가 명백하다.
· 의사결정이 신속하고 강력한 통솔력을 발휘할 수 있다.
· 조직이 안정적이다.
· 업무의 분화가 다양하지 않은 소규모 조직에 유리하다.
· 경비를 절약할 수 있다.

② 단점

· 기관장의 독선적 경향을 방지할 방법이 없다.
· 지식과 기술이 전문화된 오늘날, 전문가들의 지식과 경험을 활용하기 어렵다.
· 명령계통을 주축으로 한 수직적 조직이므로 의사전달이 충분하지 못하다.
· 조직의 경직성을 초래하여 부처 간의 효과적 조정이 어렵다.

3 참모조직의 장 · 단점

① 장점

· 최고 관리자의 대내적 업무인 조정 · 통제 업무를 감소시켜 통솔 범위를 확대할 수 있다.
· 합리적 정책결정을 위하여 권고, 조언, 전문적 지식 및 기술을 활용할 수 있고 계선조직의 독선을 방지하며 집단적 사고를 활용할 수 있다.
· 조직의 경직성을 완화하고 신축성을 기할 수 있다.

② 단점

· 계선조직과 갈등이 일어나기 쉽다. 즉 권한과 책임을 두고 계선조직과 참모조직 간에 옥신각신할 수 있다.
· 통솔범위의 비대화를 가져올 수 있다.

(3) 집권적 조직과 분권적 조직

1 집권적 조직과 분권적 조직의 개념

집권화는 의사결정의 권한을 조직계층의 상층부에 집중하는 것을 의미하며 분권화는 의사결정의 권한을 조직계층의 하층부에 분산시키는 것을 말한다. 조직 간 분권화란 중앙정부의 권한이 지방지치단체에 분산되거나, 상위지방자치단체의 권한이 하위지방자치단체에 분산되는 경우를 말한다. 조직 내 분권화란 동일한 조직 내에서 권한이 상급자로부터 하급자로 분산되는 경우다. 조직 간의 집권화·분권화란 주로 중앙집권과 지방분권을 말한다.

집권화의 요인으로 행정권의 강화, 지방의 균형 발전 요구, 정부 기획의 필요성 증대, 위기 극복, 효율성 강화 추세, 전문화의 심화 등을 들 수 있다. 신중앙집권화란 전통적으로 정치, 행정, 교육 등 지방자치제도가 발달한 영국이나 미국과 같은 나라에서 나타나는 중앙집권화 현상이다.

2 집권화의 장·단점

① 장점

- 통일된 정책을 수행할 수 있다.
- 강력한(강력한 통솔력) 행정을 할 수 있다.
- 전문화를 촉진할 수 있다(정책 및 행정의 전문화 및 관리의 전문화 그리고 전문적 기술의 활용).
- 신속하게 업무를 대량 처리함으로써 경비의 절약을 가져올 수 있다.
- 위기에 대처할 수 있고 지역 간 여러 격차를 줄일 수 있다.
- 분열을 억제하고 통합적 조정에 효과적이다.

② 단점

- 관료주의 경향을 낳고, 권위주의적 성격을 갖게 한다.
- 형식주의화하여 행정의 전시화를 초래한다.
- 창의성·적극성을 저해하고 적시에 맞는 행정이 곤란하다.
- 획일주의에 빠지고 지방의 실정에 부적합하다.

3 분권화의 장·단점

집권과 분권은 상대적이므로 집권화의 단점 요인이 분권화의 장점 요인이 될 것이다. 또, 집권화의 장점 요인이 분권화의 단점 요인이 되기도 한다. 분권화의 장점과 단점을 아래와 같이 살펴볼 수 있다.

① 장점

- 대규모 조직에 효율적이다.
- 최고 관리청의 업무를 감소시킨다.

· 사기앙양(참여 의식)과 자발적 협조를 유도할 수 있다.
· 지방 실정에 맞는 행정과 행정 민주화를 기할 수 있다.

② **단점**

· 중앙의 지휘 감독권을 약화시킨다.
· 행정업무의 중복이 생기고 산만한 행정을 초래한다.
· 전문적 지식과 기술의 활용이 어렵다.

이상과 같이 집권화와 분권화는 그 나름대로의 장·단점이 있다. 현대에는 입법과 사법에 비해 행정이 강화되는 경향을 띠고 있다. 교육행정도 마찬가지다. 그 결과, 행정의 민주화가 퇴색되기 쉽다. 따라서 행정의 민주화를 위해서 분권화를 위한 노력이 필요하다.

2) 조직의 유형

조직의 유형은 그 기준에 따라서 여러 가지로 분류되고 있다. 어떤 학자는 조직의 목적에 따라, 다른 학자는 조직의 기능에 따라, 또 다른 학자는 구성원의 참여 형태나 혹은 조직과 구성원 간 선택 여부에 따라 조직을 분류하고 있다. 여기서는 국내외 문헌에 자주 등장하는 학자들의 조직 분류 기준을 바탕으로 조직이 어떤 유형으로 분류되고 있는지 알아본다(김창걸, 1996; 주삼환 외, 2000).

(1) Blau와 Scott가 분류한 유형

Blau와 Scott(1962)는 조직의 수혜자가 누구냐에 따라 다음과 같이 네 가지 유형의 조직을 제시했다.

1 호혜조직

말 그대로 조직 구성원들이 상호 혜택을 보는 조직을 말한다. 조직 활동으로 산출된 결과가 그 구성원들에게 돌아가는 조직이다. 그들이 주된 수혜자가 되는 것이다. 정당, 노동조합, 재향군인회, 학생회 등이 호혜조직에 속한다.

2 사업조직

사업조직의 주요 수혜자는 조직의 소유자이며, 대체로 사기업이 이에 속한다. 조직의 이익이 소유자에게 귀속된다. 물론 사업으로 생긴 이득의 일부는 구성원인 근로자들에게 돌아갈 수도 있지만 기본적으로 그 사업체의 소유자에게 돌아간다. 산업체, 제조회사, 무역회사, 금융기관, 도·소매상 등이 사업조직이다.

③ 봉사조직

학교가 이 조직에 속하며, 조직의 주요 수혜자가 고객이다. 고객의 복지가 중요시된다. 이 조직에는 학교, 병원, 법률상담소 및 각종 사회봉사조직이 있다. 물론 이들 조직도 고객과 거래를 하지만 기본적으로 고객에게 봉사하는 역할이 주된 임무이다. 고객이 전문가의 도움을 필요로 할 때 이와 같은 조직이 필요한 경우가 많다.

④ 공공복리조직

이 조직의 주요 수혜자는 일반 대중이며 군대, 경찰, 소방서, 국세청 등이다. 이 조직들은 어느 특정 계층을 위한 것이 아니라 국민 전체를 위한 공공복리 성격이 강하다.

(2) Katz와 Kahn이 분류한 유형

Katz와 Kahn(1978)은 조직의 본질적 기능이 무엇인지에 따라 조직의 유형을 다음과 같이 네 가지로 분류하고 있다.

① 생산적 또는 경제적 조직

조직의 본질적 기능이 부의 창출, 물자의 제조 그리고 서비스를 제공하는 데 있다. 대부분의 기업이 이에 속하며, 이 조직은 1차 산업(농업, 어업 등), 2차 산업(제조, 건설 등), 3차 산업(서비스, 통신 등)으로 재분류된다. 이런 조직은 인간의 기본적 욕구 충족에 필요한 산물을 제공하고 협동의 유인체로 보수를 제공한다.

② 유지조직

조직의 본질적 기능이 사회의 안정성 유지와 인간의 사회화에 있다. 학교, 병원, 종교단체, 문화기관 등이 이에 속한다. 이들 조직은 교육, 교화, 훈련을 통하여 구성원들이 사회의 일원으로서 사회규범을 지켜 사회를 유지하는 데 기여하도록 한다. 그러므로 이들 조직의 사회적 기능은 복지활동, 정신적·육체적 치료활동, 교정활동 등이다.

3 적응조직

조직의 본질적 기능이 사회변화에 적응하도록 하는 조직이다. 적응조직은 사회변화에 따라 발생하는 문제를 해결하기 위해 새로운 지식을 창출하거나 이론을 발전시켜 해결의 기초 자료를 제공한다. 대표적으로 대학, 각종 연구소나 조사기관, 문화·예술 연구소 등이 여기에 속한다.

4 관리적 또는 정치적 조직

조직의 본질적 기능이 사회의 통합 및 관리 기능이다. 따라서 이 조직은 사회의 인적·물적 자원을 배분하거나 여러 하위체제를 조정 및 통제하는 기능을 수행한다. 대표적으로 정부의 각 기관, 정당, 노동조합, 각종 압력단체가 여기에 속한다.

(3) Etzioni가 분류한 유형

Etzioni(1975)는 조직의 권력사용 형태와 구성원의 참여 형태를 조합하여 조직을 분류했다. 그는 권력 사용의 유형에는 강제적, 보수적, 규범적 권력이 있고, 구성원들의 참여 유형에는 소외적, 타산적, 도덕적 참여가 있다고 했다. 이들 각각 3요인들이 결합하면 9가지의 조직 유형이 나타날 수 있으나, 가장 특징적인 조직 유형은 [그림 5－2]와 같이 강제적 조직, 공리적 조직, 규범적 조직이 있다.

권력의 유형 \ 참여 형태	소외적	타산적	도덕적
강제적	강제적 조직		
보상적		공리적 조직	
규범적			규범적 조직

[그림 5-2] **Etzioni의 권력-참여관계 조직유형**

* 출처 : 주삼환 외 (2000). 교육행정 및 교육경영. 서울 : 학지사, p. 58

① **강제적 조직**(coercive organization)

강제적 조직은 개인의 의사와는 상관없이 위협, 감금 등의 강제적 수단을 통하여 개인을 통제한다. 형무소, 포로수용소 등이 여기에 속한다.

② **공리적 조직**(utilitarian organization)

조직이 개인에게 봉급이나 임금 등의 물질적, 금전적 대가를 지불함으로써 개인을 통제한다. 조직은 개인을 보상적 권력으로 통제하며 개인은 조직에 깊이 관여하지 않으면서도 주어지는 보수에 따라 타산적으로 관여한다. 사기업체, 경제단체 등이 여기에 속한다.

③ **규범적 조직**(normative organization)

조직이 개인을 통제하는 수단은 당위성과 상징성을 갖는 규범적 권력이고, 개인은 조직에 헌신적·도덕적으로 참여하게 된다. 이러한 조직을 규범적 조직이라 하며 종교단체, 학교, 법원 등이 여기에 속한다. 학교조직이 강제나 보수보다는 규범(상징)을 사용하여 구성원을 통제한다.

(4) Carlson이 분류한 유형

Carlson(1964)은 조직의 고객 선발권과 고객의 조직참여 선택권 여부에 따라 봉사조직을 4유형으로 분류하였다. 조직의 입장에서 고객을 선발하는 선발권이 있느냐, 그리고 고객의 입장에서 조직에 참여하는 선택권이 있느냐 여부에 따라 [그림 5－3]과 같이 유형화하였다.

조직의 고객선발권 \ 고객의 참여선택권	유	무
유	유형 Ⅰ	유형 Ⅱ
무	유형 Ⅲ	유형 Ⅵ

[그림 5-3] **참여와 선발에 따른 봉사조직의 유형**

① 유형 I

이 유형은 조직이나 고객이 모두 독자적인 선택 결정권을 가지고 있는 조직이다. 대표적인 조직으로는 대학이나 일반 복지후생기관들이 이에 속한다. 이 조직은 고객이 참여하지 않는다면 조직이 생존할 수 없기 때문에 많은 동일유형의 조직들과 생존경쟁을 해야 한다. Carlson은 이 유형을 야생조직이라 했다. 봉사조직으로서 조직이나 고객 모두 선발 혹은 선택권이 있는 경우는 흔하지 않다. 따라서 봉사조직이면서 이 유형에 속하는 조직은 매우 드물다.

② 유형 II

이 유형은 고객에게는 참여 선택권이 없고 조직이 고객선택권을 가지고 있는 경우다. 따라서 이 유형은 이론적으로 구분이 되지만 실제적으로는 그 예를 찾기가 어렵다. 조직이 고객을 일방적으로 선발하고, 고객은 참여결정권이 없이 조직의 결정에 따라야 하는 비슷한 유형으로 군대조직이 있으나, 군대조직은 봉사조직이라고 하기에는 적합하지 않다.

③ 유형 III

이 유형은 조직에는 고객선발권이 없고, 고객에게만 참여 선택권이 있는 경우다. 그래서 고객이 조직참여를 선택할 경우 조직은 이를 무조건 받아들여야 한다. 봉사조직으로서 이와 같은 유형에 속하는 경우도 흔치 않다. 대표적인 조직으로 미국에 있는 주립대학이나 지역사회대학 등이 있을 뿐이다.

④ 유형 VI

이 유형은 조직이 고객을 선발할 수 없고, 고객도 조직을 선택할 수 없는 조직이다. 이 조직은 법에 의하여 조직이 고객을 받아들여야 하고, 고객도 의무적으로 참여해야 한다. 이와 같은 조직은 우리 사회에서 드물지 않다. 이 유형에는 의무교육기관인 초·중등학교, 교도소 등이 이에 속한다. Carlson은 이러한 조직을 온상조직(domesticated organization)이라고 했다. 온상조직이란 외부의 환경변화와 관계없이 조직의 생존이 보장되어 있어 야생조직과 대조를 이룬다.

4 학교조직의 성격

학교조직은 다른 조직과 같이 공통 목적을 달성하기 위한 협동체제라는 데는 이의가 없으나 교육이라는 기능 특성상 다른 조직과 상이한 점을 갖고 있다. 목적 면에서 보면, 학교는 학생을 위한 교육 서비스를 제공하는 것을 목적으로 하고, 그 목적은 비교적 장기적이고 무형적이다. 구성원 면에서 보면, 학교는 성인인 교사집단과 미성년인 학생집단으로 구성되어 있다. 또, 학교행정도 여러 계층의 구조와 복잡한 환경 속에서 행해진다. 다음은 학교조직이 어떠한 성격을 띠고 있는지 살펴본다(문락진, 1993).

1) 전문적 관료제

학교조직은 그 과업의 전문화와 복잡화로 관료적 성격을 띠고 있다. 관료적 특징은 ① 분업과 전문화, ② 몰인정성, ③ 권한의 계층, ④ 규칙과 규정, ⑤ 과업 지향성으로 요약될 수 있는데, 학교조직은 이러한 특징을 가지고 있다. 전문성에 따른 교과목의 분화, 엄격한 승진 규정, 각종 교육법 · 규정, 학칙 등이 학교조직의 관료적 요소다. 그러나 학교조직은 다른 관료조직과 여러 가지 면에서 상이하다.

첫째, 권한의 계층상 하위에 있는 교사들은 전문교육을 받았고 그들 자신을 전문가라고 생각한다. 둘째, 교사들의 주 업무가 학습 능력이 다양한 학생들을 가르치는 창조적인 과업이다. 셋째, 교사들은 그들의 독립된 교실에서 학생을 가르치기 때문에 많은 재량권을 갖고 있다. 그들을 철저히 감독하기가 어렵고, 성취목표를 세분화하기도 어렵다. 그리하여 Hoy와 Miskel(2004)은 학교가 관료적 조직형태와 전문적 조직형태로 구성되어 있다고 하였다.

2) 조직화된 무질서

Cohen 등(1972)이 지적한 바와 같이, 학교는 조직화된 무질서 조직에 속한다. 즉 무질서가 체계화되고 조직화된 곳이 학교라는 것이다. 학교조직의 불확실성을 극단적으로 표현한 말이다.

조직화된 무질서 조직의 특징은 불명료한 목적, 불확실한 공학(technology), 그리고 유동적인 참여다. 학교의 교육목적은 너무 일반적이고 추상적이어서 분명하지 않고, 목적달성을 위한 방법이나 기술도 불확실하다. 교육조직에서 목적을 명세화하고 목적 달성을 위한 방법이나 기법을 구체화한다는 것은 어렵다.

Mager(1975)와 같은 교육과정 전문가들은 수업목표는 행동 용어로 진술되어야 한다고 주장하고 있다. 또한 Campbell 등(1977)은 목적과 방법이 불확실한 조직에서는 행정적 성공도 불확실하다고 지적하고 있다. 조직이 언제 그 목적을 달성하고 또 언제 가장 능률적으로 운영되고 있는지를 알기가 어렵다는 것이다. 비록 이들이 이와 같은 주장을 하고 있지만 교육의 목적을 손에 잡힐 것 같이 뚜렷이 세울 수도 없고 그 구현 방법과 수단도 너무 복잡하고 다양하여 어떤 것이 가장 효율적인지도 밝히기가 쉬운 일이 아니다. 그리고 이들을 선별하여 효율적으로 적용하기란 더욱 어려운 일이다.

3) 이완결합체제

Weick(1982)에 의하면 학교는 그 하부체제가 각자 독자성을 가지고 있으며, 자율적으로 운영되고 있기 때문에 그 체제들이 느슨하게 연결되어 있다는 것이다. 이 느슨한 학교조직을 이완결합체제(loosely coupled system)라고 부른다. 즉 학교 내 여러 체제들은(하부조직) 상호 반응하지만 각 체제는 그 독자성을 가지고 있으며, 서로 분리되어 그들의 역할이 느슨하게 결합되어 있다는 것이다. Bidwell(1965)은 학교가 관료적 특성을 갖고 있으나 이는 초보적인 형태에 불과하고, 관료제와 구조적 느슨함이 결합되어 있는 특수한 조직이라는 것이다.

학교 내의 교무부, 학생부, 서무부 등은 서로 끈끈하게 연결되어 일사불란하게 통일적으로 운영되지 않는다. 또 그렇게 되어야 할 특별한 이유가 있는 것도 아니다. 교육장의 지시가 군사 명령처럼 관내 모든 학교 교장들에게 그대로 전달되고, 또 교사들에게 전달되어 그 지시 사항이 각 학급의 교수-학습 상황에 그대로 반영되는 것도 아니다. 그것은 학교조직이 교육 특성상 타 조직에 비해 자율성과 재량권을 가질 수밖에 없으며, 교사도 학교 내에서는 형식적인 교장의 지시와 통제를 받을 뿐, 실제적인 교수-학습 및 생활지도 상황은 담당 교사가 통제하게 된다.

5 학교조직의 풍토와 문화 및 건강

1) 학교 조직풍토

(1) 학교 조직풍토의 개념

'풍토'란 용어가 암시하듯이 객관적으로 쉽게 구체화할 수 없는 추상적 개념이다. 그 구성 요소도 매우 다양하고 복잡하여 학자에 따라 그 정의도 매우 분분하다.

학교의 조직풍토를 구성원들의 심리적 특성으로 파악한 Anderson(1982)은 학교 조직풍토를 학교 구성원의 특성, 학교조직의 심리 사회적 특성, 구조적 특성 및 물리적 특성들이 상호작용하는 가운데 형성되어 그들에게 지각된 것으로 파악했다. Hoy와 Miskel(2004)은 학교의 직무 풍토를 구성원들이 공유하고 있는 지각으로 정의하고 구성원들의 지각, 즉 심리적 특성을 강조했다. Halpin과 Croft(1963)도 학교 조직풍토를 개인의 성격에 비유, 다른 학교와 구별되는 개성으로 의인화했다. 노종희(1997)도 이것을 인간관계의 역동성과 물리적 환경의 측면에서 다른 학교와 구별되는 개성으로 보았다.

학교의 조직풍토를 구성원들의 심리적 차원뿐만 아니라 조직적인 차원을 포함하는 복합적인 차원으로 정의한 학자들도 있다. Brookover와 Lezotte(1979)는 학교의 사회풍토 개념과 학교의 사회조직 개념을 구분하여 학교의 조직풍토 개념에 사회적 개념을 첨가했다. Tagiuri(1968)는 학교 조직풍토를 "한 조직을 다른 조직과 구별되게 하는 조직의 내적인 특성들의 묶음"으로 규정, 생태, 환경, 사회제도 및 문화 등 복합적인 요인들의 상호작용으로 정의하고 있다. 윤정일(1996)도 학교 행정가, 교사, 학생들이 공유하고 있는 관념, 가치, 행위의 산물로 정의, 인지와 행동 양 측면을 강조하고 있다. 장래찬(2002)은 이와 같은 조직풍토의 개념 정의들을 요약하여 학교풍토를 학교 내의 인적, 물적 환경에 대해 학교 구성원들이 공통적으로 느끼고 있는 심리적 상태라고 요약 정의했다.

(2) 학교 조직풍토의 구성 요인

Halpin과 Croft(1963)는 유명한 조직풍토 질문지를 제작했다. 그들은 학교 조직풍토

요인 혹은 차원을 교장과 교사들의 행동에서 찾고 있다. 그들에 의하면 교장의 행동을 ① 원리 원칙 및 공식적 조직 체계에 바탕을 둔 몰인격적 행동, ② 하향식 의사소통에 의존하는 관리 및 생산 지향성 행동, ③ 동기 부여와 업무 수행에서 솔선수범하는 전력투구 행동, ④ 온정과 배려를 중시하는 인화 중심적 행동으로 분류했다. 교사들의 행동으로는 ① 업무에 대한 방관적 행동, ② 업무 과다감, ③ 성취감, 만족감 및 욕구 충족감으로 높은 사기, ④ 교사 상호간의 유대감을 들고 있다. 이들 요인들은 교장의 지도성 행동과 교사들의 직무에 대한 태도 및 상호 유대감과 같은 정서적인 행동 특성을 반영하고 있다고 볼 수 있다.

Litwin과 Stringer(1968)는 조직풍토 요소를 ① 규율 규제 등과 같은 조직의 구조, ② 도전과 책임감, ③ 공정한 보상 체제, ④ 온정과 지원, ⑤ 과업 수행상의 위험도, ⑥ 구성원들 간의 견해차에 대한 관용, ⑦ 구성들의 응집력 및 충성심 등으로 설명하고 있다. 이들은 조직구성원들의 행동 차원보다는 조직의 구조적 차원과 조직에 대한 구성원들의 의식과 태도를 강조한 측면이 있다. Jones와 James(1979)는 35개의 조직풍토 요인을 분석하고 이들을 다섯 가지 특성, 즉 ① 조직 내의 갈등과 모호성, ② 직무의 도전성과 중요성 및 다양성, ③ 리더의 지원과 조력, ④ 직두 그룹의 협조와 우호관계, ⑤ 조직 정신과 직무 의식으로 분류했다(추헌, 1993). 이 특성 요인들은 주로 직무에 대한 구성원들의 의식과 태도 및 리더의 지원적 역할을 반영하고 있다.

Hoy와 Clover(1986)는 초등학교의 조직풍토 요인을 교장과 교사의 행동에서 찾았다. 교장의 행동을 ① 교사들을 적극적으로 지원하고 그들에게 관심을 보이며 동기를 부여하는 지원적 행동, ② 교사들의 행동을 감독하고 통제하는 지시적 행동, ③ 잡무, 잦은 회의 등을 통해 교사들의 행동을 촉진하기보다 억누르고 제한하는 제한적 행동으로 분류했다. 교사들의 행동은 ① 교사들이 전문적 교감 속에 개방적으로 사고하고 격려하며 열의를 보이는 전문적 행동, ② 교사들 상호 간에 친밀한 관계와 유대를 유지하는 친교적 행동, ③ 교사들이 그들의 전문적 활동에 열의와 관심이 부족하고 공동의 목표의식이 결여된 방관적 행동 등이다.

Kottkamp(1987) 등은 중등학교의 조직풍토의 요인을 역시 교장과 교사의 행동 차원으로 보고 교장의 행동을 Hoy와 Clover(1986)의 연구에서와 같이 ① 지원적 행동과 ② 지시적 행동으로 제시했다. 그러나 교사들의 행동은 이들과 달리, ① 사기가 높고 협조적이며 학생들의 성장과 발달에 열성을 보이는 교사들의 헌신적 행동, ② 행정가와 교사들이 서로 수업과 같은 기본적인 과업을 방해, 지장을 주는 간섭적 행동, ③ 교사들 상호간에 서로 친밀하고 사회적 유대 관계가 매우 끈끈한 친교적 행동 등으로 나타냈다. '헌신적 행동'은 Hoy와 Clover가 교사들의 행동으로 제시한 '전문적 행동', 그리고 '간섭적 행동'은 '방관적 행동'과 각각 관련된다.

한국형 학교 조직풍토를 연구한 노종희(1997)는 교장과 교사의 행동을 각각 세 차원으로 유형화하여, 전자의 행동을 인간 지향적, 목표 지향적, 관료 지향적 행동으로, 그리고 후자의 행동을 친교적, 헌신적, 방관적 행동으로 구분했다. 전자의 행동들은 교장의 지도성 행동을 반영한 것으로 볼 수 있고, 후자의 행동들은 교사들 상호 간의 관계와 직무에 대한 태도와 행동을 기술하고 있다.

(3) 학교 조직풍토의 유형

학교 조직풍토는 결국 학교 구성원의 특성, 조직의 사회 심리적 특징, 과업 구조 및 물리적 환경 등의 상호작용(Owens, 1991)으로 형성된다고 볼 수 있다. 이들 요인들이 어떻게 결합되고 작용하느냐에 따라 그 풍토를 몇 가지로 유형화할 수 있다.

Davis(1963)는 학교의 지적 풍토라는 개념을 사용하면서, 지적 풍토를 순수 지성 지향적 풍토와 구성원들에 의해 지각된 지성 중심의 풍토로 구분하였다. 특히 학교 조직풍토 연구에 크게 공헌한 Halpin과 Croft(1963), Hoy와 Clover(1986)는 교장과 교사들의 행동들이 어떻게 결합되느냐에 따라 조직풍토를 유형화했다. 이들이 유형화한 학교풍토의 특징을 살펴본다.

Halpin과 Croft(1963)는 교사들의 사기점수를 기준으로 학교 조직풍토를 여섯 가지로 유형화했다. ① 개방풍토는 과업의 목표에 대한 교사들의 성취 욕구와 사회적 욕구가 충족된 조직 분위기로 조직풍토 유형 중, 가장 개방성 지수가 높고 행동의 진실성이 나타나는 조직풍토이다. ② 자율풍토는 교장이 교사들로 하여금 상호 친밀성 속에 업무를 수행하도록 해 주는 자유 보장적 풍토이다. 통제가 거의 없는 학교 분위기로, 과업보다는 교사들의 사회적 요구 충족을 위한 사기가 고양된 풍토이다. ③ 통제풍토는 교장이 지나치게 과업 지향적이며 교사들의 배려에는 별 관심이 없는 풍토이다. 교사들의 사기는 평균 이상이나 낮은 방임과 친밀성 및 높은 장애를 특징으로 하는 학교풍토이다. 그리고 ④ 친교풍토는 교사들의 사회적 욕구에 교장이 가장 귀를 기울이는 반면, 업무 추진에는 소홀한 학교 분위기로서 교장으로부터 받는 장애가 거의 없는 배려 중심적인 조직풍토이다. ⑤ 간섭풍토는 교사들의 의견을 무시하고 교장이 자기주장대로 학교를 운영하는 학교 조직풍토로 교사들의 사기는 매우 낮고 공정성이 결여된 교장 위주의 학교가 이에 속한다. ⑥ 폐쇄풍토는 조직 구성원, 즉 교사들의 사기가 가장 낮고 사회적 만족과 성취감이 매우 낮은 비교육적 풍토이다. 이는 교장의 비생산적인 지도로 과업의 성과도 낮으며 교사들에 대한 배려도 가장 낮은 학교풍토로 정리할 수 있다.

Hoy와 Clover(1986)는 초등학교 조직풍토를 ① 개방풍토, ② 폐쇄풍토, ③ 방관풍토, ④ 헌신풍토로 분류했다. 개발풍토와 폐쇄풍토는 전술한 바와 같이 Halpin과 Croft (1963)가 유형화한 개방풍토 및 폐쇄풍토와 매우 흡사하다. 헌신풍토는 이들이 분류한 통제풍토에서의 교사들의 행동 특성을 반영하고 있다. 그러나 이 풍토에서 교사들은 교장의 통제에 매달리지 않고 상호 협조적으로 자신의 일에 전념한다는 특징이 있다.

2) 학교의 조직문화

(1) 조직문화의 개념

교육의 중요한 기능 중의 하나가 문화유산을 차세대에게 전달하는 것이라고 할 수 있는데 문화는 국가면 국가, 사회면 사회, 학교면 학교의 정체성을 유지하는 데 결정적인 역할을 한다. 우리가 한국 국민으로서 독특한 국민성을 가지고 있는 것도, 미국인들이 그들의 독특한 국민성을 가지고 있는 것도, 일본인들이 그러한 것도 모두 그 나라의 문화에서 비롯되었다. 이와 같이 문화는 조직을 다른 조직과 구별해 주는 강력한 힘을 가지고 있으며 그 구성원들의 사고와 행동 유형을 형성하는 데 결정적 역할을 한다. 따라서 넓은 의미로 보면 문화는 조직과 구성원들의 정체성에 영향을 주는 심리적, 사회적, 물질적 제 요인의 총체라고 볼 수 있다. 문화에 대한 여러 학자들의 정의를 알아보면 다음과 같다(김윤태, 1986; 김창걸, 1996; 주삼환 외, 2000).

Ouch(1981)는 문화를 조직 구성원들에게 조직의 기본 가치와 신념을 전달하는 상징, 의식, 신화로 정의하고 있다. Deal과 Kennedy(1982)도 문화를 다양한 조직 상황에서 구성원들이 어떻게 행동해야 할지를 명시해 주는 비공식적인 지침으로써 조직을 통합시켜 주는 응집 요소로 보았다. Barnard(1938)는 문화를 조직 구성원의 규범, 정서, 가치, 대인관계 등의 총체로, Wilkins와 Petterson(1985)은 무엇을 하야 하고 무엇을 해서는 안 되는지에 관한 사람들의 신념으로 각각 정의하였다. Schein(1985)에 의하면 문화는 조직 구성원들 사이에서 공유되고 있는 것으로서 무의식적으로 작용하며 조직의 견해와 환경을 구성원들이 당연한 것으로 받아들이는 깊은 차원의 '기본적 가정과 신념'이라는 것이다.

(2) 조직문화의 수준

Hoy와 Miskel(2004)은 문화적 요인의 수준을 구체적인 것에서부터 추상적인 것까지 3단계로 나타내 보이고 있다. 즉 규범적 수준, 가치적 수준, 묵시적 수준으로 구분하고 있다.

1 규범으로서의 문화

규범은 명시적이고 구체적인 것으로 조직 구성원들이 따라야 할 행동준칙이다. 규범의 특징은 조직 구성원들이 승인하면 할수록 더욱 강화된다. 다시 말해서 사람들이 조직의 규범을 따랐을 때 보상이나 격려를 받는다든지, 또는 규범을 어겼을 때 곤란을 당한다든지 하게 되면 그 규범은 더욱 강화되어지는 경향이 있다. 이런 과정을 거쳐 규범은 조직의 존재양식을 규정하게 된다.

2 가치로서의 문화

가치는 조직 구성원들이 바람직하다고 느끼고 판단한 것을 뜻한다. 이는 목적을 달성해야 되는지에 대한 근거를 제공한다. 가치 없는 목적은 생각할 수 없다. 특히 교육에서는 목적과 수단, 즉 양 차원의 타당성이 중요하다. 가치는 구성원들의 목적 지향적 행동을 유발할 뿐만 아니라 그들의 자부심을 높여 준다.

〈표 5-1〉 Z이론의 조직과 문화

조직의 특성		핵심적 가치
1. 장기적 고용	⟶	조직에 대한 헌신
2. 완만한 승진속도	⟶	경력지향
3. 참여적 의사결정	⟶	협동과 팀워크
4. 집단결정에 대한 개인적 책임	⟶	신뢰와 집단충성
5. 전체적인 지향	⟶	평등주의

* 출처 : Hoy, W. K. & Miskel, C. G.(2004). Educational administration : Theory, Research, and Practice. New York : McGraw-Hill.

공유된 가치의 중요성은 〈표 5－1〉과 같이 Ouchi의 Z이론에 잘 나타나 있다. 그는 일본 기업과 미국 기업을 비교하면서 조직 내에 존재하는 가치를 비교하였다. 서구의 기업들도 나름대로 합리성과 능률성을 강조하지만 일본의 자동차와 전자제품 업계가 미국 기업을 압도하자, 그 원인이 어디에 있는지 분석하게 되었고, 그 결과 Z이론을 창안해냈다(주삼환 외, 2000).

[3] 묵시적 가정으로서의 문화

이 문화는 조직 구성원들의 마음 속에 잠재되어 있는 가장 심층적인 관점이다. 예로서, 조직 구성원들이 인간, 진리, 인간관계 등에 대해 어떤 입장과 관점을 취하고 있느냐 하는 것이다. 이러한 관점의 차이가 조직과 그 구성원들이 다른 조직과 그 구성원들을 구별해 주는 역할을 한다. 이러한 묵시적 가정으로서의 문화는 공공연하게 표출되지는 않지만 모든 구성원들이 당연한 것으로 수용하고 있다. 부모에 대한 효도, 수업시간에 소란 안 피우기 등은 부자간의 관계, 교사와 학생, 학생 상호간의 관계에 대한 관점을 나타낸 것이다. 이러한 관점은 묵시적 가정으로서의 문화를 표현한 것이라고 볼 수 있다.

(3) 학교 조직문화 유형

학교조직은 학교마다 나름의 독특한 문화를 가지고 있어서 교장, 고사, 학생, 학부형 및 심지어 지역사회 구성원들의 사고와 행동에 많은 영향을 미치는 것으로 연구되어 왔다. 특히, 학생들이 바람직한 방향으로 성장, 발달하는 데 학교문화는 매우 중요하다. 이러한 학교문화를 이해하기 위해 학교의 조직문화에는 어떤 유형이 있는지 알아본다(김창걸, 1996; 윤정일 외, 2007).

[1] Quinn과 McGrath의 문화유형론

Quinn과 McGrath(1985)에 따르면 조직 내 사람들은 자기가 가진 생각, 애정, 승인 등과 같은 가치 있는 것을 서로 교환한다는 것이다. 이러한 교환은 조직의 규범과 규칙에 의해 영향을 받는다. 그들은 조직 내 구성원들 간의 가치 거래를 기준으로 문화유형을 넷으로 구분했다.

① **합리적 문화** : 이 문화는 효율성, 생산성이 중심적 가치가 된다. 개인 간의 친분이

나 정서 등과 같은 비합리적인 요소가 배제된 합리적 가치에 기초를 둔 문화이다. 이러한 문화 속에서는 조직의 성과를 극대화시키는 수단으로 목표의 명료화, 개인의 판단력, 결정력 등이 강조된다.

② **이념적 문화** : 이념적 문화는 발전적 문화라고도 한다. 조직의 목표가 외적 경쟁과 성장에 있다. 광범한 목표와 카리스마적인 지도성을 발휘하여 조직과 조직의 가치에 헌신하도록 하게 한다.

③ **합의적 문화** : 합의적 문화는 권한의 분산, 활동의 분화 그리고 체제 유지에 초점을 둔다. 조직 운영은 토의, 참여 그리고 합의에 기초하고 있다. 따라서 조직 내의 팀워크, 높은 사기 그리고 신뢰감을 북돋우는 친밀하고도 협동적인 교환관계가 성립된다.

④ **계층적 문화** : 이 문화의 특징은 체제 유지를 위한 내적인 문제뿐만 아니라 권력의 집중과 활동의 통합에 있다. 공식적 규칙과 규정에 따라 행동이 추진된다. 안정성, 통제, 예측성, 조정 그리고 책무성 등이 중요한 가치다.

이상 네 가지 문화유형을 권력의 분산과 체제 지향적 관점에서 보면 [그림 5－4]와 같다.

		체제의 지향	
		내적	외적
권력의 분산	분산	합의적 문화	이념적 문화
	집중	계층적 문화	합리적 문화

[그림 5-4] **Quinn과 McGrath의 문화유형론**

2 Sethia와 Glinow의 문화유형론

Sethia와 Glinow(1985)는 조직이 구성원의 복지후생과 만족에 관심을 두느냐, 아니면 조직성과에 관심을 두느냐에 따라 조직문화를 넷으로 구분했다. x축을 성과에 대한 관심, y축을 인간에 대한 관심으로 놓고 이를 조합하면 [그림 5－5]와 같이 4 가지 유형의 문화가 도출된다.

인간에 대한 관심 \ 성과에 대한 관심	낮음	높음
높음	보호문화	통합문화
낮음	냉담문화	실적문화

[그림 5-5] **Sethia와 Glinow의 문화유형**

* 출처 : 윤정일 외 (2007). 교육행정학원론. 서울 : 학지사, p. 146.

① **보호문화** : 보호문화는 구성원의 복지에는 관심이 높은 반면, 조직성과에는 관심이 낮다. 이러한 유형의 문화에는 지도자의 가부장적인 철학이 배어 있다. 이러한 유형의 문화를 가진 조직은 조직 구성원들이 지도자에게 순응할 준비가 되어 있기 때문에 원만하게 조직을 운영한다. 팀워크, 협동, 동조 그리고 지도자에 대한 순응이 중요한 가치가 되고 성과보다 더 중요시된다.

② **냉담문화** : 냉담문화는 인간과 조직성과 모두에 대해서 무관심한 조직으로서 이 경우 조직의 존속이 문제된다. 구성원의 사기 저하와 냉소주의가 팽배해 무기력한 조직이 된다. 음모, 파당, 분열이 만연하여 불신, 논쟁, 불확실, 그리고 혼란이 냉담문화를 조장하게 된다. 이러한 문화를 가진 조직은 합리성과 효과성보다는 기득권과 이해관계에 의해서 지배된다. 그래서 일부 보직자들은 지위를 이용하여 공작정치, 규칙과 구성원들을 조작하고 그들을 관리차원에서 다룬다.

③ **실적문화** : 이 문화유형은 구성원 복지에 대해서는 거의 관심이 없고 그들에게 높은 성과를 요구한다. 실적문화는 출세 지향적이며, 인간은 소모품이며, 성과만이 강조된다. 보상은 개인적인 성과와 직접적으로 연계되어 있다. 성공, 경쟁, 모험추구, 혁신, 공격성 등이 중심 가치가 된다. 모험심과 창조성이 가치 있는 것이기는 하나 실패에 대해서는 불이익이 따른다.

④ **통합문화** : 이 문화는 높은 과업 성과와 인간에 대한 높은 배려를 동시에 추구하는 문화이다. 인간에 대한 관심과 배려는 가부장적인 것이라기보다는 인간의 존엄성에서 출발한다. 구성원들은 조직에 공헌할 수 있는 존재로 인정받고 그들이 하는 일에 자유가 허용되는 문화이다. 통합문화를 가진 조직에서는 지위의 높낮이가 중시되지 않고, 비공식성과 평등성이 중시된다. 또 이러한 조직에서는

성과는 핵심적 가치이며 성과에 따라 보상이 주어진다. 그러나 실적문화와는 달리 개인적 성공보다는 집단적 성공에 강조점을 둔다. 협동, 창의성, 모험추구, 자기지도 등이 높은 가치가 된다.

③ Steinhoff와 Owens의 문화유형론

Steinhoff와 Owens(1991)는 미국의 8개 학교 교사들을 인터뷰하여 얻은 결과를 통하여 4가지 학교문화를 은유적으로 유형화했다.

① **가족문화** : 이 문화를 가진 학교에서는 교장이 부모, 형제, 친구, 혹은 코치로 묘사될 수 있다. 학교 구성원들은 학생에 대하여 의무 이상으로 헌신하는 것은 물론 서로에 대한 관심도 높다. 모든 사람이 가족의 한 사람으로서 제 몫을 해야 하는 가정과 같은 분위기가 풍기는 문화를 말한다. 학교 분위기는 애정적, 우정적, 협동적, 보호적이다.

② **기계문화** : 학교에 대한 은유로는 기름을 잘 바른 기계, 정치적 기계, 벌집, 녹슨 기계 등이다. 기계로서의 학교는 순전히 기계적인 것으로 간주된다. 이 학교의 원동력은 조직자체의 구조로부터 나온다. 이 학교의 체제나 구조는 단단하게 기계처럼 짜여 있고 그 역학은 온정적이기보다는 보호적이다.

③ **카바레 문화** : 이러한 문화를 가진 학교는 서비스, 쇼, 연회, 발레 등과 같은 은유로 묘사된다. 교장은 예식의 지휘자, 줄타기 곡예사, 연기 주임으로 간주된다. 이러한 학교에서의 관심은 공연장에서 연기자의 주된 관심이 청중의 반응에 있는 것처럼 구성원들로부터 칭송을 받는 것에 대해 긍지와 희열을 느끼는 것이다.

④ **공포문화** : 이러한 문화를 가진 학교는 전쟁지역과 같이 공포와 어둠이 깔린 학교이다. 내일을 예측하기 어려운 긴장으로 가득 찬 악몽으로 묘사되는 학교이다. 교사들은 그들의 학교를 폐쇄된 상자 혹은 형무소라고 표현한다. 그들은 고립된 생활을 하고, 사회적 활동이 거의 없다. 직원 간에 비난이 보편적이며, 친밀성은 사라져 버린 지 오래다. 이 문화는 냉랭하고 적대적이다.

3) 학교의 조직건강

조직건강은 구성원들이 환경의 변화에 적절히 적응하고 자율성과 원활한 의사소통을 통하여 사기를 높이고, 조직효과에 기여할 수 있도록 지속적으로 성장 · 발달해 나가는 조직의 능력으로 정의된다(Miles, 1969). 건강한 조직은 높은 생산성을 유지하고 새로운 환경에 적절히 적응하면서 발전해 나간다. 반면에 건강하지 못한 조직은 생산성이 떨어지고 새로운 환경에 적절하게 대처하지 못함으로써 결국 소멸된다. 건강한 조직은 환경의 변화에 대처하고 조직의 목표를 달성하며, 조직 내부의 결속을 다지고 조직의 독특한 가치를 창조한다.

조직건강 변인, 조직의 갈등관리, 갈등의 예방 전략 등을 주삼환 등(2000)을 통해 알아본다.

(1) 조직건강 변인

조직의 건강을 유지, 발전시키는 변인은 여러 가지가 있으나 Miles가 학교조직의 건강변인으로 제시한 요인들을 살펴본다.

[1] 과업성과에 관련된 변인

① **목표 중심성** : 조직목표의 명료성, 적절성, 달성 가능성, 수용성 및 합리성
② **의사소통의 적절성** : 상하좌우로 의사소통에 장애가 없고 환경과의 의사소통도 원만한 정도
③ **권력배분의 적절성** : 조직 내부의 영향력이 고르게 분포된 정도

[2] 조직 유지에 관련된 변인

① **자원 활용** : 개인의 자아실현감과 직무 만족감을 느낄 수 있도록 인력 자원을 효과적으로 활용하는 정도
② **응집성** : 조직원들이 조직에 대해서 가지고 있는 일치감의 정도
③ **사기** : 조직원들의 만족감

[3] 성장과 변화에 관련된 변인

① **혁신성** : 조직의 변화 지향성과 수용성
② **자율성** : 환경으로부터의 독립성과 능동성
③ **적응성** : 변화에 적응하는 과정에서 안정성이 유지되고 진통을 감내할 수 있는 능력
④ **문제해결의 적절성** : 문제해결 방법을 적절히 선택, 활용할 수 있는 능력

이상과 같은 10가지 변인을 소유하고 있는 학교는 건강한 학교로 기술되고 있다. 조직이 건강하면 할수록 환경에 대한 학교의 적응 능력도 높아진다.

(2) 갈등관리

우리는 개인생활이나 사회생활에서 많은 갈등을 느끼면서 살아간다. 학교나 교육행정기관과 같은 교육조직에서도 개인 간 갈등뿐만 아니라, 개인과 조직 간, 부서 간, 또는 조직 상호 간의 갈등이 존재하기 마련이다. 이러한 갈등을 완화하거나 해결하려고 노력하는 과정에서 조직이 변화, 발전하며 건강해진다. 다시 말해 조직은 환경 속에서 끊임없는 갈등을 해결하고 변화에 적응하는 과정 속에서 생존해 간다(주삼환 외, 2000).

갈등이 일어나는 원인은 여러 가지가 있을 수 있고 갈등 형태도 다양하다. 또한 갈등은 긍정적일 수도 있고 부정적일 수도 있다. 너무 갈등이 없으면 조직이 환경의 변화에 둔감하게 되어 적응력이 떨어져 발전할 수 없고 생존에 문제가 생길 수도 있다. 반대로 갈등이 심하면 협동체제가 무너져 큰 위험이 따른다. 지나친 갈등은 구성원 간 서로 잘 되기를 바라지 않고 협동보다는 질투와 시기, 암투가 횡행하게 된다. 따라서 조직에는 적정 수준의 갈등이 필요하다고는 하나 심하면 조직이 어려움에 빠지게 된다. 조직의 갈등 수준과 조직 성과와의 관계를 [그림 5－6]과 같이 나타낼 수 있다.

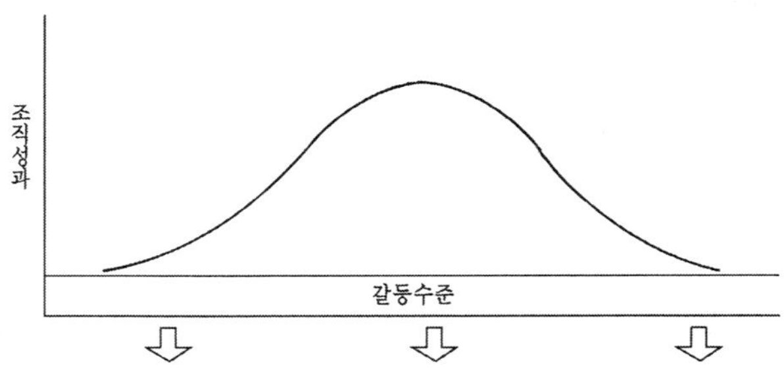

갈등수준	낮 음	이 상 적	높 음
영 향	역기능적	순기능적	역기능적
집단행동	환경변화에 적응력 둔화 무사안일적 침체적 의욕상실	환경변화에 신속한 적응력 창의적, 변화 지향적 활발한 문제해결 행동 적극적 목표달성 행동	혼란 분열 상호조정 결여 목적의식 결여
성 과	낮 음	높 음	낮 음

[그림 5-6] **갈등 정도와 조직 성과와의 관계**

* 출처 : J. L. Gibson, J. M. Ivancevich, and J. H. Donnelly, Jr., Organization : Behavior, Structure, Processes, 6th ed.(Plano, Tex : Business Publications, Inc, 1988), p. 308를 인용한 김윤태(2004). 교육행정 · 경영의 이해. 서울 : 동문사, p. 264.

조직갈등 상황에서 중요한 문제는 갈등을 어떻게 인지, 분석하여 해결할 것이냐 하는 것이다. Thomas(1976)는 개인 간의 갈등 해결 전략으로 두 가지 서로 다른 차원, 즉 타인의 관심 충족시도와 자신의 관심 충족시도를 [그림 5－7]과 같이 각각 x, y축으로 놓고 이 두 변인의 조합을 통하여 5가지 유형을 제시하고 있다.

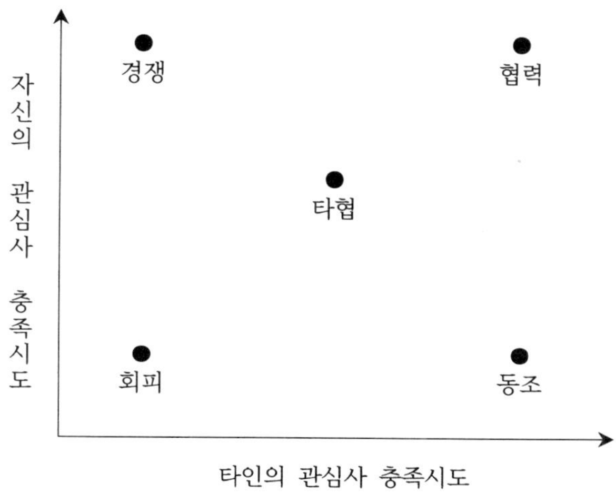

[그림 5-7] **갈등관리 전략**

① **경쟁** : 타인의 관심사보다는 자신의 관심사를 충족시키기 위해 상대방을 압도하여 갈등을 해결하는 유형

② **동조**(수용) : 좋은 인간관계를 유지하기 위해서 자신의 관심사보다는 상대방의 관심사를 충족시켜 주기 위해 상대방의 주장에 따름으로써 갈등을 해결하는 유형

③ **타협** : 양측이 서로 조금씩 양보하여 부분적 만족을 취함으로써 갈등을 해소하는 유형

④ **협력** : win-win 전략에 따라 자신의 관심사와 타인의 관심사를 모두 만족시켜 줌으로써 갈등을 해소하려는 유형

⑤ **회피** : 갈등 문제를 벗어나기 위해 자기뿐만 아니라 상대방의 관심사마저 무시하는 유형

이들 갈등 해결 유형 중, 협력형이 경쟁형, 회피형, 동조형보다 바람직하지만 상황에 따라 다른 유형의 해결방안을 고려해 볼 수 있다.

Luthans(1981)는 개인 간의 갈등 해결을 위한 3가지 방안을 제시했다.

① **승자－승자 접근** : 당사자가 서로 이기는 방법으로, 서로 우호적이고 상대방을 이해하려는 자세와 분위기가 충족될 때 가능하다. 건전한 판단력과 사고가 전제되어야 하고, 상대가 쓰러져야 내가 산다는 사고와 의식 속에서는 이 접근이 성공하기 어렵다.

② **승자－패자 접근** : 남을 이겨야 내가 산다는 자유경쟁 사회에서 흔히 볼 수 있는 전법이다. 개인의 능력과 경쟁심은 키울 수 있을지 모르지만 우호적인 관계와 협동심을 높이기는 어렵다.

③ **패자－패자 접근** : 양자가 지는 방법으로 서로 손해 보는 방법이다. 문제가 해결될 기미가 없고, 누구도 이길 수가 없는데 서로 싸우는 것이다. 노사가 서로 자기의 이익만을 위해서 싸우다가 태업하고 파업하여 회사의 경쟁력이 떨어져 많은 근로자들이 직장을 나와야 하는 상황이다.

March와 Simon(1958)은 집단 간의 갈등을 해결하는 방안으로 다음과 같이 4가지를 제시했다.

① **문제해결** : 당사자 간의 접촉을 통하여 공동으로 정보를 수집하고, 해결대안을 모색하여 양쪽을 만족시킬 수 있는 쪽으로 결정하는 것이다.

② **설득** : 상대방으로 하여금 개개인의 목표 차이보다 한 차원 높은 목표를 위해서 협조하는 것이 중요하다는 것을 납득시키는 것이다.

③ **협상** : 양쪽이 서로 조금씩 양보하여 합의점을 찾는 갈등해소 전략이다.

④ **정치적 타결** : 서로의 이익을 어느 정도 보장하는 선에서 갈등 문제를 해결하는 것이다.

(3) 갈등 예방 전략

갈등은 어느 조직이나 겪기 마련이다. 개개인의 욕구는 높고 다양한데 그것을 충족시켜 줄 수 있는 수단은 제한되어 있는 것이 현실이다. 예컨대 승진될 자리는 하나인데 그 자리를 목표로 하는 사람은 많기 마련이다. 모두 상을 받고 싶은데 줄 상은 극히 제한되어 있는 것이 현실이다. 따라서 갈등은 생기기 마련이다. 갈등은 필연적인데 그 갈등의 정도가 어느 정도이냐가 문제다. 조직의 리더나 행정가는 갈등이 심화되거나 지속되지 않도록 다음과 같은 조건을 고려해 볼 필요가 있다.

1 바른 가치관과 사고방식

갈등을 해결하는 가장 중요한 방법은 조직의 리더나 행정가 혹은 관리자가 정상적인 가치관과 사고방식을 가지고 조직을 운영해야 한다. 다수가 공감할 수 있는 가치관이어야 하고 사고방식이어야 한다는 얘기이다. 나 홀로식이면 곤란하다. 이렇게 되면 구성원들이 가치갈등, 역할갈등을 일으킨다. 이를 따라야 하나, 말아야 하나, 이것은 조직 구성원들에게 매우 본질적인 문제다.

우리 사회는 민주주의 사회다. 우리 사회의 어느 누구도 무조건 자기식대로 밀어붙일 수는 없다. 밀어붙여 무엇을 이루었다 하더라도 그것이 다수가 공감할 수 없는 비현실적이고 비합리적이면 그 비용은 얼마이며, 그 결과는 어떠하겠는가! 따라서 조직의 리더나 행정가, 특히 교육행정가는 건전한 가치관, 사고방식을 가지고 있어야 하고 구성원들의 협력을 얻을 수 있는 능력을 갖추고 있어야 한다. 그렇지 못하면 갈등은 끝이 없다.

2 공정한 원칙과 기준

전술한 바와 같이 구성원들의 다양한 욕구를 조직이 다 채워 줄 수는 없다. 자리는 하나인데 원하는 사람들은 많다. 그렇기 때문에 서로 다투기 마련이다. A를 봐주면 B가 싫어하고, B를 봐주면 A가 싫어한다. '나는 죽도록 노력했는데 엉뚱한 사람이 자리를 차지했다'고 아우성이면 구성원들 간의 갈등과 불만을 근본적으로 치유할 길이 없다. 봐주는 방법으로는 해결되지 않는다. 이 때는 공정하게 세운 원칙(방침)과 기준을 고수하는 것이 갈등을 예방하는 가장 비용이 덜 드는 합리적인 방법이 된다. 원칙과 기준에 도전하는 불만은 명분이 약하기 때문에 큰 문제가 되지 않는다.

3 이해와 협력풍토 조성

사람은 서로 다르다. 피부, 몸무게, IQ, 가정환경, 어느 것 하나 완전히 똑같은 사람은 이 세상에 없다. 생각도, 가치관도, 생활양식도, 태도도 모두 사람마다 다르다. 이 서로 다름을 인정하고 이해하는 자세가 우선 필요하다. 아무리 다툰다고 이것들이 같아질 수는 없는 것이다. 따라서 리더, 행정가, 관리자는 이와 같이 서로 이해하는 조직풍토와 문화를 조성, 창조하는 힘이 있어야 한다. 전체를 하나로 묶어내는 리더, 행정가가 필요한 것이다. 이해득실과 피상적으로 잠시 하나가 되는 것은 일시적이다. 진실과 원칙을 가지고 통합시켜야 지속적이다. 특히, 교육을 전문으로 하는 교육조직의 장은 이와 같은 교육, 학교 조직풍토를 조성하는 일이 불필요한 갈등을 예방하는 데 매우 긴요하다는 것을 인식해야 한다.

4 갈등을 생산적으로 승화

근본적인 가치 갈등(한 예로, 교장이 자신에게 충성하도록 교육시킴)이 아니면, 갈등을 생산적인 방향으로 전환시키는 노력이 중요하다. 경쟁적 관계로 빚어진 구성원 간의 갈등이라면 생산적인 과제(자기 연찬, 학업성취도 향상)를 부여하여 불필요한 갈등을 필요한 갈등으로 승화시키는 노력이 필요하다. 그렇게 되면 본래의 부정적인 갈등의 요소들이 줄어들고 긍정적인 갈등 요소들이 늘어나 조직 분위기는 생산적으로 조성될 수 있다. 이것도 불필요한 갈등을 예방하는 하나의 방법이 될 수 있다.

의사소통론

제 6 장

1. 의사소통의 의의
2. 의사전달의 원리
3. 의사소통과정
4. 의사소통의 형태
5. 의사소통망의 유형
6. 의사소통의 기법
7. 의사소통의 장애요인과 그 극복

1 의사소통의 의의

인간은 잠자는 시간을 빼고 나머지 시간의 70% 정도를 읽고, 쓰고, 말하고, 듣는 의사소통 활동에 보낸다고 한다. 이처럼 의사소통은 인간생활 그 자체라고 말해도 틀린 말은 아니다. 우리 속담에 "말 한 마디로 천냥 빚을 갚는다"는 말이 있듯이, 의사를 어떻게 전달하느냐에 따라 상대방의 마음을 얻을 수도 있고, 상대방을 잃을 수도 있다. 의사 전달이 우리들의 일상생활에서 얼마나 중요한지를 단적으로 보여주고 있다.

인간은 사회적 동물로서 타인과의 접촉을 통해서 살아갈 수밖에 없는데, 그 접촉을 가능케 하는 가장 큰 수단이 바로 의사소통인 것이다. Scott와 Mitchell(1976)은 조직에서 의사소통이 ① 통제, ② 동기유발, ③ 감정표현, ④ 정보교환 등 4가지 중요한 기능을 한다고 했다. 의사소통을 통해서 구성원들을 통제하고, 그들에게 할 일을 뚜렷하게 인식시킬 수 있다는 것이다. 그렇게 함으로써 구성원들은 높이 동기유발되고, 그 결과 조직목표는 효율적으로 달성될 수 있다는 것이다. 또 조직 내 구성원들의 감정표현을 원활하게 함으로써 그들의 스트레스와 좌절감을 해소시켜 주고 만족감을 느끼게 하여 그들의 사회적 욕구를 충족시켜 준다는 것이다. 원활한 의사소통을 통해서 구성원들은 의사결정 과정에서 필요한 지식과 정보를 제공할 수 있다.

Schram(1971)은 의사소통 기능을 사람, 기계와 관련시켜 제시하고 있는데, ① 정보제공과 이해, ② 교육과 학습, ③ 오락제공과 행락, ④ 제안, 설득 및 수락 등을 의사소통 기능으로 보았다. Myers와 Myers(1982)는 ① 생산과 규제, ② 혁신, ③ 사회화와 유지로 의사소통의 기능을 설명하고 있다. 윤정일 등(2007)은 의사소통은 ① 조정 및 통제의 기능, ② 합리적 의사결정 수단, ③ 조직통솔과 리더십 발휘, ④ 사기진작과 동기유발 등과 같은 기능을 한다고 했다. 박수연과 박정애(2000)는 의사소통 기능으로 ① 지식의 제공, ② 조직 구성원의 동기화, ③ 노력 투입량의 조정 및 협동, ④ 분위기와 감정 표현을 들고 있다. 이상과 같은 주장들은 의사소통이 조직 구성원들의 사기진작과 조직 생산성을 높이는 데 중요한 요인임을 확인해 주고 있다.

2 의사전달의 원리

의사전달 과정에서 지켜야 할 지침, 또는 원리를 여러 가지로 제시할 수 있으나, 여기에서는 Redfield(1958)가 제시하고 있는 의사전달 원리를 간단히 소개한다.

① **명료성**(clarity) : 상대방에게 전달하고자 하는 내용을 간결하고 명확하게 정리하여 전달하는 것이 효과적이다. 너무 긴 문장을 사용한다든지 중언부언(반복하여 말함)하면 상대방이 지루함을 느끼기 쉽다.

② **일관성**(consistency) : 의사전달은 전후 일관성을 가지고 있어야 신뢰를 얻을 수 있다. 말한 내용이 앞뒤가 맞지 않으면 신뢰를 줄 수 없어 의사전달의 효과는 반감된다.

③ **적당성**(adequacy) : 의사전달의 양은 시간과 전달 내용에 다라 다르다. 또 상대방에 따라 다르다. 시간이 없는데도 간단한 내용을 많은 시간을 써 가면서 전달하려고 하는 것도 좋지 않고, 별 관심이 없는 상대방에게 많은 양의 의사를 전달하려고 하는 것도 좋은 의사전달법은 아니다.

④ **적시성**(timeliness) : 무슨 일을 하든지 시기가 중요하다. 실기하면 효과는 반감된다. 의사전달은 말할 것도 없다. 행동을 취할 수 있는 충분한 시간적 여유를 두고 의사를 전달하는 것이 좋다.

⑤ **분포성**(distribution) : 비밀 정보가 아닌 한 정보는 전달자로부터 피전달자에게 고르게 전달되어야 한다. 특별한 이유 없이 똑같은 구성원인데도 특정인에게 정보가 집중되는 것은 바람직하지 못하다. 이렇게 되면 의사소통이 원활이 이루어지지 않게 된다.

⑥ **적응성과 통일성**(adaptability and uniformity) : 적응성이란 융통성을 말하며, 통일성은 적응성에 상반되는 개념인데 의사전달이 조직 전체에 동일하게 수용되는 것이다. 여기서 적응성과 통일성을 어떻게 조화시키느냐 하는 것이 문제다.

⑦ **관심과 수용**(interest and acceptance) : 의사전달은 피전달자가 관심이 있고 수긍할 수 있어야 한다. 관심이 없고 수용하지 않는데 의사전달이 제대로 이루어질 수는 없다.

3 의사소통 과정

의사소통 과정은 송신자로부터 정보가 흘러나와 수신자에게 도달되어 다시 송신자에게 정보가 흘러가는 경로이다. 일반적으로 의사소통은 [그림 6－1]에서 보듯이, 정보의 출처가 되는 송신자가 전달하고자 하는 정보를 기호(부호)화하여 매개체(경로)를 통해서 수신자에게 전달한다. 이때 수신자는 이 전달된 정보를 해석하고, 해석한 정보를 다시 송신자에게 전달하는 피드백을 한다.

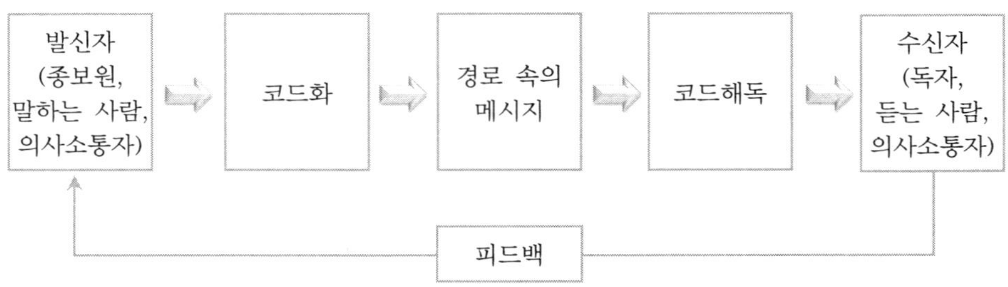

[그림 6-1] **일반적인 의사소통 과정**

* 출처 : 윤정일 외 (2007). 교육행정학원론. 서울 : 학지사, p. 169.

의사소통 과정에서 나타나는 중요한 개념들에 대한 정의를 Krone, Jablin 및 Putnam(1987)을 통해서 알아본다.

① **메시지** : 송신자가 전달하는 언어적, 비언어적 단서나 상징으로써 전달되기를 희망하는 아이디어나 정보이다.

② **경로 혹은 매개체** : 메시지를(정보, 아이디어) 전달하는 수단, 매체를 말한다. 비언어적 단서의 광파, 면대면 대화, 전화, e-mail 등까지 이에 포함된다.

③ **송신자** : 메시지를 전달하는 개인, 출처(교육감 교장 등의 집무실)이다. 그는 메시지를 기호화하여 수신자에게 보낸다. 송진자의 의도, 태도, 가치관, 지식 등이 메시지가 기호화하는 데 영향을 미친다.

④ **전달** : 어떤 경로와 매체를 통하여 송신자가 수신자에게 메시지를 보내는 것을 말한다.

⑤ **기호화와 기호해석** : 기호화는 송신자가 전달하고자 하는 메시지를 상징적인 형태로 바꾸는 것이다. 기호해석은 송신자로부터 받은 메시지를 수신자가 해석하는 것이다.

⑥ **피드백** : 피드백을 환류라고도 하는데 이것은 송신자가 보낸 메시지에 수신자가 반응하여 송신자에게 보낸 수신자의 메시지이다. 피드백을 통하여 정보 수정이 가능하다.

⑦ **의사소통 효과** : 이것은 메시지 교환과정의 결과이다. 의사소통의 효과로는 새로운 지식의 습득, 인간관계 형성, 태도의 변화, 조직에의 몰입 등 다양한 형태가 있다.

⑧ **장애**(barrier 혹은 noise) : 이것은 송신자가 수신자에게 메시지를 전달하는 데에 지장을 주는 것으로 의사전달 방해, 간섭, 왜곡을 말한다. 장애 요인은 개인적인 것과 조건적인 것이 있다.

4 의사소통의 형태

의사소통이 이루어지는 형태는 의사소통의 수단과 방법 및 방향 등에 따라 여러 가지로 분류된다. 의사전달자인 송신자는 의사전달 시의 상황에 비추어 적합한 의사소통 수단과 방법을 선택하는 것이 매우 중요하다. 어떤 형태의 의사소통 수단과 방법을 선택하느냐에 따라 의사소통의 효과는 크게 달라진다. 그러나 일반적으로 효과적인 의사소통을 하기 위해서 하나의 의사소통 수단만을 사용하기보다는 다양한 수단을 사용하는 것이 보통이다.

1) 언어적 의사소통과 비언어적 의사소통

의사소통에 사용되는 메시지의 기호 중에는 언어와 비언어가 있다. 언어를 통한 의사소통은 구두에 의한 의사소통과 문서에 의한 의사소통으로 나눈다.

언어를 통한 의사소통은 구두(말)를 통한 의사소통과 문서를 통한 의사소통으로 나눈다. 구두에 의한 의사소통 수단에는 연설, 대화, 집단토의, 비공식적인 소문 그리고 그레이프바인(grapevine : 풍문, 떠도는 소문 등) 등이 있다. 문서에 의한 의사소통 수단에는 메모, 편지, e-mail, 각종 게시 및 기록물 등이 있다.

비언어를 통한 의사소통 수단으로는 송신자 개인의 얼굴 표정, 손짓, 몸짓 등 제스처(gesture)를 들 수 있다. 또 국기, 도로표지, 교통신호, 동상, 웅장한 건물이나 그림 등도 다수의 일반인에게 일정한 메시지를 전달하는 비언어적 의사소통 수단이다.

사람들은 의사소통의 효과를 높이기 위해 구두로 메시지를 전달할 때 비언어적 수단을 동시에 활용하는 것이 일반적이다. 또, 비언어적 수단으로만 메시지를 전달하는 경우도 많다. 예컨대, 남을 흘끗 쳐다본다든지, 빤히 쳐다본다든지, 미소를 짓는다든지, 눈살을 찌푸린다든지, 손뼉을 친다든지, 손을 흔든다든지 등은 모두 비언어적 수단으로 일정한 의미를 전달하고 있는 것이다.

의사소통에서 송신자와 수신자 사이의 거리도 매우 중요하다. 이 거리에 따라 메시지가 갖는 이미지가 매우 다르다. 젊은 연인 사이에서 주고받는 이야기가 두 사람 간의 거리에 따라 다른 느낌을 주고, 불행한 일로 슬픔에 잠긴 이웃을 위로하는 말도 거리에 따라 메시지가 주는 느낌은 매우 다르다. 물론 의사소통 효과를 위해 적정 거리의 유지가 매우 중요한데 그 적정 거리는 국가, 사회 및 조직 문화에 따라 다르다. 우리 사회에서는 면대면 의사소통 시에 가까운 거리 유지가 친근함을 나타내지만, 서양에서는 무례함으로 비치기도 한다.

2) 일방적 의사소통과 쌍방적 의사소통

의사소통이 한쪽 방향으로만 흐르면 일방적 의사소통이고, 양쪽 방향으로 흐르면 쌍방적 의사소통이다. 한쪽 방향으로만 의사가 전달되는 경우에 송신자는 의사소통을 주도하고 수신자는 듣는 입장이다. 연설, 설교, 강의, 발표, 공식적인 인사(국기에 대한 경례 등) 등은 일방적 의사소통의 형태들이다. 일방적 의사소통은 송신자가 자신의 생각, 감정, 의도, 정보 등을 정확히 전달하기 위해서 많은 준비를 하고 그것들을 많은 사람들에게 신속하게 전달할 수 있는 장점이 있다. 반면에 일방적 의사소통은 수신자를 수동적 위치에 놓이게 함으로써 피드백이 이루어지지 않는 단점이 있다. 수신자들이 전달되는 메시지를 제대로 이해하고 있는지 그리고 수용하고 있는지를 정확히 알기가 어렵다. 연설 내용을 수용하지도 않으면서 청중에 휩쓸려 덩달아 연설에 손뼉을 치는 경우가 이 경우다.

쌍방적 의사소통은 최소한 두 사람이 서로 메시지를 주고받는 상호작용적 의사소통이다. 인사, 대화, 상담, 면담, 토론수업 등과 같은 것은 쌍방적 의사소통의 형태들이다. 쌍방적 의사소통은 말하기와 듣기를 통해 상호간의 이해와 의미 공유, 그리고 학습과 변화를 촉진시키는 장점이 있는 반면에 시간이 많이 걸리는 단점이 있다.

3) 수직적 의사소통과 수평적 의사소통

의사소통의 방향에 따라 의사소통을 수직적(종적) 의사소통과 수평적(횡적) 의사소통으로 나누어 볼 수 있다. 의사소통 방향이 수직적으로 흐르면 수직적 의사소통, 수평적으로 흐르면 수평적 의사소통이다.

수직적 의사소통에는 상향식 의사소통과 하향식 의사소통이 있다. 하향식 의사소통은 조직의 상층부나 상사가 하층부 혹은 부하 구성원들에게 구두나 문서를 통해서 메시지를 전달하는 형식이다. 이와 반대로 상향식 의사소통은 하층부 혹은 부하 구성원들이 보고, 제안 등의 형식으로 상층부나 상사에게 메시지를 전달하는 방식이다.

수평적인 의사소통은 상하관계가 아닌 수평적인 관계에 있는 부서 간 또는 구성원들 간 회의, 회람 등의 형식으로 이루어지는 의사소통이다. 조직의 규모가 크고 직무가 분업화, 전문화되면 될수록 이와 같은 횡적인 의사소통이 행해진다.

4) 공식적 의사소통과 비공식적 의사소통

의사소통의 또 다른 형태로 공식적 의사소통과 비공식적 의사소통이 있다. 어느 조직에서나 의사소통은 공식적인 통로를 통해서 이루어지기도 하고, 때로는 비공식적인 통로를 통해서 이루어지기도 한다.

공식적 의사소통은 조직의 공식 체제를 기반으로 한 공식통로를 통해서 상호간에 메시지가 이동되는 것을 말한다. 이에는 주로 공문서, 서견, 구두 명령, 보고 등의 정형화된 방법이 있다. 공식적 의사소통은 공식적인 경로와 수단을 통하여 의사소통이 이루어지므로 의사소통이 확실하고 명확하다. 따라서 전달되는 내용의 신뢰성이 높다. 공식적 의사소통은 상급자와 하급자 사이의 지위를 명확히 해 주고 의사 전달자의 책임을 분명히 해 주며 정보의 흐름을 통제할 수 있는 장점이 있다. 반면에, 공식적인 의사소통을 통해서는 개인이 자신의 의사를 충분히 표현하기 어렵고, 이로 인해 조직의 경직성, 비융통성, 획일성이 초래될 수 있는 단점이 있다.

비공식적 의사소통은 공식적인 조직구조를 통한 것이 아니고 학연, 지연, 입사동기 모임과 같은 비공식적인 모임을 통해서 이루어지는 의사소통 형태이다. 이와 같은 비공식 조직들이 공식적인 조직 내에서 포도넝쿨처럼 엉켜있는 것을 비유해 비공식적 의사소통 경로를 그레이프바인(grapevine)이라고도 한다. 따라서 비공식적 의사소통은 포도넝쿨처럼 매우 다양하여 공식적인 의사소통보다도 더 활발한 경우가 있다. 그러나 비공식적인 의사소통 경로를 통하여 잘못된 소문이나 풍문이 생겨 퍼지는 경우가 많다. 이들에 의해 부정확하고 때로는 음해 섞인 정보가 전달되어 조직에 큰 피해를 주기도 한다.

조직이 건전한 의사소통 풍토를 조성하기 위해서는 유연한 공식적 의사소통의 통로를 마련하여 중요한 메시지가 이를 통해서 전달되도록 해야 한다. 그리고 효과적인 의사소통을 위해서 비공식적인 의사소통 통로도 발전적으로 개방하여 이를 보충적으로 활용해 보는 것도 좋을 것이다.

5 의사소통망의 유형

의사소통망은 의사소통에 참여하고 있는 개인들이 정보의 흐름으로 연결된 구조를 말한다. 즉, 의사소통의 라인을 말한다. 의사소통 구조의 형태는 [그림 6-2]와 같이 바퀴형, 연쇄형, Y형, 원형, 별형(개방형) 등이 있는데, 이를 설명하면 다음과 같다(Lunenburg & Ornstein, 2004).

① **바퀴형**(wheel) : 이 형은 여러 구성원들이 한 사람과 1대1로 의사소통하는 형태이다. 학교에서 교사를 중심으로 어떤 과제에 대해 학생 대표를 모아 놓고 질의응답하는 경우에 이와 같은 의사소통망을 구성한다. 회사에서 사장을 중심으로 여러 부서장들이 둘러 앉아 사장이 각 부서별 업무추진 상황을 점검하는 경우에도 이와 같다.

② **연쇄형**(chain) : 이것은 두 사람의 접촉이 연쇄적으로 이어지는 형태이다. 예로써, 사장과 부장 간, 부장과 과장 간, 과장과 계장 간 의사소통이 연쇄적으로 이루어

지는 형태이다. 이 경우는 조직이 다층이고 상하 명령복종 관계가 뚜렷한 계선 조직에서 흔히 볼 수 있다.

③ **Y형** : 1대 1의 연쇄형 의사소통이 지속되다가 마지막 단계에서 한 사람이 두 사람과 의사소통하는 형태이다. 조직의 대표자가 두 명인 경우에 이와 같은 형태가 나타난다.

④ **원형**(circle) : 이것은 좌, 우, 옆 사람과 접촉이 이루어지는 구조이다. 이 형은 신분관계가 불확실하고, 비슷한 집단 구성원들 사이에 이와 같은 자유로운 의사소통이 일어난다.

⑤ **별형**(개방형 : star or all channel) : 모든 구성원들의 상호 의사소통이 자유롭게 이루어지는 개방적인 의사소통의 형태이다.

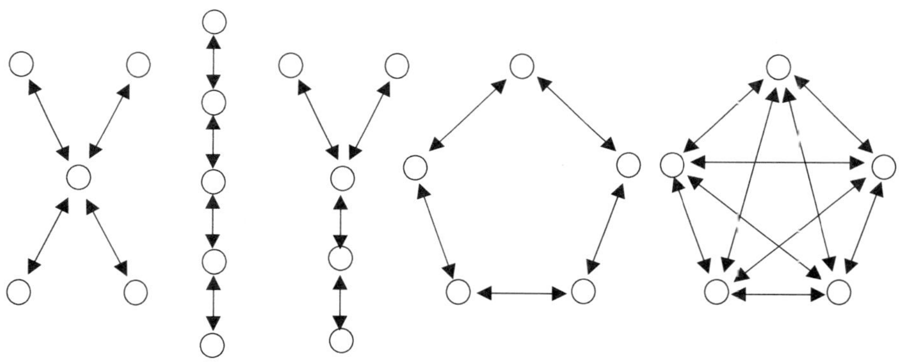

[그림 6-2] **의사소통망 형태**

* 출처 : Lunenburg, F. C., & Ornstein, A. C.(2004). Educational Administration. Concepts and Practices. CA : Wadsworth/Thomson Learning, Inc를 인용한 박병량 · 주철안(2005). 학교 · 학급 경영. 서울 : 학지사, p. 261.

각 의사소통 유형의 주된 차이점은 의사소통의 집중화 또는 분산화 정도이다. 의사소통이 가장 집중화된 형태는 바퀴형이며, 다음으로 연쇄형, Y형이다. 의사소통이 가장 분산화된 형태는 별형(개방형)이며, 다음으로 원형이다. 각 유형의 효과성은 상황 요인에 달려 있다. 집중형은 단순과업 수행에 효과가 있고 복잡하고 까다로운 과업을 수행하는 데는 분산형이 효과적이다. 구성원의 만족과 사기는 집중형보다는 분산형에서 높다고 볼 수 있다. 분산형에서는 많은 구성원들이 자유롭게 의사소통에 참여하게 되어 의사결정에 일정한 책임의식과 만족감을 느끼게 되기 때문이다.

일반적으로 공식적 조직, 계선조직에서는 의사소통 형태가 집중형으로, 그리고 비공식적 조직 또는 막료조직에서는 그것이 분산형으로 이루어진다. 공식적 조직이나 계선조직에서는 위계가 뚜렷하고 의사소통이 상사를 중심으로 집중적으로 이루어지는 것이 일반적이다. 반면에 비공식적 조직 또는 막료조직에서는 상하의 위계보다는 정서적 또는 참모적 성격이 강하기 때문에 의사소통이 구성원들 사이에서 분산적으로 이루어진다.

6 의사소통의 기법

1) Johari 창

송신자와 수신자가 의사소통을 한다고 해서 송신자의 모든 것이 수신자는 물론 송신자 자신에게도 다 알려지는 것은 아니다. 송신자의 일부가 송신자 자신과 수신자 중 한 사람 혹은 두 사람 모두에게 알려지지 않는 경우가 생긴다. 이를 체계적으로 연구한 사람이 Joseph과 Harry이다. 이들의 이름을 따서 Johari의 창(Johari Window)이라고 했다.

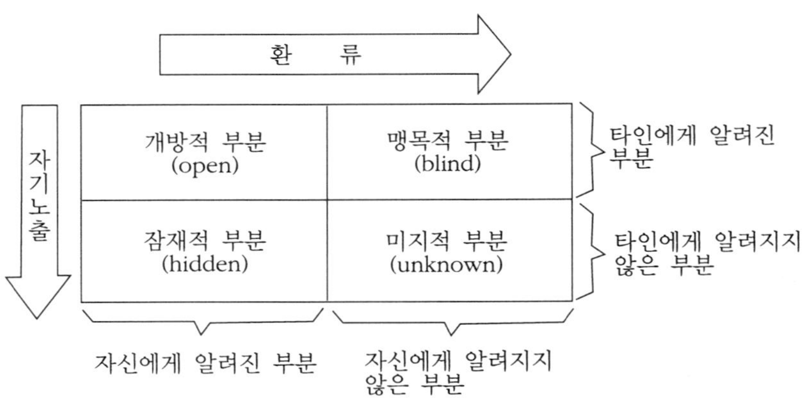

[그림 6-3] Johari 창

* 출처 : Joseph Luft, The Johari Window, Human Interaction(Plato Alto, CA : National Press Book Co., 1969), p. 313.

Johari 창에 의하면 의사소통할 때 인간은 자신에 대한 정보가 자신에게 잘 알려져 있는 부분도 있고, 알려져 있지 않는 부분도 있다. 마찬가지로 자기의 정보가 다른 사람에게 잘 알려져 있는 부분이 있고, 잘 알려져 있지 않은 부분도 있다. [그림 6-3]에서 보듯이, 이들을 결합하면 개방적 부분, 맹목적 부분, 잠재적 부분, 그리고 미지적 부분 등 4개 영역이 생기게 된다(남정걸 외, 1995).

의사소통을 효과적으로 하기 위해서는 개방성, 감정의 활용, 상호 신뢰성 등이 주요인이다. 물론 이들 요인들은 개방성이 전제되었을 때 효과가 있다. 여기에서 '개방성'의 의미는 송신자, 즉 의사를 전달하고자 하는 이에 대해서 자기 자신과 수신자가 얼마나 알고 있느냐의 문제이므로 이것은 의사전달 효과와 직결된다. 따라서 개방성은 의사소통의 효과를 결정하는 중요한 기준이 된다.

(1) 개방적 부분(open area)

'눈빛만 보아도 무슨 말을 하려는지 안다'는 정도가 되면 송신자와 수신자가 가까워 의사소통이 매우 원활하게 된다. 이만큼 의사소통상 개방적 부분이 넓다는 것이다. 개방적 부분은 송신자 자신에 대한 정보가 자신이나 수신자인 타인에 잘 알려져 있는 부분이다. 자신에 대해 자신은 물론 상대방에게 잘 알려져 있으면 상호작용이 활발해져 개방적이고 효과적인 의사소통이 가능해진다. 따라서 효과적인 의사소통을 위해서는 송신자와 수신자 사이의 관계를 좁혀 이 개방적인 부분이 넓어지도록 해야 한다. 더욱이 송신자 자신이 자신에 대해 누구보다도 잘 알고 있어야 한다. 자기 자신을 객관적으로 바라보지 못하고 맹목적으로 자기 자신에 도취되 있으면 의사소통이 원활해지지 않는다.

(2) 맹목적 부분(blind area)

맹목적 부분은 송신자 자신이 타인에게는 잘 알려져 있지만 정작 자기 자신에 대해서는 모르는 부분이다. 객관적으로 자기 자신을 보지 못하고 어떤 착각에 빠져있는 사람을 만나면 의사소통이 어렵다. 이런 경우 타인들은 그 사람이 어떤 사람이라는 것을 알고 있는데 그 사람은 자기 자신을 잘 모르고 자기의 주장만 내세운다.

어떤 이는 자신이 학술적으로 최고 수준인 것으로 착각하고 있는 경우도 있다. 쉽게 말해 자기 잘난 멋에 사는 것이다. 물론 보통 사람들은 다 조금씩 이런 착각에 빠져 있다. 이것이 정신 건강과 동기 유발에 효과적일 수도 있다. 그러나 도가 지나치면 자기주장만 내세우고 남의 의견을 수용하지 않으려고 하기 때문에 의사소통이 어렵게 된다. 이 경우 타인들로부터 피드백을 받아 자신에 대해 깨우치지 못한다면 맹목적 부분이 넓어져 의사소통이 어렵게 된다.

(3) 잠재적 부분(hidden area)

이 영역은 자신에 대한 정보가 자신에게는 알려져 있으나 타인에게는 알려져 있지 않는 부분이다. 음흉한 사람의 경우 이 부분이 매우 넓다. 자신에 대한 정보를 감추고 남의 정보만 캐려는 사람이 대표적인 사람이다. 이와 같은 사람과 의사소통을 할 때 사람들은 극도로 조심하게 되어 원활한 의사소통이 이루어지지 않는다. 사람들은 그 음흉한 사람의 마음 속을 잘 모르기 때문에 감정과 태도를 잘 나타내려 하지 않고 방어적인 태도를 취하게 된다. 그래서 쌍방 간에 자신의 의견이나 감정을 표출하거나 정보를 주려고 하지 않고 서로 상대로부터 정보를 얻으려고만 하게 된다. 그 결과 이 잠재적 부분이 넓어져 의사소통이 어렵게 된다.

(4) 미지적 부분(unknown area)

의사소통에서 최악이 이 미지적 부분이 넓은 경우다. 자기에 대해 타인은 물론 자신도 모르고 있는 부분이 이 미지적 부분이다. 이렇게 되면 정상적인 의사소통은 어렵다. 자신에 대한 정보가 없기 때문에 의사 표출을 잘 하지 않으려 할 수도 있고, 의사를 표출한다 하더라도 왜곡된 정보가 많으며 신뢰성이 떨어진다. 타인들도 그를 잘 몰라 의사소통에 부담을 느낄 것이다. 그렇게 되면 타인들은 자유스럽게 의사 표출을 하지도 않을 것이며 그는 그들로부터 피드백을 받지 못할 것이다. 이런 상태가 계속되면 미지적 부분이 커져 의사소통이 폐쇄적으로 된다.

2) 대인 간 의사소통 유형

Reece와 Brandt(1984)는 송신자의 독단성과 사교성의 높낮이를 결합하여 의사소통 유형을 감정형, 지휘형, 사려형, 지원형으로 구분하였다. 독단성(dominance)은 자기주장이 강하여 강력하게 의견을 개진하고, 요구 사항을 분명히 나타내며 타인을 통제하려는 성향이다. 사교성은 자기감정을 통제하면서 자기의 느낌을 자유롭게 표현하는 개방적 성격이다. Reece와 Brandt 의 4가지 의사소통 유형을 소개하면 다음과 같다(윤정일 외, 2007).

(1) 감정형(emotive style)

감정형은 높은 독단성과 높은 사교성을 가진 의사소통 유형이다. 이와 같은 유형을 가진 사람은 열정적이고 솔직 담백하게 의사소통을 한다. 그는 상대방의 이름을 부르기도 하며 사적인 이야기도 거침없이 한다. 비격식적인 의사소통을 좋아하며 자신의 의견을 적극적이고 설득력 있게 표현한다. 한 마디로 자기주장이 강하면서 사교적이고 개방적인 사람의 의사소통 유형이다.

(2) 지휘형(directive style)

이 형은 높은 독단성과 낮은 사교성을 가진 의사소통 유형이다. 이런 형의 의사소통을 하는 사람은 솔직 담백하고 엄격하며 독단적이고 단호하다. 단호한 표정과 어조로 상대를 압도하는 힘이 있다. 그는 결단력 있는 음색으로 강력하게 의견을 개진하고 격식을 좋아하나 상대방에 대한 배려와 따뜻한 태도를 보이지 않는다.

(3) 사려형(reflective style)

사려형은 낮은 독단성과 낮은 사교성을 가진 의사소통 유형이다. 이와 같은 형의 소유자는 매사를 살피면서 세심하게 의사소통을 한다. 비사교적이며 조용하고 혼자 있기를 좋아하는 자기 통제력이 강한 성격이다. 의사결정을 쉽게 하지 않으며 의견 개진도 계산적으로 한다. 이와 같은 사람은 신중하고 격식을 차리며 서두르지 않는 의사소통 형태를 취한다.

(4) 지원형(supportive style)

지원형은 낮은 독단성과 높은 사교성을 가진 의사소통 유형이다. 이와 같은 형의 소유자는 자기주장을 강하게 개진하거나 강한 어조로 상대방을 설득하는 말 대신 친절하게 설득하고 온정을 표시한다. 사려 깊고 신중하게 의견을 개진하며 참을성이 있다. 그는 상대방의 의견을 존중하고 그의 말에 주의를 기울여 경청하고 권력 사용을 절제한다.

위 4가지 의사소통 유형들은 모두 약점이 있지만 각기 강점을 가지고 있다. 그러나 강점이 있다고 하여 하나의 유형을 극단적으로 사용하는 것은 옳지 않다. 예로써 감정형은 높은 독단성과 사교성을 가진 관계로 좋게 보일 수도 있다. 그러나 이 형이 극단적이면 쉽게 흥분하고 진지하지 않게 보일 뿐만 아니라 상대방의 사생활을 침해할 수도 있다. 너무 엄격한 지휘형은 몰인정적으로 밀어붙이는 형으로 비칠 수 있다. 또 과도한 사려형은 너무 소심하여 실기할 수도 있으며 지나친 지원형은 의지가 약한 우유부단한 사람으로 비칠 수 있다.

의사소통 유형들은 나름대로 장단점을 가지고 있다. 어느 특정 의사소통 유형이 언제, 어디서, 누구에게서나 효과적인 것은 아니다. 따라서 의사소통 상황에 적합한 유형을 선택, 융통성 있게 활용하는 것은 전적으로 의사전달자에게 달려 있다고 볼 수 있다.

Hellriegel, Slocum 및 Woodman(1991)은 송신자와 수신자 간의 개방성의 정도와 피드백의 수준에 따라 의사소통을 다음 5가지로 유형화하였다.

(1) 자기 거부형(self-denying style)

의사소통에서 개인이 자신의 생각, 의견, 태도, 감정 등을 타인에게 노출시키지 않으려는 유형이다. 내성적인 사람이 외형적인 사람에 비해 이와 같은 의사소통 유형을 사용하게 된다.

(2) 자기 보호형(self-protecting style)

자신에 대해서는 숨기면서 남에 대해서는 알려고 하고, 심지어는 타인에 대해서는 평가만을 하려는 의사소통 유형이다. 자기의 진면목을 숨기기 위해 자기 자랑만 하고 자신의 생각, 의견, 태도와 감정만을 드러낸다. 그런 사람은 상대방을 평가하는 것은 좋아하나 그로부터 평가받지 않으려고 한다.

(3) 자기 노출형(self-expecting style)

자기 노출형은 자신의 행동을 타인들에게 노출시켜 그들로부터 인정을 받고 관심을 끌기 위한 유형이다. 일종의 자기 자랑형 혹은 자기 과시형이라고 볼 수 있다. 이 유형의 사람은 타인으로부터 받은 피드백이 긍정적인 것인가 부정적인 것인가에 따라서 감정상 기복이 심하다.

(4) 자기 실현형(self-actualizing style)

이 유형은 자기실현 요구가 강한 사람의 의사소통 유형이다. 자신에 대한 적당한 양의 정보를 상대방에게 제공하고 피드백을 요청한다. 이와 같은 사람은 비방어적이고 개방적인 사람으로 건설적인 피드백을 상대에게 제공한다.

(5) 자기 협상형(self-bargaining style)

이 형은 자신과 상대방 사이에서 발생한 갈등 문제를 자기 스스로 해결하기 위해서 자신의 인지 내에서 타협하는 의사소통 유형이다.

이상의 의사소통 유형은 각각 장단점이 있고 많은 사람들이 중복된 의사소통 유형을 사용하고 있을 수도 있다. 모든 의사소통 상황에 적합한 유일한 의사소통 수단과 방법은 없다. 따라서 의사전달자는 하나의 의사소통 유형에 의존하기보다는 개별적인 의사소통 상황에 적합한 유형을 선별하여 활용하는 것이 효과적이다(윤정일 외, 2007).

7 의사소통의 장애요인과 그 극복

1) 의사소통의 장애요인

의사소통이 아무 장애를 받지 않고 완벽하게 이루어지기는 쉬운 일이 아니다. 그것은 전달자(발신자 혹은 송신자), 수신자(피전달자), 기호화 및 전달경로 등에 대한 장애요인이 적지 않기 때문이다. 이들 중 중요한 의사소통 장애요인을 살펴본다(박연호, 2000).

(1) 여과

여과란 송신자가 의도적으로 정보를 조작하여 수신자에게 호의적으로 보이게 하는 것이다. 조직의 권한 계층 수가 많으면 여러 단계의 정보 통로가 있게 되므로 계층이 많을수록 여과 현상이 나타날 가능성 높다. 특히 계선조직에서 하부 부서가 상부 부서에 의사를 전달하는 경우 자기 부서에 관련된 정보를 미화하여 작성하는 경우가 이에 속한다. 이런 경우 송신자가 수신자에게 정확한 정보를 전달하지 않아 정상적인 의사소통에 장애가 된다.

(2) 선택적 지각

수신자들은 송신자가 보내온 메시지를 자신의 욕구, 경험, 배경 그리고 기타 개인적 특성에 따라 선택적으로 보고 들으며 해석한다. 수신자는 메시지를 해독할 때 그의 관심과 기대를 거기에 투사시켜 해석하게 된다. 선입관에 의해 선택적으로 지각하는 경우도 많다. 이와 같은 경우는 정확하게 메시지를 전달하는 데에 장애가 된다.

(3) 어의상의 문제

이것은 송신자가 애매모호한 말이나 전문용어 등 부적절한 용어를 사용하여 수신자로 하여금 메시지를 해독할 때 오류를 범하게 하는 것이다. 이러한 문제는 정보를 정확하게 전달하는 데 장애가 된다. 따라서 송신자는 수신자가 메시지를 충분이 해독할 수 있도록 애매모호한 말이나 용어를 피해야 한다. 그리고 송신자는 수신자 수준에 알맞는 말이나 용어를 사용하여 의사를 전달하는 것이 의사소통의 장애를 극복하는 데 도움이 될 것이다.

(4) 의사소통의 분위기

의사소통의 수단과 환경은 메시지 의미를 해석하는 데에 많은 영향을 미친다. 송신자의 태도, 어조, 표정과 말하는 때와 장소를 포함한 분위기는 수신자가 메시지를 해석하는 데 상당한 영향을 미친다. 이러한 영향들은 본래의 메시지 내용 그대로 수신자가 해독, 해석하는 데 장애가 된다. 송신자가 아무리 진지한 위로의 말을 전한다 하더라도 얼굴에 미소를 지으면 수신자는 그 미소를 보고 그 위로의 말을 그대로 해석하지 않을 것이다.

(5) 가치관의 차이

송신자와 수신자의 가치관의 차이로 전달된 내용이 다르게 해석될 수 있다. 이것이 의사소통의 장애가 된다. 이러한 예는 흔히 있다. 가치관의 차이로 서로 다투는 경우도 이와 같은 예가 될 수 있다. 송신자의 애정 표현을 수신자는 간섭으로 해석한다든지, 사랑의 매를 미움의 매로 해석하는 것은 생각의 차이, 가치관의 차이에서 비롯된 것이다. 이러한 가치관의 차이는 의사소통을 어렵게 한다.

(6) 선입관에 의한 왜곡

사람들은 흔히 송신자나 사건에 대해 갖고 있는 선입관 때문에 정보의 내용을 왜곡하는 경향이 있다. 예컨대, 상대하기 싫은 사람으로부터 도움을 받았을 경우, 이를 오히려 기분 나쁘게 생각하는 경우다. 나약한 한 평범한 여성과 영향력 있는 정치인이 각각 같은 내용의 정치 강연을 비슷한 방식으로 한다고 하더라도 그 강연을 듣고 해석하는 청중은 이 두 강연자의 같은 강연 내용을 다르게 해석할 것이다. 이는 순전히 선입관에서 비롯된 것으로 정상적인 의사소통의 장애가 된다.

(7) 정보의 간소화 경향

사람들은 일반적으로 복잡한 것을 싫어하고 간소화된 것을 좋아한다. 균형이 잡히지 않은 불규칙적인 것들을 균형잡힌 것으로 보고자 하는 심리적 경향이 있다. 이러한 현상을 간소화의 법칙이라고 한다. 즉 전달된 내용이 불명료하여 듣는 사람이 완전히 이해하지 못하는 경우, 말의 내용이 임의로 재구성되어 간단하게 되어 버린다. 또한 의사소통의 내용이 너무 복잡한 경우에는 그것이 그대로 상대방에 전달되지 않고 거두절미하여 간소화되어 버린다.

(8) 정보의 독점 및 누락

개인은 보급시켜도 좋은 정보를 혼자 간직함으로써 타인에 대한 통제력을 행사하고자 할 수도 있다. 누락은 전달자가 전달하고자 의도한 메시지의 일부만이 수신자에게 전달됨을 뜻한다. 누락은 전달자가 고의로 의사소통의 내용을 여과(filtering)할 때라든가 전달자가 전 메시지를 파악하지 못함으로써 불충분한 정보를 수신자에게 전달할 때 발생한다. 또 고의가 없더라도 조직이 다층구조로 되어 있으면 의사소통 단계가 길어지고 복잡하게 되어 여러 단계를 거치는 동안 본래 정보의 일부가 누락되는 경우가 있다.

(9) 정보의 과부하와 의식적 제한

과부하란 메시지의 흐름이 그 체제의 처리 용량을 초과하여 유입되는 상황을 뜻한다. 정보의 홍수가 생기면 적절한 정보교환을 하기가 어렵고 합리적인 의사결정을 못할 때가 많다. 한편, 정보를 의식적으로 제한하는 것은 의사소통의 장애가 될 수 있다. 너무 지나친 비밀주의는 의사소통에 방해가 된다.

(10) 지위상의 차이

조직에서 지위가 서로 다르게 때문에 의사전달이 어려워지는 수가 많다. 일반적으로 상사는 부하에게 자유롭게 의사를 전달할 수 있으나 부하는 상사에게 그렇게 하기가 어렵다. 이와 같이 지위의 차이로 의사소통이 어려운 것은 흔히 있는 일이다.

(11) 지리상의 거리

송신자와 수신자 간에 거리가 멀면 의사전달이 어렵게 된다. 간접 접촉도 생각할 수 있으나, 그것도 시간이 많이 들고 어려울 때가 많다. 간접 접촉이 가능하다 할지라도 효과 면에서 직접 접촉보다 대체로 떨어진다. 따라서 지리상의 거리는 의사전달의 장애 요인이 된다.

(12) 의사전달자의 자기방어

의사전달자가 부하인 경우에는 자기에게 불리한 정보는 보류하고, 유리한 것만 골라서 상사에게 전달하는 경향이 있다. 이것은 정보를 그대로 전달하는데 방해가 된다. 이와 같은 경우도 우리 사회에서 심심찮게 찾아볼 수 있다. 공직 사회에서 상사에게 허위보고 같은 것이 가끔 말썽을 피우고 있는데 이는 의사전달자의 자기방어 심리에서 비롯된 결과라고 할 수 있다.

(13) 평가적 경향

이는 수신자가 송신자로부터 메시지를 전달받기 이전에 그 메시지의 전반적인 가치를 미리 평가해 버리는 것을 말한다. 이러한 경향은 송신자에 대한 평소의 태도나 과거 경험 등에 근거를 두고 있다. 송신자에 대한 수신자의 편견으로 이런 경우가 생기기도 한다. 이러한 경우도 정상적인 의사소통을 방해한다.

2) 의사소통 장애의 극복

송신자와 수신자 간 의사소통이 효과적으로 이루어지기 위해서는 의사소통을 방해하는 장애가 극복되어야 한다. 장애극복을 위해서는 먼저 의사소통의 장애를 인식하고 이를 제거하려는 노력이 필요하다. 의사소통 장애요인의 극복 방안을 개인 수준과 조직 수준으로 나누어 다음과 같이 살펴볼 수 있다(박병량 외, 2005).

(1) 개인 수준에서의 장애 극복

개인적 수준에서 장애를 극복하는 기술로 ① 반복, ② 감정이입, ③ 이해, ④ 피드백, ⑤ 경청 등이 있다(Lunenburg & Ornstein, 2004).

[1] 반복(repetition)

같은 내용의 메시지를 여러 경로(예, 전화, 면담, 메모 또는 편지)를 통해서 반복하여 전달함으로써 의사소통의 장애를 극복할 수 있다. 같은 내용을 다양한 채널을 이용하여 반복하여 전달함으로써 전달 내용의 정확성을 높일 수 있다. 이렇게 함으로써 송신자와 수신자 사이에서 발생하는 메시지 해석의 차이를 줄일 수 있다. 전달 내용을 확인하기 위해 흔히 이 방법을 사용한다.

[2] 감정이입(empathy)

의사소통의 효과는 수신자가 메시지를 받고 어떻게 반응하게 될지를 송신자가 예측할 수 있을 때 높아진다. 송신자는 메시지를 해석하고 이해하는 수신자의 심리적 기제를 이해하여야 한다. 송신자는 수신자의 입장에서 그가 어떻게 메시지를 기호화하고 해석하는지를 알아야 한다. 이러한 예측을 기반으로 송신자는 전달할 메시지의 내용을 구성하게 된다. 이를 감정이입이라고 하며, 그것은 의사소통 장애를 극복하는 효과적인 방법이다.

③ 이해(understanding)

효과적인 의사소통은 언어 전달에 그치지 않고 그 메시지의 내용과 의미를 송신자와 수신자가 상호 이해하는 데까지 도달해야 한다. 따라서 메시지를 상대방이 쉽게 이해할 수 있도록 그의 수준에 맞는 언어(문장과 말)로 전달하는 것이 효과적이다.

④ 피드백(feedback)

수신자의 메시지 수신과 이해의 정도를 확인하는 피드백은 상호이해를 증진시키고 의사소통을 촉진시킨다. 쌍방적 의사소통은 일방적 의사소통보다 피드백이 활발하다. 일방적 의사소통에서도 상호이해 증진을 위해서 피드백 기회가 주어져야 한다. 특히, 하향적 의사소통에서 메시지의 전달을 확인하고 수신자로부터 피드백을 받는 상사의 노력이 중요하다.

⑤ 경청(listening)

메시지를 효과적으로 전달하는 것도 중요하지만 상대방이 전달하는 메시지를 가감없이 받아들이는 것도 중요하다. 이를 위해 진지하게 상대방의 말을 잘 듣는 것이 성공적 의사소통의 핵심이다. 효과적인 의사소통은 이해시키는 것과 마찬가지로 이해하는 것이다. 이해는 경청을 통해서만 가능하다. 듣기를 통해서 수신자는 송신자의 메시지를 이해할 수 있고, 송신자는 수신자의 피드백을 이해할 수 있는 것이다. 남의 말을 건성으로 듣는 사람은 효과적인 의사소통을 할 수 없다.

(2) 조직 수준에서의 장애 극복

학교행정가는 학교 구성원 개인 간의 의사소통의 개선뿐만 아니라 조직수준에서 학교의 의사소통 체제를 조직하고 조정하며 평가하는 노력을 기울여야 한다. 의사소통에 영향을 주는 조직 요인은 ① 조직구조, ② 지위 차이, ③ 통신체계 및 정보의 양 등인데 이들을 개선하면 의사소통 장애를 극복할 수 있다(박병량 외, 2005).

1 조직구조

조직구조는 의사소통에 영향을 미친다. 계층단계가 많은 조직에서는 일반적으로 정보의 흐름이 비효율적이고 정보가 왜곡되어 전달될 개연성이 높다. 이러한 조직에서는 횡적(수평적) 의사소통이 보다 유리하다. 즉 계층단계가 많으면 의사소통 통로가 길기 때문에 여과 송신자의 자기 방어, 선택적 지각 등 의사소통의 장애가 일어나기 쉽다. 그래서 횡적인 의사소통이 종적인 의사소통(상향 또는 하향적)보다 효과적이다. 여러 단계의 의사소통 단계를 거치는 동안 정보가 누락되거나 왜곡될 수 있어서 상향적 또는 하향적(수직적 혹은 종적) 의사소통이 불리하다는 것이다.

계층단계가 적은 조직에서는 의사소통의 통로가 짧기 때문에 정보가 굴절될 개연성이 낮고 상하 간 직접 대화가 가능하고 의사소통이 쉽다. 이 경우는 상향적 또는 하향적 의사소통, 즉 종적인 의사소통이 정보를 신속하게 전달할 수 있다. 조직 구조를 개선하면 의사소통의 장애를 어느 정도 극복할 수 있다. 지나친 다층구조를 재구성하면 의사소통의 원활화를 기할 수 있다.

2 지위 차이

지위 차이는 의사소통에 영향을 준다. 예컨대, 상하 명령복종 관계가 뚜렷한 지위체계(계선조직)에서는 상하 간 원활한 의사소통이 어렵다. 상위 직은 자신의 주변 사람들과 정보를 교환하면서 하위직과는 자유로운 의사소통을 제한하는 경향이 있다. 하위직도 상위직과 의사소통을 꺼린다. 그래서 직위의 차이가 커지면 의사소통은 줄어들고 상·하위직 간 대화의 기회가 적어진다. 이 경우 상위직에 있는 사람이 하위직에 있는 사람들보다 먼저 그들과 대화할 수 있는 기회를 자연스럽게 확대하는 노력을 해야 한다.

3 통신망

다양한 정보산업과 의사소통망의 발달은 정보의 질과 양을 증대시키고 있다. 이러한 정보의 과부하는 정보 처리와 선택에 부담을 주어 여러 가지 문제를 일으킨다. 예컨대, 생략, 누락, 지연, 여과, 대충 훑어보기 등이 일어난다. 이와 같은 의사소통의 장애요인을 극복하기 위하여 효율적인 정보처리 시스템을 구축하여 새로운 정보화 시대에 대비해야 한다.

Barnard(1938)는 의사소통을 조직경영의 핵심적인 과정으로 보고, 효율적인 의사소통 체제 구축을 위한 조건을 다음과 같이 제시했다.

① 의사소통의 통로가 조직 구성원들에게 명확하게 알려져야 한다.

② 조직 구성원들이 명확하고 공식적인 의사소통 통로를 통하여 의사소통을 할 수 있도록 해야 한다.

③ 가능한 한 직접적이고 짧은 의사소통 라인을 구축해야 한다.

④ 의사소통은 의사소통 통로에서 생략되지 않고 전의사소통 통로를 거쳐서 이루어져야 한다.

⑤ 의사소통의 중심이 되는 사람은 유능하여야 한다.

⑥ 의사소통의 통로는 방해를 받지 않아야 한다.

⑦ 권위 있는 직위에서 메시지를 전달하여 의사소통의 신뢰성을 높여야 한다(박병량 외, 2005).

의 사 결 정

제 7 장

1. 의사결정의 본질과 개념
2. 의사결정 유형
3. 의사결정 과정
4. 의사결정 모형

1 의사결정의 본질과 개념

의사결정이란 여러 가지의 행동대안 중에서 최선의 것이라고 생각되는 대안을 선택하는 행위라고 볼 수 있다. 개인생활이나 조직생활을 막론하고 우리는 이와 같은 선택을 해야 하는 상황에 자주 직면하게 된다.

개인생활에서 학생들은 어느 대학, 어느 학과에 진학할까? 이번 학기에는 어떤 과목을 수강할까? 오늘 여러 모임이 있는데 어떤 모임에 참가할까? 심지어, 어떤 색깔의 옷을 살까? 조직에서도 수 없이 많은 의사결정 장면에 부딪치게 된다. 대학의 경우, 내년에 어떤 학과 교수를 몇 명 채용할까? 승진 규정을 어떻게 정할까? 학과 조정은 어떻게 할까? 등 잠자는 시간을 빼면 우리의 거의 모든 생활이 의사결정과 관련되어 있다. 그런데 의사결정 연구는 사생활상의 의사결정이 아니라 조직의 의사결정을 대상으로 하고 있다.

의사결정이 교육행정에서 주목을 받기 시작한 것은 20세기 중반 Simon의 의사결정에 관한 연구에서 비롯되었다. 1950년에 출판된 Simon의 저서 「Administrative Behavior」에서 그는 모든 행정이론은 정확한 의사결정을 확인하는 조직 원리를 내포하고 있다고 주장했다. 그는 행정을 조직 구성원들의 행동에 영향을 미치는 의사결정과정으로 보았다(Owens, 1991). 이와 같이 행정이론이란 결국 의사결정의 합리성을 높이기 위해서 연구된 이론이라고 볼 수 있으며, 의사결정은 행정의 핵심이라고 볼 수 있다. Griffith(1958)도 의사결정이 조직의 심장이며 행정의 중요한 과정으로 보았다. 그들은 의사결정이 교육행정에서 얼마나 중요하고 핵심적 기능인지를 확인해 주고 있다.

구체적으로 의사결정이란 어떤 문제를 해결하거나 목표를 달성하고자 할 때 여러 단계를 거치게 되는데 각 단계마다 선택할 수 있는 여러 가지 대안들 중 최선이라고 생각되는 대안을 결정, 선택하는 것이라고 볼 수 있다. 문제해결 단계를 ① 문제인식 및 정의, ② 곤란성 분석, ③ 문제해결 위한 근거 설정, ④ 실천계획 및 전략 수립, ⑤ 행동계획 실천 등 5단계(Hoy & Miskel, 2004)로 보았을 때, 각 단계마다 여러 선택대안이 있기 마련이다.

첫 단계인 문제인식의 단계에서 문제의 심각성 혹은 중요성을 어느 수준으로 볼 것인가도 결국 결정의 문제이다. 예로써 관내 학교의 학업 성취도 평균이 70점인데 우리 학교는 65점이라고 할 때 이를 해결하기 위한 문제로 볼 것인지, 말 것인지 둘 중 하나를 결정해야 한다. 또 셋째 단계인 문제해결 준거를 어느 수준으로 설정할 것인지도 결정할 문제이다. 실천계획 및 전략단계나 행동계획 실천단계에서는 더 현실적인 대안선택이 있게 된다. 따라서 의사결정이란 문제를 인식하고 정의하는 첫 단계에서부터 마지막 단계인 행동계획 실천 및 환류단계에 이르기까지 전 단계에서 이루어진다. 따라서 의사결정은 Griffith(1958)의 말처럼 '의사결정이 조직의 심장이며 행정의 중요한 과정'으로 여러 대안 중 최선이라고 생각되는 하나 혹은 소수를 선택하는 것이라고 정의할 수 있다.

흔히 의사결정을 '여러 대안 중 최선인 하나의 대안을 선택하는 것'이라고 말하고 있으나 꼭 하나일 필요는 없다고 본다. 예로써 우리학교 고직원의 자질 향상이 꼭 해결해야 할 문제라고 인식되었다면 이를 해결하기 위하여 여러 행동 대안 중 꼭 하나의 대안만을 선택하는 것은 아니다. 자기장학과 임상장학을 병행 추진할 수도 있으며 일반연수까지도 실시할 수 있다.

2 의사결정 유형

의사결정의 유형은 의사결정의 어떤 측면을 강조하느냐에 따라 여러 가지로 분류되는데, 일반적으로 알려진 유형을 소개한다.

1) 가치결정과 사실결정

Simon은 의사결정의 대상을 가치와 사실로 구분하고 있다(박연호, 2000). 인간의 행위는 가치적인 것과 사실적인 것이 있다. 가치적인 것은 당위적인 것을 말하고(당연히 해야 하는 것), 사실적인 것은 존재적인(실제로 있는 것) 것이다. 가치는 주관적 판단의 산물이라면 사실은 객관적으로 실재하고 있는 것이다. 어떤 목표를 얼마나 중요시할 것이냐에 대한 결정이 가치결정이라면 목표가 어느 수준까지 달성되어야 할 것인가를 결정하게 된다면 이는 사실결정이 되는 것이다. 교육과 같이 가치 중심적 활동을 하는 학교 등에서는 이와 같은 두 유형의 의사결정 형태를 취하게 된다.

2) 단독결정과 집단결정

말 그대로 단독결정은 개인이 혼자 의사결정을 하는 것을 말하고 집단결정은 여러 사람들과 같이 의사결정을 하는 것을 말한다. 단독적 의사결정은 대체로 다른 사람들을 의사결정에 참여시키는 것이 문제해결에 오히려 도움이 되지 않는다고 판단될 때 행해진다. 단독결정은 신속한 의사결정이 필요할 때나 의사결정 사항이 별다른 논쟁을 일으킬 만큼 예민한 것이 아닐 때 행해진다. 집단결정은 의사결정에 있어서 전문가들의 의견이 필요하거나 다른 사람들이 그 결정을 수용해야 일을 제대로 추진할 수 있을 때 행해진다. 특히, 어떤 가치를 집단 구성원들에게 배분하는 문제가 생겼을 때 이 문제는 매우 예민하므로 그들의 수용이 중요하다. 이와 같은 경우에 집단결정을 하는 것이 보통이다.

3) 정형적 의사결정과 비정형적 의사결정

Simon(1960)은 의사결정을 정형적 의사결정과 비정형적 의사결정으로 나누고 있다. 정형적 의사결정은 같거나 비슷한 의사결정이 매번 행해져서 그 과정이나 절차 및 방법이 이미 일정한 틀을 갖추고 있을 때 행해진다. 예를 들면, 학교에서 과목당 시수를 정하는 일, 수업시간과 휴식시간을 정하는 일 등은 학기마다 반복적으로 행해져서 특별히 심사숙고할 필요가 없다. 이런 경우 전에 했던 식으로 의사결정을 하면 된다.

비정형적 의사결정은 과거에 없던 새로운 문제가 생겼을 때 이를 해결하기 위해서 선례가 없는 의사결정을 하게 되는 경우다. 선례가 없는 의사결정은 의사결정에 상당한 분석력, 창의력, 문제해결 능력이 수반된다. 예산절감에 따른 인적 구조조정, 학교의 이전 문제 등은 과거에 경험하지 못했던 경우로 비정형적 의사결정을 하게 되는데, 이때 의사결정자들에게 폭넓은 식견과 자질이 요청된다.

4) 전략적 결정과 전술적 결정

전략적 결정은 조직 목표달성, 발전 등과 같이 조직의 설립목적과 관계되는 중요한 문제에 대한 결정을 말한다. 전술적 결정은 일상적, 관례적인 업무처리 절차와 방법 및 기술에 대한 의사결정으로 전략적 결정을 실천에 옮기는 데 필요한 의사결정이다. 그렇다고 상위 개념인 전략적 결정은 중요하고 전술적 결정은 중요하지 않다는 것이 아니다. 목적과 수단의 관계는 동떨어진 것이 아니고 연계된 것이다.

일선 학교에서 학생들의 학력을 어느 수준으로 유지할 것인가를 결정하게 된다면 이는 학교 교육목표에 관한 사항이므로 전략적 결정이라고 볼 수 있다. 그리고 이를 달성하기 위해 수업 시간을 어떻게 배정하고 수업을 어떤 형태로 진행할 것인지를 결정하는 문제는 전술적 결정이라고 볼 수 있다. 이 두 결정이 합리적으로 이루어질 때 그들의 효과는 높아진다.

3 의사결정 과정

효과적인 의사결정이 이루어지기 위해서는 의사결정 단계가 체계적이어야 한다. 의사결정이 비체계적으로 이루어지면 신뢰성과 효과성이 떨어진다. 의사결정의 타당성과 신뢰성 및 수용성을 확보하기 위해서는 그 결정과정이 일정한 절차를 거쳐야 함은 당연하다. 대체로 의사결정은 문제를 인식하는 단계에서부터 시작하여 그 해결 대안을 선택, 실행에 옮겨, 평가하는 단계에 이르게 되는데, 학자마다 약간씩 다른 의사결정 과정을 제시하고 있다(남정걸 외, 1995).

Simon(1960)은 의사결정 과정을 ① 정보, ② 설계, ③ 선택 활동, ④ 검토 활동으로 보았으며, Griffiths(1958)는 ① 문제의 인식 · 확인 및 한정, ② 문제의 분석과 평가, ③ 판단의 기준설정, ④ 자료의 수집, ⑤ 우선권이 있는 대안의 선정, ⑥ 대안의 실행 등 6단계의 의사결정 과정을 제시하고 있다. Drucker(1974)는 ① 문제의 정의, ② 문제의 분석, ③ 해결 대안개발, ④ 최선의 대안선택, ⑤ 최선안의 실행 등 5단계로, Hoy와 Miskel(2004)은 ① 문제의 인식과 정의, ② 문제 분석, ③ 문제해결 준거설정, ④ 실행계획과 전략개발, ⑤ 계획실행으로, Lunenburg와 Ornstein(2004)은 ① 문제확인, ② 대안탐색, ③ 대안평가, ④ 대안선택, ⑤ 실행, ⑥ 결정평가 등 6단계로 의사결정 과정을 제시하고 있다.

여기서는 Hoy와 Miskel(2004)이 제시하고 있는 의사결정 과정을 중심으로 각 단계를 간단히 살펴본다.

1) 문제의 인식과 정의

문제를 인지하고 정의하는 것은 의사결정 과정의 첫 단계이면서 매우 중요한 문제이다. 확실히 문제인데도 문제로 의식하지 못하는 경우가 있는데 이렇게 되면 곤란하다. 사건들을 문제로 보느냐 마느냐의 차이는 조직의 성패와 직결된 조직 리더의 철학과 관계가 있다. 문제인식과 정의는 다음에 이어지는 문제분석과 해결에 중대한 영향을 미치게 된다. 문제를 정확히 인지하고 정의하는 일은 신중해야 한다. 만약 문제를 너무 조급하게 다루거나 또 협소하게 규정한다면 문제의 본질이 왜곡될 수도 있어 오히려 문제를 확대시키게 된다.

문제를 인지하고 규정하는 데는 사건의 발생 시기, 중요성, 의사결정권자의 인성 · 사회적 배경과 경험 · 가치관 등이 작용한다. 이 단계에서 교육행정가는 조직에 대한 전문적 이해와 지식을 바탕으로 예리한 감각과 통찰력을 가지고 문제의 중요성을 파악해야 한다. 복합적인 문제는 하위문제로 세분화하여 그 중요성을 검토한다.

2) 문제분석

두 번째 단계인 문제분석에서는 문제를 내용에 따라서 분류한다. 문제는 일반적인 문제인지, 새로운 문제인지 등으로 분류된다. 의사결정은 일반적인 의사결정과 특수한 의사결정으로 구분될 수 있다.

일반적인 의사결정은 기존에 확립된 규정과 절차에 따라서 이루어진다. 자주 발생되는 문제는 일상적으로 공식화된 절차와 규정에 의해 해결된다. 교육행정에 관한 결정들은 주로 일반적인 것이다. 학교장은 교육청에서 지시된 정책을 실천하고 교사들을 지도 · 감독하며, 학생들을 교육할 때 법 · 규정에 의거하여 일반적인 의사결정을 한다. 특수한 의사결정은 문제해결을 위해 제도화된 절차와 규정 이상의 것을 사용해야 하는 예외적인 의사결정이다. 이 경우에 의사결정자는 기존의 법 · 규정에 의존하지 않고 문제와 관련된 새로운 정보를 탐색한다. 때로는 조직의 기본적인 방향을 변경하는 의사결정을 할 수도 있다.

일단 문제가 일반적인 것이나 혹은 독특한 것으로 분류되면, 문제를 더욱 정확하게 정의하기 위해 정보를 수집하게 된다. 정보수집의 정도는 문제의 중요성, 시간의 제약,

자료수집 절차 등에 따라 다르다. 문제가 중요할수록 정보수집 노력이 강화되는 반면, 의사결정 시간이 제한되어 있을 때 정보수집 노력이 약화된다.

3) 문제해결 준거설정

세 번째 단계는 문제가 해결되었다고 예측되는 결과로 준거를 정하는 단계이다. 문제해결을 위한 준거를 설정할 때는 최소 수준과 최대 수준으로 나누어 설정하는 것이 좋다. 준거설정에는 이상과 현실을 바르게 인식해야 한다. 현실을 고려하지 않고 이상적으로 준거를 설정하면 실현 가능성이 낮다. 준거는 조직의 목표와 일관성이 있어야 하고 적절하고 구체적으로 세워져야 한다.

4) 실행계획과 전략개발

실행계획의 작성은 의사결정과정의 중심적인 단계이다. 문제를 파악하고, 자료를 수집하고, 문제를 구체화하며 문제해결 준거를 설정한 후에 실행을 위한 계획을 작성한다. 실행계획의 작성은 대안의 개발, 결과 예측, 평가 및 최적안 선택으로 이루어진다.

(1) 대안개발

문제해결을 위한 대안개발은 정보의 제한 때문에 몇 가지 대안을 중심으로 이루어지는 것이 보통이다. 대안을 효과적으로 개발하기 위해서 참여자들은 많은 연구 자료를 수집, 분석할 필요가 있다. 또 창조적으로 사고하고 대안개발을 위한 시간적인 여유를 갖는 것도 중요하다.

(2) 대안결과 예측

작성된 각 대안은 예측된 결과를 제시한다. 결과의 예측을 위해서 전문성과 경험을 활용한다. 이를 위해 해당 분야에 대한 전문성과 경험을 지닌 인사들의 도움을 받을 수 있다. 결과 예측의 정확성을 기하기 위해 정보를 수집, 저장하고 정보관리체제를 활용할 수 있다. 일반적으로 대안실행에 소요되는 경비추정은 비교적 쉽지만 대안에 대한 개인, 집단 및 사회 각층의 반응을 예측하기란 쉽지 않다(예, 주거 지역 재개발, 농어촌 지역의 복식학급 편성 등).

(3) 평가 및 최종안 선택

실행계획의 최종단계는 예측된 대안결과에 대한 평가이다. 각 대안별로 예측된 결과를 평가한다. 의사결정자는 각 대안의 예측결과를 준거에 비추어 평가한 후 최종 대안을 선택한다. 최선의 대안을 발견하지 못하면 차선의 대안을 선택할 수도 있다.

5) 계획의 실행

실행계획이 수립되면 마지막으로 계획의 실행이 필요하다. 계획의 실천은 프로그램 작성, 의사소통, 감독, 평가 등의 활동단계를 거치게 된다.

(1) 프로그램 작성

결정된 정책이나 문제는 구체적인 프로그램으로 작성된다. 프로그램은 실천할 구체적 내용이다. 그 작성은 여러 가지 기법을 통해서 이루어지며 작성자의 전문성에 따라 결정된다. 프로그램 작성에는 목표설정, 예산편성, 인적자원 배분 등이 포함된다.

(2) 의사소통

프로그램이 작성되면 이를 바탕으로 구성원들 간 의사소통이 이루어져야 한다. 의사소통을 통해서 구성원 각자가 자신이 해야 할 일과 다른 사람이 해야 할 일을 명확하게 알게 된다. 이렇게 함으로써 일의 중복을 피하고 일의 능률을 올릴 수 있다.

(3) 감독

조직의 활동이 계획된 대로 추진되고 있는지를 점검하는 과정이다. 감독을 통해서 추진 과정과 결과를 계속적으로 점검한다. 조직의 활동이 성과기준에 도달되도록 유도한다. 유도 방법에는 통제, 보상, 유인, 설득, 목표의 내면화 등이 포함된다.

(4) 평가

조직 의사결정의 성공 여부를 판단하기 위해 결과를 평가한다. 결과에 대한 평가를 통해서 의사결정이 정당화되기도 하고 변화되기도 한다(박병량 외, 2005).

4 의사결정 모형

1) 의사결정이론 모형

의사결정이론 모델은 의사결정 접근방법을 제시한다. 이것은 문제해결과 목표달성을 위해서 대안을 선택, 결정하는 것이므로 모든 의사결정 모델이 합리성을 중심으로 논의된다. 의사결정이론 모형은 학자에 따라 다양하게 분류되고 있다. 여기서는 Hoy와 Miskel(2004)이 분류한 의사결정 모형을 중심으로 알아본다(김윤태, 2004; 이병진, 2006).

(1) 합리모형

합리모형은 인간이 이성적이고 합리적인 존재이기 때문에 모든 목표나 문제를 정확히 인지하고 최선의 해결 방안을 적용하여 그것을 가장 효율적으로 달성하고 해결할 수 있다고 보는 입장이다. 인간은 의사결정에 필요한 모든 정보를 가지고 있고 그 정보를 분석, 적용할 수 있기 때문에 의사결정이 합리적으로 된다는 것이다.

고전경제학 이론에서는 가정하는 경제인은 다양한 경제 조건에 대한 완전한 지식을 가지고 있어서 합리적인 경제활동만을 하게 된다고 보고 있다. 이와 마찬가지로 의사결정자도 경제인과 같이 문제와 그 해결대안에 대한 완전한 지식과 정보를 가지고 있어서 합리적으로 의사결정을 할 수 있다는 것이다. 합리모형에서 의사결정자는 ① 각 대안을 모두 인식하고, ② 각 대안에 따른 결과를 알아내고, ③ 가치체제와 반대되는 결과에 대해 평가하고, ④ 각 대안의 우선순위를 정하며, ⑤ 목표달성을 극대화할 수 있는 대안을 선택하는 순서를 밟게 된다(주삼환 외, 2000).

인간은 합리적 요인뿐만 아니라 비합리적인 심리적, 사회적인 요인에 의해서도 상당한 영향을 받기 때문에 이러한 지고지선의 합리적인 의사결정은 현실적으로 기대하기 어렵다. 따라서 합리모형은 논리적인 당위성만을 강조한 이상적인 의사결정 모델이라고 볼 수 있다.

(2) 만족모형(satisfying model)

합리모형은 지나치게 인간의 능력을 과대평가하여 이상적으로 설정된 모형이기 때문에 현실성이 떨어진다고 보고 개발된 모형이 만족모형이다. Simon(1960)은 의사결정에서 심리적인 면, 특히 의사결정의 인지과정을 중심으로 의사결정자가 최적의 대안이 아니라 만족할 만한 대안을 선택하게 된다는 것을 설명했다.

Simon은 합리모형에서 가정하는 의사결정자를 경제인이라고 부르고, 제약된 합리성을 가진 의사결정자를 행정인이라고 부르면서 다음과 같은 주장을 폈다. 첫째, 경제인은 모든 가능한 대안 중에서 최선의 대안을 선택한다. 그러나 행정인은 만족하는 수준에서 그친다. 둘째, 행정인은 모든 대안을 탐색하지 않고 몇 개의 대안만을 탐색한다. 이때 대안의 탐색은 무작위적이거나 순차적으로 이루어진다. 셋째, 경제인은 복잡하고 동태적인 상황을 모두 고려하여 대안에 대한 결과예측을 시도하지만, 행정인은 불확실성이나 불충분한 정보자료 때문에 대안의 결과를 정확하게 예측할 수 없음을 알고 있다. 셋째, 만족모형은 사실주의를 추구하는 심리학과 조직이론에 기반을 두고 있다. 실제의 경우 정책결정자들은 자신들이 만족하는 대안 이상의 것을 찾으려 하지 않고 만족할 만한 수준에서 의사결정을 한다(이병진, 2006).

(3) 점증모형

점증모형은 합리모형의 비현실성을 비판하는 입장에서 제안되었다. 말 그대로 이 모형은 단번에 문제를 해결하는 것이 아니라 한 걸음 한 걸음 앞으로 나가면서 문제를 점진적으로 해결해 가는 의사결정 방식이다. 기존의 의사결정 방식과 근본적으로 다르지 않고 과거 경험을 바탕으로 조금씩 개선해 나가는 방식이다. 이 모형에서는 제한된 수의 대안을 검토, 수정하여 현실성 있는 정책을 선택한다. 적극적으로 새로운 목표를 추구하기보다는 현재 상황의 단점과 불만을 해소하는 쪽에 중점을 두게 된다. 선택된 정책이나 대안에 대하여는 폭넓은 동의를 얻는 데에 관심이 많다. 따라서 이 모형을 보수적이라고 평하고 있다.

Lindblom(1963)에 따르면 점증모형은 완전성을 지향하는 합리모형에 반대하고 현재 상황에 근거하여 점진적으로 문제를 풀어간다는 것이다. 그는 합리모형이 뿌리부터 시작한다면 자신의 점증모형은 현실적인 가지부터 시작한다고 했다(김윤태, 2004).

(4) 혼합관조 모형

이 모형은 합리주의도 아니고 점증주의도 아닌 제3의 의사결정 접근방법으로서, 이들 양자를 혼합한 의사결정 모형이다. 즉 이것은 합리주의와 점증주의의 장점을 혼합하여 합리모형의 비현실성과 점증주의 보수성을 극복한다는 것이다.

Etzioni(1968)는 혼합관조 모형을 적용하기 위해서 의사결정을 근본적 결정과 점증적 결정으로 나누었다. 근본적 결정에서는 기본 방향만을 합리적으로 설정하고, 점증적 결정에서는 기본방향 설정 후, 구체적인 특정 문제에 대해서는 현실적인 결정을 한다는 것이다. 즉 근본적인 결정에서는 목표달성에 필요한 주된 대안을 합리성에 입각하여 모색하고, 세부적인 문제에 대해서는 합리성보다는 현실성에 입각하여 의사결정을 점진적으로 한다는 것이다(신두범 외, 2003).

(5) 최적모형

최적모형은 Dror(1968)가 제시한 것으로, Lindblom(1963)의 점증모형이 타성적이라고 비판하면서 출발한 의사결정 모형이다. 이것은 합리모형과 점증모형의 단점을 보완하고 장점을 혼합한다는 점에서 혼합모형과 유사하나 양자의 단순 혼합이 아니라 합리성과 초합리성을 동시에 고려하는 최적치(optimality) 중심의 규범적 모형이라는 점에서 혼합모형과 다르다. Dror가 말하는 최적이란 "모든 것이 고려되어 있다"는 뜻이지만, 그것은 '진정한 최선'(the very best)을 의미하는 것은 아니고 주어진 조건하에서 가장 호적(好適)한 상태를 말한다. 이 모형은 직관 · 판단 · 창의와 같은 초합리성을 중요시하며 이 초합리성이 정책결정 과정에서 불가결한 요소로 파악된다(Dror, 1968).

최적모형은 초합리성의 개념을 도입하여 합리모형을 한층 더 체계화시키는 데 공헌했다는 평가를 받고 있다. 이것은 비합리적, 비현실적인 요소도 정책결정에 중요하다는 논리를 제공함으로써 창의적이고 혁신적이라는 평가를 받고 있다. 반면에 이 모형은 초합리적인 추상적 개념을 도입함으로써 개관적인 정책결정이 어렵고 그 실천 방법도 비구체적이고 지나치게 이상적이라는 비판이 있다(김윤태, 2C04).

(6) 쓰레기통 모형

이 모형은 잡다한 쓰레기들이 쓰레기통에 던져져서 우연히 뒤섞여 있는 것처럼 의사결정도 이와 유사한 상황 속에서 우연히 이루어진다는 것이다. Cohen, March 및 Olsen(1972)은 학교조직을 조직화된 무질서 조직으로 보았다. 학교는 조직체계를 가지고 있으나 내부적으로 모호한 목표, 불분명한 기법, 참여자의 유동성이 심하다. 이로 인하여 의사결정이 합리적이고 체계적으로 이루어지기 어렵고 여러 대안들이 우연히 모여 있다가 그 중 하나가 선택되는 경우가 많다.

학교의 교육목표만 보더라도 추상적이고 구체적이지 못하다. 구성원들이 공통적으로 수용하는 목표를 세우기도 쉽지 않다. 공장에서는 생산목표가 구체적인데 학교목표는 그렇지 못하다. 설령, 학교의 교육목표를 구체적으로 세웠다고 하더라도 과연 그것이 학습상황을 객관적이고 과학적으로 분석한 후 세웠느냐 하는 것도 문제이다. 이렇게 목표가 불분명하니 이를 성취하기 위한 수단, 방법도 명확하지 않다. 목표 달성을 위해 어떻게 가르치는 것이 가장 좋은지, 어떤 기자재를 활용하는 것이 최상인지 명확하지 않다. 또, 학교에서는 구성원들의 일부가 매년 바뀐다. 입학과 졸업이 매년 있고, 일부 교사들이 전보, 퇴직한다. 이와 같이 유동적인 상황에서는 의사결정이 합리적이고 체계적으로 이루어지기 어렵다.

2) 의사결정 참여모형

Coch와 French(1948)는 Harwood 회사의 현장연구를 통해서 구성원의 의사결정 참여가 조직 생산성과 직무태도에 어떠한 영향을 미치는지 알아보았다. 조직 구성원들을 세 집단으로 나누어 실험한 결과 많은 차이점이 발견되었다. 의사결정에 참여하지 않았던 집단에서는 생산성이 개선되지 않았고 결근과 이직률이 높았으며 불평이 많았다. 어느 정도 참여가 허락된 두 집단에서는 생산성이 향상되었으며 이직, 결근 및 불평도 적어졌다. 의사결정의 참여가 조직 생산성과 직무태도에 긍정적이라는 결과를 보여준 실험이었다. 교육조직에서도 구성원의 의사결정 참여가 효과적이라는 사실이 Hoy와 Miskel(2004) 및 Owens(1991) 등을 통해 밝혀지고 있다.

조직 구성원의 의사결정 참여가 긍정적이라는 데는 일반적으로 수긍하고 있으나 문제는 언제, 어떤 형태로 누구를 참여시키는 것이 효과적이냐 하는 것이다. 불필요한 참여는 오히려 시간을 낭비하고, 역효과를 가져올 수도 있기 때문이다. 여기서는 의사결정에 누구를, 언제 참여시키고 어떤 형태로 의사결정을 하는 것이 바람직한지 Bridges의 모형과 Vroom과 Yetton의 모형을 중심으로 알아본다(주삼환 외, 2000).

(1) Bridges의 참여 의사결정 모형

Bridges(1967)는 구성원들이 의사결정의 수용영역 안에 있느냐 아니면 밖에 있느냐에 따라 그들의 참여여부를 결정해야 한다고 했다. 수용영역(zone of acceptance)이란 구성원이 상급자의 의사결정을 의심 없이 기꺼이 받아들이는 영역이다. 그는 또 구성원들의 적절성(이해관계)과 전문성(능력)을 검토해 보면 그들이 그 영역 안에 있는지, 밖에 있는지 알 수 있다고 했다. 이 두 변인, 즉 적절성과 전문성을 구성원이 다 가지고 있으면 수용영역 밖에 있게 되고 둘 다 없으면 안에 있게 된다. 이들 중 하나만 있으면 한계영역에 있게 된다.

적절성 검토는 구성원들이 개인적으로 의사결정에 이해관계를 가지고 있느냐? 에 대한 응답으로 하게 된다. 그들의 이해관계가 높으면 참여에 관심을 보일 것이고, 그렇지 않으면 관심을 보이지 않을 것이다. 전문성 검토는 '의사결정에 그들이 공헌할 수 있는 전문성을 가지고 있느냐'에 대한 응답으로 측정된다. 이 두 준거를 기초로 4가지 상황에 따른 적당한 참여 정도를 [그림 7－1]과 같이 알아볼 수 있다.

① 상황 I

이 상황은 구성원들이 개인적 이해관계(적절성)와 전문적 지식(전문성)을 모두 가지고 있기 때문에 수용영역 밖에 있게 된 상황이다. 그들은 아는 것도 많고 이해관계도 있으니 리더가 내린 결정을 무조건 수용하려 하지는 않는다. 그래서 그들은 수용영역 밖에 있게 된다. 따라서 리더는 그들을 의사결정 과정에 자주 참여시켜야 한다. 그렇게 해야 말썽이 없다. 소수 의견도 보장하는 의회주의 방식으로 의사를 결정하는 것이 좋다.

② 상황 II

이 상황은 구성원들이 결과에 대해 이해관계(적절성)는 가지고 있으나 전문적 지식(전문성)이 없는 경우다. 이런 경우 구성원들은 수용영역의 한계조건에 있게 된다. 이런 경우 그들을 가끔 참여시키고 참여도 최종대안을 선택할 때로 제한한다. 그 목적은 최종결정을 하기 전에 그들로부터 이해를 구하고 합의를 도출하여 저항을 줄이기 위해서다. 리더는 그들을 가끔 참여시켜 민주적인 방식으로 문제를 마찰 없이 해결한다.

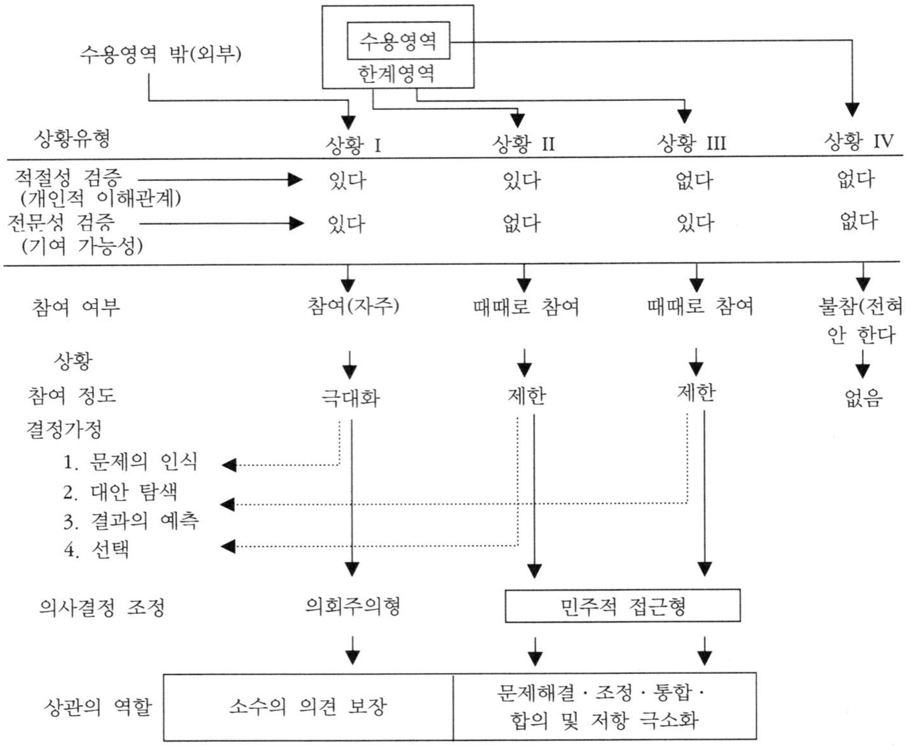

[그림 7-1] **수용영역에 따른 의사결정 과정의 참여형태**

* 출처 : Hoy, W. K., & Miskel, C. G.(1987). Educational Administration : Theory, Research, and Practice(3rd.). New York : Random House, p. 343을 번역한 주삼환 외(2002). 교육행정 및 교육경영. 서울 : 학지사. p. 155.

3 상황 III

이 상황은 구성원들이 전문성은 있으나 이해관계가 없는 경우다. 두 번째 상황과 같이 수용영역의 한계조건 내에 있으므로 그들을 제한적으로 참여시킨다. 참여는 의사결정의 질을 높이기 위해 그들의 전문적 아이디어나 정보를 얻기 위한 것이기 때문에 대안 제시나 결과의 평가단계에 참여시킨다.

4 상황 IV

구성원들이 전문성도 없고 이해관계도 가지고 있지 않은 경우다. 이 경우는 수용영역 내부에 있게 되므로(기꺼이 결정을 수용하므로) 참여시킬 필요가 없게 된다.

(2) Vroom과 Yetton의 의사결정 모형

Vroom과 Yetton(1973)은 독단적인 것에서부터 민주적인 것까지 5가지의 의사결정 방식을 제시했다. 의사결정자는 상황에 따라 5가지 의사결정 방식을 선택적으로 사용할 수 있다. 그래서 상황에 따라서 다른 형태의 의사결정이 요구되므로 상황을 진단하고 적절한 의사결정 방식을 선택하는 능력이 필요하다. Vroom과 Yetton이 제시한 5가지 의사결정 방식은 〈표 7－1〉과 같다.

〈표 7-1〉 Vroom과 Yetton의 5가지 의사결정 모형

모 형	방 법
AI	행정가가 현존하는 정보를 이용하여 단독으로 결정한다(**단독결정**).
AII	행정가는 구성원들로부터 정보를 구한 후 단독으로 결정한다. 그들은 정보를 제공할 뿐 대안의 탐색이나 평가에 참여하지 않는다(**정보수집 후 단독결정**).
CI	행정가가 집단이 아닌 구성원 개인별로 의견을 교환하고 아이디어와 제안을 구한 다음 의사결정을 한다. 그들의 의견 반영은 될 수도 있고 안 될 수도 있다(**개별자문 후 결정**).
CII	행정가가 집단적으로 구성원들을 만나 논의하고 그들의 집약된 아이디어와 제안을 구한 후 의사결정을 한다. 이 경우도 개별자문 후 단독 결정과 마찬가지로 그들의 의견이 반영될 수도 있고 그렇지 않을 수도 있다(**집단자문 후 결정**).
GII	행정가는 집단적으로 문제와 상황을 함께 논의하여 의사를 결정한다. 모든 구성원들은 함께 대안을 탐색하고 해결책에 대한 합의점에 도달하기 위해 노력한다(**집단결정**).

〈주〉 형태에서 기본적으로 A는 autocratic, C는 consultative, G는 group style를 의미한다.
* 출처 : 주삼환 외(2002). 교육행정 및 교육경영. 서울 : 학지사. p. 157.

의사결정의 질과 수용성을 높이기 위해서는 적절한 의사결정 방식을 선택하는 것이 매우 중요하다. 그 선택 기준은 〈표 7－2〉에서 보듯, 의사결정의 질과 수용, 지도자 및 구성원 변인을 다룬 7가지 규칙(조건)이 된다. 이들 중 앞의 3가지 규칙은 의사결정의 질을 다룬 것이고 나머지 4가지 규칙은 의사결정의 수용을 다룬 것이다.

〈표 7-2〉 의사결정 선택을 위한 규칙

	의사결정의 질을 보호하기 위한 규칙
1	**지도자 정보규칙** : 의사결정의 질은 중요한데 리더가 문제를 해결하는 데 필요한 정보나 전문적 지식을 가지고 있지 못하면 **단독결정**(AI)을 제외한다.
2	**목표에 합치되는 규칙** : 의사결정의 질은 중요한데 구성원들이 조직목표에 합치된 의사결정을 할 것인지 확신하지 못하면 **집단결정**(GII)을 제외한다.
3	**비구조화된 문제의 규칙** : 리더가 정보와 전문적 지식이 없고 문제도 비구조화되어 있는 경우에 의사결정을 할 때는 구성원들이 문제해결 방법과 관련된 정보를 쉽게 공유할 수 있도록 상호작용이 이루어져야 한다. 따라서 **단독결정**(AI), **정보수집 후 단독결정**(AII), **개별자문 후 결정**(CI)을 제외한다.
	의사결정의 수용성을 보호하기 위한 규칙
4	**수용성 규칙** : 구성원들의 수용이 필수적이고 단독결정이 그들에 의해 수용될 것이라는 확신이 없다면 **단독결정**(AI)과 **정보수집 후 단독결정**(AII)을 제외한다.
5	**갈등 규칙** : 구성원들의 수용이 매우 중요하고 단독결정이 수용된다는 확신이 없다면 그들이 의사결정에 참여할 수 있도록 의사결정 과정을 재구조화하여야 한다. 따라서 이런 상황에서는 **단독결정**(AI), **정보수집 후 단독결정**(AII), **개별자문 후 결정**(CI)을 제외한다.
6	**공정성 규칙** : 의사결정의 질은 중요하지 않으나 그 결정에 대한 수용이 매우 중요하고 조직 구성원 전체의 의견이 반영되어야 하는 경우에는 **단독결정**(AI), **정보수집 후 단독결정**(AII), **개별자문 후 결정**(CI), **집단자문 후 결정**(CII)을 제외한다.
7	**수용 우선의 규칙** : 수용이 매우 중요하고 독단적 결정은 수용되지 않을 것 같으나 구성원들이 신뢰할 만한 경우에는 **단독결정**(AI), **정보수집 후 단독결정**(AII), **개별자문 후 결정**(CI), **집단자문 후 결정**(CII)을 모두 제외한다.

* 출처 : Hoy, W. K., & Miskel, C. G.(1987). Educational Administration : Theory, Research, and Practice(3rd.). New York : Random House, p. 347을 번역한 주삼환 외(2002). 교육행정 및 교육경영. 서울 : 학지사. p. 158.

Vroom과 Yetton은 5가지 의사결정 방식과 7가지 규칙을 상호 연결된 개념으로 보고 이를 종합하여 [그림 7-2]와 같이 행정가의 의사결정과정 흐름표를 만들었다.

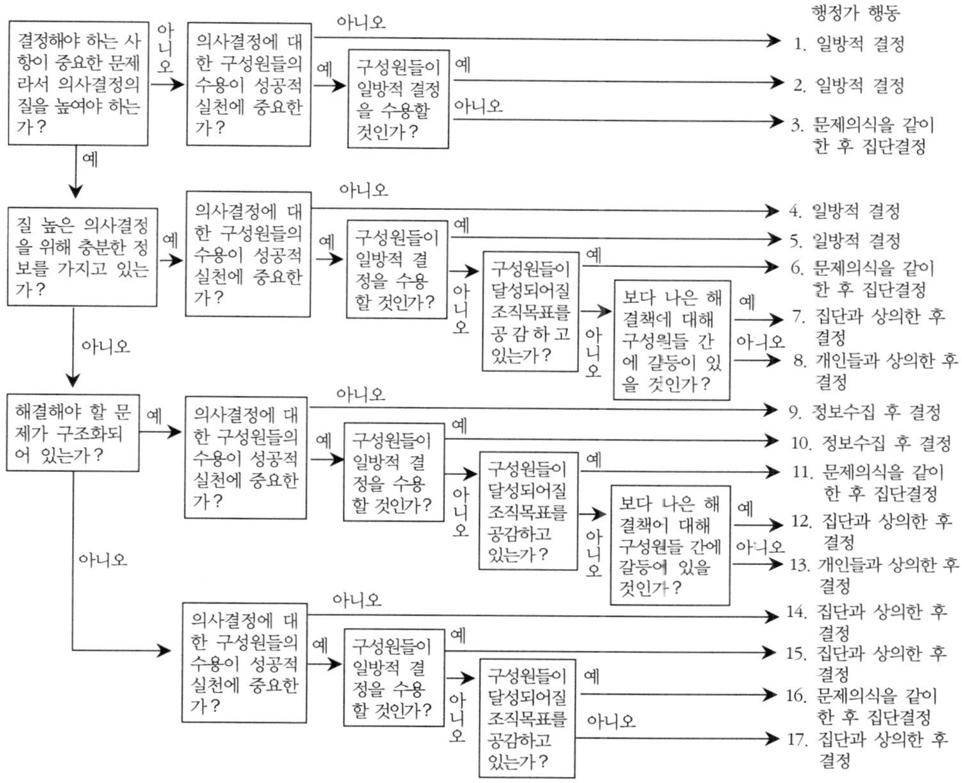

[그림 7-2] Vroom과 Yetton의 의사결정 과정 모형

* 출처 : 주삼환 외(2002). 교육행정 및 교육경영. 서울 : 학지사. p. 159.

이 모형은 행정가가 각 질문에 대하여 '예' 또는 '아니오'에 따라 상황을 분석한 후 의사결정을 위한 가장 좋은 의사결정 방식을 선택하는 것이다. Vroom과 Yetton의 모형은 Bridges의 모형에 비하여 복잡하지만 조직 구성원을 언제, 어떻게, 어느 정도 참여시킬 것인가를 결정하는 데 매우 유용한 도구가 될 수 있다. 반면에 Bridges의 모형은 사용이 간편하므로 학교행정가가 손쉽게 사용할 수 있다. 따라서 행정가는 이 두 모형을 상호보완적으로 사용하면 좋을 것이다.

3) 의사결정의 제약요인

의사결정의 제약요인으로서 가장 중요한 것은 합리성의 한계이다. 합리모형은 인간이 전능적 존재라는 전제 아래 제시되었으나 현실적으로 인간은 그렇지 못하다. 인간은 완전한 합리성이 아니라 제한된 합리성으로 의사결정을 한다. 의사결정에는 이와 같은 본질적 제약요인 이외에도 많은 요인이 있으나 여기서는 의사결정자 요인, 조직내적 요인, 환경요인을 간단히 알아본다(남정걸 외, 1995).

(1) 의사결정자의 요인

의사결정자의 인성, 가치관, 생활경험 등과 같은 개인적인 요인은 합리적 의사결정을 제약한다.

① 인성 및 가치관 등

의사결정자들의 인성, 성격, 태도, 가치관, 사회·경제적 배경과 경험 등에 따라 의사결정의 질이 좌우된다.

② 전문성의 부족 등

의사결정에 대한 의사결정자의 전문적 지식, 기술 및 경험의 부족으로 의사결정의 질이 저하된다.

③ 권위주의적 성격 등

의사결정자들의 권위의식과 권위주의적 태도는 의사결정의 질을 저하시킨다.

(2) 조직내적 요인

조직구조의 특성, 규범, 의사소통 등이 합리적 의사결정을 제약한다.

① 집권화와 계선 중심의 행정

행정이 조직 상층부에 집중되고 막료보다는 계선 중심으로 이루어지는 경우, 의사결정의 질이 저하된다.

② 의사결정 기구의 모호성

의사결정을 담당할 기구가 분명치 않거나 의사결정 기구가 필요에 따라 생기게 되어 전문성이 낮아져 의사결정의 질을 저하시킨다.

③ 의사소통체제의 불비(不備)

교육행정조직에서 상향식 또는 횡적 의사소통이 원활하지 못하고 하향식 의사전달에 의존해 있는 경우 합리적인 의사결정이 어렵다.

④ 자원의 제약

의사결정에 적당량의 자원이 지원되지 않아 의사결정의 질이 저하되는 수가 있다. 특히, 의사결정 분야의 부서가 매력이 없는 경우 인적 자원 부족 현상이 생기기 쉽다.

⑤ 정보의 부족

의사결정에는 많은 정보가 필요한데 여러 이유로 의사결정자에게 충분한 정보가 공급되지 않아 정보결핍 사태가 발생한다. 이 경우 의사결정의 질을 높이기 어렵다.

⑥ 시간의 제약

의사결정에는 적당한 시간이 필요하다. 그러나 많은 경우 시간의 제약을 받게 되어 의사결정의 질이 저하된다.

⑦ 선례의 제약

전임자가 결정한 선행정책 때문에 이를 무시하고 합리적으로 새로운 정책을 수립하기 어렵다. 선행정책과 다른 후행정책을 수립하면 정책의 일관성과 안정성이 결여되기 쉽다. 그리고 정책의 변경에는 이미 투입된 자원이 낭비로 돌아가고 새로운 자원을 투입해야 하는 등의 많은 어려움이 따르기 때문에 새로운 정책결정(의사결정)이 많은 제약을 받게 된다.

(3) 환경적 요인

조직을 둘러싸고 있는 정치 · 경제 · 사회 · 문화적 배경이 의사결정에 영향을 미친다. 이들이 의사결정에 비호의적이면 의사결정의 질을 높이기 어렵다.

① 정치적 · 사회적 영향

의사결정 체제를 둘러싸고 있는 정치적 풍토, 사회적 관습, 법률적 · 문화적 요인 등이 의사결정에 영향을 준다.

② 임기의 제약과 책임문제

정책결정자의 임기가 짧은 경우, 짧은 기간 내에 정책실현을 완성할 목적으로 적은 대안만을 가지고 정책을 결정하는 수가 있다. 또 정책결정에 대한 책임으로 전문가의 조언보다는 자기 방식으로 정책을 결정하는 경향도 있다. 이러한 요인들은 합리적 정책결정의 질을 저하시킨다.

교육기획과 교육정책

제 8 장

1. 교육기획
2. 교육정책

1 교육기획

1) 교육기획의 정의

개인생활이나 가정생활에도 계획은 필요하다. 수입을 아무 계획 없이 마구 써대는 가장 혹은 봉급생활자가 있다면 가정을 알뜰하게 꾸밀 수 없다. 하물며 조직은 말할 것도 없다. 조직 구성원들을 목표 지향적으로 유인하는 데 계획을 세우는 일, 기획은 조직의 일차적 과업이다. 조직의 과거와 현재를 분석, 진단하고 이를 토대로 미래를 설계하는 것이 기획이다. 기획에 대한 학자들의 견해는 다양하다.

Steiner(1969)에 의하면, 기획은 행정, 경영의 기본적인 기능으로서, 기대되는 것을 어떻게 성취할 것인가를 미리 사고하는 정신과정이라는 것이다. Fayol(1949)은 기획이란 미래를 예측하고 그것에 대비하는 활동이라고 정의했다. Gulick(1937)은 기획을 설정된 목적을 달성하기 위하여 수행되어야 할 일과 그 일을 수행하는 방법을 개괄적으로 짜내는 것이라고 정의하였다. Dror(1963)는 기획이란 최적의 수단으로 목표를 성취하도록 미래행동의 결정을 준비하는 과정이라고 정의하였다. 이와 같은 정의들을 간추려 보면, 기획은 미래 지향적이고, 목표 지향적이며, 어떠한 일을 준비 또는 설계하는 신중한 노력으로 볼 수 있다(김윤태, 2004).

김윤태(2004)는 기획을 현재의 상황분석과 미래에 대한 예측을 바탕으로 하여 타당성 있는 목표설정과 이를 달성하기 위한 실천전략, 그리고 활동계획을 수립하는 일련의 지적 과정으로 보았다. 박연호(2000) 또한 행정의 수행과정에서 행정목표가 설정되고 목표의 효율적인 달성을 위한 정책이 결정되면 정책의 능률적 집행을 위한 사전적 준비활동을 하게 되는데 이것이 바로 기획이라고 하였다. 따라서 기획은 어떤 목표를 달성하기 위하여 미래를 예측하고 사전에 모든 수단을 준비하는 동태적 과정(dynamic process)을 의미한다는 것이다.

기획에 대한 이상과 같은 학자들의 개념 정의를 보면 표현 방식은 다소 차이가 있으나 대체로 비슷한 의미를 지니고 있다. 이들의 기획에 대한 개념 정의들은 ① 목표달성, ② 수단 방법, 행동 대안의 결정, ③ 사전준비 등의 3요인을 내포하고 있다. 이를 연결해 보면 기획이란 '조직의 목표를 달성하기 위해서 최적의 수단과 방법, 행동 대안들을 미리 결정하는 사전 준비 과정'으로 정의된다.

교육기획과 교육계획이 간혹 혼동되기 쉬운데 기획은 동태적 과정인데 반해서 계획은 기획활동을 통해서 얻어진 결과물이다. 쉽게 말해서 기획 과정을 통해서 나온 것이 계획이라고 보면 된다. 또 기획과 정책의 선후 관계가 모호한데, 정책목표가 설정되고, 이를 달성하기 위하여 최적의 행동 대안을 분석, 선택 및 결정하는 과정을 기획으로 보면, 정책이 기획을 선행하는 것으로 볼 수 있다.

2) 교육기획의 발달

사람이 계획 없이 산다면 성공할 수 없듯이 조직의 생존에도 계획이 필요하다. 예나 지금이나 계획성의 밀도 차이는 있을 수 있다 하더라도 계획 그 자체를 부정할 수는 없다. 아무리 자유주의 사회체제라 할지라도 모든 계획수립 활동이 정지되어 있는 것은 아니다. 그러면 이 계획수립 활동, 즉 기획이 역사적으로 어떻게 발달되어 왔는지 살펴본다(김윤태, 2004; 김창걸, 1996).

금세기를 기획의 시대라고 하듯이 기획은 국가, 기업, 학교 등 모든 조직의 중요한 기능의 하나로 강조되고 있다. 기획제도의 기원은 그리스나 로마 시대의 도시계획에까지 소급할 수 있으나, 현대적 국가기획의 기원은 소련의 제 1차 5개년 계획(1928/29~1932/33)에서 찾아볼 수 있다. 이 계획은 국민에게 막대한 희생을 강요했으나 급속한 경제성장에 크게 기여했다는 점에서 다른 나라들에게 많은 자극을 주었다(유훈, 1982).

미국에서는 1909년에 도시기획전국회의에서 도시계획을 기획했었다. 이를 바탕으로 1929년 대공황을 대처하기 위한 국가기획제도의 필요성이 생기게 되었다. 18~19세기 자유방임적 자유경쟁이 독점 자본을 낳고, 빈부의 격차가 심하고 유효수효가 감소하여 구매력이 없어져 국민경제에 큰 문제가 되었다. 이러한 문제를 해결하기 위해 국가가 과거의 야경국가, 안보국가의 개념에서 탈피하여 능동적이고 적극적으로 시장에 개입, 후생복지 국가의 면모를 보이기 시작했다.

미국의 1933년에 국가 기획위원회가 설치되어 뉴딜정책을 추진한 것은 국가 기획의 좋은 예이다. 자유방임주의의 보이지 않는 손에 의한 자동적인 조절을 주장한 예정설은 오히려 자유자본주의의 모순과 폐단을 드러내게 되어 기획제도의 발전을 촉진시켰다. 미국만이 아니라 자유주의 국가들은 경제적 불황을 극복하고 자유를 수호하기 위해서 Karl Mannheim(1943)의 자유사회를 위한 민주기획에 관심을 기울였다. 즉 경제 과정이나 사회생활에서 무제한의 자유경쟁을 지양하고 국가가 간섭과 통제 및 기획을 하는 것이 인간의 자유와 평등을 보장하는 길이며 민주주의를 존속, 발전시키는 방도임을 알게 되었던 것이다(김윤태, 2004).

우리나라의 교육기획은 일반기획의 일부로 발전되었다. 최초의 교육기획은 의무교육완성 6개년 계획(1954~1959)으로 6.25사변 이후 의무교육의 추진을 위한 계획이었다. 독자적으로 교육부가 교육기획을 추진하기 위한 제도적 장치를 구비한 것은 1961년 기획조정관제도와 교육부 기획위원회 규정이 마련됨으로써 시작되었다. 그 후 1963년의 정부조직법의 개정에 의하여 기획조정관실은 기획관리실로 개편되어 오늘에 이르고 있다. 1969년 국무총리 산하에 장기종합 교육기획심의회가 결성되어 1970년에 15년간에 걸친 '장기종합 교육기획(1972~1989)'이 수립되어 발표되었다. 이 계획은 그대로 집행되지는 않았으나 경제개발계획을 작성하는 데 있어서나 그 이후 교육계획을 수립하는 데 있어서 교육발전계획의 토대가 되었다. 그 후 한국교육개발원이 교육부의 위촉으로 1978년에 작성한 14년간의 장기계획인 '교육발전의 전망과 과제(1978~1991)'는 1980년대 교육발전의 청사진이었으며 그 후 각종 교육계획의 기초자료가 되었다(김창걸, 1996).

기획과 자유의 양립 가능성에 대한 이념적 논쟁이 있었다. 국가기획제도의 기원이 전체주의 국가에서 찾아볼 수 있기 때문에 국가기획과 민주주의가 양립할 수 있겠느냐 하는 문제에 관한 논쟁이 있었다. 그 대표적 예는 Hayek(1944)와 Finer(1945)의 논쟁이다.

Hayek는 국가기획은 획일성을 강요하고 개인의 자유를 억압하므로 기획제도는 곧 '노예의 길'이라고 하면서 기획제도는 독재를 초래한다고 주장했다. Finer는 이와 반대로 국가기획은 개인의 자유를 침해하기보다는 오히려 개인의 자유를 보장해 준다는 면에서 민주주의와 양립할 수 있다고 주장했다. 이러한 대립되는 논쟁은 수없이 계속되어 왔다. 특히 Mannheim은 '우리는 방임주의 사회에서 계획사회로 옮아가는 과도기에 살고 있다'고 지적하면서 도래하는 계획사회의 독재화를 막기 위하여 차원 높은 자유를 실현하기 위한 기획을 역설하기도 했다. 사실 2차 대전 후 많은 민주주의 국가에서 기획제도가 성공했다는 것은 Finer의 주장을 뒷받침하고 있다.

지금 우리나라는 획기적인 국가기획이 필요한 때다. 그 동안 끝없이 이어지는 실업과 비정규직의 증가, 시장경제원리와 자유주의를 악용한 비리와 부패의 확산 등으로 인해 재화가 극소수에게 쏠리는 '돈 쏠림' 현상으로 중산층은 사라지고 극소수를 제외한 대다수 국민들의 생활이 어렵게 되었다. 그 결과 구매력이 낮아져 기업의 도산 사태가 발생했다. '영혼을 팔아서라도 직장을 구하고 싶다'는 실직자, 비정규직 근로자들이 양산되었다. 재화가 한쪽으로, 특히 일한 만큼 번 것이 아니라 비정상적인 행위로 많은 재화가 한쪽으로 몰렸다면, 이것은 투자도 안 되고 소비도 안 되는 사회적으로 볼 때 죽은 재화이기 때문에 이를 해결하기 위해 고강도의 국가기획이 필요하다. '돈 쏠림' 현상으로 80~90%가 되는 서민의 호주머니가 비어 있다면 누가 물건을 사서 기업을 살릴 수 있는가! 따라서 효율적이고 강도 높은 국가기획은 자유를 구속하는 것이 아니라 재분배를 통해서 서민을 살리고 그들의 실질적인 자유를 보장해 주는 동시에 유효수요를 높여서 기업을 살리게 된다.

3) 교육기획의 접근방법

교육기회의 접근방법으로는 대체로 교육수요 접근법, 수익률 접근법, 인력수요 접근법, 국제비교 접근법으로 구분되는 데 이들을 다음과 같이 살펴본다(김윤태, 2004).

(1) 교육수요 접근법

이 접근법은 장차 일정한 시기에 교육을 받게 될 교육수요자(학생)를 추정하여 교육계획을 세우는 것이다. 이 접근을 일명 교육의 사회적 수요에 의한 접근이라고도 한다. 따라서 교육기획자는 장차 얼마나 많은 인구가 어느 유형의 교육을 받게 될 것인지를 추정해야 한다. 인구추정은 이 과업의 기초 자료가 된다.

이 접근법은 모든 나라에서 교육기획의 일차적 접근방법으로 많이 사용되고 있다. 우리나라에서는 대학교육의 수요가 급격히 증가하자 특히 인문 · 사회과학 분야는 이 교육수요 접근을 통해 정원을 조정하는 방법을 취해 왔다고 하겠다. 그런데 문제는 교육수요를 국가가 어느 수준까지 충족시켜 줄 수 있느냐 하는 것으로 이것은 정치적인 문제가 된다. 즉 국회가 요구되는 교육수요(기회)를 충족시키기 위한 재정계획(예산)을 지지하느냐의 문제이다.

(2) 수익률 접근법

수익률 접근법은 수익률에 따라 여러 가지 교육 프로그램의 순위를 정하여 교육기획을 한다는 것이다. 다시 말하면 어떤 교육프로그램을 작성, 활용했을 때 드는 비용이 얼마만큼의 수익을 낼 수 있느냐 하는 것이 교육기획의 기준이 되는 것이다. 수익은 대체로 과거의 소득 자료를 가지고 추정하게 되는데, 최고의 수익을 내는 프로그램에 우선해서 투자하거나, 다른 부문보다 수익이 큰 프로그램에 투자를 더 많이 해야 한다는 것이다. Hansen(1963)은 1950년 센서스 자료를 이용하여 1949년의 각급 학교 교육의 수익률을 추정하였다. 그는 초등교육은 15.0%, 중등교육은 11.4%, 고등교육은 10.2%의 수익률이 있다고 추정하였다. 따라서 초등교육과 중등교육의 투자가 고등교육에 비해 많아야 된다고 했다.

우리나라에서도 그 동안 교육투자 수익률 분석이 많았다. 그 결과는 〈표 8－1〉에서 보듯 연구자마다 다양하다. 그러나 분석 연도 · 가정 · 사용한 자료 등의 차이로 분석 결과를 그대로 비교하는 것은 한계가 있지만, 대체로 1960년대에는 중학교 교육투자 수익률이, 그리고 1970년에는 고등학교 교육투자 수익률이 각각 상대적으로 높은 편이었다. 1970년 후반부터는 대학교 교육투자 수익률이 상대적으로 높아지는 추세였다.

투자수익률 접근법은 과거의 교육을 받은 집단을 학교 급별로 구분하여 그들의 소득을 기초로 하여 교육기획을 하는 것이기 때문에 현실적으로 많은 문제점을 안고 있다. 〈표 8－1〉에서처럼 어느 해의 중학교 수익률이 －1.0%이고, 고등학교 수익률이 15.0 %이라고 해서 중학교의 교육투자를 대폭 감소시키고 고등학교의 교육투자를 대폭 늘리게 된다면, 이는 교육적으로나 현실적으로 수용되기 어렵다. 또 평균 및 한계 생산과 비용 관계를 교육에 적용해서 이를 분석하는 것도 비현실적이다.

〈표 8－1〉 **우리나라 학교 급별 교육투자 수익률 분석**

연구자	기준연도	중학교	고등학교	대학교
김광석	1967	12.0	9.0	5.0
플로리다 주립대 팀	1969	20.2	11.0	9.5
김윤태 외	1969	-1.0	15.0	8.5
정창영	1971	8.2	14.6	9.3
남우현과 정창영	1971	2.9	5.7	1.9
남우현과 정창영	1972	3.7	2.9	1.3
배종근	1977	2.8	9.9	13.8
박세일	1980	2.9	8.1	11.7
한국교육개발원	1982	9.5	12.3	13.0

〈주〉 교육투자 수익률은 사회적 수익률을 나타냄.
* 출처 : 김윤태(2004) : 교육행정 · 경영의 이해. 서울 : 동문사. p. 218.

(3) 인력수요 접근법

인력수요 접근법은 장래의 사회적 인력 수요를 충족시켜 주기 위한 인력공급계획이라고 볼 수 있다. 이것은 많은 나라들에서 교육계획 및 경제계획을 수립하는 데에 활용되고 있다. 그 목적은 장래 일정한 시점에서 예측되는 경제 규모와 사회적 필요에 비추어 필요한 인적 자원의 양과 질을 분석, 이를 공급하기 위한 정책을 수립하는 데 있다. 이와 같은 인력수급 계획에 따라 교육제도 및 재정 규모가 달라진다.

인력기획의 절차는 대체로 다음과 같은 단계를 밟는다. 첫째 목표연도의 국민총생산(GNP)의 총량과 산업별 GNP를 추정해야 한다. 다음은 각 산업별 노동 생산성을 추정해야 한다. 세 번째는 각 산업의 직업군별로 필요한 교육수준과 유형을 추정하고 거기에 필요한 인원을 추산한다. 위의 모든 단계를 종합하면, 목표연도의 경제상황에서 필요한 교육수준을 소유한 노동량을 추산할 수 있다. 이를 바탕으로 학교가 공급하여야 하는 인력의 양과 성격을 추정하여 이에 맞도록 교육제도를 정비하고 교육재정과 정책 및 교육과정과 교육방법을 기획, 실천한다.

4) 교육기획의 원리와 유형

(1) 교육기획의 원리

교육기획을 하는데 지침이 되는 원리는 학자에 따라 다르게 제시하고 있다. 먼저 일반행정의 기획에 있어서 원리를 제시한 학자들을 살펴본다. 신두범과 오무근(2003)은 행정기획의 원리로 ① 목적성, ② 단순성, ③ 표준화, ④ 안정성, ⑤ 신축성, ⑥ 경제성, ⑦ 계속성 등 7개 요소를 들고 있다. 박연호(2000)는 10가지의 행정기획의 원리를 제시했다. ① 목적성의 원칙, ② 간결성의 원칙, ③ 탄력성의 원칙, ④ 안정성의 원칙, ⑤ 예측정확성의 원칙, ⑥ 포괄성의 원칙, ⑦ 균형성의 원칙, ⑧ 경제성의 원칙, ⑨ 필요성의 원칙, ⑩ 계층성의 원칙 등이다.

교육기획의 원리는 김종철을 비롯, 다수의 국내 교육학자들이 제시하고 있는데, 여기서는 몇몇 학자들이 제시한 원리를 알아본다. 김종철(1973)은 교육행정의 운영원리를 참고하여 교육기획의 원리로 ① 타당성, ② 효율성, ③ 민주성, ④ 전문성, ⑤ 중립성, ⑥ 적응성, ⑦ 안정성, ⑧ 균형성, ⑨ 통합성, ⑩ 계속성을 제시하고 있으며, 김창걸

(1996)은 교육기회의 원칙으로 ① 합목적성, ② 효율성, ③ 민주성, ④ 전문성, ⑤ 단순성, ⑥ 표준화, ⑦ 적응성, ⑧ 안정성, ⑨ 종합성, ⑩ 중립성, ⑪ 합리성, ⑫ 계속성을 제시하고 있다.

윤정일 등(2007)은 교육기획의 원리를 ① 타당성, ② 효율성, ③ 민주성, ④ 전문성, ⑤ 중립성, ⑥ 융통성, ⑦ 안정성, ⑧ 균형성, ⑨ 통합성, ⑩ 계속성 등으로 들고 있는데, 교육계획 수립원리(기획의 원리)를 설명하면 다음과 같다.

① **타당성의 원리** : 교육계획의 내용, 수단 및 방법이 의도된 교육목표에 합당하도록 기획한다.
② **효율성의 원리** : 의도된 교육목표가 효율적으로 달성되도록 기획한다.
③ **민주성의 원리** : 국민일반과 관련 집단을 참여시켜 민주적 절차를 통해 기획한다.
④ **전문성의 원리** : 전문가들의 참여를 통해 전문적으로 기획한다.
⑤ **중립성의 원리** : 정치적 · 종교적 · 당파적으로 중립을 지킨다.
⑥ **융통성의 원리** : 상황 변화에 적응할 수 있도록 탄력적으로 기획한다.
⑦ **안정성의 원리** : 교육계획에 일관성과 안정성이 유지되도록 기획한다.
⑧ **균형성의 원리** : 안정성, 적응성, 민주성 및 전문성 등이 유지되도록 기획한다.
⑨ **통합성의 원리** : 교육기획은 국가의 타 부분 기획과 조화되고 여러 교육정책들과도 조화되도록 한다.
⑩ **계속성의 원리** : 교육기획은 교육의 계속성이 유지되도록 해야 한다.

(2) 교육기획의 유형

1 기획주체에 따른 유형

교육기획을 수행하는 주체에 따라 유형을 분류해 보면, 국가교육기획, 지방교육기획, 학교교육기획이 있다. 국가교육기획은 국가가 주체가 되어 국민교육 운영전반에 걸쳐 교육정책을 수립하고 그 정책목표를 효율적으로 달성하기 위하여 구체적 대안을 선택, 결정, 추진하는 것이다. 개발도상국이나 중앙집권이 강한 국가에서 교육경쟁력을 통하여 국가 발전을 이룩하기 위해 교육기획을 추진한다. 교육의 평등권 문제 등 지방이나 학교단위 교육기획으로는 해결할 수 없는 국가 전체의 교육적인 문제를 국가가 나서서 교육평준화 정책을 실행하기 위해 기획하는 경우도 있다.

지방교육기획은 우리나라의 경우 광역시, 도 단위 교육행정기관인 교육청이 주축이 되어 그 지역의 교육목표 혹은 교육문제를 해결하기 위해 교육정책을 수립, 집행하기 위해 교육기획을 하는 경우가 많다. 이는 법 · 규정과 국가의 교육기획에 상충되는 일이 없어야 한다. 또한 학교단위의 교육기획을 생각할 수 있는데, 이는 1970년대부터 학교단위 교육이 중시되면서 단위학교가 그 특성에 맞는 교육계획을 수립하는 경향이 증가하고 있다. 이 경우는 상위 교육기획의 목표와 방침에 어긋나지 않는 범위 내에서 세부적으로 기획이 이루어지는 것이 일반적이며, 상위 교육목표나 정책을 집행하는 성격을 띠고 있는 것이 보통이다.

[2] 기획기간에 따른 유형

기획기간에 따라서 교육기획은 장기, 중기, 단기로 나누어진다. 장기교육기획은 10~20년을 말하나 보통 6년 이상이면 장기교육기획으로 보고 있다. 중기교육기획은 3~5년이 일반적이고, 단기교육기획은 3년 미만으로 보고 있다(김창걸, 1996).

우리나라는 여러 차례 장기교육계획을 수립한 바 있다. 1970년에 완성한 15년간의 '장기종합교육계획'(1972~1986), 한국교육개발원이 1978년에 작성한 14년간의 '교육발전의 전망과 과제'(1978~1991), 그리고 1984년에 한국교육개발원이 수립한 바 있는 '2000년을 향한 장기교육 발전 구상' 등을 들 수 있다. 중기교육계획은 '의무교육 시설확충 5개년 계획'(1967~1871)을 비롯, 경제개발 5개년 계획의 일환으로 실시된 5개년 교육발전계획을 들 수 있다. 3년 미만의 계획은 단기계획이라 할 수 있는데, 그것은 교육부가 매년 수립하는 교육계획이다(김윤태, 2004).

[3] 기획범위의 종합성 정도에 따른 유형

기획을 종합적으로 할 수도 있고 부문별로 할 수도 있다. 전자와 같은 교육기획을 종합교육기획, 후자와 같은 교육기획을 부문교육기획이라고 할 수 있다. 종래에는 부문교육기획이 주류를 이루었다. 오늘날은 대체로 10년 이상의 장기종합교육기획을 하는 것이 일반적인 추세다.

의무교육 완성 6개년계획, 대학교육 5개년계획 등은 부문교육기획에 의한 것으로 한정된 대상만을 중점적으로 다루게 되었고, 타 부문을 소홀히 취급하기 때문에 실행과정에서 많은 난맥상이 노출되었으며 정책적 갈등도 있었다. 부문교육기획의 단점을 극복하기 위하여 교육활동의 여러 부문과 영역을 종합적으로 다루려는 것이 종합교육기획이다. 그러나 종합교육기획이라고 하더라도 여러 부문별로 종합성의 정도가 반드시 일치하는 것은 아니다(김창걸, 1996).

5) 교육기획의 과정

기획이 어떤 절차에 따라서 완성되는지에 대해 학자들 간에 일치된 견해는 없고 관점에 따라서 다양하게 제시되고 있다. 교육기획의 과정을 알아보기 전에 몇몇 학자들이 제시하고 있는 기획의 일반적 과정에 대해 살펴본다.

Millet(1947)는 기획의 과정을 ① 목표의 설정, ② 현황의 측정, ③ 계획의 설계 등 3단계로 보고 있다. 김윤태(2004)는 기획의 일반적 과정으로 ① 목표의 설정, ② 현황 파악, ③ 기획 전체의 설정, ④ 대안의 탐색과 비교, ⑤ 최종안의 선택, ⑥ 실천계획 수립 등 6단계를 제시했다. 신두범과 오무근(2003)은 기획의 과정으로 5단계를 제시했는데, 이들은 ① 목표의 설정, ② 상황의 분석, ③ 기획전체의 설정, ④ 대안의 작성·평가, ⑤ 선택 등이다. 권영찬(1971)은 기획과정을 ① 목표의 설정, ② 상황의 분석과 판단, ③ 기획가정의 설정, ④ 대안의 작성과 비교평가, ⑤ 최종안의 선택, ⑥ 필요한 제 파생계획의 수립 등 6 단계로 보고 있다. 종합하면 기획과정의 큰 흐름은 목표 설정에서 행동 대안을 선택, 결정하는 데 까지이다. 다음은 김윤태(2004) 및 윤정일 등(2007)의 연구를 중심으로 교육기획의 과정을 살펴본다.

(1) 기획 전 단계

교육기획을 위한 사전 조치로서 ① 기획조직의 창설, ② 기획절차의 수립, ③ 계획 수립과 실천에 참여하는 교육행정 기구의 재조직, ④ 기획에 필요한 통계 자료의 수집, 분석 및 기구와 절차의 설정 등이다.

(2) 기획단계

1 진단

교육기획 목표가 설정되면 기획담당자는 현재의 조건이 그 목표 달성에 적절하고 충분한지를 확인해야 한다. 확인 절차는 현재의 조건과 교육기획 목표 달성에 필요한 조건과의 차이를 비교, 분석하는 것이다.

2 정책 형성

현재의 교육상황 조건에 대한 진단을 바탕으로 여러 교육정책 대안들의 적절성, 능률성, 효과성 등을 검토한 후 수행될 정책을 선정한다.

③ 장래 소요비용의 추정

채택된 교육정책을 수행하는 과정에서 소요되는 비용을 추정한다. 유용한 자료를 활용하여 물가 변동을 분석하고 이를 바탕으로 소요되는 전체 비용을 산출한다.

④ 우선순위와 목표설정

미래의 요구를 분석하여 정책의 우선순위를 결정하고 한정된 자원 내에서 가능한 각 정책의 목표를 설정한다. 또 예산 내에서 효율적인 목표달성 방안들을 검토한다.

⑤ 실현 가능성의 검토

의도된 목표가 설정된 정책과 비용으로 실현 가능한 것인지를 검토한다.

(3) 계획형성 단계

기획의 목적은 주로 두 가지다. ① 승인을 받기 위해 당해 국가기관에 결정 사항을 제출하기 위한 것이고, 그리고 ② 그 결정 사항에 대한 시행 책임이 있는 각종 기관의 행동을 설계한 청사진(blue-print)을 제공하기 위한 것이다.

(4) 계획정교화 단계

교육계획은 명확하고 구체적으로 진술되어야 한다. 따라서 교육계획이 실천되기 위해서는 행동이 명확히 규명되는 수준까지 세분화하고 구조화되어야 한다. 이러한 계획의 정교화 과정은 다음과 같다.

① 사업계획의 작성

사업계획 작성은 계획을 포괄적인 활동 영역으로 세분화하는 것이다. 포괄적으로 세분된 행동 영역을 사업계획이라고 하는데, 이에는 동일한 행정단위에서 관리할 수 있는 모든 활동이 포함된다. 이러한 활동들은 상호 보완적으로 연계되어 수행된다.

② 프로젝트(project)의 확인과 형성

사업계획은 행정적 · 재정적으로 여러 활동들이 통합적으로 구성된 것인데, 그 하위의 활동단위를 프로젝트라고 한다. 프로젝트의 형성은 프로젝트 수행을 위하여 관련기관이나 비용, 시간 계획 등을 체계화하는 과정이다. 계획이 사업계획으로 작성되고 프로젝트로 형성될 때까지는 과업수행은 이루어지지 않는다. 개발도상국에서 계획이 제대로 실현되지 않은 것은 사업의 세분화, 구조화 과정이 미흡한 데에 원인이 있다.

(5) 계획실천 단계

개별적인 프로젝트가 시행될 때 교육계획은 시행되기 시작한다. 각 프로젝트에 필요한 자원(사람 · 돈 · 자료)이 배분되고 프로젝트가 완료되는 시간이 정해진다. 권한 위임, 시정조치, 통제 및 기타 세부적 운영사항이 개발된다.

(6) 평가 · 수정 및 재기획 단계

교육계획이 실행되고 있을 때, 진도율을 평가하고 이탈되는 것을 찾아내는 기구가 작동한다. 평가는 계속적 활동으로 계획의 약점을 찾아 수정, 보완하도록 해 준다. 비현실적인 목표, 부적당한 재정적 준비 등을 발견, 당초계획을 수정, 보완하거나 재기획하도록 한다.

6) 교육기획의 유익성과 제약성 요인

(1) 유익성

교육기획은 교육목표 달성을 위해 여러 가지 유익한 점이 있다.

1 목표의식 제고

교육기획 자체가 목표달성을 위한 설계과정이므로 이를 통해 교사 및 교육행정가들에게 뚜렷한 목표의식을 갖도록 해 준다.

2 교육행정의 안정성과 일관성 유지

교육기획을 통해서 교육정책의 효율적인 추진과 교육행정의 합리화가 설계되므로 교육행정가는 이 설계도에 따라서 교육정책을 추진하고 교육행정을 수행하게 되므로 안정되고 일관성 있는 교육행정을 할 수 있다.

③ 교육자원의 효율성 제고

교육기획을 통하여 행동노선이 결정되므로 주먹구구식의 불필요한 행동 중복이 줄게 되므로 인력 낭비를 줄일 수 있다. 시간, 노력, 재원을 체계적으로 활용할 수 있다.

④ 상황인식력 제고

교육기획을 통해서 미래의 행동노선을 결정하기 위한 현재와 미래의 상황이 분석되고 예측되므로 상황 변수들에 대한 인식능력을 높여 준다.

⑤ 교육발전 촉진

교육기획은 현재의 문제를 해결하고 미래의 발전을 위한 준비 과정이므로 교육발전을 촉진시키는 효과가 있다. 교육계획은 변화에 후행하는 교육이 아니라 미래에 전개될 여러 상황과 조건을 예견하고 이에 대응하는 정책을 설정하여 이의 실천계획을 수립하는 과정이다. 따라서 교육기획은 앞을 내다보는 교육을 촉진한다.

⑥ 교육활동의 합리적 통제

교육기획은 미래의 교육정책과 활동에 대한 계획을 세우는 것이므로 이를 통해 교육활동 또는 교육행정 활동을 통제할 수 있다. 철저한 교육기획 과정을 통하여 비합리적이고 비생산적인 교육활동과 교육행정 활동을 미연에 방지할 수 있다.

(2) 제약요인

성공적인 기획을 저해하는 요인도 적지 않다. 인간능력의 한계, 정보와 자율 부족, 정치 · 사회적 압력 등으로 인하여 교육계획을 성공적으로 수립하기도 어렵고 이를 추진하는 데도 어려움이 많다. 이러한 제약 요인을 다음과 같이 살펴본다(김창걸, 1996).

① 미래 예측 곤란성

기획은 미래 활동을 대상으로 하는 것이다. 미래 활동을 정확히 예측한다는 것은 인간 능력상 한계가 있다. 오늘날 정치 · 사회가 하루가 다르게 변화하고 있다. 더욱이 교육은 타 부문과 달리 장기적이며 산술적으로 평가되기 어려운 인격양성 사업이므로 예측에 더 많은 한계가 있다. 첨단적인 예측 기기와 기법이 있지만 교육활동을 예측하기란 쉬운 일이 아니다.

2 정보 · 자료 결핍

교육기획은 미래를 예측하고 사전에 준비하는 과정이므로 미래 교육에 관련된 정보와 자료를 확보하는 데는 한계가 있다. 미래의 교육과 관련된 정보와 자료가 많을리는 만무하다 해도 아주 적기 때문에 자료 접근이 매우 어렵다. 결국 과거와 현재의 상황을 설명한 자료와 정보에 의존해서 미래 행동을 예측하게 되므로 그 예 측력에는 한계가 있으며 이들 자료와 정보조차 부족한 경우가 많다.

3 가설의 불확실성

미래 행동을 예측, 설정하는 데 목적을 가진 기획은 돌발 변수를 고려하지 않는다. 내년 , 5년 후, 10년 후의 교육계획은 천재지변과 같은 예기치 않은 사태가 발생하지 않는다는 전제하에 수립하게 된다. 그러나 현대에는 하루가 다르게 변화하고 때로는 IMF등 예기치 않은 급격한 변화가 일어나지 않으리라는 법도 없다. 따라서 가설의 불확실함은 교육기획을 어렵게 하는 요인이 되고 있다.

4 시간, 비용, 노력의 제약

교육기획을 하는 데는 많은 시간, 비용, 노력이 필요하다. 중 · 장기적인 기획을 하는 데는 더욱 그렇다. 한두 사람이 적은 비용으로 2~3일 내에 중 · 장기 계획을 세울 수도 없다. 더욱이 이미 세워 놓은 계획이 후에 대폭적으로 수정되는 사태가 발생하면 시간, 비용, 노력은 가중된다. 그렇다고 많은 시간과 비용을 기획에 무작정 투입할 수도 없다. 이와 같은 제약요인들이 기획활동을 저해한다.

5 정치 · 사회적 압력

교육계획은 정치적, 종교적으로 중립성을 전제로 전문적으로 수립되는 것이 원칙이다. 그러나 교육계획은 정치적, 사회적인 각 집단들의 이익과 맞물려 있는 경우가 많고 학부모 집단과도 밀접한 관계가 있으므로 합리성과 전문성을 가지고 교육계획을 수립하기 어렵다. 이들로부터 합의를 얻어 교육계획을 수립하기란 결코 쉬운 일이 아니다. 그것은 하나의 교육계획이 이들 모두를 만족시킬 수는 없기 때문이다. 한 예로 대학입시 정책만 하더라도 수능의 비중을 높이는 것을 원하는 집단이 있는가 하면 고등학교 내신의 비중을 높이자는 집단도 있다.

⑥ 목표설정 갈등과 계량화 곤란

교육계획의 목표를 설정하는 데 있어서 교육기획자들 간의 합의 도출이 어렵다. 서로 다른 목표의식이 있고 관점이 다르기 때문이다. 또한 세워진 목표를 명확하게 계량화하기도 어렵다. 교육은 본래 추상적인 덕목개념이 함축되어 있으므로 교육의 목표나 성장을 통계화하기란 쉬운 일이 아니다.

⑦ 개인적 창의성 위축

교육기획이 미래의 교육행동을 설계하는 것이므로 일정한 절차와 단계에 따라서 교육계획이 수립되고 실행되기 때문에 교원과 교육행정가 개인의 재량과 독창성 및 창의성이 위축되기 쉽다. 계획이 구체적, 집권적, 포괄적으로 수립되면 더욱 그렇다.

2 교육정책

1) 교육정책의 개념

하나의 사회 현상에 대해서 그 현상의 어떤 측면을 강조하느냐에 따라 그 개념 정의가 달라지듯이 교육정책에 있어서도 학자들의 서로 다른 관점에 따라 다양한 개념 정의가 도출된다. 만일 모든 사람이 수긍하는 유일한 개념 정의가 있다면 다른 학자들의 견해나 입장을 이해하기 위해 시간을 낭비할 필요가 없게 된다. 그러나 그렇지 않은 것이 학문의 세계, 특히 사회과학과 인문과학의 세계이다. 그 만큼 다양한 변인을 내포하고 있는 것이 이들 학문이 다루고 있는 제 개념들이다. 이러한 제 개념들을 정의하지 않으면 안 되는 것이 또한 학문과 연구의 세계이다.

Dror(1968)는 정책을 정부기관에 의하여 결정된 미래의 행동지침으로 정의했다. 김윤태(2004)는 교육정책은 사회적, 공공적, 조직적 활동으로서 교육을 대상으로 하여, 국민의 동의를 바탕으로 한 공권력이 미치는 국가의 기본방침을 의미한다고 했다. 그것은 교육의 목적, 수단, 방침과 부합되는 최적의 대안을 의도적, 합리적으로 선택한 것이다. Conant(1964)는 교육정책을 교육에 관한 국가 및 공공단체의 이념이라고 보았다. 정책의 공통점은 정책이 국가나 공공단체가 주체가 되어 실현된다는 것이다. 따라서 정책은 사적인 것이 아니라 공적인 것이다.

2) 교육정책의 지향가치

교육정책이 추구하는 가치는 나라마다 다를 수밖에 없다. 한 나라의 정치체제, 사회문화 및 역사적 배경이 그 나라의 교육정책이 지향하는 가치체계를 결정하게 된다. 예로써 공산주의 정치체제 하에서는 교육정책이 개인의 가치보다는 국가와 사회가 필요로 하는 자질이 강조된다. 따라서 학생이 학교를 선택할 수 있는 자유보다 국가의 통제에 의한 평등과 효율성이 강조된다. 이와 반대로 자유민주주의 체제에서는 공산주의 체제보다 상대적으로 평등보다 개인의 자유가 더 강조된다. 교육에 대한 가치체계가 국가에 따라 상이한 것은 말할 것도 없고, 동일한 교육정책이라 하더라도 학자에 따라 그 정책이 지향하는 가치를 다르게 보고 있다.

남정걸(2003)은 교육정책이 추구하는 가치로 수월성, 다양성, 자율성, 민주성, 효율성을, 김윤태(2004)는 수월성, 다양성, 자율성, 개방성, 효율성 등을 들고 있다. 이들을 포함, 여러 학자들 사이에서 높은 빈도로 제시되고 있는 교육정책의 지향가치로는 적절성, 능률성, 노력성, 공평성, 수용성, 효율성 혹은 효과성 등을 들 수 있다.

우리나라의 교육정책, 즉 입시정책, 평준화 정책, 교원 인사정책, 교육재정 정책 등에서 쟁점이 되고 있는 가치는 교육의 자유와 평등 및 교육의 효율성이다. 이들 가치는 여러 학자들이 주장하고 있는 교육정책의 가치들을 일정 부분 반영하고 있을 뿐만 아니라 우리나라의 교육정책을 입안하는 데 있어 자주 등장하는 논쟁거리가 되어 왔다. 이들 3가치는 수십 년 동안 우리나라 교육정책의 3대 이슈가 되었다. 근자에는 대통령 선거 때마다 각 정파의 중요한 선거 공약이 3대 가치와 직결된 교육정책들을 내 놓고 있을 정도이다.

교육정책의 3대 가치인 자유, 평등, 효율성은 교육정책 결정과 그 실행에 있어서 높여야 할 핵심적 가치라고 볼 수 있다. 그러나 이들 가치들은 보완적이면서 대립적인 속성을 가지고 있기 때문에 이들 가치를 동시에 극대화시키기 어렵다. 하나의 가치에 정책적 중점을 두게 되면 다른 가치들이 소외되거나 손상되기 쉽다. 교육조건의 평등을 높이고자 도입된 고교평준화 정책은 학생들의 학교선택권이 침해되고 교육의 효과성도 낮아진다는 주장도 많다. 반대로 교육에 대한 학부모와 학생의 참여와 선택의 폭을 무제한 넓히는 시장경제 원리에 따라 입시정책을 수립하게 되면 경제적, 사회적 약자들에게는 그만큼 상급학교 교육을 받을 수 있는 기회가 줄어든다. 그 결과 교육평등권 문제가 생길 수밖에 없다. 따라서 자유, 평등, 효율성이 균형을 이루는 교육정책을 수립, 실행에 옮겨야 한다는 주장은 많지만 말처럼 쉽지 않다.

3) 교육정책 결정의 이론모형

교육정책 결정의 이론모형은 교육 의사결정 이론모형과 유사하므로 제7장의 의사결정 이론모형을 참고하면 정책결정 이론모형을 이해할 수 있을 것이다(제7장 참고).

4) 교육정책 결정에 영향을 주는 요인

교육을 통해 사회, 경제적 계층 유지 혹은 이동을 기대하는 사람들에게 교육정책은 지대한 관심사다. 학교교육은 사회적, 경제적 지위 획득에 중요한 변수라는 것은 기능주의 이론가들을 비롯한 많은 사회과학자들의 일반적인 견해다. 따라서 교육정책은 각계각층의 관심을 모으기에 충분하며, 이들의 관심을 외면한 채 수립될 수는 없다. 교육정책 결정에 영향을 미치고 있는 중요한 요인들을 알아본다(김윤태, 2004; 박세훈, 2008).

(1) 교육체제 환경

Bertalanffy(1956)와 Easton(1969)에 의하면 교육체제 혹은 학교체제는 하나의 유기체와 같아서 그 환경과 상호작용함으로써 유지, 발전되는 개방체제라는 것이다. 이와 같이 교육체제는 그 환경으로부터 정치, 경제, 사회, 규범, 문화, 기대, 이념 등 다양한 투입을 받아 교육정책이 형성, 결정된다. 중앙의 교육정책은 중앙교육체제의 환경으로부터, 지방의 교육정책은 그 지방의 환경으로부터 다양한 영향을 받게 된다. 최근의 환율 급등은 중앙의 국제교육정책에 상당한 영향을 미치고 있는 좋은 예가 될 수 있다.

(2) 대통령

대통령은 행정수반으로서 교육정책과정 전반에 걸쳐 가장 강력한 정치적, 법률적 권한을 행사하는 정책 결정자다. 대통령은 가장 강력한 합법적 권한을 가지고 교육정책의 형성과 집행에 관여한다. 특히, 우리나라와 같이 대통령 중심제의 중앙집권제에서는 더욱 그렇다. 그런데 대통령 자신의 가치관과 태도, 인성과 취향 및 자질 등과 같은 개인적 변인이 교육정책 결정에 작용하기 쉽다. 이와 같은 개인적 변인은 때때로 합리적인 교육정책을 결정하는 데 제약 요인으로 작용하기도 한다.

(3) 국회와 정당

국회와 정당은 교육정책 결정에 지대한 영향을 준다. 국회는 교육을 포함하여 국가의 주요정책과 관련된 법률을 제 · 개정할 수 있다. 국회는 교육정책에 관한 법률안을 직접 발의하기도 하고 정부(교육부)에서 제안한 정책관련 법률안을 심의하고 의결하는 주체이다. 그런데 집권당과 야당은 서로 다른 방식으로 정책결정에 영향을 미친다. 여당은 대체로 정부의 정책을 지지하고 야당은 스스로 정책 관련 법률안을 상정하기도 하고 정부가 제출한 안을 비판, 견제한다.

(4) 정책결정자

교육정책 결정자 요인(지식, 신념, 태도, 경험 등)은 정책결정에 중요한 영향을 미친다. 교육정책의 결정과 관련된 사람은 자신의 가치를 반영할 수가 있다. 그는 정책결정시 자기 자신의 개인 특성뿐만 아니라 자신이 속한 집단에 의해서도 영향을 받는다.

(5) 이익집단

교육정책은 각 사회집단 및 계층의 이익과 관계가 깊다. 한국교원단체총연합회, 사학재단연합회, 사립학교교장회의, 전교조 등은 교육정책 수립과정에 직접적 또는 간접적으로 교육정책 결정에 영향을 미친다. 또 지역마다, 계층마다 서로 다른 계층들은 그들의 이해관계에 따라 교육정책 결정에 반응한다. 이들이 교육정책 결정에 영향을 미치는 형태는 다양하다. 비밀 접촉이나 인간적 유대를 통하여 요구를 전달하기도 하고, 진정서, 건의서, 성명서, 심지어는 실력행사를 통해 요구를 전달하기도 한다.

(6) 국민과 학부모

교육정책 결정에서 학부모의 영향력은 상당하다. 교육정책의 가장 직접적인 당사자인 학부모들의 의사를 무시한 채 교육정책을 결정, 집행해 간다는 것은 어렵다. 문제는 하나의 교육정책 결정으로 이익이 되는 국민 또는 집단이 있는가 하면, 그렇지 않은 국민 또는 집단도 있다는 것이다. 교육열이 높고 경쟁이 치열한 우리나라에서는 국민들이 교육정책에 매우 예민한 반응을 보인다. 대학입시정책, 고교평준화정책만 하더라도 상류층의 이해와 서민층의 이해가 서로 다르다.

(7) 연구기관과 학자

교육정책은 그 내용과 실현 수단이 매우 다양하고 결정과정 또한 복잡하므로 정책결정자에게는 상당한 전문적 지식과 통찰이 요구된다. 이러한 점에서 교육정책 문제를 전문적으로 연구하는 기관이나 학자는 지식, 정보, 자료를 제공함으로써 정책결정 과정에 영향을 준다. 이들은 또 연구를 통하여 정책 대안을 제안하거나 여론화하여 정책결정에 영향을 주기도 한다.

(8) 매스컴

신문, 방송은 정부나 지방자치단체의 교육관련 정책을 국민들에게 비판적으로 전달함으로써 여론을 환기시켜 간접적으로 교육정책 수립에 영향을 미친다. 심지어 이들은 정부가 껄끄럽게 생각하는 교육정책의 취약점을 들추어 정책이 실현되기 전에 여론을 조성하기도 한다.

5) 교육정책 형성과정 모형

우리나라의 중요한 교육정책은 중앙집권적 형태로 결정된다. 정책결정 과정에는 여러 가지 변인, 즉 환경, 정책결정자, 국회와 정당, 이익집단, 매스컴, 연구기관 · 학자, 그리고 국민 · 학부모 등이 작용한다. 이 정책변인들은 모두 정책결정 과정에 참여하는 단위로 간주될 수 있다. 이들 단위들은 서로 영향을 주고받으면서 정책결정 과정에 영향을 준다. 이를 도시하면 [그림 8－1]과 같다(김윤태, 2004).

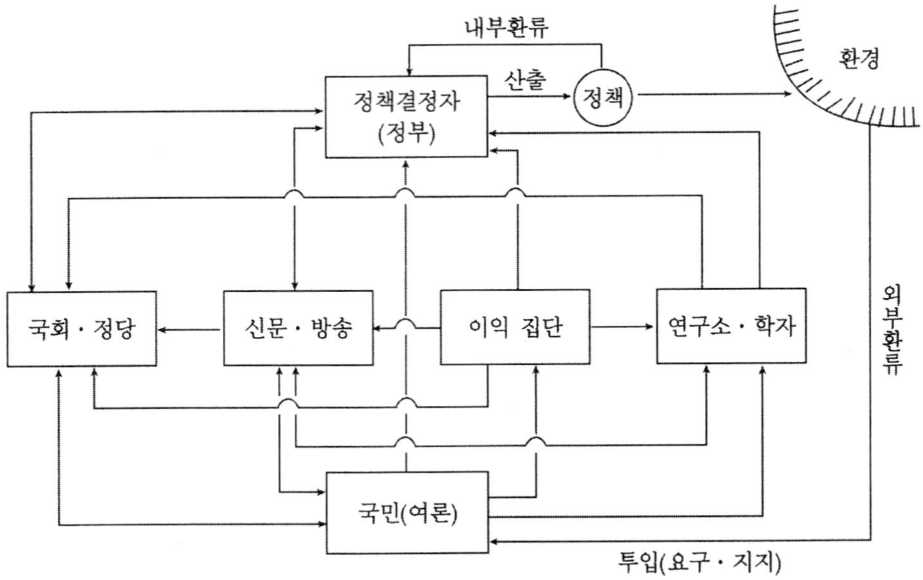

[그림 8-1] **한국의 교육정책 형성과정 모형**

* 출처 : 김윤태(2004). 교육행정 · 경영의 이해. 서울 : 동문사. p. 156.

교육체제 환경(정치 · 경제 · 사회 · 문화체제)으로부터 정책결정자(정부)에게 교육문제(요구)와 정책에 대한 지지가 도달하기까지 다양한 과정을 거친다. 환경에서 정책결정자로 흘러 들어온 요구나 지지가 투입요소가 된다. 투입은 국민 또는 학부모의 여론을 형성한다. 여론은 정책형성의 기초가 되고, 국회, 정당, 매스컴, 이익집단, 연구소, 학자를 통하여 정책결정자에게 전달된다. 정책결정자가 직접 국민 · 학부모의 여론을 수집하기도 한다.

신문과 방송매체는 여론을 조성하여 그것을 정부에 전달하는 한편, 정부의 정책을 국민에게 전달한다. 이들은 국민, 이익집단, 연구기관 및 학자들로부터 정책에 관련된 정보와 자료를 수집하고 정부나 일반국민에게 전달한다. 국회 · 정당은 다양한 출처로부터 정책개발 및 분석 · 평가에 필요한 정보를 수집하여 정책을 직접 입안하거나 정책결정자에게 전달한다. 이익집단은 그들의 권익을 위하여 주장 · 요구 사항을 정책결정자에게 직접 건의하거나 신문 · 방송, 국회 · 정당 및 연구기관을 통하여 전달한다.

연구소 · 학자는 여론을 수집하거나 연구를 통하여 얻은 지식과 정보를 정책결정자에게 제공한다. 그들은 신문 · 방송 및 이익집단으로부터 관련 자료를 수집하기도 한다. 이처럼 환경에서 들어온 투입은 역동적 과정을 거쳐 정책결정자에게 전달된다. 정책결정자는 자원을 동원하여 투입된 요구와 지지를 정책으로 전환시킨다(김윤태, 2004).

6) 교육정책 형성의 제약요인

교육정책 결정을 제약하는 요인은 대체로 정책결정자가 요인, 조직 내 요인, 환경요인으로 나누어 볼 수 있는데(김창걸, 1996), 이들 요인은 제7장의 '의사결정 제약요인'과 거의 같으므로 제7장의 마지막 부분을 참고하면 될 것이다.

교육인사행정

제 9 장

1. 교육인사행정 개설
2. 교원의 임용과 능력개발
3. 교원의 승진과 사기

1 교육인사행정 개설

1) 교육인사행정의 의의

시설, 자료, 재정이 조직 운영에 필요한 것이 사실이지만, 인간자원인 사람이 특히 필요하다. 특히, 미성숙한 인간을 다루는 교육조직에서는 인간자원인 교사의 중요성을 아무리 강조해도 지나치지 않다. 사람은 시설, 건물, 재정 등 물적 자원을 만들고 관리, 통제할 수 있어도 이것들이 사람을 관리, 통제할 수는 없다. 사람을 기르는 교육 사업은 말할 것도 없고 상품과 서비스를 설계, 생산하여 시장에 내다파는 기업도 결국 사람 손에 달려 있다. 유능한 인재를 확보하지 않고서는 조직을 활성화시킬 수 없고, 그 목표도 달성할 수 없다. 따라서 조직의 3대 요소인 3M(Man : 사람; Money : 재정; Material : 물자) 중 사람이 가장 핵심적인 요소가 되는 것이다.

인사행정이란 조직 구성원의 고용에 관한 일련의 결정이라고 볼 수 있는데(Milkovich & Boudreau, 1991), 교육에서의 인사행정은 교육목표 달성을 위해서 인적 자원을 확보하여 이를 효율적으로 관리, 활용하는 기술이라고 볼 수 있다.

2) 인사행정 관점의 변천

그 나라, 그 정부의 인사관(觀)은 모든 분야의 인사정책 및 인사행정에 기초가 된다. 교육인사행정도 정부의 인사행정제도의 한 축으로써 정부의 인사정책의 틀을 벗어날 수 없다. 물론 교육인사행정제도가 다른 분야의 인사행정제도와 같지는 않지만 인사관은 인사정책을 수립, 실천하는 데 있어서 이념적 틀이 될 수 있다. 인사행정이 일반적으로 어떤 기준에 의해서 이루어졌는지, 그 변천 과정을 살펴볼 수 있다.

(1) 엽관주의

엽관주의(spoils system)는 "승자에게 전리품이 귀속된다"는 사상으로서 정권을 장악한 자가 자기 진영에 속하는 자들에게 전리품으로서의 관직을 분배하는 인사 방식이다.

적재적소에 인재를 등용하는 것이 아니고, 정권획득에 주동적인 인물 예컨대, 대통령이나 도지사의 지지를 받은 자가 공직에 오르는 것이다. 승진에 있어서도 능력이나 업적보다는 정당의 유력인사의 영향력, 다시 말하면 정실에 좌우되는 경우가 많다. 정권이 교체될 때마다 대폭적인 공무원 교체가 이루어진다. 그 결과 능력보다는 정실에 의한 인사가 이루어지므로 행정 능률은 저하되고 관기는 문란해지며, 공무원은 국가의 권익보다 정당과 특정 개인에게 충성하는 폐단을 초래하게 된다.

민주정치는 본질적으로 의회정치이며 의회정치는 정당정치를 기반으로 하고 있다. 정당이 정권을 획득하기 위해서는 개인 또는 집단과 많은 관계를 맺게 된다. 정권을 획득한 후보자나 정당이 정권획득에 공헌한 지지자들에게 보답하는 문제가 생기게 된다. 이러한 연유로 대의민주정치가 발달함에 따라 엽관주의 또는 정실주의 인사정책이 등장하게 되었으며, 오랫동안 각국에 보편화되었던 것이다(신두범 외, 2003).

1801년 미국의 3대 대통령에 취임한 민주공화당의 Jefferson은 대통령의 임명 관직 중, 25%를 민주공화당원으로 충원시켰다. 그 후 엽관주의 인사정책은 1829년 7대 대통령에 취임한 Jackson에 의해서 본격화되었다. 그는 엽관주의를 민주주의의 실천적인 정치원리로 간주했다. 미국에서 엽관주의가 가장 심했던 시기는 1845년 11대 대통령에 취임한 Polk(1845~1849)시대부터 남북전쟁이 끝난 1865년까지 근 20년간이었다. 미국의 엽관주의는 1865년을 정점으로 점차 쇠퇴하게 되었고, 실적주의를 위한 개혁운동이 전개되기 시작하였다(박연호, 2000).

(2) 실적주의

실적주의(meritocracy)는 능력주의라고 할 수 있는데, 그것은 정부인사에 있어서 당파성이나 지연, 학연 등과 같은 요소를 배제하고 개인이 가지고 있는 능력, 자격, 업적에 따라 인사정책을 실행하는 것이다. 시대적으로 행정기능이 양적, 질적으로 확대되고 복잡해짐에 따라 당파나 정실에 의해 임용된 공무원으로는 이러한 헝정기능을 제대로 수행할 수 없었다. 그리고 엽관주의 인사는 부패와 비리, 불필요한 공직남발, 이로 인한 재정낭비 및 기강해이를 가져오는 등 병폐가 많았다. 이를 극복하고 행정의 투명성과 능률화를 기하기 위하여 19세기 중엽 이후 각국에서는 엽관주의 인사행정에 종지부를 찍고 새로운 실적주의 인사행정이 나타났다.

실적주의의 본질은 개인의 능력과 실적에 따라서 인사행정이 이루어져야 한다는 것이다. 임용, 승진이 인종, 종교, 학벌, 지역, 정실에 관계없이 능력과 실적에 근거해야 된다는 점이다. 그렇게 됨으로써, 공무원들은 정치적 중립을 지킬 수 있고 그들의 신분도 정권교체와 관계없이 보장된다는 점이다. 실적주의에서는 능력과 실적 및 정치적 중립성이 인사의 준거가 되기 때문에 업무의 능률과 공평무사한 공무수행이 가능하다. 그러므로 실적주의는 행정의 안정성 및 일관성과 직업 공무원 확보에 유리하다. 그러나 지나친 능력, 실적 위주의 인사행정은 실적만을 앞세우는 전시행정이 우려되며 구성원간, 하부조직 간 협력보다는 필요 이상의 경쟁과 갈등이 생길 소지가 있다.

민주행정의 근간은 민주정치에 있고 민주정치는 정당정치를 통해서 이루어진다. 그런데 현실적으로 정권획득 후 공직 임명에 아무런 도움이 되지 못한다면 정당에 대한 당원들의 기여도는 떨어지게 되고 그 결과 정권획득은 어렵게 될 수밖에 없다. 따라서 지나친 실적주의 인사는 정당정치 발전 및 정권 획득에 저해 요인으로 작용할 수 있다.

(3) 절충주의

절충주의적 인사행정은 엽관주의와 실적주의의 단점을 줄이고 장점을 살리자는 인사행정관(觀)이다. 엽관주의가 유능한 인재 등용과 직무능률 향상에는 부적합하지만 민주정치의 근간이 되는 정당정치에는 불가피한 면이 있다. 그리고 정권획득 후 지도자의 정치 철학과 이념을 구현하는 데 정치노선이 비슷한 정당원들을 임용하여 활용하는 것이 정권 안정을 위해 유리한 측면이 있다. 또 실적주의는 능력과 업무의 효율성 확보에는 긍정적이나 지나친 실적위주는 구성원간의 협동보다는 갈등을 일으킬 소지가 크고 전시행정에 빠질 위험성이 있기 때문에 양자의 장점을 살려 인사행정에 활용해 보자는 것이다.

절충주의 인사행정은 능력과 실적을 중심으로 인사를 하되, 정치 현실과 사회변화에 적응하기 위하여 엽관주의적 인사 요인도 고려해 보아야 한다는 것이다. 그러나 말이 쉽지 인사행정에 있어서 이러한 상반된 인사관(觀)을 절충하여 실천에 옮긴다는 것은 참으로 어려운 일이다.

3) 인사행정의 영역

인사행정의 영역은 인사행정 행위가 이루어지는 범위로써, 인사행정에서 다루게 되는 과업이라고 할 수 있다. 그것은 임용에 대한 것인가, 승진에 대한 것인가, 보수에 대한 것인가, 아니면 직원 사기에 대한 것인가에 대한 응답으로 알 수 있다. 인사행정에서 다루는 과업들이 많은데 이에 대한 학자들의 기본 입장은 유사하나 구체적으로 다소 차이가 있다. 몇몇 학자들이 제시하고 있는 인사행정 영역은 다음과 같다.

Lunenburg와 Ornstein(2004)은 행정영역을 인사행정 과정으로 보고 6단계의 과정을 ① 기획, ② 모집, ③ 선발, ④ 전문성 개발, ⑤ 업적평가, ⑥ 보상 등으로 제시했다. Milkovich와 Boudreau(1991)는 인사활동을 ① 직원조직, ② 직원발달, ③ 보상 등으로 보았다. Nigro와 Nigro는(1976) 인사행정의 영역을 ① 모집과 선발, ② 배치, ③ 훈련, ④ 평가, ⑤ 노사관계, ⑥ 보수, ⑦ 사기 등으로 구분하였다. Morphet 등(1974)은 인사관리의 과정을 ① 인력 수급계획, ② 모집, ③ 선발, ④ 유인, ⑤ 평가, ⑥ 개발, ⑦ 보상, ⑧ 인력서비스, ⑨ 안전, ⑩ 노사관계, ⑪ 민주적 분위기 조성 등 여러 단계로 설명하였다.

김종철(1983)은 교육인사행정 영역으로 ① 보충, ② 임용, ③ 근무조건, ④ 교육과 훈련, ⑤ 근무 평정, ⑥ 교직단체행정 등을 들었다. 서정화 등(1995)은 교육인사행정 영역을 매우 구체적으로 제시했는데 이 영역에는 ① 교원신분과 자격, ② 수급계획 ③ 양성 선발과 임용, ④ 연수, ⑤ 근무평정, ⑥ 승진, ⑦ 전보와 전직, ⑧ 보수와 후생, ⑨ 근무부담, ⑩ 신분보장, ⑪ 징계, ⑫ 퇴직제도, ⑬ 사기, ⑭ 인간관계, ⑮ 교직단체, ⑯ 윤리강령 등이 제시되고 있다. 이들 학자들이 구분하고 있는 인사행정이나 교육인사행정의 영역은 모두 유사한 점이 많으며, 다른 점은 누가 더 구체적으로 제시하고 있느냐의 차이이다. 이들 영역들을 종합해 볼 때, 이들은 신규 임용에서부터 퇴직에 이르기까지 효율적인 교직원 관리에 관한 전 과정을 포괄하고 있다.

4) 교육직원의 분류

교육직원이란 국·공·사립학교에서 직접 교육활동에 종사하는 자(사무직원 포함)와 교육행정기관 및 연구기관에서 근무하고 있는 자를 포함, 광의로 해석할 때 사용되는 용어이다. 교직원은 학교의 교육직원, 즉 교원과 기타 학교직원만을 의미하는 것이 통례이다. 교원에 대한 법적인 정의는 교육법 제73호에 나타나 있는데, 교원은 각 급 학교에서 직접 학생을 지도하고 있는 자를 말한다. 즉, 국·공·사립의 학교에서 학생을 직접 지도하는 자를 말하므로 일반 사무원은 제외된다. 교육공무원에 관한 규정은 교육공무원법에 명시되어 있다. 교육공무원은 [그림 9－1]과 같이 교원과 전문직원으로 나뉘는데, 이들은 국·공립학교를 포함하여 교육행정 및 연구기관에서 근무하는 자이다.

교원에는 학교의 교장, 교감, 교사, 대학의 총장, 학장, 교수, 부교수, 조교수, 전임강사, 유치원 원장, 원감, 교사 등이 포함되고, 교육전문직원에는 장학관, 장학사, 교육연구관, 교육연구사 등이 포함된다. 교원에는 국 · 공 · 사립학교 교원을 모두 포함하지만, 사립학교 교원은 교육공무원에는 포함되지 않는다. 시간강사도 교원에는 포함되나 교육공무원에는 포함 안 되고 전임강사까지만 포함된다. 교육공무원이라 할 때는 국 · 공립학교, 교육연구기관, 교육행정기관에서 근무하는 교육전문직원도 포함한다. 장학사, 장학관, 교육장은 전문직으로서 이들은 교육공무원이다.

전술한 바와 같이 교원은 일선 국 · 공 · 사립학교에서 학생지도에 임하는 자들로서 대학 총장, 교수, 부교수, 조교수, 전임강사, 강사 등과, 초 · 중등학교의 교장, 교감, 교사를 모두 포함하는 개념이다. 그러나 교사는 수업과 생활지도를 직접 실천하는 자로서 흔히 말하는 주임교사, 담임교사, 교과담임교사, 사서교사, 양호교사, 생활지도교사 등을 지칭한다(김창걸, 1996; 문락진, 1993).

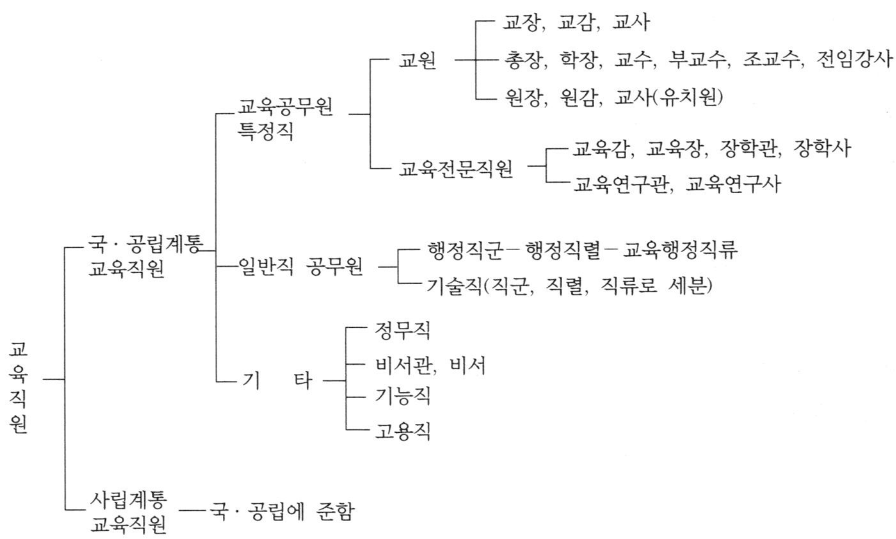

[그림 9-1] **교육직원의 분류**

2 교원의 임용과 능력개발

1) 교원의 자격

교원은 그 직무를 효율적으로 수행하는 데 필요한 자질과 자격을 갖추어야 한다. 자질은 인성적 특성으로서 구비해야 할 조건이나 교육과 훈련을 통하여 계발하여야 할 일반적 특질을 의미한다. 자격은 그 자질이 소정의 기준에 도달되었음을 행정적으로 인정하는 것이라 할 수 있다. 교원자격에 대한 법률적 규정은 초·중등교육법, 교육공무원법 및 사립학교법의 관계 조항과 이들 법률을 근거로 제정된 관련 법령 즉 교원자격 검정령, 동령시행규칙, 교수자격·자질 인정령 등에 의거하고 있다. 초·중등교육법 제21조는 교원자격의 종별과 기준을 규정하고 있다.

교원의 종별은 ① 교장, 교감, 원장, 원감, ② 정교사(1급, 2급), 준교사, 전문상담교사, 사서교사, 실기교사 및 보건교사(1급, 2급), ③ 교수, 부교수, 조교수, 전임강사다. 이들 교원 중 ①과 ②는 자격증을 필요로 하고, ③은 자격증을 필요로 하지 않고 임용자격제도를 채택한다. 교육전문직도 자격증을 필요로 하지 않고 있다. 또한 학교의 교육과정 운영상 필요한 경우에 초·중등교육법 제19조 1항의 규정에 의한 교원 외에 산학 겸임교사, 명예교사 또는 강사 등을 둘 수 있다.

교원의 자격검정은 무시험검정과 시험검정으로 구분된다. 무시험검정에 의해 취득하는 경우는 ① 정규 교사양성대학 졸업자, 대학 또는 전문대학의 교직과정 이수자에게 신규 교사자격을 부여할 때, ② 재교육을 통해 상급자격을 부여할 때, ③ 이미 취득된 하나의 자격을 근거로 하여 다른 각급 학교의 자격으로 변경하든가, 또는 유사한 자격을 인정받을 때, ④ 교원자격검정위원회의 추천에 의거하여 교장 또는 원장의 자격을 인가할 때 등이다.

시험검정은 전형검정과 고시검정으로 구분된다. 교원의 자격증은 교원양성제도의 테두리 안에서 무시험검정으로 이루어지는 것을 원칙으로 하고 있다. 시험검정에 의한 자격증 취득은 주로 유치원·초등학교 및 중등학교의 준교사이며 특수교사 자격증과 실기교사 자격증도 그 대상이 된다. 시험검정은 교사자격의 종별에 따라, 교원 수급계획상 필요에 따라 시행하되 시험과목은 취득하고자 하는 자격에 상응하는 과목의 학력

고사를 실시하여 합격한 자를 대상으로 실기고사와 구술고사를 실시하도록 되어 있다 (교원자격 검정령 제4장; 주삼환 외, 2000).

2) 교원의 채용

교육직원 중 교원은 교육의 핵심이며 교육인사행정의 핵심대상이다. 훌륭한 교원을 확보하는 길이 교육목표와 교육인사행정의 목표를 달성하는 데 가장 중요한 일이다. 일반적으로 교원을 채용하는 과정은 교원수립계획, 모집, 선발, 임명 등으로 되어 있는데, 이들을 김윤태(2004)를 통해 알아본다.

(1) 교원수급계획

교원인사와 관련된 자료를 과학적으로 분석하여 장래의 교원인력 수요를 예측하고 이를 바탕으로 교원확보 계획을 세우는 일이 교원 충원을 위한 첫 단추를 꿰는 매우 중요한 일이다. 교육부와 교육청은 초·중등교육법 규정에 나타난 초·중등 교원의 배치기준에 의해 교원수급 계획을 수립한다. 즉 각급 학교 학급수를 기준으로 하여 교원정원을 책정하고 있다. 그러나 정원책정은 예산상의 제약으로 법정기준을 하회하고 있다. 교원 수요 추정에는 ① 인구 동태, ② 각급 학교 취학인구 동태, ③ 학급당 학생 수 및 학급 수, ④ 교사의 주당 수업 시간 수, ⑤ 교과목 수, ⑥ 교원의 이동 등의 전부 또는 일부가 활용된다.

교원공급 계획에서는 추정된 교원 수요, 즉 학생의 자연증가와 부족교원 등에 의한 교원수요를 충원하기 위한 재원을 우선 검토하고 교원의 공급규모를 결정하는 것이 보통이다. 이어서 공급교원 수를 공급원별로 배분하고 교원양성기관 학생의 진급률 및 취업률을 추정한 다음 교원양성기관의 학생 수를 추정한다.

교원공급 계획의 일반적 과정은 비교적 안정된 초등학교 교원 충원에 흔히 적용된다. 비교적 복잡한 중등교원 이상의 경우는 공급계획에 있어서 상당한 신축성이 필요하다. 중·고등학교 교원은 자격증 제도에 있어서의 개방주의, 진학률의 변동, 자격증 종류의 다양성 등 여러 가지 복잡한 요인으로 인해 수급계획이 신축적일 수밖에 없다. 더욱이 대학교원은 실질적으로 수급계획이 거의 불가능하여 대학 자율에 맡기고 있다.

(2) 모집

모집이란 유능한 후보자가 교직에 지원하도록 유치하는 과정이다. 따라서 모집방법은 자격을 갖춘 후보자(교원자격증 소지자)가 교직에 매력을 느끼도록 잘 정비되어야 한다. 유능한 교원을 모집하기 위해 모집방법을 전개함은 물론 수험절차를 간소화할 필요가 있다. 공개 경쟁시험을 현재와 같이 1년에 한 번 실시할 것이 아니라 두세 번 실시하는 것도 높은 자질을 갖춘 교원을 유치하는 데 도움이 될 것이다. 또, 교직 전망에 대한 정보를 반복적으로 제공한다든가, 시험방법을 개선한다든지, 지원 절차를 간소화하는 것도 필요하다.

(3) 시험

임용권자는 공개전형으로 교사임용 후보자를 선발한다(교육공무원 임용령 제9조). 즉 각 시 · 도 교육청은 교육대학(초등), 사범대학 졸업자 · 졸업예정자 및 교직과정 이수자(중등)로서 교원자격증을 소지한 자를 대상으로 필기, 실기 및 면접시험 등의 공개전형을 실시하고 있다. 필기시험은 교육학과 전공과목을 대상으로 한다. 실기시험은 예 · 체능 과목 등 실기시험이 필요한 경우에 실시한다. 면접시험은 필기시험 및 실기시험 합격자에 한하여 실시하며, 발표력 · 판단력 · 이해력 및 자질을 고사하되, 합격여부만 결정한다.

(4) 임명

각 시 · 도 교육감은 교원을 임명하기 전에 임용후보자 명부를 작성하게 된다. 신규 임용 후보자의 명부는 교사임용후보자 선정 공개전형에 합격한 자를 성적 순으로 작성한다. 교육공무원 및 사립학교 교원의 임명 절차상 중요한 점을 열거하면 다음과 같다(교육공무원법, 사립학교법 및 지방교육자치에 관한 법률).

① 국 · 공립대학의 총장 · 부총장 · 학장(대학교의 학장은 제외)은 대학의 추천을 받아 교육부장관이 교육공무원 인사위원회의 자문을 거쳐서 제청하고 대통령이 임명한다. 그 임기는 4년이다.
② 사립대학의 총 · 학장은 학교법인이 임명하며, 임기는 정관으로 정해진다.

③ 국·공립대학의 부총장은 교수 중에서, 대학원장·학장(대학교의 학장에 한함)·부학장은 교수 또는 부교수 중에서 총장 또는 학장이 대학 인사위원회의 동의를 얻어 제청하고 교육부장관이 보한다. 그 임기는 2년이다.

④ 국·공립대학의 교수, 부교수는 총·학장이 대학 인사위원회의 동의를 얻어 제청하고 교육부장관을 거쳐 대통령이 임명하고, 조교수는 총·학장이 대학 인사위원회의 동의를 얻어 제청하고 교육부장관이 임명한다. 전임강사와 조교는 총·학장이 대학 인사위원회의 동의를 얻어 임명한다.

⑤ 국·공립대학 교원은 임용 기간이, 교수 및 부교수는 정년까지 임용될 수 있지만 부교수는 6~10년, 조교수는 4년 이내, 전임강사는 2년 이내, 조교는 1년을 각각 정하여 임명할 수 있다.

⑥ 사립대학 교원은 학교법인 정관이 정하는 바에 의하여 총·학장이 기간을 정하여 임명한다.

⑦ 부교육감·장학관·교육연구관은 교육부장관의 제청으로 대통령이 임명한다. 단, 부교육감 및 지방자치단체에 근무하는 장학관·교육연구관의 제청에 있어서는 당해 시·도 교육감의 추천이 있어야 한다.

⑧ 대학교원을 제외한 교장은 교육부장관의 제청으로 대통령이 임명하며, 임기는 4년으로 하되, 1차에 한하여 중임할 수 있다. 교감·교사·장학사 및 교육연구사는 교육부장관이 임명하게 되어 있으나 임명권이 교육감에게 위임되고 있다.

⑨ 대학교원이 아닌 사립학교 교원은 교장의 제청으로 이사회의 의견을 거쳐 임명되며, 교장은 학교법인이 임명하되 임기는 정관으로 정한다.

우리나라의 교육인사행정은, 임명권의 일부가 지방행정 당국에 위임된 것을 제외하고는 중앙집권제를 탈피하지 못하고 있다. 이것은 교육자치제의 발전을 저해하는 중요한 요소로 인식되고 있다(김윤태, 2004).

3) 교원의 능력개발

제도적인 요건만 갖추었다고 훌륭한 교육자가 되는 것은 아니다. 교육자는 그 이상을 갖추어야 한다. 교육을 통한 자기실현의 욕구가 강해야 하고 국가, 사회 발전에 봉사하겠다는 건전한 사회관, 국가관을 가지고 있어야 한다. 또한 국내외적으로 정치, 경제, 사회, 문화 등 모든 생활 영역의 변화가 가속화되면서 먼 옛날에 배웠던 지식과 기술로는 현재와 미래의 교육을 담당하기 어렵게 되었다.

나날이 변화, 발전하는 지식, 기술, 정보를 외면하고서 교육의 발전을 기대할 수는 없으며 나라와 사회 발전도 기약할 수 없다. 따라서 교육자는 새로운 것을 찾아 익혀, 학생 교육에 활용하겠다는 의지가 있어야 된다. 한 마디로 새로운 것에 도전하는 자세, 부지런한 모습이 필요한 것이다. 자신의 잠재 능력을 발견하여 지식산업, 인간사업인 교육 사업에 몰입하는 정신이 필요하다.

(1) 직전교육

교원이 되기 위한 직전교육은 시대가 바뀔수록 장기화되는 경향이 있으며 교육내용도 넓고 깊어지고 있다. 70년대만 하더라도 초등학교 교사를 양성하는 교육대학은 2년제이었다. 그 이전에는 대학도 아닌 사범고등학교이었다. 그 당시 대학교수의 직전교육도 오늘날과 비교하면 큰 차이가 있다. 박사학위를 취득한 교수가 매우 희박했던 시대였다.

우리나라 특유의 교육열과 조기교육이 강조되고 있는 가운데 유아교육의 중요성이 강조되고 있다. 현재 유치원교사 양성은 전문대와 4년제 대학의 유아교육과와 교육대학원(유아교육 전공)에서 이루어지고 있다. 이처럼 유치원 교사 양성이 다양하게 이루어지고 있다. 수업연한의 차이가 심하고 이수 교육과정도 차이가 심하다. 그런데도 불구하고 다같이 2급 정교사 자격증을 부여하고 있다. 이는 자격증은 같지만 유치원 교사로서의 자질불균형을 초래하고 있다. 초등학교 교원의 양성은 매우 폐쇄적이며, 중등교원의 양성은 고도의 개방주의다.

현재 우리나라 교사양성 체제의 문제점으로 지적할 수 있는 것은 ① 사명감이 투철한 교사 양성체제 미흡, ② 사범대학의 교육내용이 일반대학과 차별화되지 않음, ③ 중등교사 양성체제의 다원화, 개방화로 교사 양성교육의 혼란과 교원의 질적 격차 초래, ④ 지나치게 일반대학의 교직과정에 의존하는 중등교사 양성체제, ⑤ 단기적인 실습으로 교육실습의 부실화, ⑥ 우수한 학생들의 교원양성기관에의 유인체제 미흡 등이다(김윤태, 2004; 남정걸, 2008).

(2) 현직교육

교사교육은 제도적으로 직전교육 4년 과정을 통해서 이루어지지만 이것만으로 교사로서의 자질이 완성되었다고 보기 어렵다. 하루가 다르게 변화하는 지식, 정보화 사회에서 과거에 익힌 지식과 기술만으로 변화하는 시대 조류에 적응할 수 없다. 따라서 현직교육은 불가피하게 계속 이루어질 수밖에 없다. 그리하여 교육공무원법 제38조에서는 교육공무원의 계속적인 연구와 수양을 의무화하고 있는 것이다. 현직교육은 다음과 같은 중요성을 가지고 있다.

① 현직교육은 직전교육의 미비점을 보완한다는 점에서 중요하다.
② 현직교육은 새로운 지식과 기능, 그리고 태도를 습득한다는 측면에서 중요하다. 사회가 빠르게 변화하면 할수록 새로운 지식과 기술이 폭발적으로 증가하고 있다. 교원은 이러한 변화에 적응해야 한다.
③ 교원에게는 교육전문가로서의 계속적인 연찬이 요구된다. 교사는 풍부한 지식, 기술 및 독창적인 교육방법을 활용할 수 있어야 한다.

우리나라 유치원 및 특수학교 교원을 포함하여 초·중등학교 교원을 대상으로 연수에 관한 규정을 대통령령으로 두고 있다. 연수에는 자격연수, 직무연수, 특별연수가 있는데, 이들을 설명하면 다음과 같다(박세훈 외, 2008; 윤정일 외, 2007).

① **자격연수** : 이 연수에는 1, 2급 정교사, 교감, 교장 등 상위자격 취득을 위한 연수와 전문상담교사, 사서교사 등 특수자격 취득을 위한 연수가 있다. 자격연수는 다른 연수에 비해 시간, 경비가 많이 소요되는데 유치원의 원장, 원감, 초·중등학교장, 교감 등의 자격연수 대상자의 자격 기준은 〈표 9－1〉과 같다.

〈표 9-1〉 교(원)장 및 교(원)감 자격연수 자격기준

자격	학교	기 준
교장 (원장)	유치원	① 유치원의 원감 자격증을 가지고 3년 이상의 교육 경력과 소정의 재교육을 받은 자 ② 학식·덕망이 높은 자로서 대통령령이 정하는 기준에 해당한다고 교육부장관의 인정을 받은 자
	초등학교	① 초등학교의 교감 자격증을 가지고 3년 이상의 소정의 재교육을 받은 자 ② 학식·덕망이 높은 자로서 대통령령이 정하는 기준에 해당한다고 교육부장관의 인정을 받은 자 ③ 특수학교의 교장 자격증을 가진 자

	중등학교	① 중등학교의 교감 자격증을 가지고 3년 이상 소정의 재교육을 받은 자 ② 학식 · 덕망이 높은 자로서 대통령령이 정하는 기준에 해당한다고 교육부장관의 인정을 받은 자 ③ 교육대학 · 전문대학의 학장으로 근무한 경력이 있는 자 ④ 특수학교의 교장 자격증을 가진 자
	고등기술학교	① 중등학교의 교장 자격증을 가진 자 ② 실기교사 자격증을 가지고 9년 이상의 교육 경력과 소정의 재교육을 받은 자
	특수학교	① 특수학교의 교감 자격증을 가지고 3년 이상의 교육 경력이 있는 자로서 소정의 재교육을 받은 자 ② 초등학교 또는 중등학교의 교장 자격증을 가지고 필요한 보수교육을 받은 자, 이 경우 특수학교 교원 자격증을 가졌거나 특수학교(특수학급 포함)에서 교원으로 근무한 경력이 있는 때에는 보수교육을 면제한다. ③ 학식 · 덕망이 높은 자로서 대통령령이 정하는 기준에 해당한다고 교육부장관의 인정을 받은 자
교감 (원감)	유치원	① 유치원 정교사(1급) 자격증을 가지고 3년 이상의 교육 경력과 소정의 재교육을 받은 자 ② 유치원 정교사(2급) 자격증을 가지고 6년 이상의 교육 경력과 소정의 재교육을 받은 자
	초등학교	① 초등학교 정교사(1급) 자격증을 가지고 3년 이상의 교육 경력과 소정의 재교육을 받은 자 ② 초등학교 정교사(2급) 자격증을 가지고 6년 이상의 교육 경력과 소정의 재교육을 받은 자 ③ 특수학교의 교감 자격증을 가진 자
	중등학교	① 중등학교 정교사(1급) 자격증을 가지고 3년 이상의 교육 경력과 소정의 재교육을 받은 자 ② 중등학교 정교사(2급) 자격증을 가지고 6년 이상의 교육 경력과 소정의 재교육을 받은 자 ③ 교육대학의 교수 · 부교수로서 6년 이상의 교육 경력이 있는 자 ④ 특수학교의 교감 자격증을 가진 자
	고등기술	① 중등학교 교감 자격증을 가진 자 ② 실기교사 자격증을 가지고 6년 이상의 교육 경력과 소정의 재교육을 받은 자
	특수학교	① 특수학교 정교사(1급) 자격증을 가지고 3년 이상의 교육 경력이 있는 자로서 소정의 재교육을 받은 자 ② 초등학교 또는 중등학교의 교감 자격증을 가지고 필요한 보수교육을 받은 자, 이 경우 특수학교 교원 자격증을 가졌거나 특수학교(특수학급 포함)에서 교원으로 근무한 경력이 있는 때에는 보수교육을 면제한다.

〈주〉 초등학교는 공민학교 및 이와 동등한 각종 학교를, 중등학교는 중학교, 고등학교, 고등공민학교 및 이들과 동등한 각종 학교를 포함한다.

* 출처 : 박세훈 외(2008). 교육행정 및 교육경영. 서울 : 학지사. pp. 212-213.

② **직무연수** : 직무연수는 직무수행 능력 향상을 위한 연수로 교육이론, 방법 및 직무수행과 관련된 능력을 배양하는 데 연수의 목적이 있다. 교육감 및 소속기관의 장이 필요하다고 인정하는 자의 연수, 교육과정의 개편, 개정에 따른 연수, 교육정보화 연수, 또는 교육공무원법 제45조 3항에 의거하여 장기 휴직 후 복직을 위한 연수가 있다. 연수기간과 내용 및 과정은 당해 연수원장이 정한다.

③ **특별연수** : 전문지식 습득을 위한 국내외의 특별연수 프로그램을 의미한다. 국내외의 교육기관 또는 연수기관에서 일정한 기간 동안 실시되는 것이 보통이다. 연수기관으로는 초등교육연수원, 중등교육연수원, 교육행정연수원, 종합교육연수원, 원격교육연수원 및 각 시 · 도 교육연수원 등이 있다.

3 교원의 승진과 사기

1) 승진

조직에서 승진에 거는 기대만큼 큰 것도 없다. 승진으로 보수도 일정 부분 올라가고 지위도 격상되는 등 승진으로 생기는 혜택이 한두 가지가 아니다. 또 조직 측면에서도 구성원들의 직무동기를 유발시켜 조직목표 달성에 몰입하도록 할 수 있다. 이와 같은 점에서 교직도 타 직종과 별반 다를 바가 없다. 승진은 책임과 업무수행의 곤란성이 낮은 하위 직급에서 높은 상위 직급으로 수직 상승하는 것을 뜻한다.

(1) 승진기준

승진기준은 보통 연공서열주의와 능력주의로 구분되는데, 연공서열주의는 근무연수, 연령, 경력, 학력 등이 승진 기준이 되고, 능력주의는 업적, 능력 등이 승진 기준이 된다. 인사에 있어 연공서열위주냐, 능력위주냐 하는 문제는 사회의 문화적 배경과 관계가 깊다.

상하 종적인 인간관계가 중시되는 유교 전통을 가지고 있는 동양사회에서는 상대적으로 연공서열을 중시하고, 합리성과 과학성이 강조되는 개인주의적인 서양사회에서는 업적주의, 능력주의가 중시되고 있다. 연공주의 인사제도와 능력주의 인사제도는 각각 장단점을 가지고 있는데 대체로 혼합된 형태로 운영되고 있다. 이들의 장단점을 〈표 9－2〉와 같이 비교할 수 있다.

〈표 9-2〉 연공주의와 능력주의의 장단점

구 분	장 점	단 점
연공주의	객관성 정실 및 불공평 인사 배제 행정의 안정성 유지	유능한 인재 등용의 제약 행정의 침체성 우려 부하직원의 통솔곤란
능력주의	인사권자의 정실개입 경감 승진타당성 제고 개인의 발전촉진	근무보다 승진시험에 열중 우려

연공서열주의의 장점으로는 승진의 객관성 확보, 행정의 안정성 유지 및 정실 인사나 불공정 인사의 극복 등을 들 수 있다. 그러나 승진이 연공서열에 의존하게 되면 유능한 인재를 등용하기 어렵고 행정의 침체와 부하직원을 통솔하기 어렵다.

능력주의의 장점은 정실인사와 엽관주의적 인사를 줄이고 개인의 성장을 촉진시킬 수 있다는 것이다. 그러나 조직의 성장을 위한 근무보다 승진 경쟁에 치중할 수 있고, 이로 인해 직장 분위기가 삭막해질 수 있다. 승진 경쟁의 공정성과 신뢰성이 낮을 때는 오히려 열심히 근무한 사람이 뒤처지는 사례가 생기기 쉽다.

(2) 승진 기준

교육공무원 승진 규정(2007년 개정)에 따르면 교원의 승진 기준은 경력평정(70점 만점), 합산 평정(100점=근무성적 70점+동료교사의 다면평가 30점), 연수성적 평정(30점 만점) 및 가산점 평정에 근거한다. 이들 평정의 내용 및 배점은 〈표 9－3〉과 같다. 이와 같은 교원의 승진 기준과 내용 및 평점 배점을 살펴보면 다음과 같다(진동섭 외, 2014).

〈표 9-3〉 승진 기준 및 평점 배점(교사에서 교감으로 승진)

구 분	내 용		만 점
1. 경력 평정	- 기본경력(최근 15년 간) - 초과경력(기본경력 전 5년 간)	64점 6점	70점(20년간)
2. 근무성적 평정	- 근무성적평점 - 다면평가점	70점 30점	100점(최근 5년 중 3년 택)

<table>
<tr><td colspan="2">3. 연수성적 평정</td><td>- 교육성적 27점
• 직무연수성적 : 18점
(60시간 이상 직무연수 1회 연수성적 6점)
• 자격연수성적 : 9점
- 연구실적 3점
• 전국규모연구대회 1.0~1.5점
• 시 · 도규모 연구대회 0.5~1.0점
• 박사(직무관련) 1.5 또는 3점
• 석사(직무관련) 1 또는 1.5점</td><td>30점</td></tr>
<tr><td colspan="3">합 계</td><td>200점</td></tr>
<tr><td rowspan="2">4. 가산점</td><td>공통가산점</td><td>- 교육부장관 지정 연구학교 근무경력 : 월 0.021점 상한점 1.25점
- 재외국민교육기관 파견 근무경력 : 월 0.021점 상한점 0.75점
- 직무연수실적 : 1학점당 0.02점, 1년 0.08점, 상한점 1점
- 학교폭력 예방 및 해결 등 기여 실적 : 상한점 2점</td><td>5점</td></tr>
<tr><td>선택가산점</td><td>〈명부작성권자가 항목 및 점수의 기준을 정할 수 있음〉
- 도서벽지 교육기관 또는 교육행정기관 근무 경력
- 농어촌교육진흥지역 학교 근무 경력
- 교육발전 또는 교육공무원의 전문성 신장 등을 위해 명부작성권자가 인정하는 경력 및 실적</td><td>상한점 10점</td></tr>
</table>

〈주〉 1. 교육공무원승진규정의 관련 내용을 정리함.
* 출처 : 진동섭 외(2014). 교육행정 및 학교경영의 이해. 서울 : 교육과학사.

1 경력 평정(70점)

교사 경력평정 점수는 200점과 가산점 점수를 합한 총 점수 중, 70점이다. 평정은 매년 12월 31일을 기준으로 정기적으로 실시한다. 경력은 기본경력과 초과경력으로 구분하고 기본경력은 평정시기부터 15년을 평정기간으로 한다. 초과경력은 기본경력 전 5년을 평정기간으로 한다. 평정대상은 교육경력, 교육행정경력, 교육연구경력 및 기타 경력이다.

2 근무성적 평정(100점)

근무성적 평정제도는 인사행정의 중요한 영역이다. 현재 교사의 근무성적 평점 점수는 200점과 가산점을 합한 점수 중 100점이다. 평정은 매년 12월 31일을 기준으로 하고 근무실적, 근무수행 능력 및 태도를 평가하여 승진, 전보, 포상 등에 반영한다. 일선학교에서 교사에 대한 근무성적 평정자는 교감이고, 교장이 이를 확인한다.

근무성적 평정자는 평정대상자로 하여금 평정대상 기간 동안의 업무수행 실적에 대하여 매년 12월 31일을 기준으로 교육공무원 자기실적 평가서를 작성하여 제출하게 한다. 근무성적은 대상 교원의 자기실적 평가서를 고려하여 객관적으로 평가해야 한다.

교사에 대한 근무성적 평정사항은 〈표 9-4〉에서 보듯이, 자질 및 태도, 근무실적 및 근무수행능력으로 구분된다. 자질 및 태도의 평정요소에는 교육자로서의 품성, 공직자로서의 자세가 있고, 근무실적 및 근무수행능력의 요소에는 학습지도, 생활지도, 교육연구 및 담당업무 수행 등이 있다. 각 평정요소에 해당하는 평정방법은 상대평가이며 수 30%, 우 40%, 미 20%, 양 10%로 되어 있다(박병량 외, 2012).

〈표 9-4〉 근무성적 평정 요소 및 기준

평정사항	자질 및 태도(20점)		근무실적(80점)		
평정요소	교육자로서의 품성	공직자로서의 자세	학습지도	생활지도	교육연구, 담당업무
평정기준	• 교원의 사명과 직무에 관한 책임과 긍지 • 교원으로서의 청렴한 생활태도와 예의 • 학생에 대한 이해와 사랑, 교육헌신 • 학부모 · 학생의 신뢰와 존경	• 교육에 대한 올바른 신념 • 근면, 직무충실, 솔선수범 • 교직원간 협조, 학생의 포용 • 자발적, 적극적 직무수행	• 수업연구 및 준비 • 수업방법 개선 노력 • 교육과정의 창의적 구성 • 평가계획 및 활용계획의 적절성	• 학생의 인성교육 및 진로지도 • 학교행사 및 교내외 생활지도 • 학생의 심리 고민 이해 및 지도 • 학생 개인의 건강 및 안전지도	• 전문성 신장 연구, 연수활동 • 담당업무 처리 • 학교교육목표 임무수행 • 담당업무의 창의적 수행
평정점수	10	10	40	20	20

* 출처 : 박병량 외 (2012). 교육행정 및 교육경영. 서울 : 학지사.

3 연수성적 평정(30점)

연수성적 평정은 교육성적 평정과 연구실적 평정으로 구성되어 있다. 교육성적 평정은 직무연수 18점, 자격연수 9점으로 만점이 27점이다. 연구실적 평정은 3점을 초과할 수 없다. 연구성적의 만점은 30점이다.

교육성적 평정은 직무연수성적과 자격연수성적으로 나누어 평정한 후 이를 합산한 성적으로 한다. 직무연수성적의 평정은 교원연수에 대한 규정에 의한 교원연수기관 또는 교육부장관이 지정한 연수기관에서 10년 이내에 이수한 60시간 이상의 직무연수 성적을 대상으로 평정한다. 자격연수 성적이 중복되는 경우, 승진대상 직위와 가장 관련이 깊은 자격연수성적 하나만을 평정대상으로 한다. 자격연수성적 평정에는 당해 직위에서 방송통신대학 초등교육과를 졸업한 경우 졸업성적, 또는 교육대학원이나 교육부장관이 지정하는 대학원 교육과에서 석사학위를 취득한 경우의 성적이 포함된다(박병량 외, 2005).

연구실적 평정은 연구대회 입상 실적과 학위취득 실적을 각각 평정한 후 합산하여 실시된다. 연구대회 입상 실적은 당해 직위에서 입상한 것으로 전국규모의 연구대회 입상 실적과 시·도 규모의 대회에서 입상한 실적만을 포함한다. 연구대회 입상실적 평정은 〈표 9-5〉와 같다.

〈표 9-5〉 연구대회 입상 실적 평정표

입상 등급	전국 규모 연구대회	시·도 규모 연구대회
1 등급	1.50점	1.00점
2 등급	1.25점	0.75점
3 등급	1.00점	0.50점

* 출처 : 박세훈 외(2008). 교육행정 및 교육경영. 서울 : 학지사.

학위취득 실적 평정은 교육공무원이 당해 직위에서 석사 또는 박사학위를 취득하였을 경우, 그 취득 학위 중 하나를 평정의 대상으로 하고, 교육공무원이 전직된 경우에는 전직되기 직전의 직위 중 학위취득 실적을 포함하여 평정한다. 그리고 교육 전문직원 경력이 있는 교감의 학위취득 실적은 교감 자격증을 받은 후의 학위취득 실적에 한하고, 교육 전문직원은 교감과 장학사 및 교육연구사 직위에서의 학위취득 실적에 한한다. 석사 및 박사학위의 취득 실적은 〈표 9-6〉과 같다. 또한 연구실적 평정점은 3점을, 학위취득 평정점은 2점을 각각 초과할 수 없다(박세훈 외, 2008).

〈표 9-6〉 석사 및 박사 학위의 취득 실적

구 분	직무와 관련 있는 학위	기타 학위
박 사	3점	1.5점
석 사	1.5점	1점

* 출처 : 박세훈 외(2008). 교육행정 및 교육경영. 서울 : 학지사.

4 가산점 평정

가산점 평정은 교사들의 직무동기 유발과 사기진작 및 직무수행 능력을 향상시키기 위하여 특별한 자격증 소지, 특수지 근무경력, 특별한 근무실적 등에 대하여 일정 점수를 가산해 주는 것을 의미한다.

교육공무원의 승진평정에 적용되는 가산점은 공통가산점과 선택가산점으로 구분된다. 공통가산점은 교육부에서 지정하게 되고, 선택가산점은 각 시 · 도 교육청이 자율적으로 지정한다. 공통가산점은 ① 교육부장관이 지정한 연구학교의 교원으로 근무한 경력(월 0.021점, 상한점 1.25점), ② 교육공무원으로 재외국민 교육기관에 파견근무한 경력(월 0.021점, 상한점 0.75점), ③ '교원 등의 연수에 관한 규정' 제8조의2의 규정에 의하여 연수이수실적이 학점으로 기록 · 관리되는 직무연수 실적(1학점당 0.02점, 연도별 상한점 0.12점, 전체 상한점 1점) 등이다. 선택가산점은 총합계 10점 범위 내에서, ① 도서 · 벽지교육진흥법 제2조에 따른 도서벽지에 있는 교육기관 또는 교육행정기관에 근무한 경력이 있는 경우, ② 읍 · 면 · 동지역의 농어촌 중 교육감이 농어촌교육의 진흥을 위하여 특별히 지정한 지역의 학교에 근무한 경력이 있는 경우, ③ 그 밖의 교육발전 또는 교육공무원의 전문성 신장 등을 위해 교육감이 필요하다고 인정하는 경력이나 실적이 있는 경우 등에 대하여 부여한다(진동섭 외, 2014).

교육공무원 승진 규정 중 가산점 평정 내용은 〈표 9-7〉과 같다(박세훈 외, 2008).

〈표 9-7〉 가산점 평정 내용

구 분		평정점	상한점
공통 가산점 (전국 공통)	교육부 장관이 지정한 연구학교 근무 경력	· 월 0.021점	1.25점
	재외국민 교육기관의 파견 근무 경력	· 월 0.021점	0.75점
	직무 연수 이수 실적	· 1학점당 0.02점 · 연 평정 0.12점	1.0점
선택 가산점 (시 · 도 교육청 자율지정)	도서벽지 교육기관 또는 교육행정기관 근무 경력		10점
	한센병 환자 자녀학교 근무 경력 및 학급 담당 경력		
	농어촌 교육진흥지역 학교 근무 경력		
	특수학교 근무 경력, 특수학급 또는 통합교육 학급 담당 경력		
	교육감 지정 연구학교 근무 경력		
	기술 자격증 등 소지		
	이외 교육과정 등과 관련된 교육활동에 대한 명부 작성권자가 인정하는 경력 및 실적		

* 출처 : 교육공무원 승진규정을 인용한 박세훈 외(2008). 교육행정 및 교육경영. 서울 : 학지사.

2) 전직과 전보

인사이동에는 승진과 같은 수직적 이동과 직무 및 근무지 순환을 의미하는 전직과 전보 같은 수평적 이동이 있다. 전직이란 직렬을 달리한 임명을 말하며, 전보란 동일한 직급 내에서 근무지 변경을 의미한다. 그리고 직렬이란 직무의 종류는 유사하나 그 책임과 곤란성의 정도가 상이한 직급의 군을 가린다. 교사가 장학사 또는 교육연구사로, 교장이 장학관으로, 교육장이 교장으로, 장학관이 교육장으로 상호 인사 교류가 되는 것을 전직이라고 한다. 초등교원과 중등교원의 상호 교류도 전직에 해당한다.

전보란 동일 직렬 내에서 현 직위를 유지하면서 그 근무지를 변경하는 것이다. 예로써, 교장, 교감, 교사가 다른 학교로 전근하는 것, 장학사가 다른 교육청으로 이동하는 것 등이 전보이다. 전직이나 전보는 전통적으로 통제의 수단으로 사용되어 왔으나 조직 분위기 쇄신과 권태방지 차원에서 활용된다면 행정의 능률을 기할 수 있다.

3) 교원의 사기

사기(morale)라는 말은 흔히 군대에서 병사들의 전투 의욕 또는 기개 등을 지칭하는 말로 사용되었으나 근자에는 여러 조직에서 집단 구성원의 직무 몰입 또는 열정으로 사용되고 있다(김종철, 1992). 오석홍(1983)은 사기를 조직 구성원의 직무수행 의욕 또는 직무수행 동기, 즉 조직의 목표달성에 기여하려는 개인과 집단의 정신 상태로 보고 있다. 김윤태(1986)는 사기를 근무의욕이라고 하면서 이를 개인 중심과 집단 중심으로 볼 수 있다고 주장했다. 개인 중심적 사기는 집단이나 조직에 대하여 그 집단의 일원으로 만족감을 가지고 조직 목표달성에 기여하려는 태도이다.

집단을 강조하는 입장에서 보면, 사기란 집단적 태도로서 개인보다는 집단이익과 집단의 일체감을 중요시한다. Getzels와 Guba(1957)는 사기를 소속감, 합리성, 그리고 일체감 등 세 변인의 함수관계로 파악하고 있다. 이 때 소속감은 개인적 욕구와 제도적 역할기대의 적합성이며, 일체감은 개인적 욕구와 가치를 제도의 목표에 통합하는 것이다(김윤태, 2004). 종합하면, 사기란 조직 목표달성에 자발적으로 헌신하려는 의욕이다.

교원의 사기에 영향을 미치는 요인으로는 여러 정식적 요인과 물질적 요인 및 환경적 요인 등 여러 요인이 있다. 사기와 관련된 교원의 권리와 의무 그리고 보수와 후생복지에 관해 알아본다(김창걸, 1996; 박세훈 외, 2008; 서정화, 1989; 주삼환 외, 2000).

(1) 교원의 권리와 의무

[1] 권리

교원은 교육활동의 주체로서 교육공무원이 가지는 법적인 권리와 의무가 있는데, 교원이 가지는 권리는 적극적 권리와 소극적 권리로 나누어 볼 수 있다.

적극적 권리는 권리를 적극적으로 추구하거나 실현하는 것이고, 소극적 권리는 권리 침해를 방어하고 침해된 권리를 회복시키는 것이다. 서정화(1989)는 교원의 적극적 권리에는 자율성 신장, 생활보장, 근무조건 개선, 후생복지제도 확충 등이 있고, 소극적 권리에는 신분보장, 쟁송제기권, 불체포특권, 교원단체 활동권 등이 있다고 했다. 박세훈 등(2008)은 적극적 권리를 교육자유권, 생활보장권, 근무조건 개선, 복지후생제도 확충을 들었고 소극적 권리로서 신분보장, 쟁송제기권, 조직단체 활동권 및 불체포특권을 들고 있다. 주삼환 등(2000)은 교육공무원의 권리를 신분상의 권리와 재산상의 권리로 구분하고 있다, 신분보장의 권리에는 신분보유권, 직무집형권 및 직명사용권, 쟁송제기권, 불체포특권, 후임자 보충발령 유예에 관한 권리, 교육회 참여권 등이 포함된다고 했다. 그리고 재산상의 권리로는 보수를 받을 권리, 실비 변상을 받을 권리, 각종 사회보장을 받을 권리를 들고 있다.

[2] 의무

교원은 교육공무원으로서, 국가공무원으로서 지켜야 할 의무가 국가공무원법, 공무원 복무규정 관계 법령 및 교육관계 법령의 여러 법 조항에 나타나 있다. 그 중 중요한 몇몇 법 · 규정에 나타난 교원의 의무를 알아본다.

먼저 교육법 제74조에는 "교원은 항상 사표가 될 품성과 자질의 향상에 힘쓰며 학문의 연찬과 교육의 원리와 방법을 탐구 · 연마하여 국민교육에 전심, 전력하여야 한다"라고 규정하여 교원의 복무내용의 대강을 제시하고 있다. 이와 같이 교원의 의무는 윤리적 · 도덕적 규범 이상의 법률적 의무로서 규정되고 있다. 교육법상의 교원의 의무에는 교육 및 연구 · 수양의 의무(교육기본법 제14조; 교육공무원법 제38조)와 정치활동의 금지 의무(교육기본법 제78조)가 있다.

국가공무원법상 공무원으로서의 교원은 선서의 의무(국가공무원법 제55조), 성실의 의무(동법 제56조), 복종의 의무(동법 제57조), 직장이탈금지(동법 제58조), 친절공정의 의무(동법 제59조), 비밀 엄수의 의무(동법 제60조), 청렴의 의무(동법 제61조) 외국 정부의 명예 등을 받을 경우 대통령의 허가를 얻어야 할 의무(동법 제62조), 품위유지의 의무(동법 제63조), 영리업무 및 겸직 금지(동법 제64조), 정치운동의 금지(동법 제65조), 노동운동, 기타 공무 이외의 일을 위한 집단행위의 금지(동법 제66조) 등의 의무가 있음을 국가공무원법에 규정하고 있다(김창걸, 1996).

서정화(1988)는 교원의 의무를 적극적 의무와 소극적 의무로 구분하고 적극적 의무로는 교육 및 연구 활동의 의무, 선서 · 성실 · 복종의 의무, 전문직으로서의 품위유지의 의무, 비밀엄수의 의무를 제시하였고, 소극적 의무로는 정치활동의 금지, 집단행위의 제한, 영리업무 및 겸직금지의 의무를 제시하였다.

(2) 교원의 보수와 후생복지

1 보수

보수란 여러 측면에서 매우 중요한 의미를 가진다. 교원은 봉급생활자로서 보수를 통해 생활자료를 얻는다. 보수가 생활비에 미치지 못한다면 교원들의 사기를 높일 수 없으며, 사기저하는 그들의 헌신도를 떨어뜨린다. 따라서 보수 수준은 교원들의 생활안정뿐만 아니라 교육활동에 대한 공헌도를 높이는 데 매우 중요하다. 또한 보수는 자신의 지위 의식에 영향을 미친다는 것이 공통된 연구 결과이다. 다시 말해 보수가 적다고 의식하면 그만큼 자신의 지위를 낮게 의식한다는 것이다.

보수가 조직 생산성 향상에 결정적 영향을 준다고 연구된 결과는 없지만, 교원들의 기대와 생활비에 턱 없이 부족하다면 그들의 사기는 저하되고, 그 저하된 사기가 학교교육에 긍정적 영향을 미칠 리는 없다.

보수는 봉급과 기타 각종 수당을 합산한 금액을 말한다. 다만, 연봉제 적용대상 공무원은 연봉과 기타 각종 수당을 합산한 금액을 말한다. 봉급이라 함은 직무의 곤란성 및 책임의 정도에 따라 직책별로 지급되는 기본급여 또는 계급별(직위를 포함한다), 호봉별로 지급되는 기본급여를 말하고, 수당은 직무 여건 및 생활여건 등에 따라 지급되는 부가급여를 말한다(주삼환 외, 2000). 호봉은 보수를 결정하는 중요한 요인으로 신규 채용되는 교육공무원의 초임호봉 획정은 공무원 보수규정 제8조와 9조에 따르게 되는데, 획정 방법은 다음과 같다.

· 초임호봉의 획정

- 환산 경력 연수+(학령−16)+가산연수=경력
- 기산 초봉+경력=호봉

교육공무원의 기산 초봉은 〈표 9－8〉과 같이 자격별로 되어 있다.

〈표 9-8〉 교육공무원 기산 호봉

자격별	기산 호봉	비 고
1급 정교사	9	교장, 원장, 교감, 원감, 교육장, 장학관, 교육연구관, 장학사 및 교육연구사에 대하여는 1급 정교사의 호봉을 적용함
2급 정교사	8	
준교사	5	
교도교사	9	
사서교사	8	
실기교사	5	
1급 양호교사	9	
2급 양호교사	8	

* 출처 : 주삼환 외 (2000). 교육행정 및 교육경영. 서울 : 학지사.

오늘날 쟁점이 되고 있는 보수체제로 호봉체제와 능력기준체제를 들 수 있다. 호봉체제는 경력, 자격, 학위를 기준으로 보수가 결정되는데, 매년 특별한 조건 없이 승급(호봉이 올라감)된다. 능력기준체제는 교수능력, 생활지도능력, 학급 경영능력 등에 의해 보수가 결정된다. 이 보수체제는 그 목적이 조직 생산성 향상에 있다고 할지라도 능력과 업적을 객관적으로 신뢰성 있게 평가한다는 것이 매우 어려운 일이다. 그것은 자칫 편파적인 보수 책정으로 악용될 소지가 있을 뿐만 아니라 정실문화풍토가 엄존해 있는 우리 현실을 감안할 때 특별히 조심해야 한다.

2 후생복지

후생복지는 교원의 사기를 높이고 생활안정을 유지하는 데 매우 중요한 요인이다. 교사들이 교육활동에 몰입하기 위해서는 그들이 여유를 가지고 근무할 수 있도록 여러 가지 후생복지 조치가 뒤 따라야 한다. 연금제도, 자녀 학자금보조, 주택자금 융자지원, 보건위생 관리지원, 산후휴가, 대학의 안식년제, 학교관사 제공 등 보수 못지않게 복지후생이 중요한 근무 조건이 된다.

사립학교의 경우에도 '사립학교연금법'을 운영하고, 부담금의 재원은 개인부담금, 국가부담금, 법인부담금 및 재해보상부담금과 그 운영 수익금으로 충당하고 있다. 이 밖에 교원의 생활안정과 복지증진을 목적으로 교원공제회가 설립되어 교원들에게 생활안정 자금, 주택마련 자금 등을 비교적 싼 이율로 융자해 주고 있다(박시훈 외, 2008).

한국의 교육행정 조직과 학교교육 제도

제 10 장

1. 교육행정 조직
2. 학교교육 제도와 편제

1 교육행정 조직

1) 중앙교육행정 조직과 기능

중앙교육행정의 핵심은 교육부다. 교육부는 헌법과 교육관련 법령, 대통령의 명령 및 국무회의 의결에 따라 국가의 교육정책을 입안하고 집행한다.

우리나라는 1948년 정부수립 직후인 11월 4일에 문교부가 창설되어 1990년까지 존속해 왔으나 1990년 12월 문교부직제 및 정부조직법 개정으로 1991년 1월 1일부터 교육부로 명칭이 개정되었다. 2000년 12월 27일 정부조직법 개정에 따라 교육부가 교육인적자원부로 개편되고, 교육부장관은 부총리로 승격되었다(남정걸, 2003). 2008년 2월에 교육인적자원부가 교육과학기술부로 명칭이 바뀌면서 장관 아래에 제 1차관과 제 2차관을 두었다. 그러나 2013년 3월 23일 정부조직법 개정으로 교육과학기술부의 명칭이 교육부로 바뀌면서 교육부장관의 직위가 부총리로 승격되었고 종래에 제 1차관과 제 2차관을 두던 것을 차관 1인으로 통합하였으며 기구도 [그림 10-1]과 같이 개편되었다. 장관 아래에 차관, 3실, 3국 10관, 49과를 두고 있으며 정원은 534명이다.

(1) 교육부장관

교육정책을 총괄, 조정하는 교육부장관은 교육정책을 수립, 총괄, 조정하고 학교교육, 평생교육 및 학술에 관한 사무를 관장한다. 장관은 국무위원으로서 국가의 최고 정책결정에 참여하고 교육정책의 수립과 의사결정을 하며 교육관계법령을 입안하고 교육부령을 발포한다. 그리고 소속공무원과 산하 하급기관에 대해 지휘 · 감독권을 행사하는 등, 중앙교육행정조직의 장으로서의 역할을 수행한다. 장관 아래에는 차관 이외에 정책보좌관, 감사관 및 홍보담당관을 두고 있는데, 이들의 역할은 다음과 같다.

① **정책보좌관** : 교육 분야의 정책에 관하여 장관을 보좌한다.
② **감사관** : 감사업무 및 제도 개선을 담당하고 민원상담 및 민원행정을 지원한다. 또한 연구 단체를 감사 · 총괄하고 사학의 감사 관리에 관한 업무를 담당한다.
③ **홍보담당관** : 주요 정책에 관한 대국민 홍보계획을 수립 · 조정하며 언론보도의

분석, 보고 및 오보와 왜곡 보도에 대해 대응하며 언론사와 관련된 업무를 지원, 협조한다.

(2) 교육부차관

교육부차관은 장관이 직무를 수행할 수 없을 때에는 그 직무를 대행하고, 교육전반에 관한 소관업무에 관하여 장관을 보좌한다. 차관 밑에는 3실, 3국 10관을 두고 있으며 그들의 역할은 다음과 같다.

① **기획조정실** : 기획조정실 내에 정책기획관과 국제협력관을 두고 있는데, 기획, 예산, 창조행정, 규제개혁, 교육시설에 관한 업무는 정책기획관이 담당하고, 국제교육협력과 재외동포교육에 관한 업무는 국제협력관이 담당하고 있으며 비상안전 업무는 기획조정실에서 직접 담당하고 있다.

② **교육정책실** : 교육정책실은 학교정책관, 창의인재정책관, 학생복지안전관을 두고 있는데, 학교정책, 공교육진흥, 교원정책, 교원복지연수에 관한 업무는 학교정책관이 담당하고, 교육과정, 교과서기획, 창의교수학습, 인성체육예술교육에 관한 업무는 창의인재정책관이 담당하고 있으며 학생복지정책과 학교폭력대책, 학생건강안전, 방과후학교지원은 학생복지안전관이 담당하고 있다.

③ **대학지원실** : 대학지원실에는 대학정책관, 대학지원관, 학술장학지원관을 두고 있는데 대학정책과 대학학사평가, 대입제도, 사립대학제도는 대학정책관이 담당하고, 지역대학육성, 전문대학정책, 산학협력, 취업창업교육지원은 대학지원관이 담당하고 있으며 학술진흥, 대학재정지원, 대학원지원, 대학장학은 학술장학지원관이 담당하고 있다.

④ **지방교육지원국** : 지방교육지원국은 지방교육자치, 지방교육재정, 유아교육정책, 특수교육정책을 담당하고 있다.

⑤ **평생직업교육국** : 평생직업교육국은 인재직무능력정책, 평생학습정책, 진로교육정책, 직업교육정책을 담당한다.

⑥ **교육정보통계국** : 교육정보통계국은 교육정보분석, 교육정보화, 교육통계, 이러닝을 담당하고 있다.

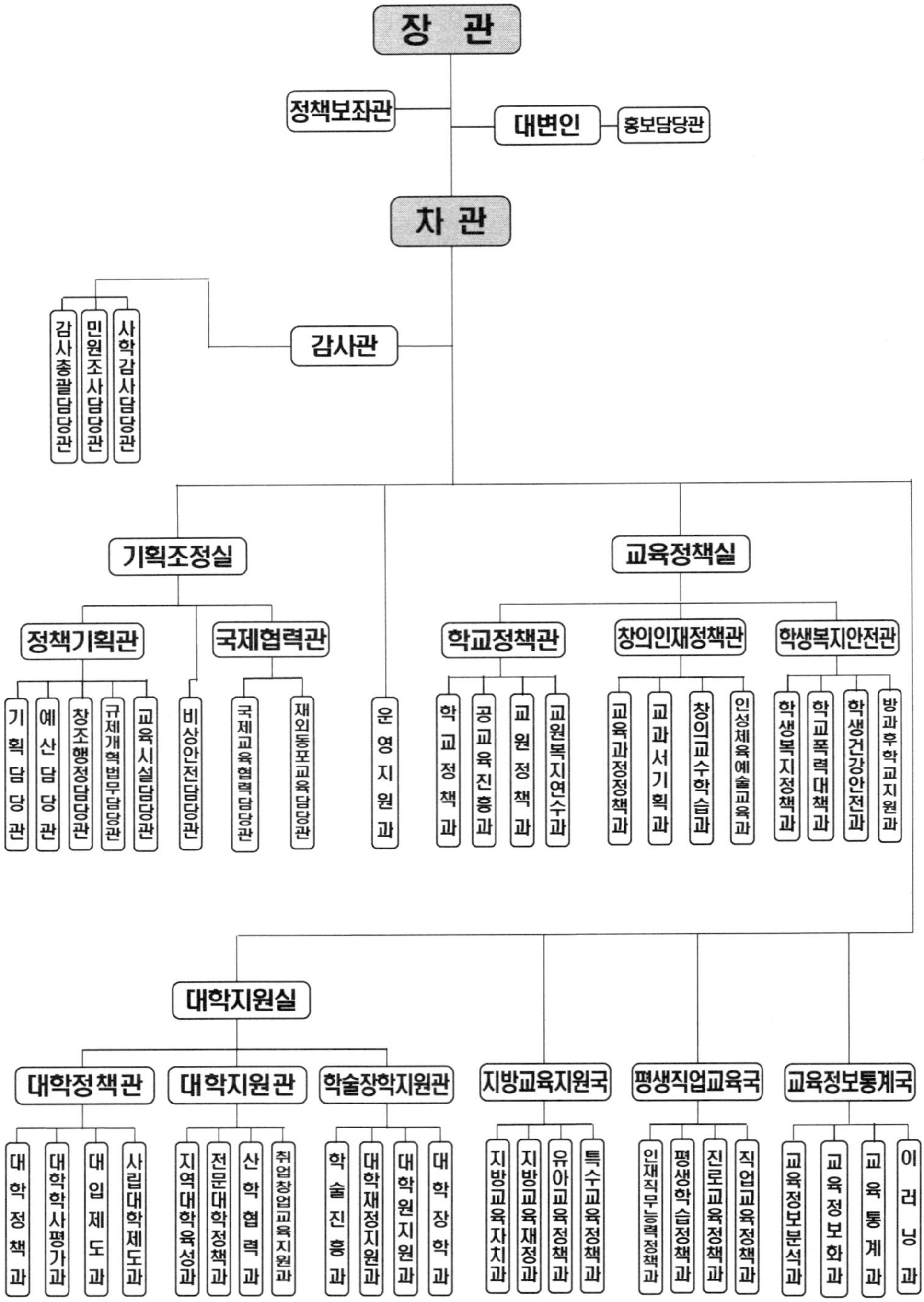

[그림 10-1] 교육부 조직도(3실, 3국 10관 49과(담당관), 정원 534명)

2) 지방교육 운영 : 지방교육자치

우리나라 지방교육 운영을 위한 조직은 교육자치와 지방분권 원리에 기초를 두고 있다. 교육이 자치적이면서 지방분권적 특성을 가지고 있다. 헌법 31조 제 4항에 교육의 자주성과 전문성 및 중립성이 보장되어 있고 교육기본법 제 6조에 교육의 정치적 중립을 보장하고 있다. 동조 제 5조, 제 1항에는 교육의 자주성 및 전문성 보장과 지역에 맞는 교육을 실시토록 되어 있다. 지방교육자치는 지방교육을 중앙정부(교육부)와 일반 행정에서 분리, 독립시켜 자율적으로 운영하는 것이다. 다시 말해 지방교육자치는 지역적으로 독립하고 다른 과업 분야와도 구별하여 독립적으로 운영한다는 것이다.

우리나라 지방교육 운영을 위한 조직은 시 · 도 단위의 광역교육자치 제도를 특징으로 하고 있다. 교육의 자주성, 전문성 및 지방교육의 특수성을 살리기 위하여 교육, 학예에 관한 중요 사항을 심의 · 의결하는 시 · 도 의회 및 의회 내 교육위원회(2014년 6월 30일까지 유효함)와 집행기관(행정기관)으로 주민 직선의 교육감을 두고 있다.

그런데 다른 분야와 달리 교육과 교육행정은 가치 지향적인 속성이 강하고 그 성과 또한 장기에 걸쳐 나타나므로 측정하기도 곤란하며 종교적, 정치적으로 중립성을 유지하면서 자주적, 민주적, 전문적으로 수행되어야 한다는 복잡한 요인을 내포하고 있다. 그와 같은 복잡한 특성으로 인하여 교육 운영을 위한 조직과 역할도 오늘에 이르기까지 많은 변화를 거듭해 오고 있다.

(1) 시 · 도의회

1 교육위원회 변천

「교육법」과 「교육법 시행령」이 1949년 12월과 1952년 4월에 각각 제정 · 공포됨에 따라, 1952년 5월 24일 시 · 군 교육위원회 위원선거가 실시됨으로써 교육위원회가 최초로 구성되었다. 초기에는 한강 이남의 17개 시와 123개 군에 교육위원회가 설치되었고, 그 뒤 행정구역 개편으로 8개 시교육위원회가 신설되었으며, 1956년 7월에는 한강 이북의 서울특별시를 비롯한 2개 시와 8개 군의 교육구 교육위원회가 설립되어, 총 27개의 시교육위원회와 140개의 교육구 교육위원회를 포함한 167개의 교육위원회가 설립되었다.

1961년 5 · 16군사구테타로 인해 교육위원회의 기능이 정지되고 교육행정은 일시

일반행정에 흡수, 통합되었다가 1963년 11월에 개정된 「교육법」에 의거하여 1964년 1월에 종전의 소교육구인 시 · 군 단위가 아니라 대교육구인 서울특별시, 부산광역시, 각 도 단위 교육위원회 11개를 구성하였다. 1973년 1월에 다시 「교육법」을 개정하여 제주도를 제외한 각 시 · 도에 부교육감을 두고, 서울특별시 · 부산광역시 교육위원회에 교육구청을 신설하였다. 1981년 6월에 대구광역시 · 인천광역시 교육위원회가 신설되었으며, 1981년 11월 9일에 시 · 도 교육위원회 직제를 개정하여 부교육감은 서울과 부산에만 두도록 변경하였다. 1985년 2월에는 대구광역시 · 인천광역시 교육위원회에도 하급 집행기관인 교육구청을 두도록 하였다. 1986년 11월 1일에는 광주광역시 교육위원회가 신설되었다. 그러나 1988년 3월 8일 「교육자치법」이 제정되기까지는 교육위원회가 구성은 되었으나 실질적인 교육 지방자치는 이루어지고 있지 않았다.

새로 제정된 「교육자치법」에 따라 1991년 초에 각 시 · 도별로 간접선거로 교육위원 선거가 실시되었고, 같은 해 9월 3일 전국 15개 시 · 도 교육위원회가 일제히 개원식을 갖고 지방교육의 독립된 의결기관으로서 면모를 갖추게 되었으며 처음으로 민선 교육감이 선출되었다. 그런데 2006년 12월에 「지방교육자치에 관한 법률」 개정안이 통과됨에 따라 종전의 독립된 의결기구였던 교육위원회가 2010년 6월 지방선거를 기점으로 시 · 도의회의 내 상임위원회의 하나인 교육위원회로 변모하였으며, 그 구성은 주민 직선으로 선출된 시 · 도의회 의원과 교육의원으로 이루어졌고 교육의원이 과반수를 넘도록 하였다(http://terms.naver.com/entry.nhn?docId =794435&cid= 46615& categoryId=46615).

2014년 6월 지방선거를 계기로 교육의원 주민 직선제가 폐지됨에 따라 종전의 시 · 도의회 내 교육위원회를 반 이상 구성하던 교육의원은 자취를 감추게 되었고 지방교육과 학예에 관한 심의, 의결권은 정당을 기반으로 한 광역 단위의 시 · 도의회로 넘어가게 되었으며 시 · 도의회 의회 내에 상임위원회 형태로 교육위원회를 존치시키고 있다. 이에 대해 교육계에서는 반론이 많다. 교육의 자주성과 전문성을 보장하기 위해 「지방교육자치법」의 재개정을 통해 시 · 도교육위원회를 종전과 같이 별도의 독립형 의결기구나 의회 내 특별상임위원회 형태로 두어야 한다는 주장이 일고 있다.

2 교육 · 학예에 관한 사항 심사 · 의결 권한

「지방교육자치에 관한 법률」에서 규정한 교육위원회 설치 및 구성 등에 대한 규정이 2014년 7월 1일부터 효력 상실됨으로써 교육 · 학예에 관한 사항은 모두 시 · 도의회의 권한으로 넘어가게 되었다.

① 지방의회(시 · 도의회)는 다음 사항을 의결한다.

1. 조례의 제정 · 개정 및 폐지
2. 예산의 심의 · 확정
3. 결산의 승인
4. 법령에 규정된 것을 제외한 사용료 · 수수료 · 분담금 · 지방세 또는 가입금의 부과와 징수
5. 기금의 설치 · 운용
6. 대통령령으로 정하는 중요 재산의 취득 · 처분
7. 대통령령으로 정하는 공공시설의 설치 · 처분
8. 법령과 조례에 규정된 것을 제외한 예산 외의 의무 부담이나 권리의 포기
9. 청원의 수리와 처리
10. 외국 지방자치단체와의 교류협력에 관한 사항
11. 그 밖에 법령에 따라 그 권한에 속하는 사항

② 지방자치단체는 제1항의 사항 외에 조례로 정하는 바에 따라 지방의회에서 의결되어야 하는 사항을 따로 정할 수 있다.

(2) 교육감

[1] 지위

① **집행기관** : 시 · 도의 교육 · 학예에 관한 집행기관으로 시 · 도에 교육감을 두고 있다. 교육감은 교육 · 학예에 관한 소관 사무로 인한 소송이나 재산의 등기 등에 대하여 당해 시 · 도를 대표한다. 국가가 시 · 도에 위임하는 사무 중, 교육 · 학예에 관한 사무는 교육감이 맡아 행한다.

② **자격 및 선출** : ① 당해 시 · 도지사의 피선거권이 있는 자로서 후보자 등록 신청 개시일로부터 과거 2년 동안 정당의 당원이 아닌 자, ② 후보자 등록 개시 일을 기준으로 교육경력 또는 교육공무원으로서의 교육행정 경력이 5년 이상이거나 양 경력을 합하여 5년 이상인 자 중에서 주민의 보통 · 평등 · 직접 · 비밀선거에 의해 선출한다.

③ **임기** : 교육감의 임기는 4년이며, 계속 재임은 3기에 한한다.

2 관장 사무와 권한

① **사무관장** : 교육감은 교육 · 학예에 관한 사무를 관장한다. 조례안의 작성, 예산안의 편성, 교육규칙의 제정, 학교 기타 교육기관의 설치 · 이전 및 폐지에 관한 사항, 소속 국가공무원 및 지방공무원의 인사관리에 관한 사항 등이다.

② **의안 발의권** : 교육예산, 결산 등의 의안 발의권이 있다.

③ **선결처분권** : 시 · 도 의회의 의결을 받을 수 없는 긴급한 일이 발생한 때에는 선결처분하고 후에 승인을 받는다.

④ **사전 협의권** : 주민의 재정적 부담이나 의무 부과에 관한 조례안과 지방자치단체의 일반회계와 관련된 사항을 시 · 도 의회에 제출하려면 미리 해당 시장 혹은 도지사와 협의하여야 한다. 교육 · 학예에 관한 예산을 수정하여 의결하고자 할 때에는 미리 교육감의 의견을 들어야 한다.

⑤ **재의결 요구권** : 시 · 도 의회의 의결이 법령에 위반되거나 공익을 현저히 저해한다고 판단될 경우 그 이유를 붙여 교육부장관에게 보고하고, 재의를 요구할 수 있다.

⑥ **대표권** : 교육 · 학예에 관한 사무로 인한 소송이나 재산등기 등에 대한 시 · 도 대표권을 가진다(박세훈 외, 2008).

(3) 교육행정기관

지방교육행정기관으로 각 광역시와 도에 시 · 도 교육청을 두고 있고 그 산하에는 시 · 군 · 구 교육지원청이 있다.

1 시 · 도 교육청

각 광역시 · 도 교육청에는 교육감을 정점으로 부교육감 1인(경기도 2인)과 그 아래에 국(실)장, 과장이 있다. 국(실), 과의 명칭은 [그림 10－2]와 [그림 10－3]과 같이 교육청별로 다르다. 시 · 도 교육청은 그 지방의 교육 · 학예에 관한 사무를 관장하고 부교육감은 국가 공무원 중, 교육감이 추천하는 자를 장관의 제청으로 대통령이 임명한다.

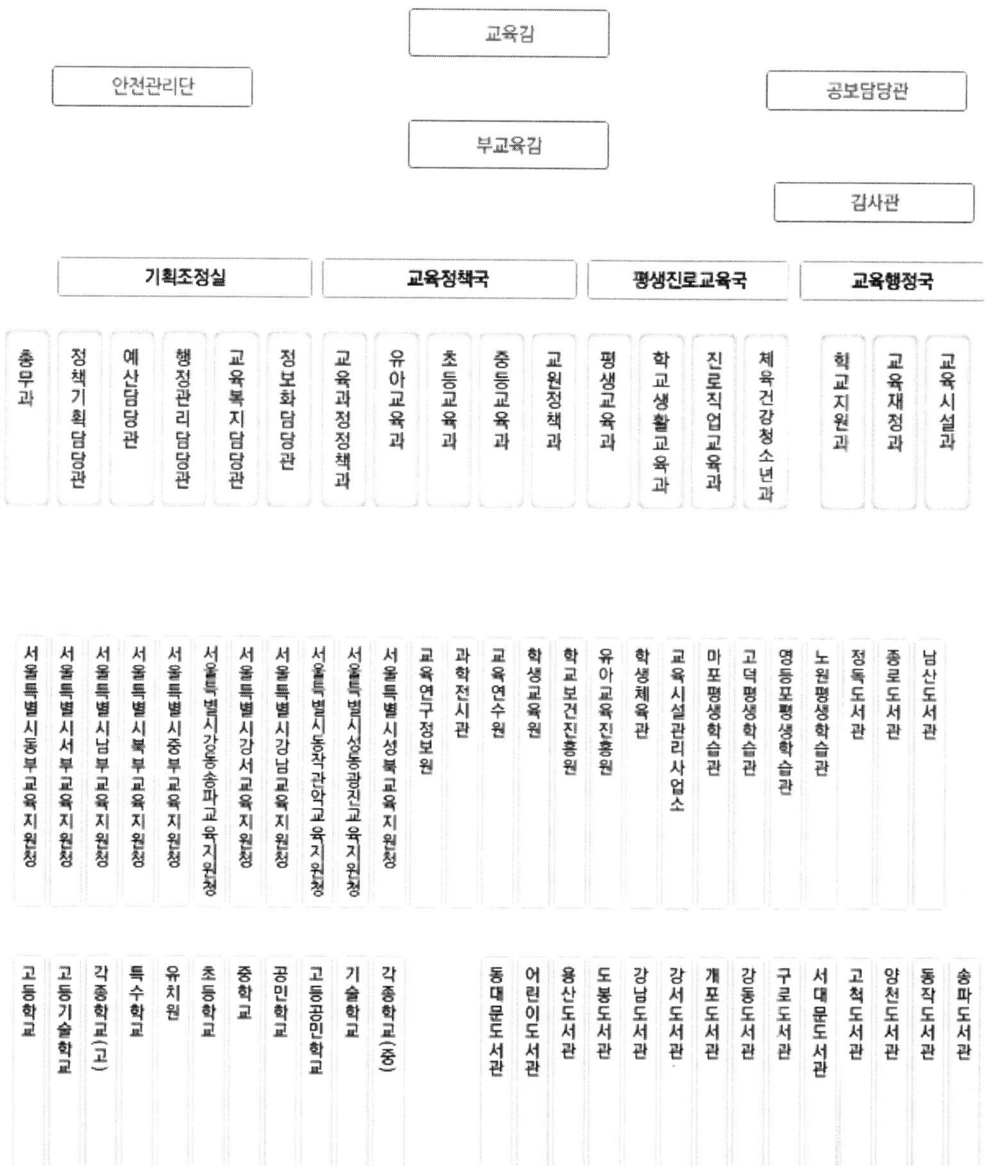

[그림 10-2] 서울시교육청 조직도

[그림 10-3] **부산시교육청 조직도**

2 교육지원청

시 · 도 교육과 학예에 관한 사무를 분장하기 위하여 시 · 도교육청 산하에 시 · 군 및 자치구를 관할구역으로 하는 하급교육행정기관(이하 교육지원청)을 두고 있다. 교육지원청에는 교육장을 두고 있으며 그 임용과 교육지원청의 조직 및 운영 등에 관하여 필요한 사항은 대통령령으로 정한다.

교육장은 시 · 도 교육 · 학예에 관한 사무 중 공 · 사립의 유치원, 초 · 중등학교, 공민학교, 고등공민학교 및 이에 준하는 각종 학교의 운영 관리에 관한 지도 · 감독과 그 밖에 조례로 정하는 사무를 관장한다(이병환 외 2013).

(4) 교육재정

지방교육자치제란 교육과 교육행정이 그 지방 특성을 방영하고 주민의 참여를 통하여 자치적으로 수행되는 것인데, 이러한 자치력은 궁극적으로 그 지방의 교육비 부담 능력에서 비롯된다. 그런데 우리나라의 경우 지방자치단체 대부분이 지방 교육비 부담 능력이 부족하여 교육의 지방자치가 제대로 이루어지지 않고 있다.

남정걸(2008)은 우리나라의 지방교육자치의 어려움을 다음과 같이 지조하고 있다. 우리나라의 지방교육재정이 주로 중앙정부에 의존해 있고 지방예산의 의결권도 시·도 의회가 가지고 있어서 교육자치의 활성화에 어려움이 있다. 그 결과, 교육자치가 '밑에서 위로'의 주민자치라기보다는 중앙집권적 전통의 기반 위에서 국가로부터 일정한 자치권을 부여받아 일정한 범위 내에서 지방자치가 이루어지는 '위에서 아래로'의 지방자치 형태를 취하고 있다.

2 학교교육 제도와 편제

1) 학교 본위의 공교육제도

교육제도란 한 나라의 교육 이념과 목적을 성취하기 위해 교육인사, 교육행정, 교육과정 및 평가에 이르기까지 교육 전반에 걸쳐 법규화한 것이라고 할 수 있다. 교육제도 속에는 학교교육 제도는 물론 사회교육 제도, 교육행정 및 재정제도 등도 포함되는데, 학교교육 제도가 교육제도의 핵심이며, 학교교육 제도를 통해서 그 나라 교육이념과 목적이 달성된다.

학교 본위의 공교육제도의 형성을 보면 1789년 프랑스 시민혁명으로 시민사회가 등장하고 산업혁명으로 산업사회가 형성되면서 오늘날과 같은 공교육제도가 자리를 잡게 되었다. 그 이전에 종교에 예속되었던 교육을 세속 정부가 담당하게 됨으로써 공교육제도를 구축하게 되었던 것이다. 18세기 말에서 19세기 전반까지는 구미 각국이 교회로부터 자유로운 국민교육체제를 확립하는 데 노력을 집중한 시대였다. 프랑스에서는 나폴레옹이 구상한 국가통제 교육체제가 성립되었고, 영국은 교회와 정부 간 균형을 유지하면서 국민교육체제를 형성했으며, 미국은 주 단위로 공교육제도를 발전시켜 나갔다.

유럽의 여러 나라의 공교육제도는 절대군주제도의 붕괴로 흩어진 민심을 수습하기 위해 교육의 보편적 이념과 목적을 강조하게 되었다. 교육운영도 통일성에 기초를 두고 있었으며, 학습자 중심이 아니라 가르치는 자(교사) 중심으로 이루어졌다. 이러한 교육의 운영 형태는 Hegel의 보편성 및 통일성 사상과 Simon의 가르침의 통일성 사상으로부터 영향을 받았다(김신일, 1997).

2) 학제

(1) 학제의 구조와 유형

1 학제의 구조

학제란 학교의 교육제도 혹은 학교제도를 줄인 말로서 그 나라 교육제도의 중심이 된다. 학제는 크게 계통성과 단계성으로 되어 있다.

계통성은 인문계통, 특수교육계통, 혹은 귀족교육계통, 시민교육계통 등 장래 진로 혹은 사회, 경제적 계층과 관련된 교육을 중심으로 분류한 복선제 개념이다. 그래서 이 계통성은 교육대상의 사회 경제적 계층을 반영한 것이어서 이를 종적인 개념, 수직적인 개념으로 보고 있다.

단계성은 초등교육 단계, 중등교육 단계, 고등교육 단계 등과 같이 단선화 개념으로 사회, 경제적 계층과 진로와는 관계없이 단지 연령층의 교육내용 수준에 따라서 분류한 학교단계이다. 따라서 학교단계는 계급과 신분적 요소와 전혀 관계가 없는 단선형 학제이므로 횡적인 학제이다. 우리나라의 기간학제(기본학제)는 초등 6년, 중등 전반(중학교) 3년, 중등 후반(고등학교) 3년, 대학교 4년이다. 이 6-3-3-4제는 하나의 계통(단선제)과 횡으로 초등학교, 중학교, 고등학교, 대학교의 4단계로 되어 있다.

2 학제의 유형

학교제도의 유형은 일반적으로 복선형, 단선형으로 나눌 수 있는데, 그 사이에 분기형이 있다. 이들 학제를 다음과 같이 살펴본다(김창걸, 1996; 남정걸, 2003).

복선형은 학교 졸업 후 진로 혹은 사회, 경제적 계층요인과 관계있는 형태의 학교 계통이다. 이것은 유럽에서 발달한 것으로 지배계급을 위한 학교 계통과 시민계급을 위한 학교 계통이 서로 관계를 갖지 않고 병존해 온 학제이다. 이것은 사회적 계급이나 신분을 중심으로 형성되었기 때문에 계급적 학교제도라고도 한다. 이들 학교 계통 간에는 원칙적으로 이동이 불가능하다. 동급학교 동학년 간에도 교육 과정상 현저한 차이를 보이고 있다. 복선형 학제는 계층적인 사회를 고정화시키는 등 사회분열을 일으킬 우려도 있으나, 교육을 계획적으로 통제할 수 있다는 장점도 있다.

단선형은 단계성을 중심으로 형성되었다. 단선형은 미국을 중심으로 발달한 것으로 민주주의와 기회균등의 이념에 입각하여 지배계급과 서민계급 사이의 교육적 차별을 철폐하고 전 국민이 단일 체계의 학교교육을 받을 수 있도록 만든 제도이다. 이것은 복잡하지 않은 사다리를 올라가는 것과 같은 제도라는 데서 계제형이라고도 한다. 단선형은 학생들의 능력에 따라 그들이 원하는 학교에 자유롭게 취학 및 진학을 할 수 있으며, 동일한 학년이면 어느 학교에서도 같은 내용과 수준의 교육과정을 배우게 되므로 전학이 자유롭다는 등의 이점이 있으나, 교육을 계획적으로 통제하기 어렵다는 등의 문제점도 있다.

분기형은 복선형과 단선형의 중간형으로, 복선형에서 단선형으로 이행하는 과정에서 나타난다. 특히 독일이나 프랑스의 통일학교 운동을 거쳐 나타났다. 즉 예비학교와 초등학교의 하급 4년을 모든 아동의 공통학교로서 기초학교로 통일하였으나 기초학교의 상급학교부터는 다시 전통적인 복선형 학교계통이 유지되었다. 이와 같이 분기형은 복선형의 기초 부분이 통일되고 그 위 부분에서 복수의 학교 계통이 병존하는 학교제도이다. 분기형은 독일, 영국 등 유럽의 여러 나라에서 찾아볼 수 있다.

(2) 한국의 학제 변화

한 나라의 교육이 역사적으로 어떻게 변모되어 왔는가를 연구하는 것은 그 시대마다 지배적인 가치가 무엇이며, 이를 추구하기 위한 노력이 어떠했는가를 이해하고 이를 바탕으로 오늘의 교육을 진단하고 장래의 교육 진로를 모색하는 데에 목적이 있다. 교육의 역사적 흐름을 이해하는 데 가장 효과적인 방법 중의 하나가 그 나라 학교제도가 어떻게 변모되어 왔는가를 추적해 보는 것이다. 그러면 우리나라 학제가 개화기부터 지금까지 어떻게 변모되어 왔는지를 개략적으로 살펴본다(남정걸, 2008).

우리나라의 유교적인 학제는 19세기 말의 개화기를 거쳐 근대적인 서양식 학제로 전환되었다. 그러나 한일 합방 후 식민지 교육정책 일환으로 차등적 복선형 학제가 유지되었다. 8.15민족 해방에서 1948년 정부수립까지 미군정기의 3년간은 새로운 민주적 교육제도를 마련하는 과도기였다. 미군정 당국은 조선교육심의회로 하여금 새 학제를 마련케 하여 이를 1946년 9월 1일부터 실시하게 하였다. 새 학제는 초등학교 6년, 초급과 고급 중학교의 3-3제와 6년제 중학교를 병행시켜, 국민의 교육기회 확대를 위한 단선형 학제였다.

1948년 대한민국 정부가 수립되고, 교육관계 법규의 기본법이자 준헌법격인 교육법이 1949년 말에 제정, 공포되어 최초의 공식적인 대한민국의 학제가 수립되었다. 중학교 4년제와 고등학교 2~4년제가 병행 운영되었는데, 1950년 3월에 고등학교를 3년제로 수정함으로써 고등학교 2~4년제는 실시해 보지도 못하고 폐지되었다. 1951년 3월에는 4년제 중학교를 3년제로 수정하여 6-3-3-4제의 기간 학제가 확정되어 오늘에 이르고 있다. 물론 그 동안 시대 변화에 따라 기본 학제의 부분적인 개편과 수정 보완이 없었던 것은 아니다.

(3) 한국의 현행학제

우리나라의 현행학제는 1951년 3월, 4년제 중학교가 3년제로 수정됨을 끝으로 6-3-3-4제의 기간학제가 확정되어 근 60년 동안 큰 변화 없이 유지되어 왔다. 현행학제는 [그림 10－4]에서와 같이 크게 기본학제와 특별학제로 구분할 수 있는데 여기에 각종 학교의 교육제도가 있다.

1 기본학제

우리나라의 기본학제는 유치원→초등학교→중학교→고등학교→대학교 순으로 이어지는 단선제다. 유치원은 취학전 교육기관으로서 만 3세부터 초등학교 취학전까지의 유아를 대상으로 교육한다. 초등학교는 '국민생활에 기초적인 초등교육을 목적'(초중등교육법 제37조)으로 하는 기초학교인 동시에 의무교육기관이며, 수업 연한은 6년이다. 중학교는 '초등학교에서 받은 교육의 기초 위에 중등교육을 하는 것을 목적으로 하는'(초중등교육법 제44조) 전기 중등교육기관이다. 고등학교는 '중학교에서 받은 교육의 기초 위에 중등교육 및 기초적인 전문교육을 하는 것을 목적으로 하는'(초중등교육법 제44조) 후기 중등교육기관이다. 고등학교에는 보통 교육을 주로 하는 인문고등학교와 전문실업교육을 주로 하는 공업계, 농업계 등 실업고등학교가 있고 수업 연한은 3년이다.

기본학제의 최상위 단계로서 고등교육기관에는 대학(대학원 및 대학원대학교 포함), 교육대학(종합교원양성대학 포함), 전문대학, 산업대학, 방송통신대학, 기술대학 그리고 대학과정의 각종 학교 등이 있다. 고등교육법 28조에 따르면 대학의 교육목적은 '인격을 도야하고 국가와 인류사회의 발전에 필요한 학술의 심오한 이론과 그 응용방법을 교수 · 연구하며 국가와 인류사회에 공헌함'을 천명하고 있다. 동 47조에 따르면 전문대학의 교육목적은 '사회 각 분야에 관한 전문적인 지식과 이론을 교수 · 연구하고 재능을 연마하여 국가, 사회의 발전에 필요한 중견직업인을 양성함'이라고 구정하고 있다(주삼환 외, 2000).

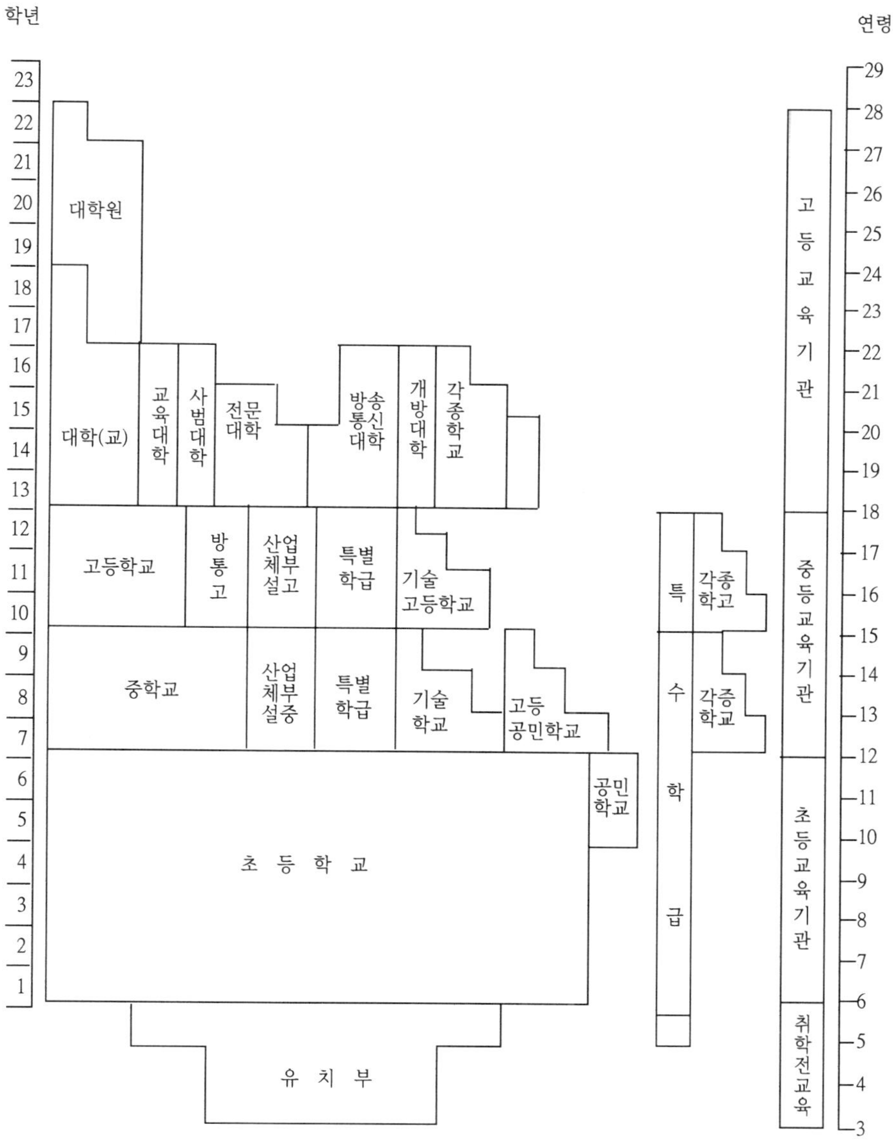

[그림 10-4] **한국의 현행학제**

② 특별학제

특별학제는 기본학제를 보완하고 사회교육의 성격을 지닌 학제로 정규학교의 교육과정에 준하는 교육을 실시하는 학제를 가리킨다. 현행 특별학제에 속하는 학교로서는 초등학교 과정으로 공민학교, 중학교 과정으로 고등공민학교와 근로청소년을 위한 특별학급이 있다. 고등학교 과정으로는 방송통신고등학교, 근로청소년을 위한 특별학급, 고등기술학교가 있다. 고등교육기관으로서는 산업대학, 방송통신대학교, 기술대학이 있다. 이외에 특수학교가 설치되어 신체적 · 정신적 · 지적장애 등으로 인하여 특수교육을 필요로 하는 자에게 유치원 · 초등학교 · 중학교 또는 고등학교에 준하는 교육과 사회적응 교육을 하고 있다(박병량 외, 2005).

③ 현행학제의 문제점

현행학제는 1950년대에 6-3-3-4제의 골간을 갖춘 이후, 지난 50여 년간 기본 구조의 변화 없이 유지되어 왔다. 그러나 이것은 재수생, 과열 과외 및 입시문제 등 많은 사회문제를 야기하면서도 근본적인 해결책을 찾지 못하고 있다. 현행학제의 주요 문제는 경직성, 비효율성, 지체성, 청소년 발달에의 부적합성이라는 네 가지로 요약될 수 있다(김영식 외, 1988).

3) 편제

편제는 학교 · 학급조직 및 인원 편성 제도를 의미한다. 여기서는 학교편성, 학급편성, 교직원편성, 학생편성 등에 대해 고찰해 본다.

(1) 학교 운영과 학급 편제

교육관계 법령을 중심으로 학급편성, 분교설치 및 수업 일수 규정을 살펴보면 다음과 같다(남정걸, 2003).

초 · 중등교육법 시행령에 의해 학교의 학급 수와 학급당 학생 수는 교육감이 정한다. 이때 유급자나 재입학, 전학 또는 편입학자는 학생 수에 포함되지 않는다.

학급의 편성은 같은 학년, 같은 학과로 하되 학교장이 교육과정 운영상 필요한 경우에는 2개 학년 이상의 학생을 1학급으로 편성할 수 있다. 학교의 설립 경영자는 학교의 효율적인 운영을 위하여 초등학교, 중학교 및 고등학교를 통합하여 운영하고자 할 때에는 학교의 규모, 학생의 통학 거리 및 지역 주민의 의사 등 교육여건을 고려하여야 한다. 고등학교 이하의 각급 학교에는 특수교육을 필요로 하는 학생을 위한 특수 학급을 둘 수 있다. 특수교육진흥법시행령(제 13조의 2)에 의하면 특수교육 대상자가 1인 이상 12인 이하인 학교는 1학급 이상, 13인 이상인 학교에는 2학급 이상을 설치하도록 규정하고 있다.

학기는 매 학년도를 두 학기로 나누되, 제 1학기는 3월 1일부터 8월 31일까지, 제 2학기는 9월 1일부터 다음 해 2월 말일까지로 한다. 각급 학교의 수업 일수는 유치원은 매 학년 180일 이상, 초등학교 · 중학교 · 고등학교 및 특수학교는 매 학년 220일 이상으로 하되, 학교의 장은 천재지변이나 주 5일 수업의 실시, 자율학교 운영 등 교육과정 운영상 필요한 경우에는 관할청의 승인을 얻어 10분의 1범위 안에서 수업 일수를 감축할 수 있다.

교육감은 특별한 사정이 있을 때 공립의 초등학교, 중학교 및 특수학교에 분교장을 설치할 수 있는데, 산간벽지나 낙도 등 학생 수가 희소하면서 지리적으로 통학하기에 어려운 곳에 설치하는 것이 일반적이다.

(2) 교직원 편제

교직원 규모는 학교의 학생 수와 학급 수에 따라 결정된다. 학생 수 100명 이하인 학교, 또는 학급 수 5학급 이하인 학교 중 일정 규모 이하의 학교에는 교감을 두지 않는다. 43학급 이상의 초 · 중고등학교에는 교감 1인을 더 둔다. 초 · 중고등학교에는 배치기준에 따라 보직교사를 둘 수 있으며, 행정 직원 1인 이상을 두되, 학교별 배치기준은 관할청이 정하도록 되어 있다. 초 · 중등교육법령을 중심으로 학교 규모에 따른 교직원 조직 등을 살펴보면 다음과 같다(박세훈 외, 2008).

1 초등학교

① 초등학교에는 교장 · 교감 외에 각 학급마다 교사 1인을 배치하며, 6학급 이상의 분교장에는 교감을 배치할 수 있다. 다만, 6학급 미만의 학교에서는 교장 및 교감이, 12학급 미만인 학교에서는 교감이 각각 학급을 담당할 수 있으며, 분교장에 배치된 교감은 학급을 담당해야 한다.

② 초등학교에서는 각 학급 담당교사 외에 음악, 미술, 체육, 영어, 기타 교과의

전담을 위하여 교과전담교사를 둘 수 있다. 그 산정기준은 학교별로 4학년 이상 매 학급마다 0.75인씩으로 하되, 학교별 배치기준은 관할청이 정한다.

③ 초등학교에는 학급담당교사와 교과전담교사 외에 보건교사, 전문상담교사 및 사서교사를 둘 수 있다. 다만, 18학급 이상의 초등학교에는 보건교사 1인을 두어야 한다.

④ 초등학교에는 학급 수에 따라 보직교사를 둘 수 있다. 다만, 장관이 지정하는 연구학교에는 학급 수에 따른 배치기준보다 보직교사 1인을 더 둘 수 있다.

2 중학교

① 중학교에는 교장, 교감 외에 3학급까지는 학급마다 3인의 교사를 배치하고, 3학급을 초과할 때에는 1학급씩 증가할 때마다 1인 반 이상의 비율로 이를 증치한다.

② ①항의 교사 외에 3학급당 1인 이상의 실업과 담당교사를 더 둔다.

③ 중학교에는 ①, ②항의 교사 외에 실기교사, 보건교사, 전문상담교사 및 사서교사를 둘 수 있다.

④ 중학교에는 학급 수의 다소에 따라 보직교사를 둘 수 있다. 다만, 체육중학교와 11학급 이하의 학교로서 장관이 지정하는 연구학교에는 학급 수에 따른 배치기준보다 보직교사 1인을 더 둘 수 있다.

3 고등학교

① 고등학교에는 교장, 교감 외에 3학급까지는 학급마다 교사 3인을 배치하고, 3학급을 초과할 때에는 1학급이 증가할 때마다 2인 이상의 비율로 이를 더 배치한다.

② 고등학교에는 ①항의 교사 외에 3학급마다 1인 이상의 실업과 담당교사를 더 둔다.

③ 고등학교에는 ①, ②항의 교사 외에 실기교사, 보건교사, 전문상담교사 및 사서교사를 둘 수 있다.

④ 고등학교에는 학급 수의 다소에 따라 보직교사를 둘 수 있다. 다만, 실업과를 설치한 고등학교 및 체육고등학교와 8학급 이하의 학교로서 장관이 지정하는 연구학교에는 학급 수에 따른 배치기준보다 보직교사 1인을 더 둘 수 있다.

4 보직교사제

보직교사제는 초·중등교육법 시행령 제34조 5항의 규정에 의거하여 보직교사의 명칭을 관할청이, 학교별 보직교사의 종류 및 그 업무분장은 학교의 장이 정하게 되어 있다. 보직교사는 대부분 학교에서 부장교사로 호칭되고 있으며, 통상적으로 교무부장, 학생부장, 연구부장, 환경부장, 과학부장, 체육부장, 윤리부장, 정보부장, 상담부장, 교육과정운영부장, 학년부장 등으로 구분된다.

보직교사제를 실시한 근본 동기는 교사에서 교감까지의 승진기간이 장기간을 요하였던 점에 비추어 모호하였던 승진 선발 기준을 명백하게 하고, 우수모범 교사의 승진 기회를 확대하는 데에 있다. 또, 근본 동기는 보직교사가 학교 운영에서 소관 업무를 분야별로 계획수립하고 추진함으로써 교장과 교감의 부담을 덜고 교사의 참여의식을 높이는 데 있다.

보직교사는 교감과 교사의 중간 위치에 있는데, 이는 하나의 자격이 아니고 일정한 업무수행을 위하여 마련된 보직이다. 또 보직교사는 교육공무원법 및 교육공무원 임용령의 적용을 받는 교육공무원의 직위와 구별된다. 따라서 보직교사는 법률상으로는 자격도 아니고 직위도 아니나 실제로는 학교조직에서 새롭지 형성된 계층이라 할 수 있다. 그러므로 보직교사는 분야별로 그 소속 교원에 대한 지도적 지위에 설 뿐만 아니라 승진 규정상 일반 교사보다 우선권을 가지며, 예산이 허용되는 한도 내에서 일정액의 직무수당을 받고 있다.

보직교사는 교장의 명을 받아 학생을 교육하며 소관 업무를 분담한다. 또한 보직교사는 1급 정교사 자격증, 교장(감)이나 이와 관련된 자격증을 받은 자라야 한다. 다만, 상담담당 보직교사는 상담에 관련된 자격증을, 중등학교 체육담당 보직교사는 체육교사 자격증을, 윤리담당 보직교사는 윤리 또는 사회과 교사 자격증을 받은 자라야 한다.

교 육 재 정

제 11 장

1. 교육재정의 개념
2. 교육재정의 성격
3. 교육비

1 교육재정의 개념

교육재정이란 국가나 지방공공단체가 교육에 필요한 재화를 조달, 배분, 집행하고 관리, 감독하는 경제행위라고 할 수 있다. Odden과 Picus(1992)는 교육재정을 교육서비스 제공과 학생들의 학업성취를 창출하기 위해 금전을 분배, 사용하는 것으로 정의한 바 있다. 교육은 공공사업이기 때문에 전적으로 개인에게 맡길 수 없고, 국가나 지방공공단체가 맡아서 운영해야 되는 것은 당연하며 거기에는 막대한 국가예산이 소요된다. 우리나라 정부예산의 20% 정도가 교육에 투자되고 있으니 교육이 국가적으로나 사회적으로 얼마나 중요하고 큰 사업인가를 짐작케 한다. 이러한 교육 사업을 위해 정부나 지방공공단체는 재원을 확보하여 배분, 집행하게 된다.

교육비 재원으로는 국고(교부금, 양여금, 보조금 등), 지방자치단체(전입금 등), 학교법인(사립학교의 경우, 재산조성비 등), 학부모(입학금, 수업료 등의 공납금) 등을 들 수 있다. 이는 예산에서 세입이 되며 이 세입은 법적 절차에 따라 교육경비로 지출된다. 그런데 교육 재정권은 국가나 지방공공단체에 있기 때문에 국가나 지방공공단체는 재원 확보를 위해 공권력에 의해 세금을 징수할 수 있고 차입할 수도 있으나 교육행정기관은 교육비 조달을 위해 세금을 징수하는 과세권이 없다.

2 교육재정의 성격

교육재정은 기업경제를 비롯한 사경제와는 근본적으로 다르고 국가의 다른 부분의 재정과도 같은 점도 있으나 상이한 점이 많다. 박병량 등(2005)은 교육재정의 특성을 ① 공공성, ② 교육성취, ③ 강제성, ④ 수단성, ⑤ 재원의 확보, 배분, 지출, 평가, ⑥ 양출제입 원칙 등 6가지로 보았다. 남정걸(2008)은 ① 공공성과 장기 투자성, ② 비긴급성과 장기효용성, ③ 효과의 비 실측성, ④ 독립성 등 4요소를 교육재정의 성격으로 기술하고 있다. 또 교육재정도 국가의 일반재정 속에 포함되므로 그 성격도 일반재정의 성격을 크게 벗어나지 않는다. 따라서 일반재정의 성격을 통하여 교육재정을 이해할 수 있다.

김두희(1974)는 재정은 ① 강제성, ② 장기적 존속기간, ③ 공공성, ④ 양출제입 등 4가지 특성을 가지고 있다고 했다. 김윤태(2004)는 교육재정은 이들 4가지 특성 이외에 ① 투자의 장기성, ② 산출의 평가 곤란성, ③ 단기적 관점에서 보면 비긴급성과 비생산성 등의 특성을 가지고 있다고 했다. 이 밖에 차병권(1987)에 따르면, 교육재정의 특성으로 ① 강제성, ② 공공성, ③ 양출제입 원칙, ④ 존속기간의 영속성 등 4요소를 들었다. 특히, 윤정일 등(2007)은 비긴급성과 비생산성이 교육재정의 특성 중의 하나라고 인식되는 것이 일반적이라고 지적하면서, 교육재정이 비생산적이라는 인식은 교육효과의 장기성으로 볼 때 적절치 않다고 주장하고 있다. 여러 학자들이 주장하고 있는 일반재정 혹은 교육재정의 다양한 성격들을 종합하여 교육재정의 성격을 다음과 같이 알아본다(김윤태, 2004; 남정걸, 2008).

1) 강제성

재정, 특히 교육재정은 시장경제의 원리인 당사자의 합의에 의해 급부와 반대급부를 통해 재화의 교환이 이루어지지 않는 특징이 있다. 국가나 지방공공단체는 국민 개개인의 사적인 의사와 상관없이 공권력을 통하여 국민들의 소득 일부를 세금으로 징수하는 조세권이 있다. 이를 통하여 교육에 필요한 재원을 확보한다. 그 외에 각종 수수료, 사용료 등도 교육재정의 수입원이다.

2) 공공성

재정은 개인의 복지를 위해서가 아니라 국민 전체의 공공복지를 위해 재화를 조달, 배분, 집행하는 경제행위로 공공성을 띠고 있다. 교육재정은 교육을 위해서 국가 재원을 사용하는 것으로 교육의 목표가 효율적으로 달성되도록 배분, 집행되어야 할 뿐만 아니라 국민 전체의 교육욕구를 충족시킬 수 있도록 사용되어야 한다.

3) 존속기간 영속성

재정의 존속기간은 가계나 기업 등 민간경제보다 길다. 물론 민간경제 주체인 주

식회사도 장기간 존속되는 것이 있고 정부도 장기간 지속되지 못하고 붕괴되는 경우가 있기는 하다. 그러나 상대적으로 민간경제는 단기적이고 정부경제인 재정은 지속적이다.

4) 양출제입

재정은 양출제입(量出制入)을 원칙으로 한다. 쉽게 말해 쓸 돈을 먼저 계산하고 여기에 맞춰 수입을 결정한다. 국가나 공공단체는 과업과 활동의 범위와 종류를 정하고 이에 맞춰 필요한 경비를 먼저 산정하고 이 경비 지출을 위해 수입을 확보한다.

5) 일반보상

재정 지출이 산술적으로 개개인들에게 골고루 이루어지는 것은 아니다. 그렇다고 '나는 재정 지출의 혜택을 덜 보았으므로 세금을 덜 내겠다'라고 할 수는 없다. 이와 같이 정부가 제공하는 서비스나 혜택의 여부와는 관계없이 모든 국민은 일괄적으로 조세 형태로 국가나 지방자치단체의 재정 지출을 충당하게 된다는 것이 일반보상의 원칙이다.

6) 비긴급성과 장기효과성

교육의 효과가 단기적으로 당장 나타나는 것이 아니고 장기적으로 일생을 통해 나타난다. 고등학교나 대학교육의 효과가 졸업과 동시에 모두 한꺼번에 나타나지 않고 일생 동안 지속적으로 나타나는 특징이 있다. 그래서 교육은 백년지대계가 아닌가 싶다. 교육의 효과가 장기적, 지속적인 것과 같이 교육투자도 당장 시급한 것도 아니다. 그렇다고 급할 것 없이 차일피일 투자를 미루어도 된다는 의미는 아니다. 단지 단기투자를 다소 미루거나 줄인다고 교육이 불가능해지지 않다는 뜻이다.

7) 효과의 측정 곤란성

교육재정 수입은 지출이 되고 그 결과는 결국 교육의 효과로 나타나기 마련인데,

이 교육효과를 어떻게 객관적으로 수량적으로 측정할 것인가? 정확하게 수량화하여 측정하기란 불가능하다. 교육효과는 객관적 실체로 나타나는 것도 아니고 추상적이며 경우에 따라서는 주관적이다. 그 효과 또한 일생을 걸쳐 나타나므로 객관적으로 측정한다는 것은 어렵다. 요약하면 교육 효과를 시장경제 논리나 척도로 측정될 수 없다는 특성을 가지고 있다. 그러나 분명히 한 나라의 경제 성장에 교육의 효과가 지대한 것만은 틀림없다는 의견에는 여러 학자들이 동의하고 있다. Denison(1974)과 Schultz(1961)는 경제 성장에 교육의 기여도가 21% 내지 23%가 된다고 밝힌 바 있다(윤정일, 1992).

3 교육비

교육활동에 필요한 자원을 확보하는데 소요되는 경비인 교육비는 분류방식에 따라 다양하게 구분된다. 투입경로에 따라 직접교육비와 간접교육비, 교육비 운영형태, 즉 회계절차에 따라 공교육비와 사교육비, 교육비 부담자에 따라 공부담 교육비와 사부담 교육비, 교육비의 사용 목적에 따라 인건비, 운영비, 시설비 등으로 구분할 수 있다. 이를 [그림 11－1]과 같이 나타낼 수 있다.

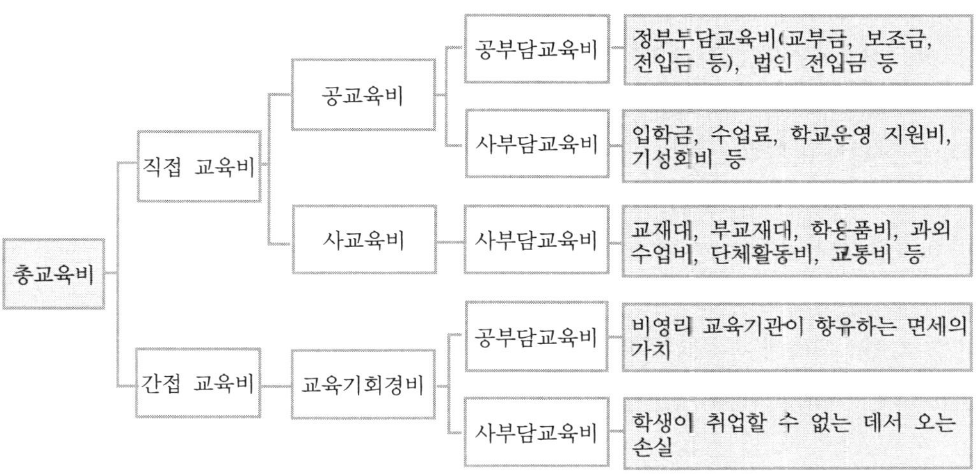

[그림 11-1] **교육비 분류**

* 출처 : 윤정일 외(2005). 교육행정학원론. 서울 : 학지사. p. 340.

1) 교육비의 구분

(1) 직접교육비와 간접교육비(기회비용)

직접교육비는 교육을 위해 실제로 지출된 모든 비용으로 공교육비와 사교육비를 망라한다. 간접교육비는 교육 활동에 실제로 쓰인 비용이 아니라 교육 활동에 종사함으로써 다른 일을 할 수 없어서 포기된 수입을 계산한 것으로 이를 기회비용이라 한다. 교육재정에서 교육비라 함은 교육에 직접 투입된 직접교육비를 말한다. 그러나 교육 투자의 경제성 분석에서는 이 기회비용이 계산된다. 고등학교를 졸업하고 대학, 대학원에 10년 가까이 장학금으로 교육을 받고 있는 학생이 있다면, 이 학생의 입장에서 학비가 거의 들지 않았으니 졸업 후의 수입은 적어도 상관없다고 할 수는 없다. 10년 동안 다른 일을 하지 못해서 잃은 수입을 생각하지 않을 수 없기 때문이다. 이 잃어버린 수입이 바로 10년 공부의 기회비용이 된다.

(2) 공교육비와 사교육비

이 교육비 분류는 교육비가 국가나 지방공공단체의 공식적인 회계절차에 의해서 지출되느냐 그렇지 않느냐에 따라 교육비를 분류하는 방식이다. 이러한 공식적인 회계절차에 따라 책정된 교육비, 즉 공교육비에는 교육행정비, 학교교육비, 사회교육비 및 기타 학예비 등이 있다. 이들 교육비는 국가나 지방자치단체 및 학교법인이 부담하는 경비를 포함하고 있다. 그리고 위와 같은 공식적인 회계절차에 따라 학부형이 사적으로 부담하는 학생 입학금, 수업료, 육성회비 및 학생회비 등도 공교육비에 해당된다. 이러한 비용은 학부모 개인이 부담하고 있지만 그들의 의사와는 관계없이 법과 규정에 의해 이미 책정된 비용이기 때문에 공교육비로 보고 있는 것이다. 사교육비는 그 지출이 학부모의 재량에 속하는 비용으로 학생의 도서비, 급식비, 학용품비, 위생비, 과외비 등과 같은 비용이 이에 속한다.

(3) 공부담 교육비와 사부담 교육비

이것은 교육비 부담을 누가 하느냐? 즉 교육비 부담 주체에 따라 교육비를 분류한 방식이다. 말 그대로 국가나 지방공공단체 및 학교법인(사립학교)이 부담하는 교육비는 공부담 교육비이고 학부모 개인이 부담하는 교육비는 사부담 교육비이다. 공부담 교육비에는 정부의 교부금, 보조금, 전입금 및 법인 전입금 등이 있고, 사부담 교육비는 학부형 등이 지출하는 입학금, 수업료, 교재대, 기성회비, 교총비 및 과외비까지 포함하고 있다. 공사 불문하고 학부형의 호주머니에서 나가는 일체의 교육경비를 말한다.

(4) 인건비, 운영비, 시설비

교육비 사용 목적에 따라 인건비, 운영비, 시설비로 나뉘는데 인건비는 용역 구입비로, 교직원의 봉급 및 각종 수당이 이에 속한다. 운영비는 교육활동을 수행하는 데 드는 비용으로 여비, 홍보비, 장학금 등이 이에 속한다. 시설비는 교육활동을 위한 시설의 신축, 개축, 보수 및 유지에 필요한 경비를 말한다.

2) 교육예산의 원칙

교육예산의 원칙이란 교육예산을 편성, 집행, 통제함에 있어서 지켜야 할 준칙을 말하는데 이를 살펴보면 다음과 같다(김윤태, 2004).

(1) 공개성의 원칙

예산형성의 궁극적 책임자이며, 수혜자인 국민에게 예산은 공개되어 국민의 알 권리를 충족시켜야 한다. 따라서 예산안의 심의, 의결, 및 결산이 모두 국민에게 공개되어야 함은 마땅하다.

(2) 명료성의 원칙

예산은 모든 국민이 쉽게 이해할 수 있도록 세입, 세출을 합리적으로 분류, 표시하고 수지추계와 수입의 출처 및 지출의 용도를 명확히 해야 한다.

(3) 한정성의 원칙

예산을 편의에 따라 사용한다거나 주관적 판단에 의해서 지출하게 되면 예산과 국고의 낭비를 가져올 수 있다. 그래서 예산 지출에 엄격한 제한을 두고 있는 것이다. 예산 지출 한정 내용은 ① 예산의 목적 외 사용금지, ② 계상된 금액 이상의 지출금지, ③ 회계연도 경과 지출금지 등이다. 물론 예산집행의 탄력성을 부여하기 위하여 예산의 이용(利用)과 전용(轉用) 및 예산의 이월, 계속비, 과년도(過年度) 수입, 지출 등의 예외가 있다.

(4) 사전의결의 원칙

정부는 국가 예산을 집행하기 전에 국회의 의결을 거쳐야 한다. 헌법은 회계연도 90일 전까지 정부는 예산안을 국회에 제출하고 국회는 회계연도 개시 30일 전까지 이를 의결하도록 규정하고 있다. 그러나 준예산제도(準豫算制度)의 채택과 재정상 긴급조치는 예외로 하고 있다.

(5) 통일성의 원칙

예산상 통일성의 원칙이란 모든 세입과 세출이 각각 통일적으로 정리되고 전체의 세입에서 세출이 지변된다는 것을 말한다. 따라서 특정한 세입과 세출을 직접 연결시켜서 계상할 수 없다는 것이다. 그러나 특별회계와 목적세 등은 예외로 인정되고 있다.

(6) 단일성의 원칙

국가의 회계연도를 종합적으로 밝히고 예산항목 간의 상호관련성을 명확히 하기 위하여 예산이 단일해야 한다는 단일예산주의를 말한다. 따라서 중복될 가능성이 있는 특별회계 예산이나 추가경정 예산 등은 따로 작성한다.

(7) 완전성의 원칙

세입·세출은 모두 예산에 편입되어야 한다는 예산총계주의 원칙이다. 즉 조세수입을 예산에 계상하는 경우 징세비를 공제한 순수입만을 계상하는 순계예산(純計豫算)을 사용해서는 안 된다는 것이다.

(8) 엄밀성의 원칙

교육예산은 수입과 지출이 일치되도록 엄밀하게 잘 짜여져야 한다는 것이다. 잘 짜인 교육예산은 수입과 지출이 균형을 이룬 계획서라고 볼 수 있다. 이것은 안정적이고 균형잡힌 교육을 위해서 필요하다. 따라서 예산은 정확한 자료를 수집, 분석하여 엄밀하게 편성, 심의, 집행되어야 한다.

3) 교육예산의 구조

우리나라 교육예산의 구조는 크게 정부의 교육부 예산, 시 · 도의 지방교육비 특별회계, 단위학교 및 사학예산으로 나누어 볼 수 있는데, 이를 남정걸(2008)을 통해 알아본다.

(1) 교육부 예산

교육부 예산의 대부분은 정부의 내국세, 관세, 전매 수익금 등의 국세 재원과 목적세로서의 교육세로 이루어지고 있다. 국립 교육기관(대학 등)의 입학금 · 수업료, 관유물 매각수입 등의 자체 세입은 극히 미미하다. 일반적으로 세출예산을 교육예산이라고 한다.

교육예산에서 정부의 세출예산은 일반회계와 특별회계로 구성된다. 일반회계는 세출예산의 대부분을 차지하고 있다. 일반회계는 교육세 이외의 정부의 세입 재원에서 지출되는 지방교육교부금, 본부 행정 · 사업비, 국립 교육기관비, 국립대학병원 특별전출금, 학술기관비 등이다. 특별회계는 교육세를 재원으로 하는 지방교육양여금이 대부분을 차지하고 기타 사학기금 등 일부가 있다.

(2) 지방교육재정 : 시 · 도교육비 특별회계

우리나라의 지방교육재원은 주로 중앙정부에 의존해 있다. 지방교육재정의 70% 이상이 중앙정부로부터 나온다. 중앙정부의 지원은 지방교육재정 교부금과 지방교육양여금 및 국고 보조금의 형식으로 이루어지고 있다. 지방자치단체로부터의 전입금은 지방교육세, 교원봉급 일부, 시 · 도세 일부, 기타 전입금이 있다. 지방교육청 자체수입은 학생 납입금, 재산수입 등이 있으나 그 액수는 극히 미미하다.

세출은 경상예산과 사업예산으로 구분된다. 경상예산은 인건비, 학교운영비, 사학재정지원비, 행정기관 운영비 등이다. 사업예산은 학교의 신 · 증설이나 증 · 개축비, 교육환경 개선비, 시 · 도 교육청과 시 · 군 · 구 교육지원청의 행정 및 사업비 등이다.

(3) 단위학교 및 사학 예산

학교에서도 수입과 지출을 관리, 운영하는 학교단위 회계(초 · 중등교육법 개정 : 2000. 1. 28)를 둔다. 교사의 참여와 학교운영위원회의 심의를 거쳐 학교에서 자율적으로 예산을 편성 · 집행한다. 학교회계의 세입원은 교육비 특별회계로부터 총괄 배분받는 전입금과 학교운영지원비, 학교발전기금, 학부모가 부담하는 운영회비, 지방자치단체로부터의 보조금 및 지원금 등이다.

사립학교의 예산은 학교법인회계로 편성, 집행된다. 그 재원은 학교법인으로부터의 전입금, 재산조성비, 입학금 및 수업료, 그리고 국고보조금 등이다. 전반적으로 사학의 영세성과 수익용 재산의 수익률 저조로 학생 부담과 국고 보조에 의존하고 있다. 우리나라는 다른 나라에 비해 사립학교의 비중이 매우 높다. 〈표 11－1〉에 나타난 바와 같이 전체 학생 중 사립학교가 차지하는 비중은 중학교 23.6%, 고등학교 58.0%, 대학 72.1%나 된다.

〈표 11-1〉 주요국의 사립학교 학생 비중

학교 급별	한 국	일 본	미 국
중학교	23.6	5.7	
고등학교	58.0	29.4	11.3
대학(교)	72.1	73.3	23.3

* 출처 : 윤정일 외(2002). 한국 교육정책의 쟁점. 서울 : 교육과학사. p. 81.

4) 우리나라 교육예산의 실제

우리나라 교육예산이 어느 정도 편성, 집행되고 있었는지 OECD 국가들과 비교해 보고 학교급별로 비교해 본다(이병환 외, 2013).

(1) 정부예산(교육부 예산)

다른 분야의 예산과 비교해 볼 때 정부의 총예산 중에서 교육예산이 차지하는 비중은 평균적으로 매우 크다. 〈표 11－2〉에서 보듯, 교육예산은 해를 거듭할수록 절대액이 증가되고 있다. 특히 1990년대 이후 급격히 증가하였다. 이는 교육개혁을 추진하고 GDP 대비 교육예산을 OECD 국가수준으로 확보하기 위한 국가의 교육정책에서 비롯된 결과로 볼 수 있다. 2010년대 들어와서 교육예산의 절대액뿐만 아니라 정부예산 대비 그 비율도 점점 높아져 2012년에는 22.2%가 되었다.

〈표 11-2〉 정부예산 대비 교육부예산

단위 : 천 원(%)

구분	정부예산	교육부 예산	비율
1965	94,652,348	15,331,155	16.2
1970	446,273,301	78,478,212	17.6
1975	1,586,931,050	227,925,711	14.4
1980	5,804,061,441	1,099,159,170	18.9
1985	12,532,361,835	2,492,308,215	19.9
1990	22,689,432,968	5,062,431,258	22.3
1995	54,845,022,310	12,495,810,267	22.8
2000	93,937,057,000	19,172,027,920	20.4
2005	134,730,378,000	27,982,00,2000	20.8
2006	144,807,610,439	29,127,258,513	20.1
2007	156,517,719,000	31,044,747,984	19.8
2008	183,515,764,000	35,897,425,012	19.6
2009	214,563,409,000	38,696,405,000	18.0
2010	211,992,599,000	41,627,519,000	19.6
2011	216,364,291,000	44,399,496,000	20.0
2012	220,815,476,000	49,076,438,000	22.2

〈주〉 정부예산=일반회계+지방양여금관리 특별회계+지방교육양여금관리 특별회계(～2004)/정부예산=일반회계+특별회계 (2005～)/교육부예산=일반회계+특별회계

＊ 출처 : 한국교육개발원 교육통계서비스(http:cesi.kedi.re.kr/index.jsp)를 인용한 ㅇ 병환 외(2013). 교육행정 및 교육경영. 서울 : 태영출판사.

〈표 11－3〉에서 보듯이 주요국의 GDP 대비 공교육비 비율은 우리나라가 가장 높다. GDP 대비 공부담 공교육비(공공재원) 비율은 우리나라가 이들 국가들과 비슷한 반면, 사부담 공교육비(민간재원) 비율은 가장 높다.

〈표 11-3〉 GDP 대비 공교육비 및 재원별 비율(2008년도 기준)

(단위 : %)

구 분	공교육비	공공재원	민간재원
OECD평균	5.9	5.0	0.9
한 국	7.6	4.7	2.8
프랑스	6.0	5.5	0.5
독 일	4.8	4.1	0.7
이탈리아	4.8	4.5	0.3
일 본	4.9	3.3	1.7
영 국	5.7	5.1	0.6
미 국	7.2	5.1	2.1
호 주	5.2	3.7	1.4

〈주〉 공공 및 민간재원에는 해외재원이 포함됨. 공공재원은 국제적 재원의 교육기관에 대한 직접지출과 더불어 교육기관에 납부할 가구에 대한 공공보조금도 포함됨. 민간재원은 교육기관에 납부할 공공보조금을 제외한 순 민간재원임.

* 출처 : OECD(2011). Education at a Glance: OECD indicators.를 인용한 이병환 외(2013). 교육행정 및 교육경영. 서울 : 태영출판사.

우리나라의 GDP 대비 공교육비는 7.6%로서 OECD 주요 회원국 중 가장 높다. 그러나 국가나 지방자치단체가 부담하는 공부담 공교육비는 4.7%로서 중간 수준 정도인데, 수업료나 납입금 등 학부모 부담의 사부담 공교육비의 비율은 2.8%로서 주요 회원국 중 가장 높다는 사실이다. 우리나라가 이들 나라에 비해 학비 비중이 높은데도 불구하고, 이에 더하여 우리나라 학부모들의 학비부담 비중이 더 높다는 사실이다. 따라서 우리나라는 교육재정 확충 등을 통해 사부담 교육비를 줄여 자녀 교육에 대한 학부모들의 짐을 덜어 주어야 하다는 과제를 안고 있다.

우리나라는 교육예산에서 인건비가 차지하는 비중이 매우 높다. 〈표 11－4〉를 통해서 보듯(2011년도 기준), 공립학교의 교육비를 인건비, 경상비, 운영비, 시설사업비, 기타로 분류했는데 교육비 중 인건비가 차지하는 비중이 평균 66.2%나 되고 있다.

〈표 11-4〉 공립학교 교육비 분류(2011)

단위 : 천원(%)

구분	합계	인건비	경상비	운영비	시설사업비	기타
합계	34,861,804,758 (100)	23,071,992,565 (66.2)	8,095,762,954 (23.2)	59,370,153 (0.2)	2,682,612,872 (7.7)	952,065,214 (2.7)
유치원	22,837,117,691 (100)	15,163,683,610 (66.4)	5,526,082,084 (24.2)	-	1,424,842,828 (6.2)	722,509,169 (3.2)
초등학교	4,246,906,582 (100)	2,893,103,739 (68.1)	1,046,493,693 (24.6)	-	251,910,835 (5.9)	55,398,315 (1.4)
중 학 교	1,941,177,111 (100)	1,278,244,888 (65.8)	525,802,005 (27.1)	-	103,075,905 (5.3)	34,054,313 (1.8)
고등학교	1,736,15,7639 (100)	1,060,054,818 (61.1)	485,786,237 (28.0)	-	157,317,403 (9.1)	32,999,181 (1.8)
특수학교	141,581,821 (100)	84,181,941 (59.5)	49,662,199 (351)	-	5,689,829 (4.0)	2,047,843 (1.4)
기타학교	16,971,201 (100)	3,282,112 (19.3)	12,243,724 72.1	-	1,097,627 (6.5)	347,738 (2.1)
행정기관	3,739,627,318 (100)	2,498,982,529 (66.8)	449,693,012 (12.0)	-	686,243,122 (18.4)	104,708,655 (2.8)
대학교	149,898,558 (100)	66,395,901 (44.3)	-	43,823,536 (29.2)	39,579,121 (26.5)	-
전문대학	52,365,846 (100)	24,063,027 (46.0)	-	15,546,617 (29.7)	12,756,202 (24.3)	-

〈주〉 1. 수익자 부담 경비는 기타에 포함됨. 2. 유초중등 공립학교 교육비는 2009년도 교육비 특별회계법령 개정에 의해 산출 내역이 변경됨. 3. 행정기관은 교육행정기관과 교육지원기관을 의미함. 4. 대학 및 전문대학의 운영비에는 물건비와 예비비가 포함되었으며, 시설사업비에는 자산취득비가 포함되었음. 5. 대학 및 전문대학 교육비 출처 : 대학정보공시.

* 출처 : 한국교육개발원 교육통계서비스(http:cesi.kedi.re.kr/index.jsp)를 인용한 이병환 외(2013). 교육행정 및 교육경영. 서울 : 태영출판사.

해마다 비슷하지만 2011년도의 경우 인건비 66.2%, 경상비 23.2%, 운영비 0.2%, 시설사업비 7.7%, 기타 2.7%로 인건비의 비중이 매우 높고, 경상비와 시설사업비가 전체의 30%를 조금 넘는 수준이다. 교육이 인간 집약적, 지식 집약적 사업이라고 하더라도 시설, 운영에 대한 투자가 빈약하면 교육환경 개선과 교육의 질적 향상에 문제가 생길 수 있다.

(2) 중앙과 지방의 교육재정 배분 구조

교육의 지방자치가 실질적으로 이루어지기 위해서는 근본적으로 재정과 인사를 지방이 담당하고 있을 때 가능하다. 교육재정과 인사가 중앙정부에 의존해 있는 상태에서 교육의 지방자치를 기대하기는 어렵다. 그런데 우리나라는 교육의 지방화, 자치화를 외치면서 정작 재정부담은 여러 가지 이유로 중앙정부에 떠넘기고 있는 실정이다. 앞뒤가 맞지 않는 논리다. 진동섭 등(2014)이 제공한 자료에 의하면, 중앙과 지방의 2013년도 교육재정 배분은 다음과 같다.

[1] 중앙(교육부 소관예산)

중앙정부의 교육부 소관예산은 세출예산을 의미하는데, 2013년 기준 세출예산은 약 50조 4천억 원으로 일반회계와 특별회계로 편성, 운영된다. 일반회계는 교육부를 포함 관련 기관의 기본운영비 및 인건비 등과 지방교육재정 교부금으로 구성되며, 특별회계는 혁신도시건설 특별회계, 광역지역 특별회계 등으로 구성되어 있다. 가장 큰 규모를 차지하는 것은 지방교육재정 교부금으로 총 세출예산의 81.5%, 일반회계 예산의 82.7%에 이른다.

[2] 지방(지방자치단체 교육비특별회계)

지방교육재정은 지방자치단체가 설치, 운영하는 공립의 각급학교 재정과 함께 고등학교 이하 사립학교 재정까지 포함하는 등 그 범위가 매우 넓다. 이는 주로 지방교육을 관장하는 17개 시 · 도교육청의 예산을 의미하며, 특별회계로 편성되어 있다. 지방교육재정 세입은 크게 중앙정부이전수입, 지방자치단체이전수입과 시 · 도교육청의 자체수입등으로 구분된다. 중앙정부이전수입에는 중앙정부로부터의 보통교부금 및 국고보조금 등이 있으며, 지방자치단체이전수입은 지방교육세, 시 · 도세, 학교용지일반회계부담금, 비법정이전수입 등으로 구성되어 있다.

2013년의 경우 중앙정부 및 지방자치단체 이전수입이 전체의 92.9%를 차지하며, 이 중 국고부담의 교부금과 보조금이 교육비 특별회계 재원 전체의 76.2%를 차지한다. 세출 예산은 유아 및 초 · 중등교육비, 평생 · 직업교육비, 기관운영 및 교육행정비 등으로 구분된다. 가장 큰 비중을 차지하는 것이 교직원 인건비와 유아 및 초 · 중등교육비로, 지방교육비 세출 총액의 95.1%를 차지한다.

5) 예산관리기법

교육예산은 예산편성과 집행의 목적, 예산의 배분과 집행의 효율성, 예산편성 방법 및 교육비지원 방식에 따라 여러 가지 예산관리기법이 있다. 여기서는 성과주의 예산제도, 기획예산제도, 영기준예산제도, 자본예산, 목표관리기법 교육비 지급보증제도, 도급경비제도, 교육비차이도 등에 대해 살펴본다(김윤태, 2004; 안해균, 1982).

(1) 성과주의 예산제도(PBS : Performance Budget System)

성과주의 예산제도는 추진하려고 하는 사업의 성과에 초점을 맞춰 예산을 편성하는 제도이다. 품목별 예산제도가 경비를 관, 항, 목, 세목으로 구분하여 비용을 조성, 지출케 함으로써 예산을 통제하는 효과는 있으나 경비지출의 궁극적 목적에 부합되지 않는다. 이에 비해 성과주의 예산제도는 추진 사업의 달성목표 및 소요경비를 표시하여 여기에 맞도록 예산을 편성, 집행하는 것이다.

성과주의 예산제도에서는 예산과목을 사업계획별, 활동별로 분류한 후 각 세부 사업별로 단위원가에 업무량을 곱하여 예산액을 표시하고, 그 예산액 집행의 성과를 측정, 조정함으로써 재정을 관리하는 기법이다. 이 기법은 사업성과를 높이는 데 목적을 둔 예산편성 제도이다.

(2) 기획예산제도(PPBS : Planning Programming Budgeting System)

이 제도는 목표를 명확히 설정하고 이를 달성하기 위해서 계획과 실천과정 및 예산을 철저히 분석, 설계에 중점을 둔 제도이다. 기획과 예산 및 세부계획을 유기적으로 연관시켜 예산배분을 합리적으로 일관성 있게 하려는 제도이다. 명확히 설정된 목표를 성취하기 위해 실시할 대안을 분석, 설정하고 이에 필요한 비용과 효과를 분석, 평가하는 절차를 거쳐 예산이 조성되는 방식이다.

(3) 영기준예산제도(Zero-Based Budgeting System)

이 제도는 예산을 편성할 때 현재사업과 앞으로 추진될 사업의 필요성과 능률성을 분석한 다음 선례를 고려하지 않고 예산을 세우는 것이다. 전년도 예산을 기준으로 하여 점증식으로 예산책정을 하는 것이 아니라, 신규 사업은 물론 계속사업까지도 그 능률성 · 필요성을 종합적으로 분석 · 검토하여 그 결과에 따라 예산을 원점에서 새로 편성하는 제도이다. 영기준예산편성 단계는 ① 결정단위(Decision units)의 확인, ② 각 결정단위를 결정군(decision package)으로 분석, ③ 예산요구서 작성을 위한 모든 결정군의 평가 및 등급화(ranking), ④ 예산에서 승인된 결정군을 반영하는 세부적 운영예산(operating decisions) 작성 등 4단계이다.

(4) 자본예산(Capital Budget)

자본예산제도는 정부예산을 경상지출과 자본지출로 나누어 경상지출은 경상수입으로 충당하고 자본지출은 적자재정이나 공채발행 등으로 충당하는 복식예산(double budget)제도이다. 국가나 지방자치단체가 경상 수입만으로는 불황 극복 등 경비가 많이 소요되는 사업을 추진할 수 없기 때문에 이를 충당하기 위해서 자본예산을 편성하는 방식이다. 이것은 부족한 재원을 확보하기 위해 공채발행, 차관 등을 통해 적자예산을 편성, 집행하고 경기가 회복된 다음에 상환하는 것이다.

스웨덴에서는 1937년에 자본예산제도를 채택하였으며, 미국에서도 1930년대 불황극복을 위한 공공시설의 확충을 조세수입에만 의존할 수 없었기 때문에 자본예산제도를 채택하였다. 우리나라에서도 1963년 공공시설의 확충을 조세수입으로 충당하기 어렵기 때문에 자본예산제도를 채택한 바 있다. 종래의 국토건설사업 특별회계, 경제부흥특별회계 신설 등이 자본예산에 속한다.

(5) 목표관리기법(MBO : Management By Objectives)

목표관리는 말 그대로 목표를 확정하고 이를 달성하기 위한 수단으로 예산을 편성, 운영하는 기법이다. 상사와 부하가 함께 공동목표를 세우고 이를 달성하기 위해 각자가 기대되는 결과로 주요 책임 영역을 확정한다. 이 기준에 따라 부서를 운영하고 예산을 편성하며 각 구성원의 공헌도를 사정하는 하나의 관리기법이다.

학교교육에서 목표관리는 교장과 교감 그리고 교사들이 교육목표를 명확히 설정하고, 목표달성을 위하여 각자에게 기대되는 결과로 책임영역을 확정한다. 그리고 책임영역의 달성도에 따라서 보상한다.

(6) 교육비 지급보증제도(Voucher System)

교육비 지급보증제도는 원래 자본주의 사회에서 교육에 대한 정부의 역할을 논한 Friedman(1955)의 주장에 기초를 두고 있다. 이 제도는 1960년대 말부터 1970년대 초에 미국에서 처음으로 시도된 이래 오늘날까지 지역에 따라 실시 · 평가되고 근래에는 영국에서도 채택되고 있는 경향이 있다.

교육비 지급보증제도는 정부가 학부모에게 교육비 지급 보증서를 주면 부모는 보내고 싶은 학교에 이 증서를 내고 자녀를 입학시키는 것이다. 학부모의 학교선택권을 최대로 보장해 주고 학교의 교육 경쟁력을 높이고자 교육에 시장경제원리를 도입한 극단적인 시도이다. 학생을 많이 유치한 학교는 그만큼 매력 있는 학교로 충분한 재정을 가지고 학교를 운영할 수 있고, 학생 충원이 안 되는 학교는 어렵게 되어 자연 도태되기 마련이다. 정부가 학교에 직접 재정을 배정하는 것이 아니라 학부형을 통해 간접적으로 교육재정을 지원하여 교육 경쟁력을 높이고자 시도된 제도이다.

(7) 도급경비제도

도급경비제도란 지출관이나 지출업무를 담당하는 출납공무원을 두기 곤란한 관서 또는 재외관서의 경비를 그 관서의 장의 책임 하에 사용하도록 공금을 도급으로 지급하는 제도를 말한다. 즉 이 제도는 학교운영비의 일부를 학교장에게 도급으로 지급하고 학교장은 복잡한 회계절차 없이 이 경비를 쓸 수 있다. 이것은 예산 집행의 자율성과 신축성을 주기 위한 것이다. 학교장은 지급받은 도급경비의 지출재량권을 가지고 있기 때문에 학교 실정에 맞는 경비지출을 통해 예산운영의 효율성을 기할 수 있다.

도급경비제도는 학교장이 예산 과목의 구분 없이 수당, 여비, 수용비 및 수수료, 공공요금, 연료비, 상용피복비, 기타 행정자치부장관이 정하는 비용의 범위 내에서 자유로이 책임지고 집행할 수 있다. 증빙서류나 청구서 없이 영수증, 계약서만 첨부하며, 정산이 필요치 않고 불용액이 발생하면 익년도에 이월하여 사용할 수 있는 회계제도이다.

이 제도는 회계 관련 법령의 엄격한 규제를 받지 않아 행사비, 여비 등, 임기응변의 예산지출이 많기 쉽다. 1996학년도부터는 학교예산을 총액 배분하여 모든 초등학교와 중학교에 전면적으로 도급경비제도를 확대 실시하고 있다.

(8) 교육비차이도

교육비차이도 이론은 20세기 초 미국에서 교육자원을 교육 필요에 부합하도록 할당해야 한다는 사상에 근거를 두고 있다. Mort(1924)는 '교육 필요의 측정'이라는 학위논문을 통하여 가중-학생 단위(weighted-pupil units)의 개념을 제안했다. 교육 필요를 가중-학생 단위로 측정하고자 한 대부분의 최근 연구는 McLure와 Pence(1970)가 전국 교육재정 연구사업(National Educational Finance Project : NEFP)의 일환으로 연구한 "조기교육과 초 · 중등 교육 : 그 필요, 프로그램, 수요 및 비용"이라는 연구결과에 근거를 두고 있다. 이 연구에서는 공립학교 재정분배에 교육프로그램별 가중-학생에 대한 교육비차이도 접근법을 적용했다.

〈표 11－5〉에 나타난 교육비차이도는 학교 급별 또는 교육프로그램별로 최소한 필수적인 단위 교육비(적정단위 교육비)를 산출하고 기준이 되는 어떤 학교급 또는 교육프로그램(대개 초등학교가 기준이 됨)의 적정단위 교육비를 기준(1.00)으로 하여 다른 학교 급별 또는 교육프로그램별 적정단위 교육비의 가중치를 구한 것이다. 이 교육비차이도는 교육재정의 합리적 배분의 기준이 되는 것으로 그 적용 단위가 가중 학생뿐만 아니라 조정된 교수단위, 지역 등이 있다.

〈표 11-5〉 교육프로그램별 교육비차이도 및 조정된 교수단위

교육프로그램	교육비차이도	조정된 교수단위
초 · 중등학교 기본교육		
1~6학년	1.00	25.00
7~9학년	1.20	20.83
10~12학년	1.40	17.86
유치원	1.30*	19.23
특수교육		
정신적 장애	1.90	13.16
신체적 장애	3.25	7.69
특수학급	2.40	-
언어적 장애	1.20	-
보충교육	2.00	12.50
직업교육	1.80	13.89

〈주〉 전일상당 학생 수(number of full-time equivalent pupil units)에 대한 교육비차이도임.
* 출처 : - NEFP Decision Process : A Computer Simulation(Ganesville, Fla, : National Education Finance Project, 1971), p. 48.
-신중식 외(1982). 신간 현대교육행정학. 서울 : 교육출판사. p. 442.

우리나라에서는 고등교육 분야에서 교육비차이도를 고려하여 전공 영역별로 학생납입금을 차등 징수하고 있다. 1990년 12월 31일 지방교육재정 교부금법이 개정되고 시행규칙이 개정된 이래 교육재정 배분기준으로 교육비차이도가 적용되고 있다. 즉

교육비차이도 계수를 초등학교 학생 1인당 교육비를 기준(1.0)으로 하여 중학생은 1.2, 인문계고등학생은 1.4, 실업계 고등학생은 2.1, 특수학교 학생은 2.4로 하여 교육재정이 배분되고 있다(김윤태, 2004). 학교 계열별, 학과 계열별 또는 교육 프로그램별로 교육비차이도를 분석, 이를 기준으로 교육예산을 편성, 집행한다면 교육의 효율성을 높일 수 있을 것이다.

장 학 론

제 12 장

1. 장학의 개념
2. 장학의 발달
3. 장학지도의 원리와 기술
4. 장학지도의 과업
5. 장학의 유형
6. 장학담당자의 자질

1 장학의 개념

장학(奬學), 장학사(奬學士)는 우리 모두에게 익숙한 말들이다. 초·중·고등학교에서 장학지도가 있게 되면 환경미화, 사무정리, 수업준비로 모든 학교 구성원들이 바삐 움직였던 기억이 생생하다. 그럼, 이 장학이 무엇을 의미하는 것일까?

우선, 배움을 장려한다는 한자어인 장학(奬學)은 어원적인 의미를 넘어서 복잡한 의미를 내포하고 있다. 장학을 단지 말 그대로 교수-학습을 장려하는 것으로 정의해야 할지, 교육행정의 한 부분으로 감독, 감시로 보아야 할지, 교사에 대한 지도·조언으로 보아야 할지, 수업개선을 위한 지도방법 제시로 정의되어야 할지 등 다양한 의미가 내포돼 있는 것이 장학이다. 또, 장학기능이 미치는 범위를 정하기도 간단치 않다.

우리나라에서는 해방 전까지 일본의 영향으로 장학을 시학(視學), 장학사를 시학관(視學官)으로 불렀다. 시학은 감독, 감시의 뜻을 내포하고 있다. 해방 후에는 미국의 영향으로 '지도·조언' 또는 지금의 '장학'으로 사용되어 오고 있다. 장학이란 용어는 1946년 1월 문교부 중등교육과와 초등교육과에 장학사를 1명씩 둔 데서 비롯되었다(김윤태, 2004).

Wiles와 Bondi(1980)는 여러 학자들이 내린 장학의 정의들을 행정, 교육과정, 수업, 인간관계, 경영, 지도성 등 6가지의 영역으로 분류했다. 다시 말하면 장학에 대해 여러 학자들이 내린 정의를 종합해 보면 위와 같은 6가지 측면에서 장학이 정의되고 있다는 것이다.

먼저, 장학을 교육행정의 한 분야로 보고 있다는 점이다. 교육행정을 학문적인 측면을 다루는 장학행정과 교육활동에 수반되는 여러 자원을 관리하는 관리행정으로 구분해서 볼 수 있는데, 장학은 교육행정에서 관리 행정 부분을 뺀 학사에 대한 행정이라는 것이다. 장학을 또, 교육과정 측면에서 정의하기도 한다. Curtin(1969)은 교육과정 속에서 장학을 찾아야 한다고 주장하고 있다. 장학은 어디까지나 교육과정에 대한 장학이어야 한다는 의미이다. 우리나라에서도 교육과정 설계 운영에 대한 장학 업무가 많은 비중을 차지하고 있는 것도 이와 무관치 않다.

학술적으로나 실제적으로 장학을 수업, 즉 교수-학습방법 개선 측면에서 보려는 경향이 있다. 즉 교수-학습 사태의 개선을 위해 교사를 도와 주는 것이 장학이라는 입장이다. 서양의 연구가들은 장학을 행정평가·경영과 혼용하기도 하지만 교육현장에서는 교직원 발전을 위한 하나의 기능으로 보고 있으며 수업장학에 초점을 두고 있다(Drake & Roe, 1986). 즉 수업에 필요한 여러 자원을 조달, 지원, 조정해 주는 기능을 장학으로 보는 입장으로 이 입장은 널리 받아들여지고 있다. Wiles(1961)도 장학을 교수-학습의 질을 개선하기 위한 지도, 조언으로 보았으며, Harris(1985)는 특히, 수업장학을 전 교육체계와 관련해서 파악되어야 한다고 주장하면서, 전 교육체계는 수업을 통한 학업성취도를 높이기 위한 것이며, 이러한 기능의 한 분야가 장학이라는 것이다.

장학을 교직원과 장학담당자의 인간관계, 즉 상호작용에 초점을 두고 정의하기도 한다. 장학담당자는 장학 대상인 교직원과 생산적인 인간관계를 형성함으로써 교직원 개인의 욕구와 학교의 목적이 통합되는 인간자원 장학을 할 수 있다는 것이다. 그렇게 함으로써 교사의 직무만족과 동기유발을 유인할 수 있다는 것이다(김윤태, 2004).

기업체를 경영하듯이 장학을 교육의 능률성과 생산성을 높이는 역할로 정의하려는 입장도 있다. 장학담당자는 일선 학교에 합리적 운영 방법을 지도하여 교육과 학교가 투입 대비 산출을 높여야 한다는 입장이다. 장학을 지도성 측면에서 정의해 보려는 입장도 있는데, 이는 교육과정, 교수 등 교수-학습 방법과 내용면에서 전문적 지도성을 발휘하는 것을 장학의 기능으로 보려는 견해이다(Mosher & Purpel, 1972).

전술한 바와 같이 장학을 보는 입장은 매우 다양하다. 이것은 장학의 기능이 매우 복잡하다는 것을 말해 주고 있다. 김종철(1992)이 장학을 법규면, 기능면, 이념면 등 3가지 측면에서 정의한 것만 보더라도 장학의 범위가 매우 넓다는 것을 대변해 주고 있다. 그에 의하면, 장학은 법규면에서 장학연수실의 업무 중 편수업무를 제외한 장학정책수립, 교과과정, 학습 및 생활지도, 교육연구 등에 대해 전문적이고 기술적인 지도와 조언을 하는 학문 활동이라는 것이다. 기능면에서, 그는 교사의 전문성 신장, 교육운영의 합리화 및 학습환경 개선에 조력하는 활동을 장학으로 보고 있다. 이념면에서는 선진국의 교육 이념과 이론을 바탕으로 교수-학습을 개선하기 위한 지도·조언으로 장학을 정의하고 있다.

2 장학의 발달

장학의 발달은 교육행정 관련 이론의 발달과 역사성 및 이념면에서 그 맥을 같이 하고 있다. 이와 같은 이론들이 발달되기 시작하는 20세기 초반에는 조직의 생산성에 이론의 초점이 맞춰졌다. 그 대신 개인의 목표와 개성 및 자율성 신장은 소홀히 취급되었다. 그 후 이들 이론들은 점차 개인의 인간적인 측면을 중시하는 이론으로 발전하게 되었으며, 그 후에는 조직과 개인의 목표가 동시에 고려되는 쪽으로 발전하게 되었다. 큰 틀에서 보면 장학의 발전과정도 이와 같은 이론들의 발전경로와 맥을 같이 하고 있다.

교육의 양적 · 질적인 변화도 장학의 발달에 큰 영향을 미쳤다. 근대 및 현대사회로 접어들면서 발전하기 시작한 공교육제도, 교육의 양적 팽창, 교육내용의 복잡화와 교육기술과 방법의 발달, 교육의 전문화 등이 장학의 발달을 촉진시켰다. 장학의 발달은 나라마다 특징이 있겠으나 우리나라의 학교교육에 지대한 영향을 미친 미국을 중심으로 장학의 발달과정을 알아본다.

장학의 발달단계를 보는 입장은 학자들 간 큰 차이가 없으나 각 단계마다 강조점과 시대 구분에 있어서 다소 의견을 달리하고 있다. Wiles와 Bondi(2000)는 장학의 발달단계를 ① 시학적 · 강제적 장학, ② 과학적 장학, ③ 관료적 장학, ④ 협동적 장학, ⑤ 교육과정 개발장학, ⑥ 임상장학(수업장학), ⑦ 경영으로서의 장학, ⑧ 협동적 지도성 장학 순으로 보고 있다. Lucio와 McNeil(1979)은 장학이 ① 행정적 시학(19세기 이전), ② 전문가에 의한 장학(20세기 초), ③ 과학적 장학(1920년대), ④ 민주적 인간장학(1930~40년대), ⑤ 합리적, 실천적 지성장학(1950년대~) 순으로 발전했다는 입장이다. Sergiovanni와 Starratt(1979)는 ① 과학적 관리장학, ② 인간관계 장학, ③ 신과학적 관리장학, ④ 인간자원 장학으로 구분하여 장학의 발전단계를 설명하고 있다. 이상과 같이 여러 학자들이 주장하고 있는 장학의 발달단계를 종합, 설명해 보면 다음과 같다 (강영삼 외, 1995; 주삼환, 2003).

1) 비전문 시학

18, 19세기경, 미국에서는 마을 사람들이 모여 교육을 담당할 대표자를 뽑고 이들이 교장, 교사를 임명하여 학교교육을 맡긴 다음, 학교 운영 전반을 점검하고 중재했다. 학교시설, 장비, 학생 출석 상황 등을 정기적으로 점검하고 통제하는 방식으로 장학이 시작되었다.

2) 행정적 시학

19세기 후반부터는 학교와 교육구가 늘어나면서 별도로 시학관을 임명, 전적으로 학교시찰과 검열을 담당하게 하였다. 이 때는 장학이 어느 정도 전문화되어 가고 있었다. 20세기 초까지 시학관에 의한 행정전반을 감시, 감독하는 형태의 장학이 이루어졌다.

3) 과학적 장학

과학적 장학은 대체로 1930년대까지 발달한 장학의 형태로 Taylor의 과학적 관리법의 영향이 컸다. 이 형태의 장학은 교사 개인의 성취보다 학교 조직의 생산성에 역점을 둔 장학이었다. Taylor의 과학적 관리법과 Weber의 관료제는 조직 생산성을 우선시한다는 점에서 공통점을 가지고 있기 때문에 과학적 장학형태의 연장선상에서 관료적 형태의 장학이 이루어졌다. 교육의 능률성과 생산성을 지향하며 과업의 분업화와 전문화가 강조되고 규율과 문서에 의한 장학이 주류를 이루었다. 따라서 각 전공 교과별로 장학이 실시되었다.

4) 협동적 장학

이를 인간관계 장학, 민주적 장학으로 부르기도 한다. 1920년대의 인간관계 이론의 발달로 장학도 1930년대가 되면서 점차 인간 중심적인 민주 장학으로 바뀌는 전환기를 맞이했다. 감독과 감시의 역할을 했던 장학사도 교사와 협동적으로 장학활동을 하는 위치에 놓이게 되었으며 교사, 학생의 개성을 중시하는 장학으로 변모되었다. 또 진보주의, 아동중심주의 교육사조의 영향으로 아동의 개성이 중시되는 장학이 되었다. 따라서 장학은 1940년대부터 1950년대 중반까지 결과보다 과정을 중시하는 경향이었고, 교사들의 직무를 감독하고 심판하는 기능에서 그들을 도와 주는 기능으로 변하게 되었다.

5) 교육과정개발 장학

1957년 소련의 인공위성 스푸트니크(Sputnik) I호가 성공적으로 발사되자 미국은 국방, 외교는 물론 생존자체까지 위협을 느끼게 되었다. 미국인들은 인공위성 발사에서 소련보다 뒤떨어지자 그 주요 원인을 교육의 실패로 돌렸다. 결국 모든 비난의 화살이 교육계로 집중하게 되었으며 과학기술의 발전에 교육의 초점이 맞춰지게 되었다. 교육의 내용과 형식이 바뀌게 된 것이다. 과거의 교육 목적과 프로그램은 새로운 것으로 대체되었다. 교육과정은 새로운 것으로 개발 · 추진되었으며 장학담당자의 역할도 교육과정개발자로 인식되었다. 1960년대 초 미국에서 장학사는 교과교육을 위해서 자료를 조직하고, 학교의 교육프로그램을 제작, 이를 실행하는데 학교의 자원인사로 활약하게 되었다. 장학사의 부수적 임무는 교사들에게 재교육시키는 일이었다.

소련의 Sputnik I호의 충격으로 미국에서는 그 후 많은 교육프로그램이 바뀌고, 학교교육과정이 지나치게 확대되고 복잡하게 되었다. 또 교육경쟁력 확보에 많은 비용을 투자한 나머지, 어떤 프로그램이 필요하고 그렇지 않은지를 재평가하지 않으면 안 되게 되었다. 학교에 대한 공중의 기대는 상승한 반면, 학교운영의 자원은 점점 줄어들게 되어 교육행정가들은 이 두 문제를 해결해야 하는 부담을 안게 되었다. 그래서 목표도달 계약제, 행동목표 제시, 책무성 프로그램, 표준도달 졸업제를 채택, 시도했던 것이다. 이러한 노력들은 과학적 관리운동 시대의 조직경영 방식과 흡사하여 이를 신과학적 관리운동이라고 부른다.

6) 임상(수업)장학

1960년대에 일어났던 여러 가지 교육적 변화의 여파로 장학에서도 많은 변화가 일어나고 있었다. 소련의 Sputnik 발사 성공 이후, 미국에서 장학이 교육과정의 개발에 몰입하고 있을 때, 한편에서는 장학의 초점을 수업에 맞추려는 노력이 나타나기 시작했다. 1960년대 후반과 1970년 초에 걸쳐서 장학은 교수－학습과정 분석과 임상장학에 점점 관심을 높이기 시작했다. 이러한 움직임으로 장학담당자는 비디오테이프의 사용, 교사 · 학생 사이의 상호작용 평가, 교수법 개발을 위한 현장연구를 하게 되었다. 그래서 1960년대 후반과 1970년대 초는 임상장학, 수업장학을 강조한 시기였다.

7) 경영으로서의 장학

1970년대는 교육에서 자유, 평등, 효율성 중 효율성이 강조된 시대라고 볼 수 있다. 적은 비용으로 높은 효과를 거두자는 경제, 경영 마인드를 가지고 교육을 운영해 보자는 것이다. 따라서 교육행정가들은 산업체와 같이 교육을 생산 지향적으로 보려는 시각을 갖게 되었다. 교실에서의 수업개선에 대한 연구와 노력에는 관심과 흥미가 줄어들게 되고, 대신 경영적 역할(managerial role)에 관심을 두게 되었다. 장학에 관한 연구문헌들도 경영과 관련된 행위체제, 조직이론 등을 많이 다루었다.

8) 인간자원 장학

1970년대 후반에는 장학의 목적을 교사의 능력 개발과 자아실현을 돕는데 두어야 한다는 인간자원론적 철학이 싹트게 되었다. 이것은 과거의 인간관계 장학이 교사 개인의 인간적 요소를 중시했다고는 하나, 결국 학교 효과성만을 강조한 나머지 교사의 인격적 요소가 무시되고 수단시되었다는 비판에서 출발한 장학의 철학적 변화라고 볼 수 있다(강영삼 외, 1995).

3 장학지도의 원리와 기술

1) 장학지도의 원리

장학의 원리란 장학을 수행하는 데 있어서 적용해야 할 당위의 기준 또는 이론적 지침을 의미한다. 그러나 실제에서는 원리나 이론보다 기술을 중시하는 경향도 없지 않으나, 원리는 기술에 비해 보편적이고 실천의 지침이 된다. Melchoir(1950)는 장학을 수행하는 데 실제로 적용할 수 있는 기본원리로 ① 태도의 원리, ② 창조의 원리, ③ 협력의 원리, ④ 과학성의 원리, ⑤ 효과의 원리 등을 제시하고 있는데, 그 내용은 다음과 같다(문락진, 1993).

(1) 태도의 원리

태도의 원리는 장학지도자의 교육철학과 관계가 깊다. 장학지도에 있어서 기본적으로 갖추어야 할 것이 있다면 그것은 장학에 대한 올바른 가치관이다. 교사와 교육에 대해 진지한 태도를 가지고 있어야 하며 상대방을 존중할 줄 아는 태도가 중요하다. 상호존중 속에 신뢰가 싹트고 무엇인가 부담 없이 배울 수 있다는 분위기를 조성하는 능력도 필요하다. 현명한 장학지도자는 민주적이고 진리를 갈구하는 태도를 가지며 안정성과 적응성에 대한 균형감각을 잃지 않는다.

(2) 창조의 원리

창조적 장학지도란 교사 자신이 자율적으로 교육의 목표, 교육과정의 내용과 구성, 학습지도 및 평가방법까지 구상할 수 있도록 격려한다. 창조적 장학지도자는 인습에 얽매이지 않고 교사들과 새로운 일을 분담하고 집단과정의 사고를 통하여 문제를 해결한다. 장학지도자는 자신의 주장을 강요하기보다는 교사들의 자유로운 활동을 보장하고 그들과 함께 새로운 교육환경을 창조한다.

(3) 협력의 원리

장학지도자는 "우리들은 하나"라는 의식을 가지고 교사들을 대해야 한다. 먼저, 교사들이 해결하고자 하는 문제가 무엇인지를 파악하고 협조적으로 그들에게 다가가야 한다. 장학지도는 교사의 약점을 들추기보다는 더 좋은 대안을 조용히 제시하는 것에서부터 시작되어야 한다. 자기의 잘못이나 약점을 들추는 것을 좋아할 사람은 아무도 없다. 좋은 대안을 제시해서 자신의 잘못을 깨닫고 스스로 고치는 분위기를 만들어 주는 것이 좋다. 협력은 단순히 장학지도자와 교사간의 1 대 1 협력이 아니라 학교와 운영위원회, 학부모회 및 일반시민들이 한마음 한뜻이 될 때까지 협력을 확대해 나가야 한다.

(4) 과학성의 원리

장학지도는 문제를 과학적으로 정확하게 인식하는 데에서 출발한다. 그 다음에는 문제해결에 필요한 방법을 찾기 위해 문제와 관련된 여러 가지 정보를 수집한다. 정보가 부족하면 문제의 핵심을 알기 어렵다. 정보를 수집하여 이를 분석, 해석할 수 있는 능력도 필요하다. 이러한 노력 후에 적당한 대안을 선택하여 적용하는 능력이 있어야 한다. 많은 대안과 방법을 알고 있어도 어느 대안과 방법이 최적인지를 골라내는 지혜가 없다면 문제는 해결되지 않는다.

(5) 효과의 원리

장학과정이 아무리 민주적이고 협력적이라 하더라도 종국에 가서 그 효과성이 매우 낮다면 그 동안의 노력은 무의미하게 된다. 따라서 장학의 목표는 어디까지나 장학의 효과성을 높이는 것이어야 하고 장학 활동은 그 효과성에 의해 성공여부가 판명된다. 물론 장학의 효과성은 지역사회, 학교의 조직상황, 교직원 상태, 학생 상태에 따라 달라 질 수 있다. 장학지도의 성패는 그것이 교사들의 수업지도 기술 향상과 학생들의 지적, 정의적 및 기술적 성취에 얼마나 기여했느냐에 달려 있다.

2) 장학지도의 기술

장학지도는 그 목표와 과정도 중요하지만 그에 못지않게 지도기술이 중요하다. Wiles(1961)는 효과적인 장학을 위해서는 지도성 기술, 인간관계 기술, 집단과정에 대한 기술, 인사관리 기술 및 평가 기술이 필요하다고 했다. 이들 기술을 설명하면 다음과 같다(김창걸, 1996).

(1) 지도성 기술

지도성이란 조직의 목적을 위해 구성원들이 자발적으로 추종, 협력하도록 하는 것으로 볼 수 있는데, Wiles(1961)는 장학지도자의 지도성 유형을 ① 집단 위에 서서 일하는 지도형, ② 집단을 위해 일하는 지도형, ③ 집단 속에서 구성원들과 더불어 일하는 지도형 등으로 분류하고 이들 중 마지막 형이 가장 바람직하다고 하였다.

1 집단 위에 서서 일하는 지도형

이것은 지도자가 집단을 강제적으로 지배하는 전제적, 권위적인 지도형으로 비민주적이다.

② 집단을 위해서 일하는 지도형

이는 지도자가 가부장적 위치에서 교사들을 보살피는 일종의 온정적 지도형이다. 교사들에 대한 온정적 태도는 우호적으로 볼 수 있으나 이와 같은 배려는 오히려 그들의 창의성과 자립성을 저하시킬 수 있다.

③ 집단 속에서 더불어 일하는 지도형

이것은 장학담당자와 교사가 협동적으로 장학과업을 추진해 나가는 지도형태이다. 이 지도형은 가장 민주적이고 협동적인 것으로 평가되고 있다.

(2) 인간관계 기술

Wiles(1961)에 의하면, 인간관계 형성에 있어서 ① 자기개선을 통한 자아의 확립, ② 타인의 가치에 대한 신임, ③ 타인의 욕망과 감정의 존중 등이 필요하다는 것이다. Griffiths(1969)도 원만한 인간관계에는 ① 적당한 동기유발, ② 객관적인 상황파악, ③ 신속 · 정확한 의사소통, ④ 민주적 권력구조, ⑤ 합리적인 권위, ⑥ 앙양된 사기, ⑦ 역동적이며 효과적인 집단과정, ⑧ 민주적이며 합리적인 의사결정 기능, ⑨ 민주적 지도성의 요건구비 등이 중요하다고 했다. 장학담당자는 인간관계의 기본신념으로 조직목표 뿐만 아니라 개인의 목표도 중요시해야 한다.

(3) 집단과정 기술

집단과정이란 집단 구성원들이 그들의 공동 목표를 향하여 서로 협동적으로 과업을 수행해 가는 과정이다. 그러므로 장학담당자는 교사들이 공동 목표의식을 높이도록 돕고 학교 집단의 융화와 단결을 도모하도록 도와 주어야 한다. 그리고 그는 교사들의 사기를 높여 학교교육 발전에 기여하도록 해야 한다. 집단과정은 대체로 다음과 같은 단계를 거친다.

① 문제 확인

집단과정의 첫 단계는 문제를 인식하고 이를 확인하여 수용하는 단계이다. '시작이

반'이라는 말이 있듯이 문제의 인식과 확인은 매우 중요하다. 무능한 지도자는 조직에 심각한 문제가 발생했어도 이를 문제로 볼 줄 모른다. 이렇게 되면 곤란하다.

② 문제해결을 위한 계획수립

문제가 확인, 수용되면 그것을 어떻게 해결할 것인가를 계획한다. 이를 위해 문제와 관련된 정보와 자료를 수집, 분석하고 적용할 수 있는 원리를 찾는다. 이를 토대로 문제해결을 위한 가능한 대안들을 어떻게 발굴하여 비교, 분석, 확정할 것인지 계획한다.

③ 토의에 의한 합의결정

추진해 나갈 행동 방향에 대해 민주적 절차를 거쳐 합의점에 도달한다. 문제해결을 위해 모색된 대안들이 예상되는 결과에 비추어 분석되고, 이들 중 최적의 대안이 토의를 거쳐 확정된다.

④ 평가

집단과정에서 계속적인 평가는 추진상태를 알려 주며 다음의 절차를 개선 · 보완하는 데 도움을 준다. 이와 같은 평가는 교수-학습에서의 형성평가와 같이 집단 효과를 높이고 구성원의 성장을 촉진시킨다. 평가는 자체평가와 더불어 제 3자에 의한 개관적 평가도 필요하다.

(4) 인사관리 기술

교육조직에서의 인사는 평가나 평정에 치우치기보다는 인화를 조성하고 지도, 조언에 중점을 두어야 한다. 교사들의 후생복지와 고충처리에 많은 배려를 하여 그들의 사기를 높이는 일도 중요하다. 인사에는 되도록 실적주의가 적용되어야 하고, 무엇보다 공정성이 바탕이 되어야 한다.

(5) 평가 기술

장학지도자는 실제적으로 학교 및 담당 교사들을 평가한다. 그의 평가결과는 개별 학교의 위상과 교사들의 승진에 영향을 주기 때문에 평가전문가로서의 역할이 요청된다. 전술한 바와 같이 평가에는 기술적인 측면도 중요하지만 평가를 하는 태도와 관점 및 공정성이 매우 중요하다는 것을 잊어서는 안 된다. 평가도구의 개발에서부터 평가방법, 평가결과의 분석처리, 평가태도 및 평가관점 정립에 이르기까지 장학지도자가 갖춰야 할 요건들은 매우 다양하다.

장학지도자의 평가는 교사들의 근무평정에 그치는 것이 아니라 직능을 높이고 효율적인 교수능력을 향상시키는 데에 기초 자료로 활용될 수 있으며 장학지도 기술을 발전시키는 데 중요한 기능을 한다. 또한 평가는 교사로 하여금 자신의 자질과 능력에 대한 자기반성을 자극함으로써 교사의 질을 관리할 수 있다.

4 장학지도의 과업

장학지도의 과업이란 장학지도자가 해야 할 일을 말한다. 그 과업은 매우 광범위하여 학자에 따라 그 범위를 다소 다르게 보고 있다. 여기서는 김정한(2002)이 여러 학설들을 종합, 정리한 내용을 중심으로 장학의 과업을 살펴본다.

주삼환(2003)은 장학을 ① 교사의 교수행위에 변화를 주고, ② 교육과정을 개발, 수정, 보완하고, ③ 학습 환경과 교육 자료를 개선해 주어, ④ 학생의 학습행위에 변화를 줌으로써, ⑤ 학업성취도를 향상시키는 교육활동으로 보았다. 이러한 장학개념으로부터 도출될 수 있는 장학과업은 교사변인과 관련하여 ① 직원개발(직원연수), ② 교수효과성을 위한 임상장학(일반적임), ③ 교사평가 및 수업평가를 들 수 있으며, 교육과정과 관련해서는 ④ 교육과정 개발, 학습 환경과 관련하여 ⑤ 학습 환경 개선, 모든 변인과 관련된 것으로는 ⑥ 학교 효과성, 또는 학교 개선, 학생 산출물로는 ⑦ 학생성취도 평가를 장학의 본질적 과업이라고 하였다. 이외에도 교육시설 제공과 개선, 교사인사, 대외관계 등이 주변적 과업이 된다. 정태범(1996)은 학교경영 입장에서 장학의 영역을 ① 교육과정 관리, ② 교원직능 관리, ③ 교육조건 관리 등으로 보았다.

장학지도자는 여러 가지의 과업을 수행하고 있지만 이들을 크게 보면 수업개선, 교사개발, 교육과정 개발로 압축된다(김정한, 2002). 그리고 이 세 차원의 과업을 수행하기 위해서는 장학의 전문적 활동 수행을 뒷받침해 줄 수 있는 학문적 또는 경험적 기초가 필요하다. 교육과정이론, 인성이론, 조직이론, 수업 및 학습이론 등에 대한 전문적인 지식 없이는 교사와 교육과정을 개발할 수 없고 교사들의 수업개선에 지도, 조언할 수 없다. 이와 같은 논리를 [그림 12－1]이 뒷받침해 주고 있다.

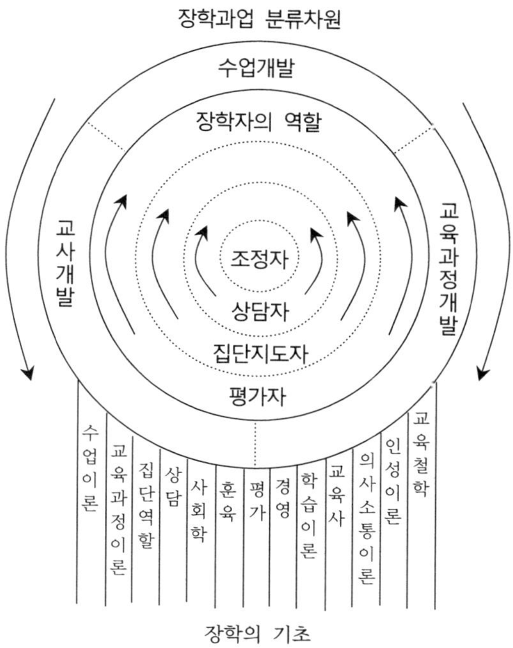

[그림 12-1] **장학의 개념적 모형**

* 출처 : Oliva, P. F.(1976). Supervision for today's school. New York : Thomas Com. pp. 13-15를 번역한 김정한(2002). 장학론, 서울 : 학지사, p. 78.

[그림 12-1]에서 보듯, Oliva(1976)는 장학의 과업을 ① 교사개발, ② 교육과정 개발, ③ 수업개발로 보고 있다. Wiles와 Bondi(2000)는 장학 과업을 ① 행정적 과업, ② 교육과정 과업, ③ 수업 과업으로 나누고 있다. Harris(1985)가 제시하고 있는 장학과업의 내용에는 ① 교육과정 개발, ② 수업을 위한 조직, ③ 교원의 인사처리, ④ 시설의 구비, ⑤ 교육재료의 제공, ⑥ 현직교육 준비, ⑦ 특별학생 봉사활동, ⑧ 신임교원 오리엔팅, ⑨ 홍보 등이 포함되어 있다.

Wiles와 Lovell(1975)은 교사의 행위에 영향을 줄 수 있는 장학과업을 아래와 같이 7가지로 제시하였다.

① **목적개발** : 사회는 학교의 상위체제로서 하위체제인 학교에 인적 · 물적 자원을 공급할 뿐만 아니라 학교에 대한 기대도 크다. 사회가 끊임없이 변화하기 때문에 교육도 변해야 하고 교육목적도 더 세분화되고 변화된 모습으로 사회에 다가가야 한다. 따라서 장학자와 교사는 교육목적과 목표를 정기적으로 검토하여 이들이

변화된 사회 모습을 제대로 반영하고 있는지 확인하고 필요시 이들을 수정, 변화시켜야 한다.

② **프로그램 개발과 실천** : 이것은 장학활동의 실제적인 과업으로 볼 수 있다. 장학자는 교사와 협력하여 교사의 교수능력 개발과 학생의 학습능력 향상을 위해 필요한 프로그램을 개발, 활용하는데 전력해야 한다. 개발된 프로그램을 각급 학교에 제공, 활용토록 독려하고 그 활용 결과를 정기적으로 평가하여 새로운 프로그램 개발을 위한 기초 자료로 삼아야 한다.

③ **조정** : 장학자는 학교 간, 학교 내 학년 간, 교장과 교사 간, 교사와 학생 간, 학교와 지역사회 간에 생길 수 있는 여러 가지 갈등을 조정, 해결하고 서로 협력하여 관내 학교교육이 정상적으로 이루어질 수 있도록 해야 한다. 이를 위해 열린 의사소통망을 구축하여 갈등을 조기에 발견, 차단하는 것이 중요하다. 사소한 갈등이 지속되어 큰 갈등으로 비화되는 것을 미연에 방지하는 노력이 중요하다.

④ **동기유발** : 장학자는 교사의 재능을 인정하고 사기를 양양하여 그가 교육에 전력하도록 격려해 주는 자세를 가져야 한다. 무조건 마음에 차지 않는 것을 고쳐주겠다는 의욕보다는 장점을 발견, 격려하고 협조하는 모습을 보이는 것이 중요하다.

⑤ **문제해결** : 교육은 궁극적으로 문제해결 과정이다. 학습문제, 생활지도 문제, 교우관계 문제, 이성문제 등 문제해결의 연속적 과정이 교육의 과정이다. 장학 담당자는 교사들의 당면한 문제를 면밀히 검토하여 협조적으로 그 해결책을 찾는 노력을 해야 한다.

⑥ **전문성 신장** : 교직이 전문직으로 인정되고 있으나 점점 더 복잡해지는 사회상황과 교육의 조건 및 기대들은 교사들로 하여금 더 전문화되도록 요구하고 있다. 따라서 장학자는 교사들이 늘 전문성을 높여 이것을 교육 현장에 반영할 수 있도록 지원을 아끼지 말아야 한다.

⑦ **교육결과에 대한 평가** : 국가와 지역사회 및 학부모는 학교교육이 기대하는 바를 얼마나 성취하고 있는지에 대한 관심이 높다. 장학자는 학교에 투입되는 인적, 물적 자원의 지원과 그 활용도를 수시로 평가하여 교육목표 달성도를 높이도록 해야 할 것이다.

Alfonso 등 (1981)도 수업장학 담당자의 과업을 교사, 수업과정, 수업과정이 운영되는 조직 등 3가지 영역으로 구분하여 〈표 12－1〉과 같이 제시하였다(박병량 외, 2005).

〈표 12-1〉 수업장학행동의 과업 영역

교사(teacher)	수업(instruction)	조직(structure)
1. 교사의 배치 2. 교사의 능력 개발 3. 교사성과의 평가	1. 수업목적의 해석 2. 수업체제의 개발 3. 수업전략의 개발 4. 수업자원의 준비 5. 수업지원봉사의 준비	1. 조직목적의 수행 2. 직원배치양식의 개발 3. 직무요구의 명세화 4. 조직효과성 분석 5. 목적달성의 평가

5 장학의 유형

장학의 유형은 분류 기준에 따라 여러 가지로 나눌 수 있다. 여기서는 조직 수준에 따라 분류한 중앙장학, 지방장학 및 교내장학, 그리고 장학 대상이나 형태에 따라 분류한 수업장학, 임상장학, 동료장학, 자기장학 등을 김창걸(1996)을 통해 알아본다.

1) 교육행정조직 수준상의 장학 유형

(1) 중앙장학

중앙장학은 교육부의 장학행정 활동을 통해서 이루어지는 장학이다. 즉 장학관련 업무 수행을 통해서 교원들의 교육활동을 지도 · 조언하는 것이다. 따라서 이곳의 장학은 간접적이라고 볼 수 있다. 어떻게 보면 막연한 감이 있다.

중앙장학은 주로 담당부서 중심으로 이루어지게 된다. 그러나 타 부서에서도 장학행정과 관련된 업무를 수행하고 있으므로 장학행정과 관리행정을 엄격히 구별하기가 어렵다. 그러나 중앙장학행정은 주로 장학실과 그리고 각 부서의 장학관(사), 연구관(사)에 의해 이루어지고 있다.

(2) 지방장학

지방장학은 서울특별시, 부산 · 인천 · 대구 · 광주광역시와 각 도의 지방교육청 및 그 하부기관인 시 · 군 · 구의 교육청을 중심으로 이루어지고 있다. 장학은 지방교육청의 학무를 담당하는 초등교육국 · 중등교육국 · 사회교육체육국 산하의 장학관이나 장학사에 의하여 이루어진다. 그런데 이들 장학관과 장학사들이 국장 · 과장 · 담당관 · 계원 등의 보직이 담당되고 있으므로 이들은 막료적인 성격보다는 계선적인 성격이 강하다. 그러므로 장학활동이 지도 · 조언보다 지시 · 감독이 수반되는 경우가 많기 때문에 관리행정과 혼돈되기 쉽다.

Harris(1985)는 수업장학의 10개 영역을 제시했는데, 이것은 우리의 교육체제에 비추어 보면 학무장학(학사장학)과 가깝다. ① 교육과정개발, ② 수업을 위한 조직, ③ 교원의 확보, ④ 시설구비, ⑤ 교육재료 구비, ⑥ 현직교육 준비, ⑦ 교원의 오리엔테이션, ⑧ 특수아에 대한 배려, ⑨ 대민관계 전개, ⑩ 수업평가 등이다.

(3) 교내장학

교내장학은 교장을 중심으로 이루어지는 것이 보통인데 이는 대체로 교수－학습의 질을 개선하기 위한 수업장학의 형태를 취하는 것이 일반적이다. 교내장학은 교장이 중심이 되지만 교감, 주임교사 및 동료교사들도 장학을 담당할 수 있다. 실제로 수업과 관련해서는 동료 교사들이 교장, 교감보다 더 전문적인 조언을 할 수 있다. 또한 근처의 다른 학교 교장이나 교감 또는 주임교사들과 장학협력기구를 구성하여 상호 방문을 통한 수업장학을 할 수도 있다.

2) 수업장학의 유형

수업장학은 학업성취도 향상을 위해 수업의 질을 높이는 데 목적이 있다. 따라서 장학활동은 교수－학습 활동에 필요한 정보 제공, 지도, 조언하는 데 중점을 둔 것으로 교내장학 또는 학교장학이라고도 한다. 수업장학은 교내의 교장, 교감, 동료교사들이 주축이 되어 행해지며 그 유형은 대체로 다음과 같다(김창걸, 1996).

(1) 임상장학

임상장학은 병원의 임상치료와 같이 장학담당자가 교사의 수업을 개선하기 위하여 수업현장(대체로 학교 교실)에서 장학자와 교사가 협동으로 수업계획을 세우고 교사가 수업을 진행한 다음, 장학자가 관찰한 내용을 중심으로 수업평가회를 하고 피드백 과정을 밟는 1 : 1의 장학 유형이다.

Goldhammer(1981)에 의하면, 임상장학이란 세밀한 관찰을 통하여 수집된 자료, 교사와 장학자의 면대면 상호작용, 친밀한 전문적 관계성에 의하여 이들을 한데 묶는 데 강조점을 둔 장학이라는 것이다. 수업상황에서 일어난 교사와 학생의 상호작용 과정을 기록하고 장학자와 교사가 그 기록된 자료를 함께 분석, 토의하여 교사의 교수행동을 개선해 나가는 데에 임상장학의 목적을 두고 있다.

임상장학에 관한 연구는 Cogan(1973)을 시초로 하여 계속되고 있는데, 그는 임상장학의 단계로 ① 교사와 장학사의 관계 확립, ② 교사와 함께 수업기획, ③ 관찰전략 기획, ④ 수업관찰, ⑤ 교수-학습과정 분석, ⑥ 협의회 전략 기획, ⑦ 협의회, ⑧ 새로운 기획 등을 제시했다.

(2) 동료장학

동료장학은 동료교사들이 수업을 상호 관찰하고 이를 바탕으로 지도 · 조언하는 형태의 장학이다. 그리고 어떤 일정한 교육 문제를 가지고 동료교사들과 토의하여 해결해 나가는 것도 동료장학이라고 볼 수 있다. 동료장학은 엄격한 격식이나 철저한 협의절차를 거치지 않아도 되므로 임상장학보다 덜 집중적이고 체계적이기 때문에 교사들이 이용하기 편리하다. 특히 다른 장학에 비해 계층적 거리감이 적고 동료의식이 강하게 지배하기 때문에 자유로운 의사교환과 피드백이 가능하다.

(3) 자기장학

자기장학이란 교사 자신이 전문적 성장을 위하여 스스로 계획을 세우고 실천해 나가는 자율장학이다. 자기장학으로 교사는 ① 자신의 수업을 녹음 · 녹화하여 반복하여 듣거나 보면서 수업기술을 향상할 수 있고, ② 학생들의 피드백을 받아 분석하면서 자력으로 수업개선을 할 수 있으며, ③ 혼자 전문서적을 읽거나 필요한 전문가를 찾아가 협의하여 전문적 성장을 꾀할 수도 있고, ④ 대학원 과정을 수강하거나 필요한 연수 및 강연회를 통하여 전문성을 높일 수 있다.

학교현장에서 교사들은 대체로 자기장학의 형태로 자기발전과 수업기술을 향상시키고 있다. 꾸준히 자기 연찬을 함으로써 교수의 질을 높여나가는 것이 다른 유형의 장학보다도 현실적이다. 그것은 장학자에 의한 장학이 말처럼 자주 있는 것도 아니고 자신에게 맞는 장학자를 선택하기도 어렵기 때문이다. 또 임상장학 등과 같은 체계적인 장학은 극히 드물게 실시되는 것이 현실이다.

(4) 소규모 수업(microteaching)

Microteaching은 3명에서 10명 규모의 소규모 학생을 대상으로 간단한 내용을 가지고 4분에서 20분 정도의 수업을 한다. 이것은 한두 가지 수업기술 향상에 초점을 둔 것으로 보통 수업을 축소시킨 것이다.

수업 내용은 ① 계획수립, ② 수업을 녹음 또는 녹화, ③ 장학지도자와 함께 녹음 또는 녹화된 것을 되돌려 듣거나 보기, ④ 분석 · 평가, ⑤ 다시 계획수립, ⑥ 수업, 그리고 ⑦ 변화를 중심으로 장학자와 협의를 통해 특정수업 기술을 발전시켜 나간다.

(5) 행정적 감독

행정적 감독이란 전통적으로 실시해 온 장학방법으로 전통적 장학이라고 할 수 있다. 쉽게 말해, 교장이 가끔 교실에 들어와 수업 진행상황을 잠깐 보고 나가는 경우가 있는데 이것을 Glatthorn(1984)은 행정적 감독이라 했다. 교장이 장학지도 계획을 세워 체계적으로 장학을 실시하는 것이 아니라 예고 없이 잠깐 교실을 방문하여 교사들의 근무동태와 수업진행 상황을 확인하고 그 결과를 간단히 적어 교사에게 피드백해 주는 방법이다.

6 장학담당자의 자질

우리는 '장학', '장학사'하면 교사들은 물론 학생들도 많이 긴장했던 기억을 가지고 있다. 이와 같이 장학담당자는 정서상 학교의 입장에서 결코 반가운 손님은 아니며 거북스러운 존재로 되어 왔다. 장학은 본래의 뜻과 상관없이 부담스러운 것이며 그 특성상 교사들의 자존심을 건드릴 소지가 많다. 그래서 장학담당자는 장학에 대한 전문 지식뿐만 아니라 인간관계 기술을 가지고 있어야 하며, 특히 도덕적 품성을 지니고 있어야 한다.

장학담당자는 전문직을 수행하는 교사를 상대로 과업을 수행하므로 특별히 주의를 기울여야 한다. 전문적 지식과 기술의 연마뿐만 아니라 특히, 인간적 자질을 갖추고 있어야 한다. 인간됨됨이가 기본적으로 진솔하고 청렴해야 한다. 교사들을 하나의 교육 동지로 여기고 무엇인가 보탬을 주어 교육을 통해 국가 · 사회의 발전에 기여하겠다는 의지가 있어야 한다. 이와 같은 의지가 강한 사람이 장학사 혹은 장학관이 되어야 하며, 단순히 승진이나 명예의 차원에서 장학담당자가 되어서도 안 된다.

장학담당자가 아무리 뛰어난 교수－학습지도 능력과 기법을 갖추고 있다고 하더라도 자기 방식과 일치하지 않는다고 피장학자인 교사의 자존심을 훼손하는 언행을 해서는 안 된다. 자존심 훼손을 동반한 장학지도는 결코 효과적일 수 없다. 이와 같이 장학담당자는 지적인 영역뿐만 아니라 정서적, 인간적인 영역에서도 특별한 자질이 요구된다. 장학담당자가 갖추어야 할 자질 요인들이 무엇인지 McKean과 Mills가 제시한 내용을 다음과 같이 살펴본다.

1) 인성적 자질

(1) 존경과 신뢰 획득 능력

장학은 특성상, 장학담당자와 교사와의 상호작용 속에서 일어나기 때문에 계선관계보다 막료관계에서 이루어지기 마련이다. 일방적인 명령과 복종의 관계가 아니라 서로 협조적인 관계이므로 장학담당자는 교사들로부터 존경과 신뢰를 받을 수 있는 능력을 갖추고 있어야 한다.

(2) 감정이입과 민감성

장학담당자는 교사들의 기분과 반응에 대한 뛰어난 감각이 있어야 한다. 교사의 입장에서 그들의 동기와 반응을 해석, 이해하고 지원하는 태도를 가져야 한다.

(3) 열정

장학담당자의 과업자체가 자신보다는 일선 학교현장의 관리행정, 수업과 교육과정 운영과 관련되어 있다. 관내 학교 수는 한둘이 아니며, 교사 수는 수백 명, 수천 명도 된다. 그 외 과업도 한둘이 아니다. 따라서 열정이 없는 장학담당자는 이들을 보살필 수 없고 그 많은 과업을 제대로 수행할 수 없다. 따라서 장학담당자에게는 일과 인간관계에 대해 높은 열정이 필요하다.

(4) 적합성 감정(feeling of adequacy)

장학담당자는 일을 합리적이고 공정하게 다룰 수 있는 타당성, 적합성에 대한 감정을 가지고 있어야 한다. 문제를 정확하고 현실적으로 이해하고 이를 적절히 처리할 수 있는 능력을 가지고 있어야 한다. 편협적이거나 폐쇄적이어서 현실을 이해하지 못하고 아무 소득 없이 자기 고집대로 과업을 처리해서는 곤란하다.

(5) 창의성(originality)

장학담당자는 창의적이어야 한다. 그는 교사들과 자주 접촉하게 되므로 독창적이고 창의적으로 그들에게 다가가야 한다. 진부하고 인습적인 방식만을 고집하고 창조적인 관점에서 교육문제를 다루지 않는다면 장학의 효과는 반감될 것이다. 또 장학담당자는 창의성과 독창성을 별난 것으로 치부되는 교육풍토가 아니라 지원하고 존중하며 협조하는 교육풍토를 조성하는 데 관심을 보여야 한다.

(6) 유머감각(sense of humor)

장학은 양자 간에 호흡이 맞아야 성공을 거들 수 있기 때문에 장학담당자는 교사들과의 관계에서 부드럽고 따뜻한 분위기를 유지해야 한다. 교사들의 건설적인 비판을 흔쾌히 받아들이고 허용적인 분위기를 유지해야 한다.

(7) 상대적 가치관(sense of relative value)

장학담당자는 과업을 자기의 기준에서보다 여러 측면과 상대적 입장에서 바라볼 수 있어야 한다. 또, 과업결과에 대한 가치를 종합적이고 장기적인 관점에서 판단할 수 있어야 한다.

(8) 성실성(sincerity)

교사들은 진실하고 성실한 장학담당자를 신뢰한다. 그렇지 못하면 장학은 제대로 이루어질 수 없다. 교사들의 개성을 존중하며 진정으로 교수-학습의 개선을 위하여 일을 하고 있는 것을 교사들이 확신할 때 장학은 소기의 목적을 달성할 수 있다.

(9) 풍부한 자원제공(resourcefulness)

장학담당자는 교사들의 교육상 의문을 풀어줄 수 있는 과학적이고 경험적인 풍부한 정보와 자료를 확보해야 한다. 새로운 방법과 자료를 찾아서 그것들을 비교, 분석하여 문제해결에 대한 대안을 제시해 줄 수 있어야 한다.

2) 전문적 자질

(1) 넓은 교양교육(broad general education)

장학담당자는 폭넓은 교양교육을 받아야 한다. 장학지도자는 먼저 도량이 넓은 교양인이 되어야 건전한 가치관을 가지고 교사들과 원만한 의사소통을 할 수 있다.

(2) 전문교육

장학사나 장학관이 된 이후에도 더 높은 전문교육을 받아야 한다. 석사과정이나 박사과정에서 교육행정론, 장학행정론, 교육지도성론, 교육인사행정론, 인간관계론, 교육재정론 등과 같은 교과목을 수강하고 연구할 필요가 있다. 그리고 교수이론, 학습이론, 학습지도, 생활지도, 교육평가 등에 대해서도 폭넓은 지식과 기술을 갖추고 있어야 전문성에 대한 신뢰를 얻을 수 있다.

(3) 교수기술

장학담당자는 남다른 교수기술을 가지고 있어야 무리 없이 수업장학을 할 수 있다. 교사들은 다년간 교육경력으로 나름대로 교수-학습지도 경험을 가지고 있다. 따라서 이들을 무리 없이 지도・조언하려면 수준 높은 교수기술을 갖추고 있어야 함은 당연하다.

(4) 교육과정상 명확한 역할지각

장학담당자는 교육과정 활동에서 담당하고 있는 여러 가지 역할들에 대해 명확히 알고 있어야 한다. 누가 어떤 분야를 담당하고 이를 어떻게 수행해야 하는지를 정확이 인식하고 있어야 이들을 합리적으로 돕고 지도할 수 있다.

(5) 지도성 기술

지도성이란 일면 협동심을 이끌어 내는 힘이므로 장학담당자는 교사들로부터 자율적인 협조를 얻어 내어 관내 학교교육이 성공적으로 이루어질 수 있도록 해야 한다. 교육은 교사의 자발성을 전제로 하는 특수한 사업이므로 교사 스스로 지도자가 되어 교사지도성을 발휘할 수 있도록 해야 한다. 소위 슈퍼지도성(super leadership)이 장학담당자에게 필요한 것이다.

(6) 교수자료와 교수법에 대한 지식

장학담당자는 다양한 교수 자료와 교수법을 알고 있어야 한다. 교수법이 약한 장학담당자는 비록 다른 분야에서 두각을 나타내고 있다고 하더라도 교사들로부터 전문능력을 인정받을 수 없다. 따라서 그는 교과서는 물론, 보조 독본, 참고서, 학술 논문, 지역사회 자원 그리고 시청각 자료와 같은 교수-학습 자료를 수집, 비교 · 분석하여 장학지도에 활용할 수 있어야 한다. 또 수집, 분석된 자료를 활용하여 교수-학습 방법을 개선하고 향상시킬 수 있도록 꾸준히 연구, 노력해야 한다.

(7) 생산적인 교수-학습 요인의 평가 및 해석 능력

장학담당자는 효과적이고 생산적인 교수-학습 변인에 대한 식견을 갖추고 있어야 한다. 교수-학습 내용의 선정과 조직, 효과적인 학습지도 방법과 기술에 대한 선별력, 교수활동 전개 및 평가에 이르기까지 폭넓은 식견을 쌓도록 노력해야 한다. 능력 있는 장학담당자는 생산적 교수와 비생산적 교수의 징후들을 감지하여 이를 장학지도에 활용할 수 있다.

(8) 과정과 산출의 중요성 인식

장학담당자는 결과뿐만 아니라 과정의 중요성을 깨달아야 한다. 예로써, 일정 기간의 장학지도로 학생들의 성적이 5점 정도 올라갔다면 장학지도의 과정과 결과(5점 향상)를 어떻게 볼 것인가에 대한 평가가 교육적으로 전문화되어 있어야 한다('조게 올랐다' 혹은 '많이 올랐다' 하는 식이 아님). 일반적으로 장학을 결과적 측면에서만 보려고 하는데 이에 못지않게 과정이 중요하다. 과정이 성공적으로 진행되지 못하면 좋은 결과를 기대할 수 없기 때문이다. 따라서 장학지도에서는 교사들에게 무엇을 가르쳐 주거나 지도해 주는 것도 중요하지만 어떤 방법과 어떤 절차를 거쳐서 지도, 조언이 이루어지느냐 하는 문제도 중요하다.

(9) 실험과 연구의 숙달

장학담당자는 연구와 실험에 숙달되어 있어야 한다. 연구방법에 깊은 조예가 있으면 좋다. 그렇게 되어야 장학지도가 주먹구구식으로 되지 않고 과학적이고 탐구적으로 될 수 있다. 또 그의 연구력은 자신의 연구뿐만 아니라 교사들의 연구 활동에 도움을 줄 수 있다.

(10) 인간적, 전문적 성장을 계속할 능력과 의지

장학담당자는 변하는 시대 상황, 교과 내용, 교육관에 적절히 적응하기 위해서는 새로운 지식과 경험을 쌓아야 하며 인간적이고 전문적인 성장을 계속해야 한다. 각종 강습회, 연구협의회, 세미나, 회의, 연구집회, 협동연구 등에 참가하여 새로운 지식과 경험을 쌓도록 해야 한다. 새로운 교과서, 연구지, 교육연감 및 논문집 등 많은 자료를 입수하여 연구해야 한다. 장학담당자는 인간적 성장에도 게을리해서는 안 된다. 따뜻하고 인간미가 흐르는 인품을 소유하기 위해서 꾸준히 노력해야 한다.

학 교 경 영

제 13 장

1. 학교경영 개설
2. 학교경영의 실제

1 학교경영 개설

1) 학교경영의 정의

학교경영은 교육이 실천되는 대표적인 기관, 즉 학교 단위의 경영으로서 한 나라 교육의 성패에 중대한 영향을 미친다. 학교경영이 이렇게 중요한 만큼 내포하고 있는 요인도 매우 다양하다. 교육, 교육이념, 교육목적, 교육목표, 자원의 조달 · 정비, 계획 수립 및 실천, 협동행위, 운영관리, 등 매우 다양한 개념들이 학교경영 속에 내포되어 있다. 따라서 어떤 점을 강조하고 이를 어떻게 해석하느냐에 따라 학교경영에 대한 정의도 달라진다.

김종철(1992)은 학교경영을 단위학교, 특히 초 · 중등학교에서 교육목표를 설정하고 이를 달성하기 위한 프로그램 및 인적 · 물적 자원과 조건을 정비, 확립하는 동시에 실천 계획을 수립, 집행, 지도 및 평가하는 일련의 봉사활동으로 보고 있다. 정태범(2002)은 학교경영을 학교 교육목표 내지 경영목표를 설정하고 이를 달성하기 위하여 학교체제 내의 제반 인적, 물적 자원 및 기술, 정보를 확보하여 그것을 계획, 조직, 평가하는 활동 또는 과정이라고 정의하고 있다.

김윤태(2004)는 학교경영을 교육목표를 효율적으로 달성하기 위하여 교장과 교직원 집단이 협력하여 수행하는 조직적 활동이며 총괄적 작용으로 규정하고 있다. 김창걸(1996)은 학교경영을 효과적으로 교육목표를 달성하기 위해 교장이 자기 나름의 교육적 이상을 가지고 자율적, 창의적 관점에서 교육을 운영하는 것으로 정의하고 있다. 학교경영에 대한 여러 학자들의 정의를 종합해 보면, 학교경영이란 학교 교육목표를 설정하고 이에 필요한 인적 · 물적 자원을 포함한 제 조건을 자율적이고 창의적으로 정비, 조정, 활용 및 평가하는 전 과정이라고 정의할 수 있다. 따라서 학교경영은 목표 지향적인 활동으로서 종합적인 학교운영 과정이다. 이와 같이 학교경영은 목표 지향적인 종합 과정으로써 법 · 규범이나 상부의 지시에 따라 수동적으로 학교를 운영하는 과정이나 활동이 아니라 창의성과 자율성을 가지고 능동적으로 운영하는 과정이다.

경영이란 조직목표 달성을 위한 자율적인 총체적 활동으로 조직의 부문별 관리도 포함하고 있다. 따라서 학교경영에는 당연히 재정관리, 인사관리, 학생관리, 교육과정

관리, 입시관리, 비품관리, 시설관리 등 교육에 필요한 각 영역의 관리가 포함된다. 관리는 일반적으로 법 · 규정이나 방침에 따라 조직목표 달성을 위한 수단의 유지, 점검에 중점을 둔 기능이다. 따라서 관리는 자율적이고 창의적이며 포괄적인 조직 운영을 뜻하는 경영과 구별된다.

관리자는 관리대상이나 수단이 별다른 문제없이 현 상태로 유지되고 있는지, 효율적으로 잘 활용되고 있는지, 법 · 규정과 조직의 방침에 따라 잘 관리되고 있는지에 관심을 두고 있다. 반면에 경영자는 조직목표 달성에 책무성을 느끼고 조직 구성원과 기구들이 통합적이고 협력적으로 잘 작용하고 있는지에 관심을 둔다. 성공적인 경영자는 조직 발전을 위해서 조직이 어떤 방향으로 어떻게 운영되어야 하는지에 대한 청사진을 가지고 있다. 따라서 관리가 현상 유지적이라면 경영은 미래 지향적, 진취적이다.

2) 학교경영의 과정

정태범(2002)은 학교경영 과정을 [그림 13－1]과 같이 ① 계획, ② 실천, ③ 평가 단계로 보았다. 이 3단계 과정은 서로 유기적인 관계를 가지고 이루어진다.

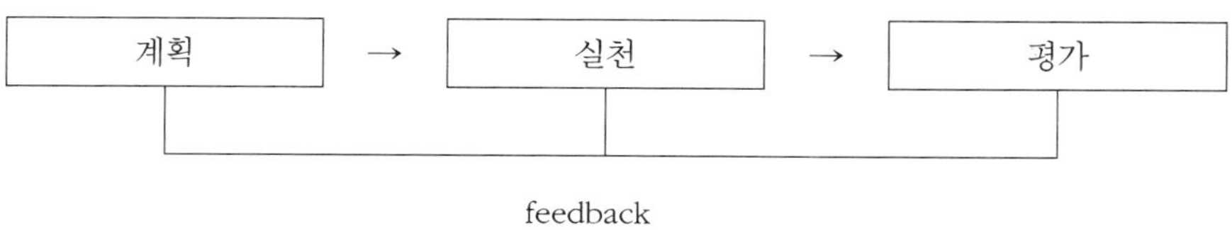

[그림 13-1] **학교경영 과정의 일반 모형**

학교경영의 계획, 실천, 평가의 순환 과정에서 각 단계마다 다시 계획, 실천, 평가가 이루어지고 있다. 즉 계획에는 또 다시 계획, 실천, 평가 단계가 있다는 것이다. 실천단계나 평가단계에서도 마찬가지다. 다시 말하면 복순환(複循環) 과정이 일어난다는 것이다.

계획단계에서는 어떻게 계획을 세울 것인가를 계획하고(계획의 계획), 계획을 실제로 세우고(계획의 실천), 그리고 계획이 잘 세워졌는지를 평가, 점검해 본다(계획의 평가). 만일 이미 세운 계획에 문제가 있다면 이를 다시 고친다(계획의 피드백).

실천단계에서도 계획단계에서 세운 계획대로 어떻게 실천할 것인지 구체적으로 실천계획을 세워(실천단계의 계획), 그 계획대로 실천하고(실천단계의 실천), 그리고 수시로 실천과정을 평가하고(실천의 평가), 그 결과를 피드백하게 된다.

평가단계에서도 평가를 어떻게 할 것인지를 계획을 세우고(평가계획), 평가를 실시하고(평가를 실천), 그 결과를 평가한다(평가의 평가). 평가한 결과는 다음 학기 혹은 다음 해의 학교경영계획 수립에 반영된다. 이를 도식화하면 아래 [그림 13－2]와 같다.

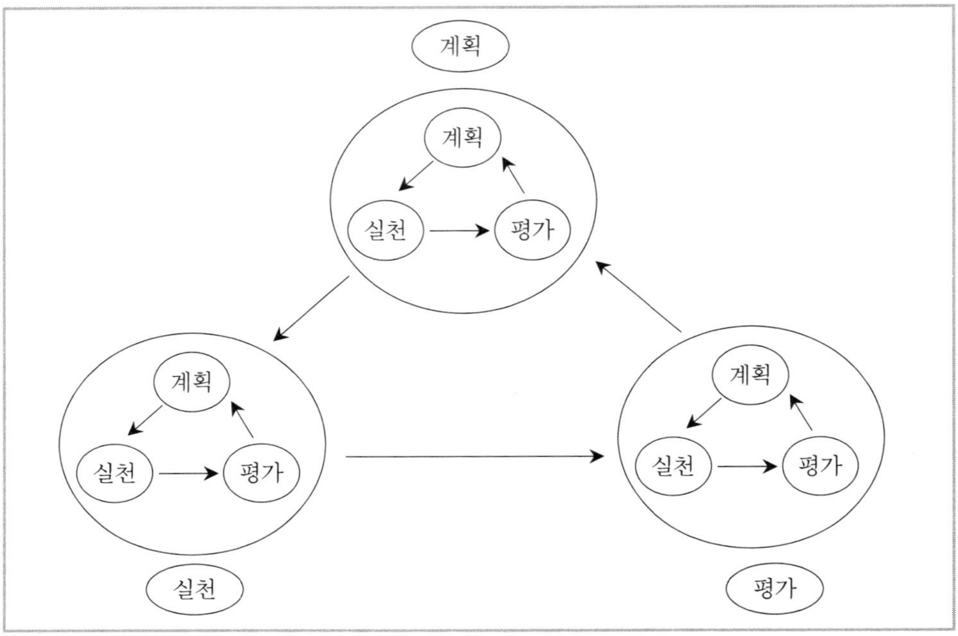

[그림 13-2] **학교경영 과정의 복순환 일반모형**

* 출처 : 정태범(2002). 학교 경영론. 서울 : 교육과학사. p. 143.

계획단계에서는 법 · 규정에 나타난 교육이념, 목적에 근거해서 학교의 교육목적 및 목표를 설정한다. 이는 당해 학교의 내 · 외적인 환경과 조건에 맞도록 설정해야 한다. 세워진 학교교육 목적 및 목표를 달성하기 위해 학교를 어떻게 경영할 것인가에 대한 경영목표를 세운다. 그리고 설정한 목표를 달성하기 위해 여러 가지 활동 계획을 수립하고 이에 필요한 인적, 물적 자원을 어떻게, 어떤 경로를 통해서 확보하며 어떻게 활용할 것인지 계획을 세운다.

실천단계에서는 수립된 계획에 따라 인적, 물적 자원을 배분, 조직하여 활용하고 때때로 그 활용과정, 실천과정을 점검한다. 실천단계에서 하나의 계획이 실천되었다고 전 실천과정이 종결되는 것이 아니다. 여러 계획들이 시차를 달리하면서 실천, 완료되기 때문에 이 단계에서는 정기적으로 혹은 수시로 실천과정을 점검하고 평가하는 노력이 필요하다. 만일 1년간의 학교경영 계획이 다 실천되었다고 생각하고 학년 말에 단 한 번의 실천결과를 평가하게 된다면 그 동안의 실천과정에서 있을 수 있는 많은 오류들을 수정 · 보완할 수 없게 된다. 물론 당해 연도의 미흡한 점은 다음 해의 경영계획에 피드백된다고 할 수 있지만, 실천과정에서 생긴 미비점은 그때 그때 적시에 수정, 보완하는 것이 효율적인 피드백이다. 쉬운 예로 3~4월에 발생한 실천 오류를 근 1년 가까이 덮어두었다가 다음 해의 경영계획 수립에 피드백한다는 것은 비현실적이다. 따라서 계획 → 실천 → 평가가 복순환되어야 한다는 논리는 매우 타당하다. 마치 교수－학습 과정에서 수시로 평가하는 형성평가가 효과적인 것과 같은 논리이다.

평가단계에서의 할 일은 학교경영 계획이 제대로 실천되었는지를 종합적으로 점검하고 평가하는 일이다. 경영계획에 따라 모든 활동이 계획대르 잘 진행되었는지, 수립된 교육목표와 경영목표는 어느 정도 도달되었는지, 인적 · 물적 자원은 적재적소에 배치되었는지 등을 종합적으로 평가하여 그 결과를 다음 해의 학교경영계획 수립에 반영하게 된다.

3) 학교경영의 성격

전문 과업인 교육을 실천하는 학교를 대상으로 하는 학고경영은 타 기관의 경영과 달리 교육 활동을 지원, 조장하는 성격이 강하다. 그러나 학교경영의 성격이 매우 다양하기 때문에 학자마다 그 성격 규정도 다양하다. 여기서는 학교경영의 성격을 조장적, 수단적, 민주적, 전문적, 특수적인 것으로 보고 그 특징을 살펴본다(문락진, 1993; 김성렬 외, 1994).

(1) 조장적 성격

학교경영은 현상 유지적, 소극적으로 공공질서 유지를 목적으로 하는 경찰행정과는 달리 적극적으로 사회 공공의 복지 증진을 목적으로 하는 조장행정, 보육행정, 복리행정에 속한다. 학교경영은 법 · 규범에 따라서 권력이나 명령에 의존하는 강제성보다는 지원, 봉사에 중점을 두고 지도, 조언하는 조장적 성격을 띠고 있다.

(2) 수단적 성격

조건 정비적 기능설의 입장에서 보면, 학교경영은 교육목적을 달성하는 데 필요한 인적 · 물적 조건을 정비, 지원하는 수단적 성격을 띠고 있다. 수단은 목적을 위한 한 방법으로서 능률성과 합리성, 기술성이 요구된다.

Katz(1955)는 행정가가 그 직무를 수행하는 데 요구되는 기본 기술로 사무적 기술(technical skill), 인간관계 기술(interpersonal skill), 전체 파악적 기술(혹은 종합적 기술 : conceptual skill)을 제시하였다. 사무적 기술은 하위권 행정가에게, 인간관계 기술은 중위권 행정가에게, 그리고 전체 파악적 기술은 최고 행정가(경영자)에게 상대적으로 더 요구되는 기술이다.

Wiles와 Bondi(2000)는 학교행정가에게는 사무적 기술, 인간관계 기술, 수업 기술, 정치적 기술이 필요하다고 했다. 교육장, 교장, 교감 등 교육행정가들에게는 다른 행정가들에게 필요한 기술과 더불어 수업 기술이 요구되고 있다. 다른 기술이 아무리 뛰어나다 하더라도 수업이론과 기술이 부족한 교육행정가는 전문성을 발휘할 수 없다.

(3) 민주적 성격

교육의 민주화를 위해서는 학교경영의 민주화가 선행되어야 한다. 학교경영의 민주화 없이는 민주교육을 할 수 없다. 학교경영을 작용이나 기능면에서 파악, 그 특징을 규정한 조장적 성격이나 수단적 성격은 학교경영의 민주성을 말해 주고 있다. 또, 정치적, 법규적으로 보더라도 우리나라는 자유민주주의 국가이므로 학교가 민주적으로 운영되어야 함은 당연한 귀결이다.

헌법을 비롯하여 많은 교육관계 법령들이 학교경영이 민주적으로 수행되어야 한다는 당위성을 확인하고 있다. 특히, 교육법 제14조 1항은 교육행정의 민주적 기본 원칙을 밝히고 있다. 이와 같은 법 · 규정들은 학교경영 조직, 교직원 제도 및 인사, 학교 예산 편성과 집행, 학교시설, 교육내용 및 방법 등이 민주적 가치와 이념 속에서 민주적이며 효율적으로 관리, 운영되어야 한다는 것을 제시하고 있다.

(4) 전문적 성격

국내외 환경이 다양화되는 동시에 밀접하게 서로 연계되어 있어 국가 간, 사회 간,

기업 간, 학교 간 경쟁이 치열해졌다. 이에 따라 각 조직의 경영, 행정에 전문성과 특수성이 요구되고 있다. 특히, 교육이 그 특성상 전문성을 가지고 있는 데다 오늘날 사회는 더욱 치열한 경쟁사회로 변모되고 있다. 이로 인하여 학교경영에 전문성은 더욱 절실하다.

학교경영은 전문적으로 교육훈련을 받은 전문가에 의해서 수행되어야 한다. 따라서 학교행정가 혹은 경영자인 교장, 교감은 일정한 자격연수를 받게 된다. 그러나 우리나라 학교행정가의 전문화는 전문성 준거 지표에 비추어 볼 때 미흡한 점이 있다. 학교행정의 전문화를 촉진하기 위해서 학교행정가의 그 자격 기준을 높이고 양성과정을 전문화시키는 조치가 필요하다.

(5) 특수적 성격

학교경영은 타 분야의 행정이나 경영과 구별되는 특수성이 있다. 학교경영의 특수적 성격으로 첫째, 학교경영은 학교교육의 능률과 효과를 극대화하는 데 이바지함을 목적으로 한다. 둘째, 교육과 목표의 장기성 및 이에 따른 비긴급성이 있다. 셋째, 학교 내 제 집단이 독자성을 유지하면서도 서로 협력하지 않으면 목적달성이 어려운 특수성이 있다. 넷째, 교육효과가 구체적으로 무엇에 대한 효과인지 측정하고 규명하기가 어렵다. 특히, 정의적 영역의 성장·발달을 측정하기란 더욱 어렵다.

4) 학교경영의 원리

학교경영 원리는 학교경영을 실천함에 있어서 지켜야 할 준칙 혹은 방침이라고 할 수 있다. 이 원리들은 목적으로서의 교육적 가치와 과정과 수단으로서의 능률적 가치를 내포하고 있다. 학교경영 원리들은 대체로 교육이념과 경험을 통해서 도출된 준칙으로서 학교경영에 필요한 당위적인 요소들이다.

Sergiovanni(1995)는 학교경영 조직의 기본원리로 6가지를 제시했다. ① 협력의 원리, ② 권한 부여의 원리, ③ 책임의 원리, ④ 책무의 원리, ⑤ 의미의 원리, ⑥ 능력－권위의 원리 등이다. 김성렬 등(1994)은 학교경영 원리에는 ① 합목적성의 원리, ② 합법성의 원리, ③ 민주성의 원리, ④ 자율성의 원리, ⑤ 능률성의 원리, ⑥ 과학성의 원리, ⑦ 지역성의 원리 등 7가지가 있다고 했다. 박병량 등(2005)은 ① 민주성, ② 효과성, ③ 능률성, ④ 공평성, ⑤ 규율성, ⑥ 전문성, ⑦ 자율성, ⑧ 책무성, ⑨

지역성, ⑩ 적응성, ⑪ 발전성 등 11개의 원리를 학교경영 원리로 제시하고 있다.

김창걸(1996)은 학교경영 원리로 ① 민주화의 원리, ② 합리화의 원리, ③ 과학화의 원리, ④ 조직화의 원리, ⑤ 효율화의 원리, ⑥ 지역화의 원리 등 6가지 요소를 들었다. 서정화(1988)는 학교경영 원리에는 ① 합목적성의 원리, ② 자율성의 원리, ③ 민주적 운영의 원리, ④ 능률성의 원리, ⑤ 과학성의 원리, ⑥ 합법성의 원리 등이 있다고 했다. 김영돈(1971)은 학교경영 원리를 법제 면에서 본 원리, 운영면에서 본 원리, 학교경영 민주화를 위한 구체적 원리로 대별하고, 학교경영의 민주화를 위한 원리로 ① 민주화의 원리, ② 과학성의 원리, ③ 사회성의 원리, ④ 지역성의 원리를 들었다. 이와 같이 학자마다 제시되는 학교경영 원리들이 서로 비슷하면서도 상이한 점도 있는데 모두 교육 목적으로서의 준거와 이를 성취하기 위한 과정과 수단으로서의 준거를 제시하고 있다고 하겠다.

많은 학자들이 주장하고 있는 학교경영 원리의 공통점은 학교경영이 교육 및 경영목표 달성에 부합되고 민주적 절차를 통해서 효과적으로 수행되어야 한다는 것이다. 이들의 견해를 종합하여 학교경영의 원리로 ① 타당성, ② 합법성, ③ 민주성, ④ 자율성, ⑤ 능률성, ⑥ 과학성, ⑦ 지역성을 들 수 있다(주삼환 외, 2000).

(1) 타당성의 원리

타당성의 원리를 일명 합목적성의 원리라고 부른다. 이것은 경영활동이 학교교육 목적과 목표에 부합되어야 한다는 것을 말한다. 학교경영은 학교교육 목표를 효율적으로 달성하기 위해 필요한 조건을 정비해 주는 봉사활동이며 수단이다. 따라서 학생과 교육내용과 교사가 만나는 교수–학습의 장을 잘 지원하고 유도하는 데 그 의미가 있다.

(2) 합법성의 원리

이 원리는 학교가 법·규정에 근거하여 운영되어야 한다는 것이다. 국가, 사회는 법·규정이 정하는 범위 내에서 모든 학교경영이 이루어지기를 기대하고 있다. 아무리 경영의 합리화를 기한다고 할지라도 정해진 법과 규정을 벗어나 학교를 운영할 수는 없다. 학교경영의 합법성을 담보하기 위해서 헌법 제31조의 규정을 비롯하여 교육기본법과 초·중등교육법 등 많은 교육관계 법률과 명령, 조례 및 규칙들이 제정되어 있다. 이들은 국민의 교육권을 보장하고 국가예산을 효율적으로 집행하며 부당한 직무수행과 행정권 남용을 방지하기 위한 제도적 장치들이다.

(3) 민주성의 원리

민주성이란 학교경영의 목적과 수단 및 절차가 민주적이어야 한다는 것이다. 구체적으로 말하면, 경영자 단독으로 이들을 결정하는 것이 아니라 그 결정 과정에 여러 사람을 참여시키는 동시에 민주적인 절차와 과정을 통해서 이루어져야 한다는 원리이다. 학교 교육목표 설정, 경영계획 수립, 실천 및 평가 등 학교경영 전반에 걸쳐서 교직원과 학생 및 학부모의 광범한 참여가 이루어져야 한다는 것이다. 이들의 참여를 통하여 행정가 혹은 경영자의 독단을 막아 민주적으로 학교를 경영해 보자는 취지다.

학교장이 학교경영의 총책임을 지고 있다. 그러나 책임이 있다고 하여 학교의 모든 경영 활동을 단독으로 할 수는 없다. 교감을 비롯하여 여러 교직원 및 외부 인사들의 도움과 협조 없이 학교가 운영되지는 않는다. 따라서 교장 한 사람의 지시, 명령으로 학교를 운영하기보다는 학교 내의 여러 위원회를 통하여 민주적이고 개방적으로 운영되도록 해야 한다. 또한 학부모와 지역사회 인사를 학교경영에 참여시켜 그들로부터 지혜와 협조를 얻도록 해야 한다.

(4) 자율성의 원리

이 원리는 학교가 상부나 외부의 지시나 간섭 없이 자주적으로 의사를 결정하고 운영되는 것을 의미한다. 자율성은 학교의 관리운영에 필요한 기준을 설정하고 제반 학교정책을 자주적으로 결정함을 의미한다. 학교는 변화에 탄력적으로 적응해야 할 뿐만 아니라 때로는 변화를 선도하는 역할을 감당해야 한다. 동시에 학교는 자율적이고 창의적인 민주시민을 양성하는 전문조직으로서 이완 결합적 성격을 띠고 있다. 이와 같은 점을 고려해 볼 때, 학교경영의 자율성은 당연히 인정되어야 한다.

학교경영의 자율성이 인정된다고 하여 교장 마음대로 학교를 운영해도 된다는 의미는 아니다. 학교 구성원들과 협조하고 그들의 의사가 학교경영에 반영되도록 해야 한다. 그리고 어떤 경우든 법·규범을 벗어나는 경영은 용인되지 않는다.

(5) 능률성의 원리

이 원리는 학교교육 목표를 달성하기 위한 경영 활동을 능률적으로 전개해야 한다는 원리이다. 최소한의 인적 · 물적 자원과 시간, 정보 등을 투입하여 교육목표 달성의 극대화를 기하자는 것이다. 만일 교장이 경험과 인습에 얽매여 신선하고 효율적인 대안을 멀리한다면 학교경영의 효율성은 확보되지 않는다.

교육에 있어서는 단기적 성과보다는 장기적인 성과가 더 중요하다는 것을 깨달아야 한다. 단순한 경제적 능률보다는 구성원의 욕구 충족을 높이는 등 사회적 능률이 강조되어야 한다. 또 능률성의 원리를 강조한 나머지 민주성과 합법성의 원리가 희생되지 않도록 해야 한다.

(6) 과학성의 원리

과학성의 원리는 학교경영은 주먹구구식으로 수행되어서는 안 되고 학술적 원리와 연구결과 또는 이론을 바탕으로 수행되어야 한다는 것이다. 이렇게 함으로써 비능률을 줄이고 교육효과를 거둘 수 있다. 교육은 학교 급에 관계없이 모두 진리를 탐구하고 과학적 지식과 기술을 습득하여 이를 실생활에 적용하는 데에 그 목적이 있다. 따라서 과학적인 근거 없이 관습적으로 혹은 그때 그때 생각나는 대로 학교를 운영한다면 교육목표를 달성할 수 없을 것이다.

(7) 지역성의 원리

이 원리는 학교경영 활동이 지역사회의 실정에 부합되도록 전개되어야 한다는 원리이다. 학교를 둘러싸고 있는 지역사회의 환경과 유리된 학교는 성공하기 어렵다. 지역사회로부터 지원과 협조를 얻기 위해서라도 지역사회의 기대를 학교경영에 반영해야 한다. 특히, 학교경영에 있어서 지역사회와 관련된 부분에 대해서는 지역주민들을 학교경영에 참여시켜 그들로부터 협력을 얻도록 해야 된다.

5) 학교경영의 영역

학교경영의 영역이란 학교경영이 미치는 범위를 나타내는 것으로, 구체적으로 말하면 학교경영의 대상이 되는 과업을 말한다. 학교경영이 학교교육 목표를 달성하기 위한 조장적 활동이라고 본다면, 교육목표에 도달하기 위해서 어떤 일을 해야 하는지에 대한 물음에 대한 응답으로 영역의 의미가 밝혀진다. 학교경영은 교육목표 및 경영목표 달성을 위한 총괄적인 학교운영 활동이므로 학교경영의 범위는 경영, 행정, 관리 활동의 대상을 모두 포함하고 있다.

Campbell 등(1997)이 행정과업으로 제시한 ① 학교-지역사회 관계, ② 교육과정과 수업, ③ 학생 인사, ④교직원 인사, ⑤ 시설, ⑥ 재정 및 사무관리 등은 학교경영의 영역에 속한다. 또 Lipham(1964)이 교장의 과업으로 제시한 ① 수업프로그램, ② 교직원 인사, ③ 학생 인사, ④ 재정 및 물자, ⑤ 학교-지역사회 관계도 학교경영 과업으로 볼 수 있다. 이 밖에 김종철(1992)은 학교경영 과업으로 ① 경영목표 영역, ② 교육프로그램 영역, ③ 교직원 인사와 인간관계 영역, ④ 아동 · 학생의 지도 영역, ⑤ 시설 · 재무 · 사무 등의 관리 영역, ⑥ 지역사회 관계의 관리 등을 제시했다. 서정화 등(1988)도 ① 교육과정 운영, ② 학생의 생활지도, ③ 교직원 연수 및 인사관리, ④ 교내장학, ⑤ 사무관리, ⑥ 시설 및 매체 관리, ⑦ 재무관리, ⑧ 대외관계 등을 학교 경영의 범주로 보고 있다. 이와 같이 학자에 따라 학교경영 영역이 다양하게 제시되고 있는데 대체로 이들은 크게 4가지 범위로 나누어 볼 수 있다. 첫째, 교육에 관련된 과업, 둘째, 인사에 관련된 과업, 셋째, 교육조건에 관련된 과업, 마지막으로 대외 관계와 관련된 과업 등이다. 이와 같이 여러 학자들이 제시하고 있는 학교경영 영역을 참고로 하여 김성렬 등(1994)이 제시한 학교경영 영역을 살펴본다.

① **교육목표 설정** : 헌법, 교육법 등 법규적 요인과 교육부와 지방교육청의 장학방침, 지역사회의 요구 및 학생의 발달단계에 합당한 교육목표의 설정
② **교육과정 운영** : 교육목표를 달성하기 위한 교육과정 및 시간 운영
③ **학생관리** : 입학, 재학, 퇴학을 위한 여러 문제, 생활지도, 복지 문제
④ **교직원의 인사관리** : 교직원의 채용, 승진 및 평가와 능력개발, 사기양양
⑤ **경영조직의 편성** : 학교를 합리적으로 운영하기 위하여 직원회, 교무분장, 기획위원회, 주임회, 학년회 등 운영조직을 편성하고 각 분야의 활동을 조정
⑥ **교내장학** : 교사의 교수기술 향상과 교육과정 운영개선, 그리고 학급 및 학년경영의 합리화를 위한 장학활동
⑦ **시설관리** : 교지, 교사, 운동장 등의 제 시설, 교재 및 교구 등의 정비, 관리
⑧ **재정관리** : 학교를 운영 · 관리하기 위하여 필요한 제반 재정문제 해결
⑨ **사무관리** : 경영활동 과정에서 수반되는 기록과 장부의 작성, 보관 및 처리
⑩ **학교와 지역사회 관계** : 학부모와의 관계, 지역사회와의 관계 설정 및 유지

2 학교경영의 실제

학교경영은 계획과 실천 및 평가단계를 거쳐 이루어지는 순환과정이다. 당해 학기 혹은 학년도의 평가단계에서 얻은 결과는 다음 학기 혹은 학년도의 학교경영계획 수립에 반영하게 된다. 학교경영이 계획과 실천 및 평가단계를 거치면서 어떻게 이루어지고 있는지 그 대강을 살펴본다(정태범, 2002; 주삼환 외, 2000).

1) 학교경영의 계획

학교경영 계획은 단기적으로 학기 간, 월간 혹은 주간으로 세워지기도 하지만 연간계획의 비중이 크다. 연간계획은 새 학기가 시작되기 전에 수립된다. 연간계획은 새 학년도에 어떤 학생을 어떤 조건에서 어떤 내용을 어떻게 지도하여 어느 정도 교육목표를 달성할 것인지를 미리 계획, 준비한 학교교육 설계 혹은 학교경영 설계이다.

학교경영 설계 모형에서 계획단계의 큰 흐름은 학자들 간에 대동소이하다. 박병량 등(2000)은 ① 학교경영 목표의 설정, ② 학교경영 방침의 설정, ③ 조직계획, ④ 활동계획, ⑤ 평가계획, ⑥ 최종계획안 작성 등 6단계의 학교경영 설계모형을 제시했다. 김윤태(2004)는 ① 상황분석과 문제인식, ② 학교교육 목표의 설정, ③ 학교경영 목표의 설정, ④ 학교경영 방침의 설정, ⑤ 활동계획의 작성, ⑥ 계획의 평가, ⑦ 학년 및 학급경영 계획 등 7단계의 학교경영 설계 모델을 제안했다. 김세기(1984)는 학교경영 설계모형을 ① 문제분석 및 규명, ② 학교교육 목표 설정, ③ 학교경영 목표 및 방침의 결정, ④ 활동(과업)의 설정, ⑤ 제 관리계획, ⑥ 계획의 평가 등의 6단계로 제시했다.

정태범(2002)은 ① 문제의 규명, ② 교육목표, 경영목표 및 경영방침의 설정, ③ 조직계획, ④ 활동계획, ⑤ 평가계획 등 5단계의 학교경영 설계모형을 제시했는데 이를 중심으로 학교경영 계획단계를 살펴본다.

(1) 문제의 규명

학교경영의 첫 단계에서는 학교경영 계획수립에 수반되는 문제를 먼저 규명해야 한다. 무엇이 문제가 되는지 모르는 상태에서 학교경영의 효율성을 기할 수는 없다. 이 단계에서는 학교교육 및 경영목표의 상위 개념인 법 · 규정에 나타난 교육 이념, 목적, 목표와 중앙 및 지방의 교육행정기관의 교육 목적, 목표도 검토해야 한다. 그 검토 결과를 바탕으로 학교의 경영목표를 수립해야 한다. 상위 이념과 목표에 상충되는 학교교육 및 경영목표를 세울 수 없는 없다. 중앙교육행정기관이나 지방교육행정기관의 장학 및 지도 방침을 벗어나서도 안 된다.

문제의 규명 단계에서는 학교 내외의 여러 가지 상황을 정확히 인식하는 일이 중요하다. 학교 주변 지역의 교육환경 및 교육에 대한 관심과 기대, 학부모의 구성, 학생들의 수학능력, 교사들의 교수능력 등 제반 교육 조건에 대한 바른 인식이 선행된 후에 학교교육목표 및 경영목표가 설정되어야 한다. 이와 같은 학교 내외적인 상황에 대한 바른 인식을 위해서는 무엇보다 상황요인에 대한 과학적이고 객관적인 자료 분석이 선행되어야 한다. 예를 들면, 주변 학교가 폐교되어 그 재학생들이 한 학교에 다수가 편입되었을 때, 그 학생들의 학년 수준 및 가정환경을 무시한 채 전년도 평가 결과에 의존해서 새로운 한 해의 교육 및 경영 목표를 설정할 수는 없는 것이다. 다라서 다양한 정보를 입수하여 이와 같은 문제를 규명해야 한다.

(2) 교육목표, 경영목표 및 경영방침의 설정

학교교육목표, 학교경영목표 및 경영방침은 전 단계인 문제규명에서 얻은 자료와 전년도 경영평가 결과를 바탕으로 설정한다.

1 교육목표

학교교육 목표는 장기적인 목표와 단기적인 목표가 있을 수 있다. 어느 것도 소홀히 다룰 수 없다. 인성적 영역은 더 장기적인 목표가 될 것이고 기술적인 영역은 상대적으로 단기적인 목표가 될 수 있다. 장기목표이건 단기목표이건 바람직한 인간상을 반영한 목표이어야 한다. 그렇지 못하면 교육을 왜 해야 되나? 하는 교육적 가치갈등이 일어난다. 바람직한 인간상은 우리나라 헌법과 기타 교육 관계법 및 규정에 잘 나타나 있다. 이를 바탕으로 학교교육 목표는 현장감 있게 설정되어야 하고 되도록 포괄적이면서 구체적으로 세우는 것이 좋다는 것이 다수설이다.

인지적 영역에서는 어느 수준, 사회적 영역에서는 어느 수준, 정의적 영역에서는 어느 수준, 그리고 기술적 영역에서는 어느 수준까지 학생들을 성장 · 발달시킬 것인지에 대한 목표를 구체적으로 설정하는 것이 실용적이다. 학교경영목표 설정에 많은 교사와 학부모들이 참여하는 것이 좋다. 그것은 그들이 학생들을 가장 잘 알기 때문이다.

② 경영목표

학교경영의 목표는 결국 교육목표 달성에 그 존재 의의가 있다. 학교교육 목표의 틀 안에서 학교경영을 생각할 수 있다. 따라서 학교경영 목표는 어떻게 하면 학교교육 목표를 효율적으로 달성할 수 있을까? 하는 데에 초점이 맞춰져야 한다. 학교경영의 성과는 궁극적으로 학교의 교육목표 달성도로 평가될 수밖에 없다. 그러므로 학교경영 목표 설정에 있어서는 학교교육 목표 달성을 위한 제반 조건을 어떻게 구비하여 활용할 것인가가 중심 문제가 되어야 한다. 인적, 물적 자원을 어느 수준으로 확보하여 어떻게 배정, 활용할 것인지, 지역사회와의 관계를 어느 수준으로 어떻게 설정할 것인지, 교직원간의 인간관계를 어느 수준으로 어떻게 유지 · 발전시킬 것인지 등과 같은 내용이 경영목표에 포함될 것이다.

③ 경영방침

학교경영 방침은 학교경영 목표달성을 위한 행동지침이라고 할 수 있는데, 이는 실천의지를 담은 행동준칙이라고도 할 수 있다. 아무리 목표가 드높고 훌륭하다 할지라도 이를 달성하기 위한 의지가 부족하면 의미가 없다. 방침은 경영목표와 실천내용을 담고 있는데, 구성원들의 의식과 행동을 목표 지향적으로 결집시키는 힘이 있다. 그렇게 되기 위해서는 방침은 목적 타당성이 있어야 하고 방침 간 충돌되거나 모순되는 일이 없어야 한다. 목표달성과 관계가 없는 방침을 수립하면 그만큼 노력에 비해 목표달성도는 떨어지게 된다. 경영방침에는 구체적인 활동 원칙, 일정이 포함될 수 있으며 하나의 목표에 몇 개의 방침이 세워질 수 있으나 너무 많으면 목표에 대한 방향성이 흐려져 좋지 않다.

(3) 조직계획

학교경영의 목표와 방침이 수립된 후 학교장은 [그림 13-3]과 같은 부서를 마련하고 담당자를 배정하여 과업수행에 대비하게 된다. 일반적으로 학교는 ① 교육지도 조직, ② 교수분장 조직, ③ 운영협의 조직, ④ 지역사회관계 조직 등을 만들어 협동체제로써 학교경영 활동을 시작하게 된다. 이들 조직이 원활이 운영되도록 필요한 자원이 적절히 배분되고, 정보가 잘 교환되도록 해야 한다(주삼환 외, 2000).

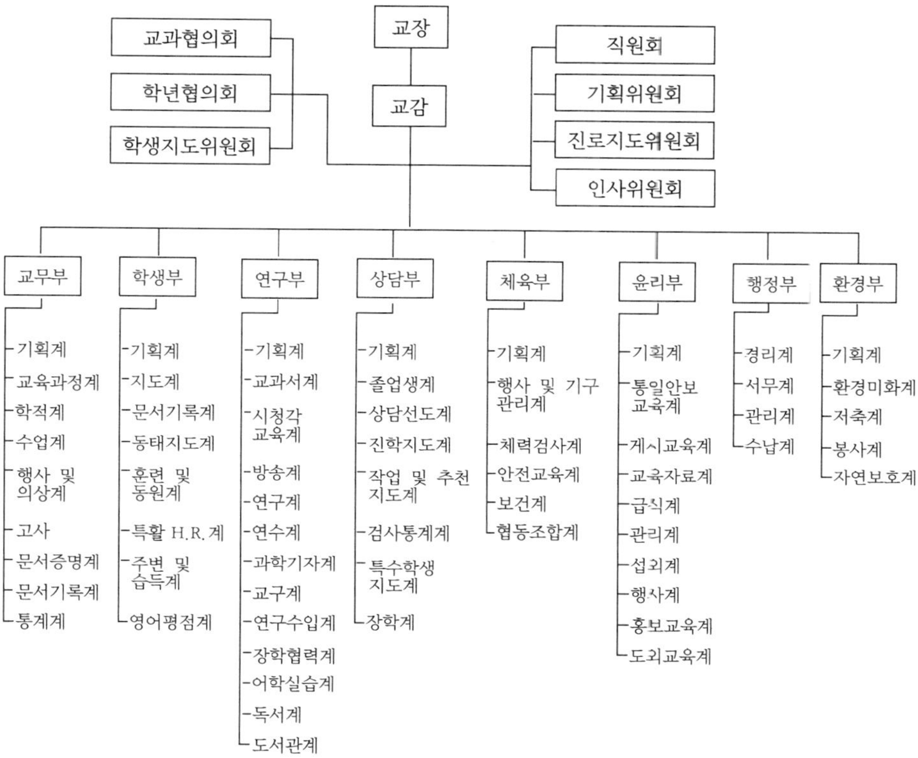

[그림 13-3] **학교조직**

* 출처 : 박세훈 외(2008). 교육행정 및 교육경영. 서울 : 학지사. p. 359.

(4) 활동계획

경영목표를 달성하고 경영방침을 실천하기 위해서는 세부적인 활동계획이 필요하다. 이는 경영목표와 방침에 부합되는 구체적인 과업이나 활동을 계획하는 과정이다. 이 활동계획에는 교과지도, 특별활동, 생활지도 계획이 포함된다. 또, 이들 활동 내용이 제대로 실천될 수 있도록 지원 · 관리하는 계획도 필요하다. 다시 말하면, 교육과정 운영을 비롯하여 장학, 생활지도, 교원인사, 시설 및 재정 관리와 대외관계 관리(지역사회 관계) 등이 효율적으로 이루어지도록 역할계획이 수립되어야 한다.

(5) 평가계획

계획단계의 마지막 과정은 평가에 관한 계획을 수립하는 것이다. 학교경영 계획에서 설정된 목표들이 어느 정도 달성되었는지를 정확히 평가하기 위해 적절한 평가체제를 구축해야 한다. 아무런 사전계획 없이 학교경영 실적을 때가 되어 주먹구구식으로 평가하게 된다면 평가의 타당성과 신뢰성 및 객관성을 확보할 수 없다. 따라서 학교경영을 실행하기 전에 어떤 준거로 누가 어떤 영역을 어떠한 평가 도구를 어떻게 제작하여, 어떤 방법으로 평가할 것인지를 치밀하게 계획을 수립하는 노력이 필요하다. 이 경우 전문성에 따라 평가 팀을 구성하는 것이 좋다.

2) 학교경영의 실천

학교경영의 실천단계는 이미 세운 경영계획에 따라 실행에 옮기는 단계로 계획 → 실천 → 평가로 이어지는 두 번째 단계이다. 이 실천단계에서는 무엇을 어떻게 실천하게 되는지 살펴본다(정태범, 2002).

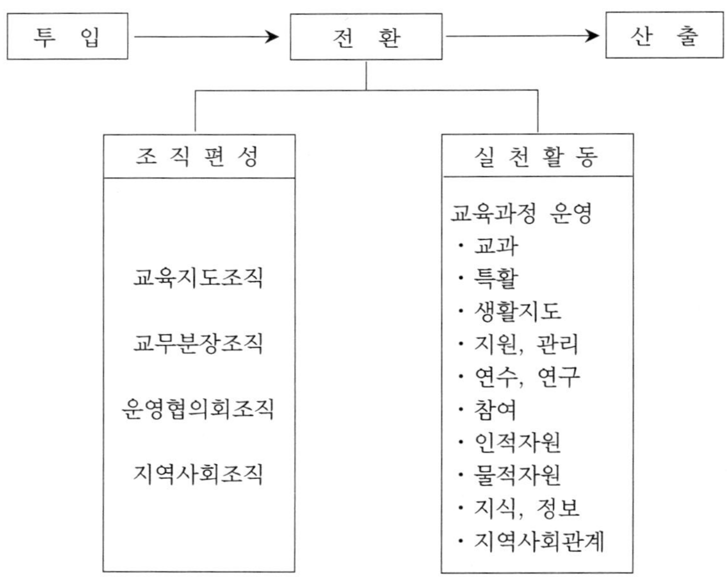

[그림 13-4] **학교경영의 실천과정**

* 출처 : 정태범(2002). 학교경영론. 서울 : 교육과학사. p. 162를 일부 수정.

학교경영 과정에서 실천단계는 계획을 실천에 옮기는 순간부터 시작하여 종료되는 순간까지의 기간에 해당한다. 계획이 아무리 잘 짜였다 하더라도 이를 실천에 옮기지 못하면 아무런 의미가 없다. 계획과 실천이 용두사미가 되지 않도록 시종일관 세워진 방침에 따라 착실히 실천에 옮기는 노력이 중요하다.

과업을 계획대로 실천하기 위해서는 과업을 분담할 하부 조직에 인원을 배치, 완료하여 부여된 과업이 효율적으로 추진되도록 독려하고 이를 점검한다. 전술한 바와 같이 각 단계마다 복순환이 이루어지기 때문에 실천단계에서도 실천에 대한 평가가 이루어져야 한다. 학기 중 실천상의 오류를 수개월간 덮어두었다가 실천이 종료된 후 기말이나 연말 평가단계에서 수정, 보완하는 것은 옳지 않다. 과업 실천 중에도 정기적으로 평가하여 수정, 보완하는 노력이 필요하다.

(1) 조직편성

학교경영상 학교의 하부조직은 [그림 13－4]에서와 같이 크게 4가지로 구분되는 것이 보통이다. 이들은 교육과정 운영을 직접 담당하는 교육지도 조직, 이를 간접 지원하는 교무분장조직, 특정목적을 위해 의사소통과 조정을 주 기능으로 하는 운영협의 조직, 학교와 지역사회와의 협력관계를 도모하는 지역사회 관련 조직 등이다(정태범, 2002).

1 교육지도 조직

이 조직은 교장 → 교감 → 부장교사 → 담임교사(교과교사)로 이어지는 조직 형태로서 교육과정 운영을 직접 담당한다. 이것은 학교조직의 근간을 이루는 조직으로 교수조직의 기능을 갖는다. 여기에는 교수－학습 조직, 생활지도 조직, 연구 · 연수 조직 등이 있다.

2 교무분장 조직

이 조직은 교장 → 교감 → 부장교사 → 계원으로 이어지는 사무분장 조직이다. 이것은 교육과정 운영을 지원하는 조직으로 주로 사무적 직능을 담당한다. 이 조직에는 교무, 연구, 생활지도 등과 관련된 하부조직이 있다.

3 운영협의 조직

이 조직은 특정 목표를 달성하기 위해서 의견을 수렴하는 기구로 의사소통과 조정을 주 기능으로 한다. 학교경영의 효율을 높이기 위해서는 각종 조직 운영에 교직원들의 전문적 참여가 필요하다. 이 조직에는 교직원회의, 부장회의, 기획위원회, 각종 운영위원회, 각종 협의회 등이 포함되어 있다.

④ 지역사회 관련 조직

이 조직은 지역사회와 밀접한 관련을 갖기 위해서 필요하다. 이러한 지역사회 관련 조직에는 학부형 조직, 지역사회의 인사들로 이루어진 조직, 관련단체, 동창회 등이 있다. 이들로부터 교육에 필요한 각종 정보와 자료를 입수할 수 있다.

(2) 실천 활동

조직이 완료되면 협동체제 아래서 제반 경영활동이 전개된다. 경영활동을 내용별로 대별하면 교육과정 운영과 교육조건의 지원·관리 활동으로 나눌 수 있다.

① 교육과정 운영

학교의 교육과정 운영에는 교과지도, 생활지도, 특별활동이 있다. 교과지도는 교과수업의 계획, 지도 및 평가를 총칭하는 것으로서 수업의 절차를 거치게 된다. 특별활동과 생활지도는 연간계획에 따라 실천, 평가의 과정을 거쳐 이루어진다.

② 지원 · 관리

교육과정 운영의 효율화를 기하기 위해 제반 조건을 지원, 정비하고 이를 조정, 통합하는 기능은 학교경영 관리의 중요한 부분이다. 교직원의 능력 개발을 위하여 각종 연수 및 연구 활동을 지원, 독려하고 다양한 장학 프로그램을 개발, 활용할 수 있다.

3) 학교경영의 평가

평가단계는 계획 → 실천 → 평가단계 중 마지막 단계이다. 계획단계에서 입안된 평가계획에 따라 일정 기간의 실천과정을 거친 모든 경영활동을 경영목표에 비추어 종합적으로 평가하게 된다. 평가단계에서는 우선 학교의 경영목표 달성도를 영역별로 평가한다. 먼저 투입평가를 실시하고 다음에 일정 기간의 각종 경영활동이 무리 없이 진행되었는지를 점검하는 과정평가를 실시한다. 마지막으로 설정한 목표가 어느 정도

달성되었는지를 판정하는 산출평가를 하게 된다. 평가단계를 도식화하면 [그림 13-5]와 같이 나타낼 수 있다(정태범, 2002).

(1) 평가계획

물론 학교경영 계획에서 이미 제시되었지만 평가계획 단계에서는 누가 무엇을, 언제, 어떻게, 평가할 것인지 확실히 해 두는 것이 필요하다. 평가 시기도 구체적으로 정하고 평가 내용과 방법 및 도구를 준비해야 한다.

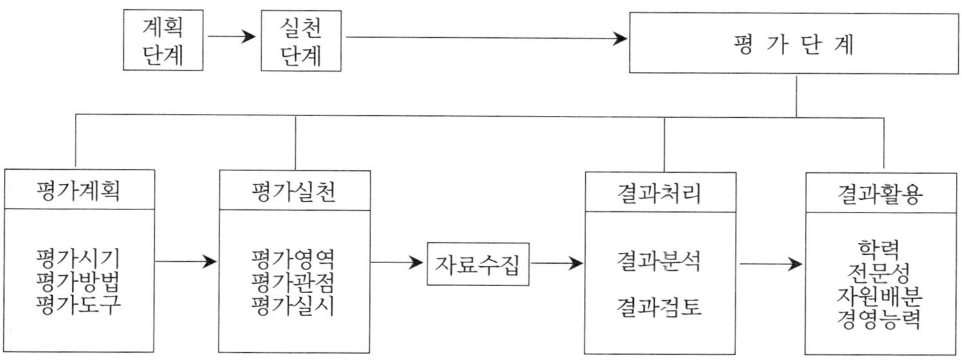

[그림 13-5] **학교경영 평가단계의 모형**

(2) 평가실천

학교경영 목표의 달성도를 판정하기 위해서 우선 활동했던 영역을 확인하고 그 확인된 영역에 따라 항목별로 평가 문항을 작성한다. 문항 작성은 평가 준거에 따라 이루어진다.

(3) 결과해석

각 부문별 혹은 영역별로 수집된 자료를 분석하여 목표 달성 정도를 확인하고 이를 해석한다.

(4) 결과활용

학교경영 평가결과는 장차 활용될 자료임으로 기록, 보관한다. 평가된 내용과 과정 및 결과를 모든 학교 구성원과 학부모 및 지역사회 인사들에게 고지하여 그들로부터 의견을 청취하는 것이 필요하다. 당해 연도의 학교경영 평가결과는 명년도의 학생지도 및 학교경영 계획의 기초자료가 된다. 학교경영 평가는 학생들의 학력평가, 교사들의 전문성 평가, 교육자원의 활용도 평가 및 학교경영진의 경영능력 평가 자료로 활용된다.

학 급 경 영

제 14 장

1. 학급경영 개설
2. 학급편성
3. 학급경영의 실제

1 학급경영 개설

1) 학급경영의 의의

매년 3월이 되면 학생들 입에서 우리 담임선생님 누군데 너의 담임선생님 누구야? 라는 말이 가장 많이 나온다. 교육감이 누구고 교육장이 누구며, 교장, 교감이 누군지는 관심이 없다. 그들에게 담임, 학급은 가정에 비유하면, 부모와 집이다. 학교를 포함한 다른 교육행정기관들의 역할은 본질적으로 학생들의 학급생활에 모아진다. 따라서 학생들의 학급생활의 결과로 여타 다른 교육행정기관들의 역할 수행결과가 평가되어야 한다.

학급은 교수-학습과 생활지도가 가장 직접적으로 이루어지는 학교 조직의 기본 단위로서 학생들의 지적, 정의적, 사회적인 성장·발달에 가장 많은 영향을 미치는 장소이다. 학생들의 생활 가운데 학급 생활이 차지하는 비중은 성인들에게 직장생활이 차지하는 비중만큼 크다. 어쩌면, 감수성이 예민한 학생들이기에 학급생활이 성인의 직장생활보다 더 중요할지 모른다. 성인의 경우, 직장이 정 싫으면 다른 데로 옮겨갈 수 있지만 어린 학생들의 경우는 학급생활이 싫더라도 어찌 하겠는가!

학급경영이 타 부문의 경영이나 행정보다 소소하게 보일지 모르지만 그렇지 않다. 학급이 잘 운영되어 즐거운 학급 분위기가 조성되고, 학생들의 학급생활이 행복하여 학업성취도가 기대 이상으로 향상되었다면 교육상 더 바랄 것이 무엇인가! 이 만큼 학급을 경영하는 학급담임의 역할은 중요하며 학급을 어떻게 경영하느냐 하는 문제는 학생들의 학업성취는 물론 한 나라의 교육목적과 이념 구현에 결정적 변인이 된다. 따지고 보면 중앙, 지방, 학교 단위의 모든 교육적 노력과 비용은 근본적으로 학교교육, 특히 학급에서 일어나는 교육활동을 돕기 위한 것이다.

학급경영은 학급의 교육목적 달성에 필요한 제반 조건을 정비, 조정, 관리, 통제하는 과정이다. 교수-학습활동, 생활지도, 특별활동, 교사-학생 그리고 학생들 간의 원만한 인간관계 및 학급 내 시설 등에 대한 관리 및 경영이 학급경영이다. 따라서 학급경영이란 매우 포괄적인 개념으로 어느 특정 행동이나 활동을 지칭하는 것이 아니고 이들을 포함한 제반 조건과 수단들이 학급의 교육목적을 위해 효율적으로 활용될 수 있도록 기획, 조정, 관리, 통제하는 과정 혹은 작용이라고 볼 수 있다.

2) 학급경영의 영역

학급경영에 교수－학급지도 활동, 즉 수업활동이 포함되느냐 그렇지 않느냐가 쟁점이 되고 있다. 전술한 바와 같이 경영은 추상적이면서 포괄적인 개념이기 때문에 너무 좁게 행동개념으로 보면 문제가 생긴다. 예로서 A교사가 교수활동을 하는데 "저 행동이 경영이냐?" 라고 물어 보는 것과 같다. 그 활동 자체는 경영이 아니다. 그 교수－학습 활동을 계획하고 수행하며 평가하고 또 그에 필요한 조건을 정비, 활용, 평가하는 모든 기능이 포함되는 포괄적, 종합적 작용을 경영이라고 보아야 한다. 따라서 교수－학습 활동은 학급경영의 대상이 된다고 본다.

주삼환 등(2000)은 학급경영의 영역과 주요활동을 다음과 같이 정리, 진술하고 있다.

① **교수－학습 영역** : 교과지도, 특수아지도, 가정학습지도
② **특별활동 영역** : 학급활동, 클럽활동, 단체활동, 학교행사(소풍, 체육대회) 조직
③ **생활지도 영역** : 인성지도, 교우관계지도, 진로상담지도, 출결석지도
④ **교실환경 영역** : 교실환경 게시, 학급시설 및 비품의 유지 관리, 청소지도
⑤ **학급사무 영역** : 생활기록부 및 각종 장부(출석부, 학급일지)관리, 성적관리
⑥ **대외관계 영역** : 학부모 면담, 가정방문, 지역사회 관계 유지, 봉사활동

박병량 등(2005)은 학급경영 활동영역을 다음과 같이 제시하고 있다.

① **학급경영 계획수립** : 목표설정, 학생 · 가정환경 · 지역사회 조사 등
② **집단 조직 및 지도 영역** : 규칙, 절차의 수립과 시행, 소집단 편성 및 지도 등
③ **교과학습 영역** : 학습지도안 작성, 가정학습지도, 특수아지도 등
④ **특별활동 영역** : 자치활동, 계발활동, 적응활동, 봉사활동, 행사활동 등
⑤ **생활지도 영역** : 인성지도, 학업문제지도, 진학진로지도, 건강지도 여가지도 등
⑥ **환경 · 시설관리 영역** : 환경정비, 시설관리, 비품관리, 게시물 관리, 청소관리 등
⑦ **사무관리 영역** : 학습지도 사무관리, 학생기록물 관리, 가정통신문 관리, 각종 잡무관리 등
⑧ **가정 및 지역사회와의 관계** : 가정 및 지역사회와의 유대, 교육 유관기관과의

유대, 지역사회 자원 활용, 봉사활동 등

⑨ **학급경영 계획의 수립** : 학생조사, 학급조사, 가정환경조사, 지역사회조사 등

위 학자들이 제시한 학급경영 영역을 보면 공통적으로 학습지도(교수-학습 영역), 생활지도, 특별활동지도, 환경관리, 시설관리, 사무관리, 가정 및 지역사회 관계 등이 포함되고 있다. 이들 학자들은 학급경영 대상에 교사의 교수-학습활동을 포함시키고 있다. Lemlech(1979)는 수업을 교사의 가장 중요한 과업으로 보고 학급경영을 ① 교육과정 계획, ② 학습절차와 자원조직, ③ 학습환경 정비, ④ 학생의 학습진도 점검, ④ 학급에서 발생 가능한 문제 예측 등의 활동을 통하여 학급활동 전체를 조화시키는 것이라고 주장하였다.

교수-학습활동을 학급경영에 포함시키지 않는 학자도 있다. 그 대표적인 학자는 Johnson과 Bany(1970)인데 이들은 수업과 경영을 분리하고 학급경영을 수업을 지원하는 활동으로 보고, 이를 다시 조장활동과 유지활동으로 구분했다. 조장활동에는 ① 학급집단의 통합과 협동관계 수립, ② 행동기준과 규칙 확립 및 과업수행 절차의 조정, ③ 문제해결 절차를 통한 학급체제 조건 개선, ④ 학급체제 조건의 수정 및 변화 등이 포함된다. 유지활동은 인간관계에서 생기는 문제를 조정하는 과정으로서 역동적이고 안정적인 학급 분위기를 조성하는 활동이다. 즉 학생 간의 갈등을 해소하고 사기를 높여 원만한 학급생활이 유지되도록 하기위한 활동들이 이에 속한다는 것이다.

3) 학급경영의 원리

학급경영을 안정적이고 효율적으로 실천하기 위해서는 학급경영자가 따라야 할 원칙 혹은 원리가 필요하다. 원칙이 바로 섰을 때 목표 지향적으로 행동을 유인할 수 있다. 학급경영 원리를 제시한 학자는 적지 않다.

서울특별시 교육연구정보원(2006)이 소개한 학급경영 실천원리는 ① 타당성의 원리, ② 민주성의 원리, ③ 효율성의 원리, ④ 통합성의 원리, ⑤ 전문성의 원리, ⑥ 현실성의 원리 등이다. 남한식(1991)은 ① 자주성과 창의성, ② 정의성과 협동성, ③ 규율성과 질서성의 원리를 들고 있으며, 남정걸(1992)은 ① 타당성의 원리, ② 개별화의 원리, ③ 자율화의 원리, ④ 사회화의 원리, ⑤ 종합화의 원리, ⑥ 전문화의 원리를 제시한 바 있다. 또 김영돈(1971)은 ① 자유의 원리, ② 협동의 원리, ③ 노작의 원리, ④

창조의 원리, ⑤ 흥미의 원리, ⑥ 요구의 원리, ⑦ 접근의 원리, ⑧ 발전의 원리를 제안하고 있다. 이들을 중심으로 다음과 같은 학급경영 원리를 알아본다.

(1) 타당성의 원리

학급경영 활동은 상위의 교육목표 및 경영목표 뿐만 아니라 학급의 교육목표 및 경영 목표에 합당해야 한다. 이들 목표에 벗어나는 학급경영은 적절치 않다.

(2) 민주성의 원리

학급경영은 학급 담임교사 단독으로 수행되어서는 안 되고 학생, 학부모 등 많은 사람들의 협조와 참여 속에서 계획, 실천되어야 한다.

(3) 효율성의 원리

학급경영은 능률적이며 생산적으로 추진되어야 한다. 시간과 노력 및 비용이 헛되이 되지 않고 학생들의 학업성취도와 학급생활 만족도를 높이도록 효율적으로 활용되어야 한다.

(4) 현실성의 원리

학급경영은 예산, 시간, 방법 등에 있어서 가능성 있는 학급경영이 되어야 한다. 또 학생들의 현실적인 욕구와 사기 및 교육활동 개선이라는 실용적 가치를 반영해야 한다.

(5) 전문성의 원리

학급경영은 상식적, 경험적으로 이루어지는 것이 아니라 경영계획에 따라서 학술적이며 전문적으로 이루어져야 한다.

(6) 통합성의 원리

학급경영상의 다양한 경영원리, 방침, 내용 및 방법들이 서로 상충되지 않고 융합되도록 학급경영이 이루어져야 한다. 교과활동, 특별활동, 생활지도활동, 학부모와의 관계활동 등이 학급경영의 목표를 추구하는 데 통합되도록 해야 한다.

(7) 흥미의 원리

이상과 같은 원리대로 학급경영이 이루어진다고 하더라도 학생의 입장에서 흥미가 없고 짜증스럽게 느껴진다면 곤란하다. 재미있고 활기찬 학급이 되도록 해야 한다. 학생들이 흥미를 가지고 유쾌하게 생활할 수 있도록 학급을 경영해야 한다. 흥미를 모든 학급경영 활동의 기본으로 삼아야 한다.

4) 학급경영자(학급 담임교사) 선정

학급 담임교사는 학생들의 인지적, 정서적, 사회적 발달에 가장 많은 영향을 미치는 위치에 있다. 그는 학급 경영자로서 학습지도, 생활지도, 특별활동지도, 여가 선용지도, 훈육지도 등과 같은 학생지도 활동 뿐만 아니라 학급경영 계획의 수립, 실천 및 평가, 학급 분위기 조성, 학급 환경, 학급사무, 교우관계 조성 등 많은 역할을 담당하고 있다.

학급담임 선정 시 교사와 학급 특성, 동 학년 교사들 간의 인간관계, 교사의 경력, 자격, 연령, 성별 등이 고려되어야 한다. 특히 교장은 학년 및 학급 운영을 주도적으로 지도할 수 있는 교사를 선정하여 학년별로 골고루 배치하고 교사들의 희망과 연구 분야 등도 고려해야 한다(교육대학교 교직과 교재편찬위원회, 1968).

담임교사 선임 방법은 대체로 5가지가 있다(김봉수, 1982).

(1) 자유선임식 담임제

자유선임식은 말 그대로 교장이 학급 담임교사를 학교 실정에 따라 자유롭게 배정하는 방식이다. 우리나라에서는 일반적으로 매년 3월이 되면 교장이 학급담임을 이런 식으로 배정한다. 교장이 필요에 따라 담임을 교체하기(대체로 매년) 때문에 학급 운영의 일관성과 안정성이 깨질 우려가 있다. 또한 담임 기간이 짧아 학생들과 그들의 가정환경을 충분히 파악하고 계획적인 지도를 하기가 어렵다. 그러나 학생들의 승급(학년 올라감)과 반 편성 및 교사의 인사이동이 매년 3월에 이루어지기 때문에 이 방식이 널리 활용되고 있다.

(2) 희망선임식 담임제

이것은 교장이 교사들의 희망을 듣고 학급 담임교사를 배정하는 방식이다. 이 방식은 민주적이고 이상적이지만, 현실적으로 교사의 희망대로 배정하기란 어렵다. 특정 학년의 학급담임을 희망하는 교사 수가 상대적으로 많을 경우 이를 선별하는 방법도 쉽지 않고 교사들 간 갈등이 생길 수 있다.

(3) 일정연한 교체식 담임제

이 방법은 한 사람의 학급담임 교사가 동일한 학급을 2년 또는 3년간 계속적으로 담임하다가 교체되는 방법이다. 이는 계속적인 담임제의 장점을 살리고 그 단점을 시정할 수 있는 것으로서 바람직한 방법으로 인정되고 있다. 이 방식도 장점만 있는 것은 아니다. 만일 학생들이 원하지 않은 교사를 학급담임으로 맞이했을 때 담임이 교체되기 전 2~3년 동안 계속적으로 그의 지도를 받아야 하는 것도 교육상 문제라고 본다.

(4) 학년고정식 담임제

학년고정식 담임제는 교사들이 매년 동일한 학년의 학급을 맡는 방식이다. 한 교사가 매년 같은 학년만 맡는 것을 말한다. 한 예로 어느 교사는 대입시를 위해 매년 고 3 반을 맡는 경우다. 교사들을 크게 세 그룹으로 나누어 저학년 담임, 중학년 담임, 고학년 담임으로 고정 배치할 수도 있고, 1학년에서 6학년까지 학년별로 고정 배치할 수도 있다.

해마다 같은 학년을 맡게 되면 일정한 연령대 학생의 성장과, 발달상의 공통적인 특징과 경향을 알 수 있고 그 학년의 교육 및 생활지도 방법에 익숙할 수 있다는 장점이 있다. 그러나 매년 같은 학년을 되풀이하여 맡기 때문에 교사들은 익숙한 학생지도 방법에만 의존하게 되고 새로운 교육 및 생활지도 기술이나 방법을 모색하려는 노력이 약화되기 쉽다.

(5) 계속적 담임제

이 방법은 교사가 한번 한 학급 담임으로 배정되면 그 학급을 졸업할 때까지 계속해서 담임하는 영속적인 담임제이다. 교사가 동일한 학생들을 졸업할 때까지 맡게 되므로 그들의 학력과 성장 · 발달 특징을 상세히 알 수 있어 그들에게 알맞은 지도계획을 세워 실천할 수 있다. 그러나 학생들이 학창시절 내내 주로 한두 교사(특히, 초등의 경우)의 지도를 받게 되므로 다양한 학습경험을 쌓는 데 문제가 된다.

5) 학급경영자(학급 담임교사)의 자질

전술한 바와 같이 학급 담임교사의 위치는 가정의 부모와 같다. 학급의 담임교사야말로 학생들의 성장 · 발달에 가장 영향을 미칠 수 있는 사람 중의 하나다.

지금까지 학급 담임교사의 자질에 대해서 많은 연구와 학술적 관점들이 제시되었다. 그러나 어떤 유형의 자질 요인들이 학생지도와 학급경영에 어느 정도, 어떻게 영향을 주고 있는지에 대한 연구는 미흡했다. 사실 자질요인은 추상적인 개념으로 그 영향에 대한 통계적 검증이 쉽지 않다는 연구방법상의 어려움 때문에 연구 부족 현상이 나타났다고 생각된다. 담임교사의 자질에 대해 여러 학자들과 연구기관이 주장 혹은 조사한 내용을 알아본다.

미국 갤럽조사에서 제시한 바람직한 교사순위를 보면 다음과 같다(Brainard, 1997).

① 어린이를 이해하고 대화를 잘 하는 교사
② 어린이를 공정하게 대하는 교사
③ 높은 도덕적 특성을 지닌 교사
④ 어린이에게 사랑과 관심을 가진 교사
⑤ 헌신적인 교사
⑥ 친근하고 인자한 성품을 지닌 교사
⑦ 정결하고 깔끔한 외모를 지닌 교사

Combs(1978)는 한 개인이 훌륭한 교사가 될 수 있는가의 여부는 그의 개인적인 지각체계에 달려 있다고 보면서, 좋은 지각체계의 특징을 다음과 같이 제시하고 있다.

① 담당 교과목에 대한 풍부하고 깊이 있는 지각
② 인간의 본질에 대한 정확한 지각
③ 교사 자신에 대한 긍정적 지각
④ 학습목표와 과정에 대한 풍부한 지각
⑤ 적절한 교수방법에 대한 지각

이상적인 교사상에 대한 우리나라의 교사, 학생, 학부모 집단의 의식을 조사한 이종재 등(1981)의 조사 결과를 보면, 교육자로서 신념을 지닌 교사(32.5%)와 학생에 대하여 깊은 관심과 사랑을 지닌 교사(32.5%), 그리고 인생에 대한 자세를 가르쳐 주는 교사(16.8%)를 수업지도나 예절지도를 잘하고 실력을 갖춘 교사보다 더 이상적인 교사로 의식하고 있었다. 이 밖에 배천웅(1986)의 조사 연구에서 학부모들은 인격, 덕망을 갖춘 교사, 교과목에 대한 전문지식이 풍부한 교사, 그리고 학생들을 편애하지 않는 교사를 상대적으로 바람직한 교사로 보고 있는 것으로 나타났다. 학급 담임교사의 자질에 대해 서울특별시 교육정보연구원(2006)이 정리한 내용을 보면 다음과 같다.

(1) 인간으로서의 자질

진정한 교육은 따뜻하고 인격적인 만남을 통해서 가능하다. 교사의 따뜻한 인간미는 학생들로 하여금 교사에 대한 신뢰와 존경심을 갖도록 한다. 그러므로 교사의 인간적인 자질은 모든 학생지도 활동에서 필수적이다.

(2) 전문가로서의 자질

교직은 전문직이다. 1996년에 유네스코와 세계노동기구가 공동으로 작성, 발표한 '교원의 지위에 관한 권고'에서는 교사직은 엄격하고 계속적인 연구를 통해 얻은 전문적 지식과 기술을 필요로 하는 공공적 업무를 수행하는 직종에 속하기 때문에 전문직으로 보아야 한다고 했다. 따라서 교직이 전문직이라면 교사가 전문가적인 자질을 갖춰야 하는 것은 당연한 귀결이다.

(3) 지도자로서의 자질

학급경영자인 담임교사는 엄연히 담당 학급의 교사이면서 학급의 지도자이다. 그는 학급과 학교의 전교생, 때에 따라서는 지역사회나 학부모를 향해 지도적 역할을 한다. 그러므로 학급경영자인 교사는 학생들을 지도, 조언하는 지도자로서의 역할을 담당하고 있으므로 지도자에게 요구되는 자질을 갖추도록 해야 한다.

2 학급편성

학급은 학습과 인격형성의 가장 기본적인 장이다. 따라서 학습은 지 · 정 · 의가 조화된 전인교육이 이루어지도록 편성, 운영되어야 한다. 학급은 교사와 학생 간, 학생 상호간에 인간미가 흐르고 학생 개개인이 하나의 인격으로서 존중되는 협조적인 학급이 되도록 편성되어야 한다. 여기서는 학급편성의 방법으로 단식과 복식 편성, 이질과 동질 편성 및 과정별 학급편성 등에 대해 알아본다(남정걸, 2008).

1) 단식학급과 복식학급

학급편성에는 단식과 복식학급 편성이 있다. 단식은 동일 학년의 학생들을 동일 학년의 각 학급으로 나누어 배정한다. 거의 모든 학교들이 이렇게 학급편성을 한다. 복식은 여러 학년의 학생들을 동일한 학급에 소속시키는 방식이다. 이것은 대부분 초등학교에서 학생 수가 부족하여 학년별 학급편성이 곤란한 경우에 실시된다. 예컨대, 한 학년 총 학생 수가 2~3명밖에 되지 않는 농어촌의 벽지 학교에서 학생들을 2개 학년을 묶어서 한 교실에서 수업을 진행하는 방식이다.

복식학급 편성에는 인접학년 끼리(예컨대 1, 2학년; 3, 4학년) 편성하는 방법과 이와는 대조적으로 원격학년 끼리(1, 5학년; 2, 6학년) 편성하는 방법이 있다. 원격학년 편성의 경우, 저학년과 고학년 간의 주당 시수의 차이가 심하기 때문에 오전에는 저학년 위주로, 오후에는 고학년 위주로 집중 지도할 수가 있다. 복식학급이라도 학생들이 각각 자신의 학년에 맞는 수업을 받게 됨은 물론이다.

2) 이질학급과 동질학급

학급편성은 교육적으로, 사회적으로 매우 예민한 문제이다. 학급을 동질로 편성하느냐, 아니면 이질로 편성하느냐 하는 문제는 교육평등권 및 학업성취도와 관련하여 많은 논쟁을 일으켜 왔다.

이질학급 편성은 학생들의 학습능력을 고려하지 않고 동일 학년에 속한 학생들을 동일 학년의 각 학급으로 골고루 배정하는 것이다. 이 경우 우수아, 보통아, 지진아가 모든 학급에 골고루 분산, 배치된다. 우리나라에서는 이질 학급편성이 일반적이다.

동질학급 편성은 능력별 반 편성 또는 우열반 편성이라고도 불린다. 학생들의 학습 능력 등 능력이 비슷한 학생들끼리 반을 구성하도록 학급을 편성하는 것이다. 동질학급으로 편성되면 교사는 일정한 수준의 교재와 교수기술 개발에 집중할 수 있으므로 매우 효율적이다. 또한 학급 내 학생 상호간의 열등감도 줄어들 수 있다.

학급이 동질로 편성되면 학급 간 능력 차이로 학급집단 간 학업성취도 차이가 심화된다. 능력별 교육 프로그램과 지도방법을 개발하여 교육함으로써 우수반과 열등반 간의 학업성취도 격차가 더 심화될 수 있다는 점이다. 그 결과 학급 간 우월감 또는 열등감이 생기기 쉽다. 또, 인간의 능력은 지적, 정신적, 사회적, 신체적 등 여러 측면으로 볼 수 있는데, 어떤 능력을 기준으로 편성할 것인가도 문제가 된다. 특히, 동질로 학급이 편성되면 우수아의 지적 수월성만을 강조한 나머지 보통아와 열등아의 인격과 개성이 소홀히 취급될 우려가 있다는 지적도 많다.

3) 과정별 학급편성

인문계 고등학교에서는 일반적으로 인문계와 자연계, 즉 진로의 계열에 따라 학급편성을 한다. 또 공업고등학교, 정보상업고등학교, 농업고등학교 등 실업계 고등학교에서는 학과별로 학급편성을 하는데 이와 같은 반 편성을 과정별, 계열별 또는 학과별 학급편성이라고 한다. 과정별 학급편성은 교사가 전공 영역만 가르치기 때문에 교사의 전문성을 살릴 수 있다. 그리고 학년 간 교과의 계열성은 유지되나 타 교과와의 관련성은 낮아진다.

3 학급경영의 실제

1) 학급경영 준비

학급 담임교사는 학급을 맡게 되면 학급의 교육 및 경영 목표를 구현하기 위해 여러 가지 교육 및 경영 활동을 하게 된다. 학급경영에 진입하기 전에 그는 학급경영자로서 학급의 실태를 파악하고 있어야 한다. 또 학급운영 조직을 결성하여 독단이 아닌 학급 구성원, 즉 학생들과 협력하여 학급을 민주적으로 운영해야 한다. 민주적 참여경영 방식은 눈에 보이는 경영효과도 효과이거니와 학생들에게 남을 배려할 줄 아는 민주적 생활태도를 길러 주는 살아있는 교육이 된다.

(1) 학급실태 조사

학급경영을 성공적으로 실행하기 위해서는 경영계획을 세워 실천에 옮기기 전에 학급실태를 파악해야 한다. 실태조사에는 학생과 가정환경이 주로 포함된다. 즉 학생 현황－현주소, 출신교, 성적, 종교, 취미, 장래희망 등; 보호자 현황－연령, 직업, 교육 정도, 종교, 가정의 교육환경 등; 관심대상 학생 현황－신체장애자, 저능아, 선도대상자, 국가 유공 자녀, 가정생활 보호 대상자, 무의탁자, 결손 가정인자 등이 있다(김윤태, 2004).

(2) 학급운영 조직

학급경영의 주체는 학급 담임이지만 모든 경영활동이 담임교사 1인 체제로 이루어질 수는 없다. 1인 체제는 교육적으로 바람직하지 않고 학급 구성원들과 협동적으로 학급이 경영되는 것이 바람직하다. 협동은 개별적 협동보다 조직적 협동이 되어야 안정적이다. 그래서 학급운영 조직이 구성되어야 한다. 학급 내에서 이루어지는 여러 가지 행사나 활동에 학급 구성원들이 자발적이고 적극적으로 참여할 수 있도록 학급 구성원 모두가 학급의 일을 분담하고 자신들의 의견을 체계적으로 개진하여 수렴할 수 있는 조직을 갖춰야 한다.

학급운영 조직에는 학급회와 운영위원회 조직, 각 부서 및 부서별 활동 조직을 포함시켜 논의할 수 있다. 학급운영 조직을 결성하기 위해서 반장과 부반장을 포함하여 여러 학급임원들을 선출하게 된다. 이들의 민주적 선출은 그들에게 1년간의 학급운영을 맡기는 데에도 목적이 있으나 선출 방법과 절차를 통하여 민주생활을 체험하게 하는 데에 큰 목적이 있다.

학급운영의 조직에는 여러 기구가 있다. 즉, 총회(학급회의)－반장(총회의 의장), 부반장(부의장); 운영위원회－의장, 부의장, 각부 부장, 그리고 자발적 지원자 1~2명이 있고 학급

전체와 관련된 중요한 사항을 총회에 상정; 제부서－총무부, 학습부, 독서부, 바른생활부, 미화부, 보건체육부 등이 있을 수 있다(주삼환 외, 2000).

2) 학급경영 과정

학급경영을 위한 학급현황이 파악되고 조직이 완성되면 학급경영이 계획단계를 거쳐 실천되고 실천결과가 평가됨으로써 한 해의 학급경영은 마두리된다. 이 과정을 설명하면 다음과 같다(김윤태, 2004).

(1) 학급경영 기획

학급경영은 학년경영 및 학교경영과 별개로 이루어지는 것이 아니라 연계되어 이루어진다. 학급경영은 학년 및 학교경영의 틀을 벗어날 수는 없다. 교사는 직접 수업활동과 학생지도를 통해 학년과 학교의 교육목표와 경영목표가 구현되도록 정책을 실천하는 위치에 있다. 이처럼 학급은 학교교육에서 기초적인 경영단위가 된다.

학급경영을 학교 → 학년 → 학급으로 이어지는 관계로 파악하게 되면, 학급경영 단계도 학교, 학년경영 단계와 마찬가지로 기획 → 실천 → 평가의 순환적 흐름을 거치게 된다. 그러나 학급경영 계획은 학교 및 학년경영 계획을 기초로 하여 이루어져야 하며 해당 학급의 특수한 여건과 실태도 고려되어야 한다.

체계적인 학급경영을 위해서는 학급경영 전 영역에 걸쳐 실천 가능한 계획을 학기별로 세우는 것이 바람직할 것이다. 학급경영에 필요한 사항은 학급경영록과 같은 책자를 만들어 활용하거나 교무수첩을 대신 활용할 수도 있다. 학급경영록에는 학생일람, 보호자 관련 사항, HR과 특별활동 연간계획표, 조직표 및 개인별 활동사항, 신체장애자, 월중행사 예정표 등이 수록될 수 있다.

(2) 학급경영 실천

학급경영 효과는 계획된 경영활동의 실천으로 나타난다. 실천 활동은 크게 교육과정 관리와 지원조건 관리로 나누어진다. 먼저 교육과정 관리는 학생들의 학습경험에 관한 관리를 의미하며, 그 관리의 대상은 교과활동, 특별활동, 생활지도 등이다. 지원조건 관리는 학급의 교육목표 달성 또는 교육과정 운영에 필요한 모든 조건을 정비, 지원,

조정 및 통합하는 것을 말한다. 여기에는 사무관리, 시설, 매체 및 환경관리, 학부모 및 대외관계 관리 등이 있다.

학급경영의 실천과정에서 모든 계획이 빠짐없이 추진되는 경우는 드물다. 따라서 학급 담임교사는 경영계획을 착실히 실천에 옮기기 위하여 계획의 진척도와 성과를 수시로 확인하여 계획과 성과 간의 차이를 줄이도록 해야 한다. 이를 위해 활용할 수 있는 도구로는 기획과 통제의 기법으로 흔히 사용되고 있는 갠트 도표(Gantt chart), 유동공정표(流動工程表 : flow process chart), 주요관리점표(主要管理點表 : milestone chart), PERT 및 CPM 등을 들 수 있다.

(3) 학급경영 평가

학급경영의 종합평가는 일반적으로 학년 말에 하게 된다. 평가의 일반적 절차는 ① 평가 목적과 대상 확인, ② 평가의 준거와 기준 설정, ③ 자료수집, 분석 ④ 평가 결과의 판단 등이다. 여기서 준거는 평가내용(지식, 창의력, 도덕성 등)이고, 기준은 준거의 일정한 수준을 의미한다.

평가의 준거로는 ① 노력, ② 효과성, ③ 만족도, ④ 적합성, ⑤ 효율성, ⑥ 질, ⑦ 결과, ⑧ 과정 등을 들 수 있다. 노력은 학급경영에 투입된 요소의 질과 양을 말하고, 효과성은 목표 달성도를 말한다. 만족도는 학급 구성원들의 심리적 충족도를, 적합성은 학급집단의 필요 충족도를 의미한다. 효율성은 투입의 경제성을, 질은 활동의 내적인 충실성을, 결과는 복합적인 장 · 단기 효과를, 그리고 과정은 성공과 실패에 관련된 요소의 작용과정을 각각 의미한다. 원만한 인격을 양성하기 위해서는 이들 준거들이 학급경영 평가에 골고루 활용되어야 할 것이다.

학급경영의 평가영역으로는 투입평가, 과정평가, 산출평가 및 결과평가로 나눌 수 있다. ① 투입평가는 학습 시설과 설비 및 수업매체, 학급 운영비 등 학급경영에 투입된 양과 질의 평가, ② 과정평가는 교과지도 활동, 교재연구 및 학습자료 이용도, 홈룸 및 클럽 활동 운영 정도 등 학급경영 계획을 실천한 활동의 평가, ③ 산출평가는 학업성취도, 학습태도 변화 등 학급경영에 투입된 요소로부터 생긴 산출의 평가, ④ 결과평가는 투입과정 및 산출의 평가 결과를 종합하여 학급경영을 총괄적으로 평가하는 것이다.

3) 교과경영

교과지도가 학급 담임교사의 과업 중 핵심이다. 학급의 교과경영에는 교과지도와 그 목표달성을 위한 지원적, 촉진적 활동이 포함된다. 교과경영에는 학습지도 계획의 수립, 숙제제시, 일과표 및 통지표 작성 등을 들 수 있다(문락진, 1993).

(1) 학습지도 계획의 수립

각 교과별 시간배당 기준에 따라서 학습지도의 구체적인 계획을 세워서 효과적이고 능률적인 학습활동이 이루어지도록 하며 유의할 사항은 다음과 같다(김봉수, 1982).

① 교과 특성을 파악하고 타 교과와 생활경험과의 관련을 도모한다.
② 학생 및 타 학급담임과 합의하여 융통성 있는 학습계획을 세운다.
③ 객관적이고 타당성 있는 학습문제를 선택, 지도한다.

특히 학습지도 계획은 연간, 학기간, 월간, 주간 및 일간 구분으로 수립된다. 계획 수립 시 학교의 행사계획 및 생활지도 계획 등을 고려하여야 한다.

(2) 일과표 작성

학습지도 계획은 일과표를 통하여 나날이 실천되어 간다. 일과표는 교육과정 시간배당 기준령, 학교경영 방침에 따라 수립되나 학급의 여러 상황을 고려하여 작성되어야 한다.

Smith 등(1961)에 의하면, 초등학교의 일과표 작성에 고려될 점으로, ① 학교에서 요구하고 있는 과목들을 적절히 가르칠 수 있는 충분한 시간이 일과표에 나타나 있는가? ② 학급 내에서 적절한 능력별 집단편성을 할 수 있도록 일과표가 융통성이 있는가? ③ 학생들의 적당한 휴식시간이 일과표에 나타나 있는가? ④ 학급 담임교사 이외의 교사가 담당하는 특별교과를 위한 시간이 일과표에 나타나 있는가? ⑤ 학생들이 편안한 분위기 속에서 식사할 수 있는 충분한 점심시간이 나타나 있는가? 등이다.

캘리포니아 주 교육국에서 제시한 일과표 작성상의 고려할 점을 보면(정식영, 1964), ① 일과표는 아동의 필요나 흥미에 합치되어야 하며, 교사는 아동의 실태를 잘 파악해야 한다. ② 교육목표가 달성될 수 있도록 작성되어야 한다. ③ 시간을 짧게 잡을 것이 아니라 긴 시간으로 분할하여 융통성 있게 작성한다. ④ 일과표 작성에 아동을 참여시킨다. ⑤ 교과내용의 학습뿐만 아니라 생활전체에 걸친 계획이어야 한다. ⑥ 매일 창조적인 자기표현 활동이 마련되도록 한다. ⑦ 예술을 즐기거나 감상력을 기를 수 있도록 작성한다. ⑧ 자연을 즐기고 이해하는 시간을 제공해야 한다. ⑨ 교과 내용의 이해와 학습활동을 하는 데 필요한 연습시간을 제공한다. ⑩ 균형적이고 융통성 있는 교과활동이 되도록 한다.

일과표는 학생의 생리적, 심리적 요구와 사회적, 교육적 필요를 동시에 만족시킬 수 있도록 작성되어야 한다. 일과표 작성에서 학업의 곤란도와 피로가 많이 고려되어야 한다. 예컨대 학습의 곤란도가 높은 산수 과목 등을 피로도가 낮은 시간대에, 그리고 곤란도가 낮은 과목은 피로도가 다소 높은 시간대에 배정한다.

(3) 숙제제시

숙제의 필요성은 학자들 간 또는 교육자들 간 논쟁이 되어 왔다. 필요하다는 주장도 있고 불필요하다는 주장도 있다. 그러나 숙제는 학교의 정규 프로그램의 연장이고, 학생들이 독립적으로 해결해야 할 과업으로 인정되고 있다.

윤형모(1964)에 의하면, 숙제는 학생들로 하여금 자발적인 노력, 진취성, 자립성, 책임감, 그리고 자기 지도력을 촉진할 수 있도록 제시되어야 한다는 것이다. 그들에게 새로운 생각을 짜낼 필요와 기회를 갖게 해 주고, 학교학습을 조장하는 숙제를 내 줌으로써 학습경험을 풍요롭게 해야 한다는 것이다. 그리고 학교에서 학습한 것을 실제로 생활에 적용해 보는 기회를 마련해 줌으로써 학교학습을 보강하도록 하여야 한다는 것이다. 한편, 미국교육연합회(NEA)가 제시한 좋은 숙제의 구비점은 다음과 같다(문락진, 1993). ① 숙제는 수업과 관련이 있어야 한다. ② 숙제는 다양한 활동과 기술을 포함해야 한다. ③ 숙제는 학습에 새로운 폭을 제공해야 한다. ④ 숙제는 적당해야 한다.

(4) 통지표

학생들의 학교생활과 성장 · 발달 상황을 가정에 알려주는 가장 공식적이고 문서화한 방법이 통지표이다. 어떤 면에서 통지표는 의사가 떼는 진단서와 같은 역할을 한다. 통지표를 통하여 학부모로부터 협조를 얻을 수 있고, 부모가 자녀의 학교생활 모습을 이해할 수 있다. 학생은 통지표를 통하여 자기의 학교생활 모습을 이해하고 반성할 수 있다.

Elsbree 등(1967)과 Jacobson 등(1954)의 주장을 중심으로 통지표의 목적을 제시하면 다음과 같다. ① 학생의 평가를 통해서 교사의 전문적 지식과 기술의 향상, ② 교사로 하여금 아동을 잘 이해하도록 자극, ③ 학교 및 교육에 대한 부모 및 일반인의 의식을 개선, ④ 학생의 교육적 결과 개선, ⑤ 학생에게 자기 확인과 반성 및 학습 동기 유발, ⑥ 가정과의 협조관계 수립에 필요한 정보제공 등이다.

4) 생활지도 경영

생활지도는 학생들이 자신에 대한 이해를 바탕으로 자신의 단점을 보완하고 장점을 살려 학교, 학급 생활은 물론 사회생활에 적응할 수 있는 능력을 기르는 데에 목적이 있다.

(1) 생활지도 계획수립

언제, 어떻게, 어디에서 무슨 내용을 대상으로 생활지도를 할 것인지 월별, 주별, 일별 계획을 세워 실천에 옮기고 이를 수시로 평가한다.

(2) 생활지도 영역

생활지도의 영역은 매우 다양하나 대체로 ① 교수-학습지도, ② 인성지도, ③ 건강지도, ④ 교우관계 지도, ⑤ 진로지도, ⑥ 여가선용 지도, ⑦ 성교육 지도 등으로 나누어 볼 수도 있는데 이들에 대한 지도가 계획적으로 이루어져야 한다.

(3) 생활지도 방법

생활지도는 대체로 개별지도 방식과 집단지도 방식으로 이루어지는데 학생 상호관계, 학생 수 및 생활지도 주제에 따라 적절한 방법을 탐색, 선별하여 적용한다. 한 예로 비밀을 요하는 이성문제인 경우에는 개별지도 상담기법을 활용하는 것이 효과적일 것이다.

(4) 생활지도 실천

생활지도는 학생들이 문제를 발견 스스로 해결할 수 있는 능력을 키워 주는 방향으로 이루어져야 한다. 개별적인 문제해결도 중요하지만 문제해결 능력을 길러 주는 것이 더 교육적이라는 것을 염두에 두어야 한다. 마치 고기 몇 마리를 잡아 주는 것보다 잡는 법을 익히도록 하는 것이 나은 것과 같다.

(5) 평가

생활지도 결과도 교육－학습 평가와 마찬가지로 형성평가와 총괄평가 방식으로 평가되어야 한다. 수시로 평가하여 그때 그때의 미비점을 보완하는 노력이 중요하다.

5) 학급환경 경영

인간도 환경의 동물이다. 자라 온 환경의 틀 속에서 사고방식과 생활방식이 형성된다. 그래서 자신이 경험한 환경의 범주를 크게 벗어나지 못한다. 교육도 본질적으로 적절한 환경의 제공이다. 따라서 환경의 중요성을 새삼 강조할 필요는 없다. 문제는 바람직한 방향으로 학생들이 성장할 수 있도록 어떤 환경을 어떻게 조성하느냐가 문제인 것이다. 학생들이 지적이고 도덕적으로 성장· 발달할 수 있도록 학급환경을 조성하는 일은 담임교사에게 커다란 임무가 아닐 수 없다.

환경을 보통 물리적 환경, 심리적 환경, 사회적 환경으로 나누는데 학생들의 지적, 정서적, 사회적 성장의 장(場)인 학급에서는 이들 세 환경 중 하나라도 소홀히 다루어져서는 안 된다. 이들 환경들은 별개가 아니라 서로 밀접한 관계가 있다. 깨끗하고 쾌적한 물리적 환경이 정신을 맑게 하고, 아름다운 말 한 마디가 사람의 마음을 움직일 수 있기 때문이다. 학급환경의 중요한 요인인 학급풍토와 물리적 환경에 대해 다음과 같이 살펴본다.

(1) 학급풍토 조성

[1] 조직풍토의 개념과 중요성

우리의 성격이 각기 다르듯이 조직들도 크든 작든 서로 다른 특성을 가지고 있다.

그 특성이 다름 아닌 조직풍토로서 그것은 인간의 성격과 유사한 점이 많아 한번 형성되면 쉽게 바뀌지 않는다. 오랜 기간 동안 조직 내외적인 여러 환경 요인에 의해 형성된 조직체의 특성은 지속적으로 유지되려는 경향이다. 그 조직 특성은 조직 구성원들의 행동과 가치관 형성에 지대한 영향을 줄 뿐만 아니라 주변 환경에도 영향을 준다.

조직풍토는 조직 구성원들에게 영향을 주는 조직의 특성으로서 조직마다 서로 다른 독특한 특성을 가지고 있다(추헌, 1993). 그것은 조직 구성원들의 가치, 의식, 신념, 행동에 지속적으로 영향을 미치는 속성을 가지고 있다(장래찬, 2002). 많은 연구에 의하면 담임교사의 학급경영 방식과 지도성이 학급풍토 조성에 결정적이라고 한다. 그러므로 학급풍토 형성에 있어서 담임교사의 역할은 막중한 것이다. 교사가 바람직한 학급풍토를 조성하면, 아동의 정신적 · 사회적 발달은 촉진되고 아동 간에 강력한 정체감 및 일체감이 형성된다. 자발적으로 협동하며, 학급에 대해 긍정적인 태도를 갖게 된다.

학급의 분위기가 강권적이면, 아동들은 서로 간에 공격적 행태를 취하거나 심각한 부적응 행동을 보이게 된다. 협력적 풍토에서 공부하는 학생이 경쟁적 풍토에서 공부하는 학생보다 학업성취도가 훨씬 높았으며, 협동적 풍토는 학업성취 동기를 자극하고 지속시키는 경향이 있다는 것이다(Jarolimek & Foster, 1989; Skom, Johnson, & Johnson, 1980). 또 다른 연구에서는 학생들을 팀으로 만들어 팀 내에서는 협력하도록 하게 하고 팀 간에는 경쟁적 풍토를 조성한 결과, 교과 성적이 좋아지고 협조태도가 조성되었다는 결과도 있다(Devries & Edward, 1973).

2 긍정적인 학급풍토 조성

학급풍토가 학생들의 학업성취는 물론 그들의 행동과 태드에 많은 영향을 주게 되므로 긍정적인 학업풍토 조성이 담임교사의 중요한 역할이 된다. 그러면 어떤 학급풍토를 어떻게 조성해야 되는지 알아본다(남정걸, 2008).

학급풍토가 민주적이냐 전제적이냐, 협동적이냐 경쟁적이냐, 긍정적이고 허용적이냐 아니면 부정적이고 제한적이냐에 따라 여러 가지로 나눌 수 있다. 그러나 실제에 있어서는 이렇게 양분되지 않고 정도상의 차이를 달리하면서 다양한 형태의 풍토가 혼합되어 나타나고 있다는 것을 알아야 한다. 대체로 민주적, 협동적, 긍정적, 현대적 풍토가 그렇지 않은 풍토보다 학업성취와 행동의 변화에 긍정적인 영향을 미치고 있다고 한다.

Sabatino(1987)는 긍정적인 학급풍토 조성과 학생활동 조장을 위한 10가지 지침을 제시하고 있다.

① 학생에게 기대하는 바가 무엇인가를 알려 주어라. 교사는 학급의 규칙을 반드시 알리고 그것을 실천하도록 하여 비행을 예방한다.
② 긍정적인 학급풍토와 일치하는 행동을 일관성 있게 하라. 학생은 확고한 신념이 있는 교사를 존경한다. 일관성 없는 행동은 학생을 혼란스럽게 한다.
③ 의미 있는 학습경험을 제공하라. 학습을 학생의 욕구 및 관심과 관련지어야 한다. 학습의 과정이 가정과 지역사회의 경험에서 유리되지 않도록 한다.
④ 위협하지 마라. 비록 학생의 복종이 필요하지만 위협의 결과로 나타나서는 안 된다. 벌을 줌으로써 늘 위협을 한다면, 오히려 비행은 많아질 것이다.
⑤ 공정함을 보여 주어라. 비행에 대한 한계를 정하고, 비행은 공정하게 처리돼야 한다.
⑥ 자신감을 보이고 학생들에게도 자신감을 심어 주어라. 교사는 자신감을 보여주고, 학생을 존중하고 배려하면 학생의 자존심과 자신감이 제고된다.
⑦ 학생의 긍정적 태도를 인정해라. 진지한 칭찬은 학생의 자존심을 키워 준다. 학생의 잘못에 집착하기보다 잘한 행동을 인정하면 긍정적인 학급풍토가 조성된다.
⑧ 학생의 행위를 인정하는 시기를 잘 잡아라. 보상을 하고 벌을 주는 시기는 매우 중요하다. 보상을 할 때와 벌을 줄 때를 명확히 해야 된다는 의미이다.
⑨ 적극적인 시범을 보여라. 교사는 자기가 말한 것을 솔선수범해서 실천에 옮기는 모습을 보여주어야 한다.
⑩ 교육과정과 학급환경을 조화시켜라. 학급의 환경이 학습을 지원하는 형태로 조성되어야 한다.

(2) 물리적 환경구성

학급의 물리적 환경은 심리, 사회적 환경과 더불어 학급 분위기를 결정하는 중요한 요인이다. 학급의 물리적 환경구성 원칙 등을 다음과 같이 살펴본다(박병량 외, 2000).

1 물리적 환경 요소

학급의 심리적 환경과 사회적 환경이 학생들의 학급생활에 중요한 것처럼 학급의 물리적 환경도 그들에게 매우 중요하다. 이들 세 환경 요인들은 개별적으로 작용하기보다는 복합적으로 작용하여 학급 분위기를 열악하게 만든다. 이렇게 부정적인 물리적 환경은 학급의 심리적, 사회적 환경에 긍정적인 영향을 줄 리가 없다. 어수선하고 난잡한 환경 속에서 학생들은 밝고 명랑한 생활을 할 수 없다.

학급환경 정비는 물적 요소인 학급시설, 설비 및 자료를 구비하여, 그것을 구성 배치하는 활동이다. 이들을 어떻게 구성 배치, 활용하느냐에 따라 학생들의 교육적 경험, 학습의 역동성 및 학급 분위기가 달라 질 수 있다. 학급의 물리적 환경구성 요소에는 건축환경, 구성환경, 제공환경 등 세 가지가 있다(Charbonneau & Reider, 1996).

건축환경은 교실의 형태, 크기, 창문의 위치와 수, 전기 시설, 냉·난방 시설, 부속실 등을 포함한다. 구성환경에는 책상과 걸상을 포함하여 테이블과 의자, 이동용 선반, 보관함 등의 형태가 있다. 제공 환경은 각종 자료와 재료의 형태이다. 여기에는 각종 교수 자료, 교재, 학용품, 실험 및 공작원료 등이 포함된다.

2 물리적 환경정비의 일반적 원칙

물리적 환경정비는 물적 환경을 보기 좋게 꾸미는 것에 그치지 않고 학급의 다양한 활동에 필요한 시·공간을 교육적으로 정비하는 것이다. 이 때 고려될 점으로는 수업, 생활지도, 교우관계 등을 들 수 있다.

① 학급환경은 교육활동에 필요한 설비와 자료를 충분히 갖추어 적절하게 구성되어야 한다. 이들의 공간, 크기나 형태 및 색깔은 이용, 안전 및 학습 분위기에 적합하도록 구성, 배치한다.

② 학급환경은 교수－학습활동이 촉진되도록 정비되어야 한다. 시설물과 교구가 잘 구비되고 배치되어야 한다. 교실의 채광, 조명, 온도 및 소음 등은 학습환경에 맞도록 통제되고, 책·걸상, 교탁은 충분히 바라볼 수 있는 곳에 위치시킨다.

③ 학급환경은 온화하고 아름다운 공간이 되도록 꾸며져야 한다. 그림, 화분 등을 마련하여 아름다운 생활공간이 되도록 교실을 꾸민다.

④ 학급환경은 위생적이고 안정감 있게 꾸며져야 한다. 교실의 채광, 온도, 소음을 조절하여 쾌적한 교실공간을 만들어야 한다. 건강과 위생을 위하여 음료 시설과 용구, 위생약과 그 보관함, 청소도구 및 청소함을 청결하게 유지한다.

3 좌석배치

좌석배치는 책·걸상 배열 이상으로 그 의미가 크다. 학생의 지적, 정의적, 사회적 발달에 지대한 영향을 미치기 때문이다. 교실 내 좌석배치는 그 형태에 따라 학생들의 시력, 주의 집중, 심리적 안정감, 교우관계 및 사회성 발달에 큰 영향을 미친다. 좌석 배치에 따라 학습참여도와 학업성취도가 달라질 수 있다. 그러므로 교사는 학생들의 지적, 신체적 조건, 교우관계, 연령, 학습내용과 형태를 고려하여 좌석을 배치를 해야 한다.

④ 전시와 게시

전시와 게시는 학급의 물리적 환경 요소인 동시에 교수－학습의 중요한 수단이 된다. 이들을 통해서 학생들은 학습효과를 높일 수 있다. 교사는 학생들에게 전달하고자 하는 내용을 전시 또는 게시를 통해 시각적으로 제시함으로써 교육효과를 높일 수 있다. 전시와 게시는 학생들의 지적, 정서적 호기심을 자극하는 교실 내의 중요한 수단이 된다.

(3) 다양한 학습 공간

학교나 학급(교실)은 단지 공부만 하는 곳은 아니다. 젊은이들의 생활 그 자체가 영위되는 공간이기도 하다. 학생들의 다양한 취미와 특기가 학급생활 속에서 길러질 수 있도록 교실 내에 다양한 공간이 마련되어야 한다.

근자에는 학교 건물의 신축과 개축에 다목적 공간 및 열린 공간 개념이 도입되고 있다. 여유 공간이나 열린 공간을 학습의 장으로 유효하게 이용함으로써 학습활동의 폭을 넓힐 수 있다. 열린 공간의 이용에는 다양한 형태가 있다. 교실 빈 공간을 열린 공간으로 이용하는 형태, 복도의 폭을 넓혀서 이용하는 형태, 넓은 공간을 분할하여 사용하는 형태, 그리고 학습센터를 설치하는 형태 등이 있다.

학습센터는 수업시간 외의 시간에 자율학습을 하도록 마련된 학습 장소이다. 조용하고 한적한 곳에 설치하여 차분히 자습할 수 있도록 해야 한다. 이곳은 학생들이 개인차에 따라 교과관련 학습을 개별적, 자율적으로 수행할 수 있도록 많은 학습 자료가 비치되고 이용에 불편이 없어야 한다(Levelish, 1988).

6) 학급사무 관리

과거 수십 년 전보다 학급사무가 많이 줄었다고는 하나 아직도 교사들 사이에서 사무 처리에 너무 많은 시간을 빼앗기고 있다는 불평이 많다. 교사의 본질적 과업인 학습지도 및 생활지도 하기도 바쁜데 여러 잡다한 장부 정리 등 학급사무가 너무 많다는 것이다. 물론 학급사무는 필요한 것이 사실이나 교수－학습 활동과 기타 학생지도 활동에 지장을 줄만큼 많다면 당연히 줄여야 한다.

교사들이 처리해야 할 학급사무는 〈표 14－1〉과 같이 매우 다양하다. 이들에 대해 김윤태(2004)의 저서를 통해 알아본다.

〈표 14-1〉 학급 사무

영 역	구 체 내 역
표부류(表簿類)에 관한 사무	○ 학교생활기록부　○ 출석부 ○ 학생건강기록부　○ 봉사활동 누가기록부
보고류의 통계처리 사무	○ 출·결석 월말 통계자료　○ 신체검사 통계자료 ○ 학력검사 통계자료
교수－학습에 관한 사무	○ 교육과정 계획(연간·월간·주간계획, 학습지도안 등) ○ 평가 및 성적 처리
조사·검사·관찰에 관한 사무	○ 아동조사, 가정환경조사 ○ 체질, 체능, 체력검사 ○ 성격검사, 흥미검사, 지능검사, 적성검사, 사회성검사 ○ 부적응 학생, 생활 곤란자(저소득층 자녀) 조사 ○ 아동 관찰기록 및 사례연구 사무
학급비품 관리·보관에 대한 사무	○ 학급문고 및 교실비품 관리 사무 ○ 운동용구, 시청각교구, 정서순화 시설 등의 관리 사무 ○ 교단선진화 기자재 관리 사무
학급경영 일반에 관한 사무	○ 학급경영안, 학급일지, 가정통신, 학급 어린이회, 학예활동, 경영활동에 관한 사무 ○ 생활지도, 진로지도 및 동학년회 사무 ○ 전·출입 및 입·퇴·휴학 관련 사무 ○ 직원 협의회, 교내 행사 및 축제지도 사무 ○ 장학생, 포상대상자 선발 관련 사무 ○ 급식 사무
교사연구에 관한 사무	○ 시청각 교육연구　○ 학년 교과별 연구 ○ 교과협의회　○ 학교분장에 의한 교과연구 사무
학교 사무분장에 의한 사무	○ 교무분장에 의한 사무　○ 클럽활동 관련 사무 ○ 지역사회 관계 사무　○ 특기·적성교육 관련 사무 ○ 단체활동, 수련활동, 체험학습 관련 사무 ○ 학교운영위원회, 어머니회, 체육진흥 관련 사무

〈주〉 학교 급별 또는 학교에 따라 위에 제시된 학급 담임교사의 사무가 다를 수 있다.
* 출처 : 김윤태(2004). 교육행정·경영의 이해. 서울 : 동문사. p. 447.

(1) 학교생활기록부

학교생활기록부는 학업성취도, 수상경력, 특활상황, 봉사활동, 체험학습상황 및 진로지도상황 등을 관찰, 평가하여 학생지도 및 상급학교의 학생선발에 활용될 수 있도록 작성, 관리되고 있다. 학교생활기록부는 졸업한 해로부터 50년간, 출력물은 10년간 당해 학교에 보관한다. 유사시를 대비해 부본의 전산자료를 제작하여 별도로 보관하여야 한다.

학교생활기록부의 내용은 인적사항, 학적사항, 출결상황, 신체발달상황, 수상경력, 자격증 및 인증 취득상황, 진로지도상황, 학교재량시간(초등학교에 한함), 특별활동상황, 봉사 및 체험활동상황, 행동발달상황, 교과학습발달상황, 독서활동상황, 행동특성 및 종합의견 등의 요소로 되어 있다.

생활기록부는 한글로, 숫자는 아라비아 숫자로 입력하며 관련 민원인에게 그 사본을 교부할 수 있다. 학생이 전학할 때 원적교(전 · 편입학 전 학교)에서는 학교생활기록부 전산자료 및 학교생활기록부 작성에 필요한 각종 자료를 전 · 편입학하는 학교로 이송하고 원적교에서는 그 사본을 보관한다.

(2) 신체검사 및 학생건강기록부

학교는 학생들의 건강을 유지하기 위하여 해마다 건강 상태를 점검하고 신체검사를 실시하여 그 결과를 학생건강기록부에 누적적으로 기록, 보관하고 있다. 신체검사는 체격검사, 체질검사 및 체력검사로 구분하여 실시된다. 체격검사 및 체질검사는 매년 4월 1일부터 6월 30일 사이에 실시하고, 체력검사는 매년 9월 1일부터 10월 31일 사이에 실시한다.

체격검사 및 체력검사는 교직원이 검사하고 체질검사는 학교보건법 제15조의 규정에 의거 학교 의사가 실시한다. 체격검사에서는 몸무게, 가슴둘레 및 앉은키를 측정한다. 체질검사에서는 영양상태, 척추, 가슴, 눈, 귀, 코, 목, 피부 및 구강 등의 이상여부를 검사하고, 기관능력, 정신장애, 언어장애 및 알레르기성 질환 등을 진단한다.

(3) 전 · 입학 문서

학적관리의 주 영역은 입학, 전학 그리고 퇴학이다. 이 중 입 · 퇴학 문서는 상대적으로 간단하므로 생략하고 전학과 관련된 문서를 학교 급별로 나누어 살펴본다.

초등학교 아동이 전학코자 할 때는 전입지의 읍 · 면 · 동의 장이 발행한 주민등록 전입 신고서 접수증 또는 그 사본을 전학하고자 하는 학교에 제출해야 한다. 이 때 전입한 학교의 장은 전출한 학교의 장으로부터 아동의 학교생활기록부와 건강기록부를 송부 받는다. 재외국민의 자녀로서 국내 학교에 입학하는 어린이는 출입국 관리사무소의 장이 발행한 출입국에 관한 사실증명서 또는 거류 신고증을 거주지의 해당학교에 제출한다.

중 · 고등학교 학생의 경우, 거주지 이전에 의한 전학은 그 거주지 소속 학군 내 결원이 있는 경우에 배정된다. 전학에 필요한 서류는 대체로 전입학 배정원서, 주민등록등본, 학교생활기록부, 학생건강기록부 등이다.

(4) 출석부 관리와 통계처리

출석부 정리와 통계처리를 중등학교를 중심으로 알아본다.

1 출석부 작성

출석부는 갑지와 을지로 되어 있다. 대체로 갑지에는 전면에 학년, 학급명, 담임교사명, 학생좌석표, 학생명부와 통학관계 사항 등이 있다. 후면에는 월별, 학기별, 학년별 출석통계 자료를 기재할 수 있도록 되어 있다. 을지에는 학생 개인별란에 날짜 및 요일에 따라서 출결상황을 기록하도록 공란으로 되어 있고, 주별, 월별로 누가기록하도록 되어 있다.

2 출석부 정리 요령

① 학생의 성명기입은 학교생활기록부와 학생건강기록부 등의 장부와 일치하도록 하고 성명 순서를 유지한다.

② 일요일과 공휴일 등은 적선으로 그어 말소한다. 계속되는 방학, 휴가 등은 좌상에서 우하로 직선으로 사선을 긋는다.

③ 전 · 편입은 갑지에 필요 사항을 기입하고, 을지 해당 일자란에 '전 · 편입학'이라고 기입한다. 휴학, 전학, 혹은 퇴학은 갑지 소정란에 사유를 기입하고 일자란에 '휴학', '전 · 퇴학', '퇴학' 등으로 주서하고 출석란을 붉은선으로 처리한다.

④ 장기 결석자(3일 이상)는 그 사유를 을지의 해당 학생란에 기록 · 유지하고, 생활

기록부에 기재할 때는 이를 참고하여 누가 기록한다.

⑤ 결석은 병결과 사고결로 구분하여 처리한다(단, 초등학교는 통합처리). 천재지변 등 불가항력의 경우, 병역관계 등 공의무의 경우, 학교를 대표한 각종 경기에 참석한 경우, 상급학교 입시에 응시한 경우, 상고 및 기고인 경우는 출석으로 인정 처리한다. 병결처리는 결석 3일 이내에 의사의 진단서를 첨부, 결석계를 제출하거나 병결임을 증명할 수 있는 객관적 자료를 제출한다.

⑥ 지각은 소정 등교시간 이후 출석하였을 때, 조퇴는 소정수업 시간이 끝나기 전에 하교하였을 때, 결과는 교과시간에 정당한 사유 없이 출석하지 않을 때 각각 처리된다.

3 출석통계 산출방법

① 수업일수는 학생이 등교하여 수업을 받는 일수로서 공휴일과 일요일이 제외된 일수이다. 전학, 퇴학 시는 결재 날까지를 수업일수로 한다.

② 월말 학생 수는 월말 현재 재적생 수를, 개출석 학생 수는 결석, 조퇴, 지각, 결과가 해당기간에 전무한 학생 수를 말한다.

③ 일일 출석 평균 학생 수 산출은 출석한 총 일수를 수업일수로 나누어 소수 이하 3자리에서 반올림한다. 여기서 출석한 총 일수는 출석한 연인 수(延人數)를 말한다.

④ 일일 결석 평균 학생 수 산출은 결석한 총 일수를 수업일수로 나누어 소수 이하 3자리에서 반올림한다. 여기서 결석한 총 일수는 결석한 연인수를 말한다.

⑤ 출석률(%)은 출석한 총 일수를 출석할 총 일수로 나누어 소수 3자리에서 반올림한 후 100을 곱해 산출한다. 여기서 출석할 총 일수는 수업일수와 재적 학생 수를 곱하여 산출된 일수를 말한다.

⑥ 통계처리시 상고(喪故)는 출석으로 인정한다. 상고로 인한 출석 인정 기간은 부모인 경우에 5일, 형제 자매 및 백숙모 상사인 경우 3일, 부모의 탈상인 경우 1일이다.

(5) 공문서 처리

1 공문서의 종류와 작성

공문서는 조직의 의사소통 수단으로 이에는 행정기관의 내부, 행정부서 상호간 및 대외적으로 공무상 작성 또는 시행, 접수된 모든 문서(도면, 사진, 전자문서 등도 포함)가 포함된다.

문서작성과 관리에 있어서는 정확성 · 평이성 · 신속성 · 경제성 등을 염두에 두어야 한다. 문서작성에 있어 몇 가지 유의점을 제시하면 다음과 같다(김영돈, 1971; 신중식, 1982).

① 문서는 분명하고 정확하게 작성한다. 혼돈을 일으키는 용어나 표현방식은 피한다.
② 요점만을 간단명료하게 표현한다. 한 문장, 한 구절은 한 가지 의미만을 전달한다.
③ 평이하고 쉬운 말을 쓰며 추상적이고 관념적인 말이나 어려운 어구를 피한다.
④ 문서는 핵심 부분이 빨리 간파되도록 작성한다. 이를 위해 결론 부분을 문서의 첫 부분에 놓고 그 필요성이나 의의 등을 다음 부분에 오도록 한다.
⑤ 내용을 구체화한다. 6하 원칙(누가, 무엇을, 언제, 어디서, 왜, 어떻게)에 따라 구성한다.
⑥ 내용을 쉽게 파악할 수 있도록 개조식으로 간결하게 표현하는 것이 좋다.

2 문서처리

문서처리는 접수 · 기안 · 결재 · 시행 및 발신 그리고 문서의 정리 · 보관 및 보존 과정을 거친다.

① **접수** : 문서는 접수대장에 기입함으로써 접수된다. 접수된 문서는 접수번호, 접수 연 · 월 · 일 · 시간 등의 기재란을 가지고 있는 문서 처리 인을 날인하여 처리한다.
② **기안** : 기안은 원칙적으로 5급 공무원 이상 또는 담당자가 행하도록 되어 있으며 소정의 기안용지를 사용한다. 그러나 사안이 간단할 경우, 결재권자의 지시를 받아 정해진 담당자가 기안할 수도 있다. 기안은 총리령이 정한 기안문서 서식과 작성요령을 따른다.
③ **결재** : 결재는 의사결정권자가 어떠한 사안에 대하여 결정을 하는 행위다. 결재는 기관장이 하는 것이 원칙이지만, 결재권의 일부를 소속직원에게 의임, 전결토록 할 수 있다. 그리고 결재권자가 상당기간 부재중일 경우, 그 직무를 대행하는 자가 대결할 수 있다. 긴급한 문서로서 결재권자가 결재를 할 수 없을 때는 대행자가 대결하여 먼저 시행하고, 후에 결재권자의 결재를 받을 수 있다.
④ **시행문 작성 및 발신** : 결재를 받은 문서 중 발신하여야 할 문서에 대하여 수신자별로 시행문을 작성하여 발신하는 과정을 말한다. 헝정기관의 장의 명의로 발신하고 문서는 문서통제관의 통제를 받으며 미비된 사항은 통보받아 보완한다.
⑤ **정리 · 보관 및 보존** : 보관은 문서의 처리가 완결된 후 보존되기 전까지의 관리를 말하며, 보존은 보관이 끝난 문서를 소정의 보존 기간에 따라 관리하는 것을 말한다. 공문서는 그 보존 기간이 영구 · 준영구 · 10년 · 5년 · 3년 및 1년 등 6종으로 구분되어 있다

7) 가정 · 지역사회와의 관계

교육은 학교, 학급뿐만 아니라 가정과 지역사회로부터 많은 영향을 받기 때문에 학급 담임교사는 가정 및 지역사회와 긴밀한 협력체제를 구축해야 한다. 여기서는 학급, 가정 및 지역사회의 관계가 어떤 의미가 있으며, 이들 3자의 협력관계 및 교류 방안에 대해 대략적으로 살펴본다(박병량 외, 2000).

(1) 가정 · 지역사회 관계의 의의

학급 담임교사는 가정 · 지역사회에 학교와 학급에서 일어난 일을 알리고, 그들로부터 협조를 구해야 한다. 학부모와 주민들에게 학교와 학급의 교육방침과 교육내용 및 방법과 결과를 알려서 학생교육에 대한 이해를 공유하고 학급운영에 그들의 참여기회를 넓혀 주는 것은 교육적으로 매우 바람직하다. 이렇게 함으로써 그들로부터 교육적인 지원과 협조를 얻을 수 있다.

(2) 바람직한 교사-학부모 관계

학급경영자인 학급 담임교사는 두 가지 측면에서 학부모들과 협조적인 관계를 조성할 필요가 있다. 하나는 교수-학습 측면이고 다른 하나는 학급경영 측면이다. 학부모는 자기 자녀에 대해서 누구보다도 잘 알고 있는 사람이다. 교사는 학부모들과 긴밀하게 의사소통함으로써 학생의 성격, 태도, 학습습관 및 장래 희망 등에 대한 새로운 정보를 입수할 수 있고 이 정보를 교수-학습지도에 귀중한 자료로 활용할 수 있다. 다른 하나는 그들과 긴밀한 관계를 유지함으로써 학급경영에 필요한 여러 가지 협조를 얻을 수 있다. 한 예로 학급의 환경정리만 하더라도 많은 정보와 자료가 필요한데 학부모들과 동행하여 환경미화를 하게 된다면 많은 도움을 받을 수 있다.

학급 담임교사는 학부모들과 협력적인 관계를 구축하기 위하여 바람직한 태도를 갖춰야 한다. 박연호(1984)는 학부모에 대한 교사의 바람직한 태도를 다음과 같이 제시하고 있다.

① 학부모의 의견과 보호자로서의 권리를 존중해야 한다. 또, 학부모는 자기 자녀를 양육한 풍부한 경험이 있기 때문에 이를 존중해 주어야 한다.

② 학부모가 자유롭게 학교를 방문하고 대담할 수 있도록 부드럽고 따뜻한 분위기를 조성한다.

③ 자녀교육을 학교에만 의존하려는 학부모의 태도가 변화하도록 진지한 태도로 학부모를 지도 · 조언한다.

(3) 가정 · 지역사회와의 정보교류

학급과 가정과의 교육정보 교류는 학부모가 필요로 하는 정보를 담임교사가 제공하고, 가정으로부터 필요한 정보를 얻어 학교교육에 활용하는 데에 목적을 두고 있다. 따라서 담임교사는 학부모들이 궁금해하는 것이 무엇이며, 또 알아 두어야 할 사항이 무엇인가를 먼저 살펴보아야 한다. 그들은 자신들의 자녀가 어떻게 학교, 학급생활을 하고 있는지에 대해 궁금해하지만 교사에게 묻기를 주저하는 경향이 있다. 또 학교, 학급을 도울 의지는 있으나 어떻게 협조할지를 모르는 경우도 있다. 따라서 담임교사는 학부모의 여러 가지 궁금증을 풀어 주는 것을 교류의 핵심으로 삼아야 한다.

Charles와 Senter(1995)는 학부모가 학교에 대해서 알고 싶어하는 6가지 사항들을 제시하고 있는데, 이는 곧 교사가 학부모에게 알려주어야 할 사항이 된다. 즉 이들은 ① 학교의 교육 프로그램, ② 학생에 대한 교사의 기대, ③ 그 기대구현 방안, ④ 학생의 학교생활, ⑤ 학부모의 협조방안, ⑥ 특별활동 및 행사 등인데, 담임교사는 이와 같은 것들을 학부모에게 구체적으로 알려줄 필요가 있다는 것이다. 그 수단으로 학급 소식지, 학교행사 안내, 통지표, 연락장, 전화 등을 활용할 수 있다.

(4) 학부모 및 지역주민과의 직접교류

학급 담임교사가 학부모나 지역주민과 일정한 관계를 유지하는 것은 교육적으로 매우 바람직하다. 그들로부터 교육과 학급운영에 대한 지원을 얻을 수 있고 학생들의 실태를 파악하는 데도 큰 도움이 된다. 그들과의 직접교류는 대체로 학부모협의회, 수업참관, 가정방문, 지역주민의 학교 및 학급 행사참여를 통해서 이루어진다.

1 학부모협의회

학부모협의회는 교사와 학부모 간의 의사소통을 위한 가장 자연스러운 통로다. 학부모협의회를 통해서 그들은 직접 만나 의사소통을 한다. 이들은 학생의 개인생활,

가정생활 및 학교생활에 대해 의견 교환을 하게 된다. 교류는 개별적으로 이루어지기도 하고 때로는 집단적으로 이루어지기도 한다. 학부모협의회는 비형식적이고 자연스러운 것이 좋다.

[2] 수업참관

학부모의 수업참관은 몇 가지 큰 의미가 있다. 첫째, 학부모는 자녀의 학습태도를 직접 관찰함으로써 자녀에 대한 이해도를 높일 수 있고, 교사는 학부모에게 자녀의 학습 특성을 확인해 줄 수 있다. 둘째, 학교 교육목표와 지도방침 및 교육활동 상황에 대해 학부모의 이해를 높일 수 있다. 셋째, 교사와 학부모가 학생을 더 종합적으로 이해하게 되고, 이를 바탕으로 학생의 학교 및 가정생활을 더 윤택하게 할 수 있다.

[3] 가정방문

가정방문은 가정과 학급 사이를 연결하고 교사와 학부모 간의 우호적인 관계를 유지시키는 역할을 한다. 가정방문을 통하여 교사들은 학생의 가정환경, 자녀 교육에 대한 학부모의 기대와 눈높이를 알 수 있고 학생의 학교학습 실태를 그들에게 전달할 수 있다.

가정방문시 유의할 점은 방문 목적과 내용을 명확히 하고 방문 시간을 엄격히 지켜야 한다. 방문 계획은 학부모와 사전 협의를 통해서 세워져야 한다. 구체적인 계획 없이 방문하는 것은 오히려 관계를 악화시킬 수도 있다. 교사는 복장을 단정히 하고 학부모의 의견을 진지한 태도로 경청하는 태도를 갖춰야 한다.

[4] 교사와 지역주민의 행사참여

학교 또는 학급행사에 많은 주민들을 참여시키고 지역 행사에 학교 · 학급 시설을 개방하며 지역 행사에 교직원들이 적극 참여한다. 어버이날, 경로의 날에 노인을 비롯하여 여러 계층의 지역주민들을 학교로 초청하여 여러 가지 다양한 프로그램을 구성하여 진행한다.

[5] 지역의 교재화와 인재 활용

다양한 교육 자료가 지역사회 각지에 산재해 있다. 이들 자원을 학교, 학급의 실정에 맞도록 선별하여 활용한다. 이를 통하여 학생들은 생활교육을 체험할 수 있다. 학생들은 사회생활과 직결된 교육을 받을 수 있고 학교는 살아 있는 교육을 제공할 수 있다. 필요할 경우 지역주민들을 각 분야의 임시교사로 초빙하여 그들로부터 지역 문화와 특성 및 지역 산물에 대한 지식을 얻을 수도 있다.

참고 문헌

강길환 외(2002). 현대경영학의 이해. 서울 : 대왕사.

강영삼 외(1995). 장학론. 서울 : 도서출판 하우

교육대학교 교직과 교재 편찬위원회(1968). 학교행정. 서울 : 교육출판사. p. 282.

권영찬(1971). 기획론. 서울 : 법문사. pp. 102-143.

김두희(1974). 신재정학원론. 서울 : 세종출판사. pp. 64-67.

김명환 외(1998). 교육행정 및 경영. 서울 : 형설출판사.

김봉수(1982). 학교와 학급경영. 서울 : 형성출판사. pp. 276-79, 299.

김성렬 외(1994). 교육행정 및 교육경영. 서울 : 과학과 예술.

김세기(1984). 현대학교경영. 서울 : 정민사.

김신일(1997). 교육사회학. 서울 : 교육과학사.

김영돈(1971). 학교경영의 이론과 실제. 서울 : 익문사. p. 369. 399.

김영식 · 최희선(1988). 교육제도 발전론. 서울 : 성원사. pp. 107-110.

김윤태(1986). 교육행정 · 경영 신론. 서울 : 배영사.

______(2004). 교육행정 · 경영의 이해. 서울 : 동문사.

김정한(2002). 장학론. 서울 : 학지사.

김종철(1973). 교육기획론(교육과학신서 1). 서울 : 교육출판사. p. 21.

______(1982). 교육행정의 이론과 실제. 서울 : 교육과학사.

______(1992). 교육행정의 이론과 실제. 서울 : 형설출판사.

김창걸(1996). 교육행정 및 교육경영신강. 서울 : 형설출판사

남정걸(1992). 교육행정 및 교육경영. 서울 : 교육과학사.

______(2003). 교육행정 및 교육경영. 서울 : 교육과학사.

______(2008). 교육행정 및 교육경영. 서울: 교육과학사.
남정걸 외(1995). 교육조직론. 한국교육행정학회.
남한식(1991). 학교와 학급경영 총론. 서울: 형설출판사.
노종희(1997). 교육행정학: 이론과 연구. 서울: 문음사.
문락진(1993). 학교. 학급경영의 이론과 실제. 서울: 형설출판사.
박동서(1984). 한국행정론. 서울: 법문사. pp. 201-204.
박병량 · 주철안(2000). 학교 · 학급경영. 서울: 학지사.
____________(2005). 학교 · 학급경영. 서울: 학지사.
____________(2012). 교육행정 및 교육경영. 서울: 학지사.
박세훈 외(2008). 교육행정 및 교육경영. 서울: 학지사.
박수연 · 박정애(2000). 교육조직론. 서울: 교육과학사.
박연호(1984). 교사와 인간관계론. 서울: 법문사.
박연호(2000). 행정학개론. 서울: 박영사.
배천웅(1986). 한국인의 교육관 분석. 서울: 한국교육개발원.
서울특별시 교육연구 정보원(2006). 교직실무편람. pp. 20-23, 60-61.
서정화(1989). 교육인사행정. 서울: 세영사.
서정화 외(1988). 학교경영. 서울: 갑을출판사.
________(1995). 교육인사행정론. 서울: 도서출판 하우.
신두범 · 오무근(2003). 최신 행정학개론. 서울: 박영사.
신중식(1982). 신간 현대교육행정학. 서울: 교육출판사. pp. 416-422.
안해균(1982). 현대행정학. 서울: 다산출판사. p. 211.
양철우(2005). 교육법전. 서울: 교학사.
오석홍(1983). 인사행정론. 서울: 박영사.
유기선(2002). 현대경영의 이해. 대구: 노벨미디어.
유 훈(1982). 행정학원론(4정판). 서울 : 법문사. p. 119.
윤정일(1996). 교육행정학원론. 서울: 학지사.
윤정일 · 송기창 · 조동섭 · 김병주(2007). 교육행정학원론. 서울: 학지사.
윤형모(1964). 학급경영의 실제와 평가. 서울: 현대교육총서출판사. p. 176.
이병진(2006). 교육리더십. 서울: 학지사.
이병환 외(2013). 교육행정 및 교육경영. 서울: 태영출판사.
이종재 외(1981). 한국인의 교육관. 서울: 교육개발원. pp. 106-109.
장래찬(2002). 초 · 중등학교 조직풍토의 개방성 지수와 학업성취 및 교사의 직무 만족과의 관계. 열린교육연구, 10(1), pp. 19-37.
______(2004). 교사의 직무동기 유발에 미치는 내 · 외적 보상 요인의 영향. 한국교원교육연구, 21(2), pp. 27-43.
정식영(1964). 학급경영. 서울: 재동문화사. pp. 182-183.
정태범(1996). 장학론. 서울: 교육과학사.

_____(2002). 학교경영론. 서울 : 교육과학사.

주삼환(1996). 학교경영과 교내장학. 서울 : 학지사.

_____(2003). 장학의 이론과 기법. 서울 : 학지사.

주삼환 외(2000). 교육행정 및 교육경영. 서울 : 학지사.

진동섭 외(2014). 교육행정 및 교육경영의 이해. 서울 : 교육과학사.

차병권(1987). 재정학개론. 서울 : 박영사. p. 3.

추 헌(1993). 조직행동론. 서울 : 형설출판사.

宮田大夫(소화 36). 학급경영. 동경 : 금자서방, p. 123을 인용한 장기환(1967). 학교행정. 서울 : 배영사.

Abbott, M.(1965a). Hierarchical Impediments to Innovation in Educational Organizations. In M. Abbott and J. Lovell(Eds.), *Changing Perspectives in Educational Administration*(pp. 40-53). Auburn, AL : Auburn University.

Adams, J. S.(1965). Inequity in Social Exchange. In L. Berkowitz(ed.), *Advances in Experimental Social Psychology, 2,* pp. 267-99. New York : Academic Press.

Alderfer, C. P.(1969). An Empirical Test of a New Theory of Human Needs. *Organizational Behavior and Human Performance,* pp. 142-75.

Alfonso, Robert J., Firth, Gerald R., & Neville, Richard F.(1981). *Instructional Supervision : A Behavior System*(2nd ed.). Boston : Allyn and Bacon, Inc.

American Association of School Administrators.(1955). *Staff Relations in School Administration.* Washington : AASA, Chap. 1.

Anderson, B.(1971). Socioeconomic Status of Students and Schools Bureaucratization. *Educational Administration Quarterly, 7,* pp. 12-24.

Anderson, C. S.(1982). The Search for School Climate : A Review of the Research. *Review of Educational Research, 52,* pp. 386-420.

Argyris, Chris(1964). *Integrating the Individual and the Organization.* New York : John Wiley & Sons.

__________(1971). *Management and Organizational Development.* New York : McGraw- Hill.

__________(1993). The *Individual and the Organization : Some Problems of Mutual Adjustment.* New York : Irvington.

Barnard, Chester I.(1938). *The Function of Executive.* Cambridge, MA : Harvard University Press.

Barnard, M. B.(1981). *Stogdill's Handbook of leadership : A Survey of Theory and Research.* New York : The Free Press, p. 24.

Baron, R. A., & Greenberg, J.(1990). *Behavior in Organization.* Needham Heights, MA : Allyn and Bacon.

Bass, B. M.(1985). *Leadership and Performance beyond Expectation.* New York : Free Press.

__________(1998). *Transformational Leadership : Industrial, Military, and Educational Impact.* Mahwah, NJ : Erlbaum.

Bell, Gerald, D.(1967). Determinants of Span of Control. *American Journal of Sociology, 73*(July), pp. 100-109.

Bennis, W., & Nanus, B.(1985). *Leaders : the Strategies for Taking Change.* New York : Harper & Row.

Bertalanffy, L. V.(1956). *General System Theory*(In General Systems) : Year Book of the Society for the Advancement of General System Theory, ed. Ludwig von Bertalanffy and Anatol Rapoport, 7, pp. 1-20.

Bidwell, C. E.(1965). The School as a Formal Organization. In J. G. March(Ed.), *Handbook of Organization*(pp. 972-1022). Chicago : Rand McNally.

Blake, R. R., & Mouton, J. S.(1964). The Managerial Grid. Houston, TX : Gulf Publishing Co.

______________________(1982). A Comparative Analysis of Situationalism and 9.9 Management by Principle. *Organizational Dynamics,* Spring, pp. 20-43.

Blase, J. G.(1990). Some Negative Effects of Principals' Control-Oriented and Protective Behaviors. *American Educational Research Journal, 27*(4), pp. 727-753.

Blau, P. M.(1970). Critical Remarks on Weber's Theory of Authority. In D. Wrong (Ed.). *Max Weber*(pp. 147-165). Englewood Cliffs, NJ : Prentice-Hall.

Blau, P. M., & Scott, W. R.(1962). *Formal Organizations : Comparative Approach.* San Francisco : Chandler.

Bobbitt, John, F.(1993). *The Supervision of City Schools.* Chicago : University of Chicago Press, p. 89.

Boles, Harold, & Davenport, J.(1975). *Introduction to Educational Leadership.* New York : Harper & Row, p. 153.

Bolman, L. G., & Deal T. E.(1984). *Modern Approaches to Understanding and Managing Organizations.* San Francisco, CA : Jossey-Bass Inc.

Brainard, E.(1997). An Analysis of Public Attitude toward Education : The Annual Gallup Polls on Education. *The Journal of Research and Development in Education, 10*(1).

Bridges, E. M.(1967). A Model for Shared Decision Making in the School Principalship. *Educational Administration Quarterly, 3*(1), pp. 49-58.

Brookover, W. B., & Lezotte, V. W.(1979). *Changes in School Characteristics Coincident with Changes in Student Achievement.* College of Urban Development, East Lansing, Michigan State University.

Burns, J. M.(1978). *Leadership.* New York : Harper & Row.

Callahan, R. E.(1962). *Education and the Cult of Efficiency.* Chicago : University of Chicago.

Campbell, J. P., Dunnette, M. D., Lawler, E. E., III, Weick, K. E., Jr.(1970). *Managerial behavior, Performance, and Effectives.* New York : McGraw-Hill.

Campbell, Roald F., Bridges, Edwin M., & Nystrand, Raphael, O.(1977). *Introduction to Educational Administration.* Boston, MA : Allyn & Bacon.

Carlson, R. O.(1964). Environmental Constraints and Organizational Consequences : The Public School and Its Clients. In Daniel E, Griffith(ed.). *Behavioral Science and Educational Administration*(Chicago : Univ. of Chicago Press, 1964), pp. 262-276.

Cartwright, D.(1965). Leadership, Influence, and Control. In March, J. G.(ed.). *Handbook of Organizations.* Chicago : Rand Mcnally.

Charbonneau, M. P., & Reider, B. E.(1996). The Integrated Elementary Classroom. Boston : Allyn and Bacon을 인용한 박병량 · 주철안(2000). 학교 · 학급경영. 서울 : 학지사, p. 487.

Charles, C. M., & Senter, G. W.(1995). *Elementary Classroom.* New York : Longman.

Coch, L., & French, John R. P., Jr.(1948). Overcoming Resistance to Change. *Human Relations, 1*, pp. 512-532.

Cogan, Morris, L.(1973). *Clinical Supervision.* Boston : Houghton Mifflin, Co.

Cohen, M. D., March, J. G., & Olsen, J. P.(1972). A Garbage Can Model of Organization Choice. *Administrative Science Quarterly, 17,* pp. 1-25.

Combs, A. W.(1978). *The Professional Education of Teacher*(2nd ed.). Boston : Allyn and Bacon, Inc.

Conant, J. B.(1964). *Shaping Educational Policy.* New York : McGraw-Hill.

Conger, J. A., & Kanungo, R. N.(1988). Behavioral Dimensions of Charismatic Leadership in J. A. Conger, R. N. Kanungo and Associates, *Charismatic Leadership*(San Francisco : Jossey-Bass)

Cuban, L.(1988). *The Managerial Imperative and the Practice of Leadership in Schools.* Albany : Sunny Press.

Cubberley, E. P.(1916). *Public School Administration.* Boston : Houghton Mifflin, p. 325. Chicago Press.

Cunningham, William G., & Cordeiro, Paula A.(2000). *Educational Administration.* Needham, Heights, MA : Allyn & Bacon.

Cunningham, W. G., & Gresso, D. W.(1993). *Cultural Leadership : The Culture of Excellence in Education.* Boston, MA : Allyn & Bacon.

Curtin, James(1969). Supervision in Today's Elementary Schools. New York : The Macmillan Company. p. 60을 인용한 문락진(1993). 학교 · 학급경영의 이론과 실제. 서울 : 형설출판사, p. 332.

Davis, A.(1963). *Social Class-Influence upon Learning.* New York : Harper

Deal, T. & Kennedy, A. A.(1982). *Corporate Culture.* US Addison-Wesley Publishing Company.

Deal, T., & Peterson, K.(1998). *Shaping School Culture : The Heart of Leadership.* San Francisco : Jossey-Bass.

Denison, Edward(1974). *Accounting for United States Economic Growth*(1929-1969).

Washington, D.C. : The Brookings Institution을 인용한 윤정일(1992). 교육재정학. 서울 : 세영사, p. 70.

Devries, D. L., & Edward, K. J.(1973). Learning Games and Student Teams, The Effect on Classroom Process. American Educational Research Journal. pp. 307-318을 인용한 박세훈 외(2008). 교육행정 및 교육경영. 서울 : 학지사, pp. 408-409.

Dill, William R.(1964). Decision Making. *Behavioral Science and Educational Administration,* NESS.

Drake, Thelbert L., & Roe, William H.(1986). *The Principalship*(3th ed.). New York : Macmillan Publishing Company.

Dror, Y.(1963). The Planning Process. *International Review of Administrative Science, 29*(1), pp. 44-68.

_______(1968). *Public Policy-Making Reexamined.* San Francisco, CA : Chandler Publishing Co.

Drucker, Peter F.(1974). *Management : Tasks Responsibilities, and Practices.* New York : Harper & Row.

Easton, D.(1965). *A Famework for Political Analysis.* Englewood Cliffs, NJ : Prentice Hall.

_________(1969). *Flow Characteristics of Policy-making. Politics, Decision, and Organizations* (ed). Fremont J. Lyden, et al., New York : Appleton Century Crofts.

Elsbree, Willard S., Mcnally, Harold J., & Wynn, R.(1967). *Elementary School Administration.* New York : Van Norstrand Reinhold Company, p. 263.

Etzioni, A.(1964). *Modern Organizations.* Englewood Cliffs, NJ : Prentice-Hall, p. 4.

________(1968). *The Active Society.* New York : The Free Press.

________(1975), *A comparative Analysis of Complex Organizations.* New York : Free Press.

Fayol, Henri(1949). *General and Industrial Management.* London : Sir Isaac Pitman & Sons.

Fiedler, F. E.(1963). *A Theory of Leadership Effectiveness.* New York : McGraw-Hill.

Finer, H.(1945). *Road to Reaction.* Boston : Little Brown & Co.

Firestone, W. A., & Herriott, R. E.(1981). Images of Organization and the Promotion of Change. *Research in the sociology of Education and Socialization, 2,* pp. 221-260.

Friedman, M.(1955). *The Role of Government in Education.* In Economics and the Public Interest(ed.). R. A. Solo(New Brunswick, NJ : Rutgers University Press.

French, J. R., Raven, B.(1993). *The Formal Theory of Social Power.* New York : Irvington.

Friedrich A. Hayek, F. A.(1994). *The Road to Serfdom.* Chicago : University of Chicago Press.

George, J. M. and Jones, G. R.(1988). *Understanding and Managing Organizational Behavior*(2nd ed.). Massachusetts : Addison-Wesley.

Getzels, J. W., & Guba, E. G.(1957). Social Behavior and the Administrative Process. *The School Review, 65*, pp. 423-441.

Getzels, J. W., & Thelen, H. A.(1960). *The Classroom Group as a Unique Social System.*

In The Dynamics of Instructional Groups : Sociopsychological Aspects II(Chicago : National Society for the Study of Education, p. 80.

Gibb, C. A.(1969). Leadership. In G. Lindzey and E. Aronson(eds.). *The Handbook of Social Psychology,* 2nd ed. Vol. 4 Reading. MA : Addison-Wesley, p. 213.

Glatthorn, Allan A.(1984). *Differentiated Supervision.* Alexandria, VA : Association for Supervision and Curriculum Development.

Goldhammer, R.(1981). *Clinical Supervision.* New York : Holt, Rinehart and Winston, Inc.

Goodman, P. S., & Friedman, A.(1971). An Examination of Adams' Theory of Inequity. *Administrative Science Quarterly,* Sept., pp. 271-288.

Graicunas, V. A.(1937). *Relationship in Organization.* in Papers on the Science of Administration(ed.), L. Gulick and L. Urwick(New York : Institute of Public Administration, 1937), p. 186.

Greenfield, W. D.(1987). *Moral Imagination and Value Leadership in Schools.* American Educational Research Association, Washinton, D.C.

Gregg, Russel, T.(1957). The Administrative Process. In R. F. Campbell, & R. T. Gregg(eds.). *Administrative Behavior in Education.* New York : Harper & Brothers.

Griffiths, Daniel E.(1958). Administrative as Decision-Making. In Andrew W. Halpin (ed.). *Administrative Theory in Education*(Chicago : Midwest Administration Center, the University of Chicago), Chap. 6.

________________(1964). *Behavioral Science and Educational Administration* (ed.). D. E. Griffiths, 63rd Yearbook of NSSE, Part II. New York : Macmillan, p. 116.

Gulick, Luther(1937). *Note on the Theory of Organization.* Papers of the Science of Administration. New York : Institute of Publick Administration, Columbia University.

Gulick, L., & Urwick, L.(1937). *Papers on the Science of Administration*(eds.). New York : Institute of Public Administration.

Guthrie, J. W. & Reed, R. J.(1986). *Educational Administration and Policy.* Englewood Cliffs, NJ : Prentice-Hall.

Halpin, A. W.(1966). *Theory and Research in Administration.* New York : Macmillan.

Halpin, A. W., & Croft, D.(1963). *The Organizational Climate of Schools.* Chicago : Midwest Administration Center, University of Chicago.

Hansen, W. L.(1963). Total and Private Rates of Return to Investment in Schooling. *Journal of Political Economy, 71,* pp. 128-140.

Hanson, E. M.(1991). *Educational Administration and Organizational Behavior*(3th eds.). Mass. : Allyn and Bacon.

Harris, Ben M.(1985). Supervisory Behavior in Education. Englewood Cliffs, New Jersey : Prentice-Hall을 인용한 김정한(2002). 장학론. 서울 : 학지사, pp. 80-82.

Hayek, F. A.(1944). *The Road to Serfdom.* Chicago : University of Chicago Press.

Hellriegel, D., & Slocum, John W. Jr.(1974). *Management : A Contingency Approach. Reading.* MA : Addison-Wesley, p. 308.

Hellriegel, D., Slocum, J. W., & Woodman, R. W.(1991). Organizational Behavior(5th ed.). New York : West를 인용한 윤정일 외(2007). **교육행정 및 교육경영.** 서울 : 학지사, pp. 181-183.

Hemphill, J. K.(1958). Administration as Problem-Solving. In A. Halpin(ed.). *Administrative Theory in Education. Chicago :* Midwest Administration Center, University of Chicago.

Hensen, W. L.(1963). Total and Private Rates of Return to Investment in Schooling. *Journal of Political Economy, 71,* pp. 128-140.

Hersey, Paul, & Blanchard, K. H.(1972). *Management of Organizational Behavior*(2nd ed.). Englewood Cliffs, NJ : Prenrice-Hall, p. 87.

Herzberg, F., Mausner, B., & Snyderman, B.(1959). *The Motivation to Work.* New York : John Wiley.

Hitt, W. D.(1990). *Ethics and Leadership : Putting Theory into Practice.* Columbus, OH : Battelle Press.

Hodgkinson, C.(1991). *Educational Leadership : The Moral Art.* Albany, NY : State University of New York Press.

Homans, G. C.(1961). *Social Behavior : Its Elementary Forms.* New York : Harcout, Brace, and World.

House, R. J.(1971). A path-Goal Theory of Leadership Effectiveness. *Administrative Science Quarterly, 16*(3), pp. 321-38.

____________(1977). A 1976 Theory of Charismatic Leadership. In J. G. Hunt and L. L. Larson(eds.). *Leadership : The Cutting Edge*(Carbondale : Southern Illinois University Press), pp. 189-207.

House, R. J., & Wigdor, L. A.(1967). Herzberg's Dual-Factor Theory of Job Satisfaction and Motivations : A Review of the Evidence and Criticism. *Personnel Psychology*, Winter, pp. 369-89.

Hoy, W. K., & Clover, S. I. R.(1986). Elementary School Climate : A Revision of the OCDQ. *Educational Administration Quarterly, 22,* pp. 93-110.

Hoy, W. K., & Miskel, C. G.(1991). *Educational Administration : Theory, Research, and Practice*(4th ed.). New York : Random House.

________________________(2004). *Educational Administration : Theory, Research, and Practice.* New York : McGraw-Hill.

Hunt, James G., & Osborn, Richard N.(1980). *Multiple Influence Approach to Leadership for Managers.* In Perspectives in Leader Effectives, Paul Hersey and John Stinson(eds.). Athens : Ohio University, p. 49.

Immegart, G. L., & Pilecki, F. J.(1973). *A Introduction to Systems for the Educational*

Administrator. Mass : Addison-Wesley Publishing Co.

Jacobson, Paul B., et al.(1954). *The Effective School Principal.* New York Prentice-Hall, Inc., pp. 466-467.

Jarolimek, J., & Foster, F.(1989). Teaching and Learning in the Elementary School(4th ed.). New York : Macmillan Publishing Company를 인용한 박세흔 외(2008). 교육행정 및 교육경영. 서울 : 학지사, pp. 408-409.

John, Allan, & James, L.(1979). Psychological Climate : Divisions and Relationships of Individual and Aggregated Work Environment Perceptions. *Organizational Behavior and Human Performance, 23*, pp. 201-250.

Johnson, L. V., & Bany, M. A.(1970). *Classroom Management : Theory and Skill Training.* New York : Macmillan.

Katz, Daniel, & Kahn, R. L.(1966). *The Social Psychology of Organizations.* New York : John Wiley & Sons, pp. 26-28, 302.

Katz, R. L.(1955). Skills of Effective Administrator. *Harvard Business Review, 33*(1)(Jan.-Feb.). pp. 33-42.

Kolesar. H.(1967). *An Empirical Study of Clients Alienation in the Bureaucratic Organization.* Doctoral Dissertation, University of Alberta, Edmonton.

Konger, J. A., & Kanungo, R. N.(1987). Toward a Behavioral Theory of Charismatic Leadership in Organizational Settings. *Academy of Management Review, 12*, pp. 637-47.

Kotter, J. P.(1990). *A Force for Change : How Leadership Differs from Management.* New York : Free Press.

Kottkamp, R. B., Mulhern, J. A., & Hoy, W. K.(1987). Secondary School Climate : A Revision of the OCDQ. *Educational Administration Quarterly, 23,* pp. 31-48.

Krone, K. J., Jablin, F. M., & Putnam, L. L.(1987). Communication Theory and Organizational Communication : Multiple Perspectives. In F. M. Jablin, L. L. Putnam, K. Roberts, and L. W. Porter(eds.). *Handbook of Organizational Communication : An Interdisciplinary Perspectives*(pp. 18-40). Newbury Park, CA : Sage.

Leithwood, K. A.(1999). *Changing Leadership for Changing Times.* Bristol, PA : Taylor Frances Incorporated.

Lemlech, J. K.(1979). *Classroom Management : Methods and Techniques for Elementary and Secondary Teachers.* New York : Harper and Row.

____________(1988). Classroom Management : Methods and Techniques for Elementary and Secondary Teachers(2nd ed.). New York : Longman을 인용한 박병량 · 주철안(2000). 학교 · 학급경영. 서울 : 학지사, p. 490.

Lerner, M. J.(1977). The Justice Motive : Some Hypotheses as to its Origins and Forms. *Journal of Personality, 45,* pp. 1-52.

Leventhal, G. S.(1976). Fairness in Social Relationships. In J. W. Thibaut, J. T. Spence, &

R. C. Carson(eds.). *Contemporary Topics in Social Psychology.* Morristown, NJ : General Learning Press.

Lewin, K., Lippitt, R., & White, R. K.(1939). Patterns of Aggressive Behavior in Experimentally Created Social Climate. *Journal of Social Psychology X*(May). pp. 271-999.

Likert, Renis(1961). *New Patterns of Management.* New York : McGraw-Hill.

Lindblom, C. E.(1963). *The Intelligence of Democracy : Decision Making Through Mutual Adjustment.* New York : The Free Press. pp. 144-146.

Lipham, J.(1964). Leadership and Administration. In National Society for the Study of Education Yearbook. *Behavioral Science and Administration*(pp. 119-141). Chicago : University of Chicago Press.

Litwin, G. H., & Stringer, R. A.(1968). *Motivation and Organizational Climate.* Boston : Devision of Research Graduate School of Business Administration, Harvard University, pp. 45-65.

Locke, E. A.(1968). Toward a Theory of Task Motivation and Incentives. *Organizational Behavior and Human Performance,* May, pp. 157-89.

Locke, E. A., & Latham, G. P.(1984). *Goal Setting : A Motivational Technique That Works.* Englewood Cliffs, NJ : Prentice-Hall.

Lucio, William H., & McNeil, John D.(1979). *Supervision in Thought and Action*(3th ed.). New York : McGraw-Hill Book Co.

Luft, Joseph(1969). *Human Interaction.* Palo Alto, CA : National Press Book Co.

Lunenburg, C., & Ornstein, A. C.(2004). Educational Administration : Concepts and Practices. CA : Wadsworth/Thomson Learning, Inc를 인용한 박병량 · 주철안(2005). **학교 · 학급경영.** 서울 : 학지사, p. 281.

Luthans, Fred(1981). *Organizational Behavior*(3rd ed.). New York : McGraw-Hill.

MacKay, D.(1964). *An Empirical Study of Bureaucratic Dimension and their Relations to Other Characteristics of School Organization.* Doctoral Dissertation. University of Alberta, Edmonton.

Mager, R.(1975). *Preparing Instructional Objectives*(2nd ed.). Palo Alto, CA : Fearon.

Mannheim, Karl(1943). *Diagnosis of Our Time.* London : Kegan Paul.

Manz, C. C., & Sims, Jr.(1991). Superleadership : Beyond the Myth of Heroic Leadership. *Organizational Dynamics, 19*(4), pp. 18-35.

March, James G., & Simon, Herbert A.(1958). *Organization.* New York : John Wiley & Sons.

Maslow, A. H.(1954). *Motivation and Personality.* New York : Harper & Row.

__________(1965). *Eupsychian Management.* Homewood, IL : Richard D. Irwin, and The Dorsey Press.

Mayo, Elton(1933). *The Human Problems of an Industrial Civilization.* New York : Macmillan Co.

McClelland, D. C.(1961). *The Achieving Society*. New York : Van Nostrand Reinhold.

________________(1975). *Power : The Inner Experience*. New York : Irvington.

McConaughy, J. L.(1918). The Worship of the Yardstick. *Educational Review, 55*. pp. 191-192.

McGregor, D.(1960). *The Human Side of Enterprise*. New York : McGraw-Hill.

McKean, R. C., & Mills, H. H.(1964). The Supervisor. New York : The Center for Applied Research in Education을 인용한 김창걸(1996). **교육행정 및 교육경영신강**. 서울 : 형설출판사, pp. 340-343.

McLure, W. P., & Pence, A. M.(1970). *Early Childhood and Basic Elementary and Secondary Education : Needs, Demands, Coasts*. National Educational Finance Project, Special Study No. 1. Urbana, Ill. : Bureau of Educational Research, College of Education, University.

Melchoir, William, T.(1950). *Instructional Supervision*. Boston : Washinton D.C. Health and Company.

Middlemist, R. D.(2000). *Experiencing Organizational Behavior*. Belmont, CA : South-Western Thomson Learning.

Miles, M. B.(1965). Education and Innovation : The Organization in Context. In M. Abbott and J. Lovell(eds.). *Changing Perspectives in Educational Administration*(pp. 54-72). Auburn, AL : Auburn University Press.

____________(1969). Planned Change and Organization Health : Figure and Ground. In F. D. Caver and T. J. Sergiovanni(eds.). *Organization and Human Behavior*(pp. 375-91). New York : McGraw-Hill.

Milkovich, G. T., & Boudreau, J. W.(1991). *Human Resource Management*. Homewood, IL : Richard D. Irwin.

Millet, John D.(1947). *The Process and Organization of Government Planning*. Columbia University Press. p. 32.

Miner, J. B.(1965). *Studies in Management Education*. New York : Springer.

Moeller, G. H., & Charters, W. W., Jr.(1966). Relation of Bureaucratization to Sense of Power among Teachers. *Administrative Science Quarterly, 10*, pp. 444-65.

Mooney, James D.(1947). *The Principles of Organization*. New York : Harper & Brothers.

Mort, P. R.(1924). *The measurement of Educational Need*. New York : Teachers College, Columbia University.

Morphet, E. L., Johns, R. L., & Reller, T. L.(1974). *Educational Organization and Administration*. Englewood Cliffs, N.J : Prentice-Hall. p. 418.

Mosher, R. L., & Purpel, D. E.(1972). *Supervision : A Guide to Practice*. Columbus, Ohio : Charles E. Merrill Publishing Co.

Murphy, J.(1994). Transformational Changes and the Evolving Role of the Principal. In Murphy, J., & Louis, K. S. *Reshaping the Principalship : Insight from Transformational Reform Effects*. CA : Corwin Press.

Myers, M. T., & Myers, G. E.(1982). *Managing by Communication : An Organizational Approach.* New York : McGraw-Hill.

Nigro, F. A., & Nigro, L. G.(1976). *The New Public Personnel Administration.* Itasca, Illinois : P. E. Peacock Publishers, Inc.

Odden, A. R., & Picus, L.O.(1992). *School Finance : A Policy Perspective.* New York : McGraw-Hill.

Oliva, P. F.(1976). Supervision for Today's School. New York : Thomasy Com., pp. 13-15를 인용한 김정한(2002). 장학론. 서울 : 학지사, p. 78.

Organ, Dannis W., & Bateman, Thomas S.(1991). *Organizational Behavior.* Homewood, IL : Richard D. Irwin.

Ouch, W.(1981). *Theory Z.* Reading, MA : Addiso-Wesley.

Owens, Robert G.(1991). *Organizational Behavior in Education.* Englewood Cliffs, NJ : Prentice-Hall.

Porter, Lyman W.(1961). A Study of Perceived Need Satisfaction in Bottom and Middle-Management Jobs. *Journal of Applied Psychology, 45,* pp. 1-10.

Porter, Lyman W., & Lawler, Edward E., III.(1968). *Managerial Attitudes and Performance.* Homewood, IL : Richard D. Irwin.

Quinn, R. E., & McGrath, M. R.(1985). The Transformation of Organizational Cultures. In Peter J. Frost, et al., *Organizational Culture*(Beverly Hills, CA : Sage Publication).

Reddin, W. J.(1970). *Managerial Effectiveness.* New York : McGraw-Hill.

Redfield, C. E.(1958). *Communication in Management.* Revised Edition. Chicago : University of Chicago Press.

Reece, Bary L., & Brandt, Rhonda(1984). *Effective Human Relations in Organizations.* Boston : Houghton Mifflin Co.

Robbins, Stephen P.(1991). *Organizational Behavior.* Englewood Cliffs, NJ : Prentice-Hall.

Roethlisberger, F. J, & Dickson, W. J.(1939). *Management and Workers.* Cambridge : Harvard University Press.

Sabatino, D. A.(1987). Preventive Discipline as a Practice in Special Education. Teaching Exceptional Children, 19(4)를 인용한 남정걸(2003). 교육행정 및 교육경영. 서울 : 교육과학사.

Schein, E. H.(1985). *Organizational Culture and Leadership.* San Francisco : Jossey-Bass.

Schon, D. A.(1983). *The Reflective Practitioner : How Professionals Think in Action.* New York : Basic Books.

Schram, W.(1971). The Nature of Communication between Humans. In Wilber Schram and Ronald F. Roberts(eds.). *The Process and Effects of Mass Communication,* Urban, ILL : University of Illinois Press.

Schultz, Theodore W.(1961). Education and Economic Growth in Social Force Influencing

American Education. Chicago : National Society for the Study of Education, 1961), 70을 인용한 윤정일(1992). **교육재정학**. 서울 : 세영사, p. 80.

__________(1963). *The Economic Value of Education*. New York : Columbia University Press. pp. 39-42.

Scott, W. G., & Mitchell, T. R.(1976). *Organization Theory : A Structural and Behavioral Analysis*(Homewood, IL : Richard D. Irwin.

Scott, W. R.(1987). *Organizations*. Englewood Cliffs, New Jersey : Prentice-Hall Inc.

Sears, Jesse B.(1950). *The Nature of the Administrative Process*. New York : McGraw-Hill Book Co.

Sergiovanni, T. J.(1992). *Moral Leadership : Getting to the Heart of School Improvement*. San Francisco : Jossey-Bass Publishers. p. 104.

__________(1995). *The Principalship : A Reflective Perspective*(3rd ed.). Boston, MA : Allyn and Bacon. pp. 57-58.

Sergiovanni, T. J., Kelleher, P., McCarthy, Martha M., & Wirt, Frederick M.(2004). *Educational Governance and Administration*. Boston, MA : Allyn and Bacon.

Sergiovanni, Thomas J., & Starratt, Robert J.(1979). *Supervision : Human Perspectives*(2nd ed.). New York : McGraw-Hill Book Co.

Sethia, N. K., & Glinow, M. A.(1985). Arriving at Four Cultures by Managing the Reward Systems. In Ralph H. Kilmann et al.(eds.), *Gaining Control of The Corporate Culture*(San Francisco : Jossey Bass).

Silver, Paula F.(1983). *Educational Administration : Theoretical Perspectives on Practice and Research*. New York : Harper & Raw, Publishers.

Simon, B. A.(1960). *The New Science of Management Decision*. New York : Harper & Row.

Simon, H. A., Smithburg, D. W., & Thompson, V. A.(1950). *Public Administration*. New York : Knopf. pp. 423-24.

__________(1956). Rational Choice and Structure of the Environment. *Psychological Review, 63*, pp. 129-38.

__________(1957). *Administrative Behavior*(2nd ed). New York : Macmillan.

Skom, L., Johnson, D., & Johnson, R.(1980). Competitive and Individualistic Conditions on Children's Problem Performance. American Educational Research Journal, 17(1), 89-93을 인용한 박세훈 외(2008). **교육행정 및 교육경영**. 서울 : 학지사, pp. 408-409.

Smith, Edward E. et al.(1961). *The Educator's Encyclopedia*. Englewood Cliffs, New Jersey : Prentice-Hall. pp. 62. 679.

Smith, L.(1993). *Necessary Knowledge : Piagetian Perspectives on Constructivism*. Hillsdale, NJ : Erlbaum.

Spaulding, F. E.(1913). *Improving School Systems Through Scientific Management*. Proceedings of the Dept. of Superintendence, National Education Association. Washington, D.C. : NEA, pp. 249-279.

Stahl, O. G.(1983). *Public Personnel Administration.* New York : Harper & Row. pp. 3-4.

Steiner, George A.(1969). *Top Management Planning.* New York : The Macmillan Company.

Steinhoff, Carl R., & Owens, Robert, G.(1991). The Organizational Culture Assessment Inventory : A Metaphorical Analysis of Organizational Culture in Educational Settings. Paper presented at the American Educational Research Association, New Orleans, LA). In Hanson, E. M., *Educational Administration and Organizational Behavior.* MA : Allyn.

Stewart, D. M.(1988). Leadership in A Democratic Society. *The College Board Review, 149.*

Stogdill, Ralph(1974). *Handbook of Leadership.* New York : The Free Press, pp. 7-16.

Tagiuri, R.(1968). The Concept of Organizational Climate. In R. Tagiuri, & G. W. Lintwin(eds.). *Organizational Climate : Explorations of a Concepts*(pp. 1-32). Boston, MA : Division of Research Graduate School of Business Administration, Harvard University.

Tannenbaum, Robert, & Schmidt, W. H.(1973). How to Choose a Leadership : Pattern. *Harvard Business Review, 51*, pp. 162-80.

Thomas, Kenneth(1976). *Conflict and Conflict Management.* In Handbook of Industrial and Organizational Psychology, Marvin Dunnettem(ed.). (Chicago : Rand McNally), pp. 889-90.

Tyack, D. B.(1974). *The One Best System.* Cambridge : Harvard University Press.

Udy, Stanley. H., Jr.(1963). The Comparative Analysis of Organizations. In James D. March(ed.). *Handbook of Organizations.* Chicago : Ran McNally, p. 678.

Vecchio, R. P.(1981). An Individual Differences Interpretation of the Conflicting Predictions Generated by Equity Theory and Expectancy Theory. *Journal of Applied Psychology,* August, pp. 470-81.

Vroom, V. H.(1964). *Work and Motivation.* New York : John Wiley.

Vroom, V. H., & Yetton, P. W.(1973). *Leadership and Decision Making.* Pittsburgh, PA : University of Pittsburgh Press.

Weick, K. E.(1982). Administering Education in Loosely Coupled Schools. *Phi Delta Kappan, 27*(2).

Wiles John, & Bondi, Joseph(1980). *Supervision : A Guide to Practice.* Columbia, Ohio : Charles E. Merrill Publishing Co.

____________________(2000). *Supervision : A Guide to Practice*(5th ed.). Upper Saddle River. New Jersey : Prentice-Hall.

Wiles, Kimball(1961). *Supervision for Better Schools.* New York : Prentice-Hall, Inc. pp. 28-48.

Wiles, Kimball, & Lovell John T.(1975). Supervision for Better Schools(4th ed.), Englewood Cliffs, NJ : Prentice-Hall, Inc.를 인용한 김정한(2002). **장학론.** 서울 : 학지사, pp. 80-81.

Wilkins, A., & Patterson, K.(1985). You Can't Get There From Here : What Will Make Culture

Change Project Fail. In Ralph H. Kilmann et al.(eds.). *Gaining Control of The Corporate Culture*(San Francisco : Jossey-Bass), p. 265.

Yukl, G.(1982). *Managerial Leadership : The Effective Principal, A Research Summary*. Reston, Va. : National Association of Secondary School Principals, p. 2.

_______(1999). An Evaluation of Conceptual Weaknesses in Transformation and Charismatic Leadership Theories. *Leadership Quarterly, 10*(2), pp. 285-305.

_______(2002). *Leadership in Organizations*(5th ed.). Upper Saddle River, NJ Prentice-Hall.

Zaleznik, A.(1977). Management and Leaders : Are They Different ? *Harvard Business Review, 55*(3), pp. 110-131.

http://terms.naver.com/entry.nhn?docId =794435&cid= 46615&categoryId=46615

찾아 보기

사 항

인 명

〈국내〉

〈국외〉

저자 소개

장래찬(張來燦)

〈학력〉

공주교육대학교

성균관대학교 사범대학 교육학과 학사

캐나다 Concordia 대학 석사 전(前)과정

미국 California 대학 대학원(UCLA) 교육학석사(교육행정 전공)

미국 University of Southern California 대학원(USC) 철학박사(교육행정 전공)

공주교육대, 성균관대, 백석대, 충남대, 침례신학대(대전), 한남대 등에서 강의

현, 대불대학교 부교수, 韓中合作 教育行政 碩士課程 (中國 廣西師範大, 天津師範大) 전공교수

〈논문〉

The Analysis of Relationship between Selected Motivation-Hygiene Factors and Teacher Job Satisfaction and Dissatisfaction at Elementary Schools, 교육학연구, 33(1).

We Can Believe in the Popularized Effective Schools Formula for Our High School? 교육행정학연구, 17(4).

대학교원의 신규 임용시 연령제한의 법적, 교육적 부당성. 교육학연구, 39(4).

성차와 연령에 따른 대학교수의 연구 성과 비교연구. 한국교원교육연구, 13(2).

중학교 조직풍토의 개방성과 학교 효과성과의 관계. 교육행정학연구, 20(3).

교사의 직무동기 유발에 대한 동기과정론의 설명력 비교, 교육학연구, 40(6).

Understanding Secondary School Teacher's Work Motivation in the Process Perspectives of Motivation. 인적자원관리연구, 9 외 다수

개정판

교육행정 및 교육경영의 이해

초판발행 2009년 3월 1일
개 정 2 쇄 2018년 8월 25일

장래찬
2018. 8.

편 자 장래찬
발행인 김현태
발행처 태영출판사

주 소 (08301) 서울 구로구 구로동 104-10 동남오피스텔 201호
전 화 02 · 839-3757, 839-3752
팩 스 02 · 837-3754
등 록 2005년 5월 30일 제12-421호
http://www.taeyeongbook.co.kr
E-mail tys2005@hanmail.net
ISBN 978-89-6302-153-9 93370
정 가 19,000원